Das große Ravensburger Buch der

Schwangerschaft

Das große Ravensburger Buch der Schwangerschaft

Ein Ratgeber für werdende Mütter und Väter
von Dr. Miriam Stoppard

Urania-Ravensburger

Bildnachweis:

Jan Baldwin (Seite 131, 132, 133, 134, 135, 232, 233)

Sandra Lousada (Seite 10)

Neil Bromhall (Seite 23)

Antonia Deutsch (Seite 32)

Susanna Price (Seite 33)

foto-present (Seite 130)

Alle anderen Fotos von Nancy Durell McKenna

Illustrationen von Edwina Keene, Jenny Powell, David Lawrence, Kuo Kang Chen, Coral Mula, Trevor Hill

Die Deutsche Bibliothek - CIP Einheitsaufnahme

Stoppard, Miriam:
Das große Ravensburger Buch der Schwangerschaft :
ein Ratgeber für werdende Mütter und Väter / von Miriam Stoppard.
[Aus dem Engl. von Beate Gorman und Jeanette Stark-Städele]. –
12. Aufl. – Berlin : Urania-Ravensburger, 1998
(Ravensburger Ratgeber Familie)
Einheitssacht.: Dr. Miriam Stoppard's New pregnancy and birth book <dt.>
ISBN 3-332-00842-0

Die englische Originalausgabe trägt den Titel
»Dr Miriam Stoppard's New Pregnancy and Birth Book«
A Dorling Kindersley Book

Aus dem Englischen von Beate Gorman und Jeanette Stark-Städele
Medizinische Betreuung der deutschen Ausgabe: Dr. Götz Hartmann
Umschlaggestaltung: Ekkehard Drechsel BDG
Umschlagfoto: Christine Aulitzky
Umschlagkonzeption: Kraxenberger Kommunikation

Gesamtherstellung: Appl, Wemding
Printed in Germany

01 99 98 14 13 12

ISBN 3-332-00842-0

Inhalt

Einleitung

Vor fünf Jahren schrieb ich mein letztes Buch über Schwangerschaft und Geburt, und in der Zwischenzeit hat sich einiges verändert. Erfreulicherweise haben Frauen heute in zunehmendem Maße die Möglichkeit, Einfluß auf die Geburt zu nehmen. Sie setzen sich schon während der Schwangerschaft kritisch mit den Geburtsmethoden auseinander, bereiten sich in Schwangerschaftskursen auf die Geburt vor, besichtigen verschiedene Entbindungsstationen und treffen dann die Wahl, wo sie eine Geburt nach ihren Vorstellungen realisieren können. Ärzte, Geburtstechnik und Medikamente stehen vielerorts nicht mehr im Vordergrund, sondern das gemeinsame Erleben und Bewältigen von Wehen und Geburt im Zusammenspiel von Mutter, Hebamme und Partner.

Auch im Bereich der Technik gibt es ständig Fortschritte. Vor fünf Jahren noch wurde eine Chorionzottenuntersuchung nur selten durchgeführt. Heute können viele Mütter, bei denen ein genetisches Risiko besteht, diese frühe diagnostische Untersuchung nutzen. Das bedeutet, daß eine Frau, bei der die Möglichkeit besteht, daß ihr Baby an einer vererbbaren Chromosomenabweichung oder an einer anderen genetischen Störung leiden kann, einen einfachen ambulanten Test bereits in der achten Schwangerschaftswoche durchführen lassen kann. Ist dieser Test positiv, kann sie sich gegebenenfalls zu einem frühen Schwangerschaftsabbruch entschließen und muß nicht wie bisher auf eine Amniozentese warten. Eine Amniozentese kann erst in der 16.-18. Schwangerschaftswoche durchgeführt werden, und es dauert weitere zwei bis drei Wochen, bis das Ergebnis vorliegt. Die Risiken eines eventuellen, spät stattfindenden Schwangerschaftsabbruchs und die damit verbundenen Gefahren können so umgangen werden.

Es gibt auch immer neue Erkenntnisse darüber, wie man in der Schwangerschaft auf seine Gesundheit achten sollte; neueste Untersuchungen zeigen, welche gesundheitlichen Risiken ernährungsbedingte Krankheiten bergen, die auf den Fetus übertragen werden können. Frauen wird dringend geraten, nicht nur genau zu überlegen, was sie essen, sondern auch wie sie die Nahrungsmittel zubereiten.

Schwangerschaft und Geburt sollten schöne Erfahrungen für eine Frau und ihren Partner sein. Ich hoffe, daß dieses Buch beiden hilft, diese Zeit positiv zu erleben. Dazu muß man die verschiedenen Möglichkeiten kennen. Wenn man einige Fachkenntnis hat, ist es einfacher, den Mut aufzubringen, um Fragen zu stellen und Informationen zu erhalten, die nötig sind, um eben diese Wahlmöglichkeiten in die Tat umzusetzen. Als Laie ist es unmöglich, mit einem Arzt oder einer Hebamme darüber zu diskutieren, ob es notwendig ist, während der Geburt auf dem Rücken zu liegen, wenn man sich in den Geburtsvorgängen nicht auskennt. Ohne einige Grundkenntnis kann man nicht dafür eintreten, während der ersten Geburtsphase so lange wie möglich herumzulaufen oder zu stehen. Es ist nicht möglich, sich für eine aufrechte Geburtsposition zu entscheiden, wenn man die Vorzüge dieser Position nicht kennt. Dieses Buch zielt darauf hin, einen Überblick über die verschiedenen Möglichkeiten zu geben, und, wenn man sich für eine, den eigenen Bedürfnissen entsprechende, entschieden hat, den Mut aufzubringen, sich für die gewünschte Art der Entbindung einzusetzen. Ich habe nicht nur Informationen aufgeführt, die Ihnen helfen, eine vernünftige Diskussion mit einem Arzt oder einer Schwester zu führen, sondern auch Kriterien, die bei der Wahl des Krankenhauses helfen.

Mein zweites Ziel ist, Ängste und Geheimnisse abzubauen, indem ich offen und objektiv berichte. Seit Jahrzehnten ist bekannt, daß die Furcht vor dem Unbekannten Schmerzen und Beschwerden auslösen kann, die für eine langsame, schwierige Geburt verantwortlich sind. Wenn andererseits eine Frau während der Schwangerschaft gelernt hat, in sich hineinzuhören und ihren Körper zu beobachten, seine Botschaften wahrzunehmen, mit ihm zu arbeiten und ihn durch Atem- und Entspannungsübungen und Übungen für die Beckenmuskulatur zu unterstützen, kann sie den Geburtsvorgang verkürzen, schmerzarm gestalten und die Geburt so zu einem wirklich schönen Ereignis machen.

Väter

Viele Forschungsergebnisse zeigen, daß Männer, die sich vom Beginn der Schwangerschaft an mit einbeziehen, aktive und liebevolle Väter werden. Das bedeutet, daß sie sich an allen Vorbereitungen beteiligen, an Schwangerschaftskursen teilnehmen, über das Wo und Wie der Geburt mitentscheiden und sich vom ersten Tag an mit um das Baby kümmern. Wenn Männer zu irgendeinem Zeitpunkt davon ausgeschlossen werden, ist es schwieriger für sie, die Vaterrolle anzunehmen. Für eine schwangere Frau gibt es keine größere Hilfe als einen interessierten und mitfühlenden Partner. Während der Geburt kann ein verständnisvoller Vater die Frau am besten begleiten und unterstützen, und es gibt keinen besseren, liebevolleren Helfer beim Umgang mit dem Neugeborenen. Die Geburt selbst kann auch für den Vater eine denkwürdige Erfahrung sein, wie folgender Brief beweist, den ich als Reaktion auf eine Veröffentlichung erhielt:

»Egal, ob das Baby zu Hause oder in einem Krankenhaus zur Welt kommt, die eigene Verlegenheit sollte man vorher ablegen. Sie werden bald feststellen, daß die Dinge, die mit Ihrer Frau passieren, das Größte sind, das sie jemals erlebt hat. Vielleicht wird sie leise oder laut stöhnen, völliges Desinteresse Ihnen gegenüber zeigen, Fragen stellen, auf die Sie keine Antwort wissen (›Wie lange noch?‹). Da sie während der Geburt ihr ganzes Selbst gibt, hilft es ihr und Ihnen, sich soweit wie möglich einzubeziehen. Sie können ihr eine große Hilfe sein, indem Sie die Fragen der Schwestern beantworten und die Entscheidungen treffen – sie selbst denkt nur daran, was mit ihrem Körper geschieht –, aber das Wichtigste ist, ihr ein positives Gefühl zu vermitteln. Lassen Sie nie auch nur den geringsten Zweifel aufkommen. Sagen Sie ihr immer wieder, daß sie ihre Sache gut macht, denn egal, was geschieht, sie gibt ihr Bestes. Urteilen Sie nicht über sie – helfen Sie ihr, indem Sie etwas von Ihrer Energie abgeben. Das große Zusammengehörigkeitsgefühl, das Sie während der Geburt Ihres Kindes entdecken, wird bleiben und für den Rest des Lebens wachsen.«

Für eine Schwangere ist es ungeheuer wichtig, ausreichende Unterstützung zu erhalten. Der Partner kann sie in den meisten Fällen am besten gewähren, aber dies muß nicht unbedingt so sein. Manchmal ist es vielleicht praktischer und auch gefühlsmäßig eine bessere Hilfe, wenn eine Freundin oder ein Freund während der Geburt anwesend ist. Eine andere Möglichkeit ist, daß beide, Partner und Freundin, dabei sind. Um diesen Weg zu ebnen, bedarf es vorausschauender Planung und Miteinbeziehung aller Beteiligten von Anfang an, bei Vorbereitungskursen, Krankenhausbesuchen und Gesprächen mit Hebammen und Schwestern darüber, wie die Geburt verlaufen soll. Dies ist nicht immer leicht, und dieses Buch will dabei helfen, unter den verschiedenen Möglichkeiten zu wählen.

Einstellung zur Mutterschaft

Beim Schreiben dieses Buches habe ich auch berücksichtigt, daß heute viele Frauen zu einem späteren Zeitpunkt Mutter werden. Für viele Frauen ist es nicht ungewöhnlich, erst ihre berufliche Karriere zu verfolgen und dann mit ungefähr

35 Jahren ihr erstes Kind zu bekommen. Die Praxis, eine Frau über 30 Jahren als »alte« Erstgebärende zu bezeichnen, muß wahrscheinlich geändert werden, da heute viele Frauen in dieser Situation sind. Ärzte und Hebammen sind daran gewöhnt, mit älteren Müttern, die ihr erstes Kind bekommen, umzugehen. Sie sehen es als normal an und nicht als Grund zur Beunruhigung. Früher nahmen Ärzte an, daß jede Frau über 30 Probleme haben würde. Heute wissen wir, daß Probleme nicht viel häufiger sind als bei jüngeren Frauen.

Die meisten Frauen entscheiden sich dafür, zumindest für einen Teil der Schwangerschaft zu arbeiten. Das bedeutet, daß heute die Planung von Schwangerschaft und Geburt ganz anders aussieht als in der Vergangenheit, als Frauen nach der Heirat nicht mehr berufstätig waren und zu Hause blieben. Heute müssen viele Frauen ihre späteren Berufsaussichten bedenken, daher habe ich in diesem Buch die Vor- und Nachteile beschrieben, die entstehen, wenn Frauen Berufstätigkeit, Schwangerschaft und Mutterschaft verbinden. Selbst wenn man sich vorgenommen hat, zwei Monate nach der Geburt des Kindes wieder zu arbeiten, wird man vielleicht feststellen, daß es unmöglich ist, das Baby einem anderen anzuvertrauen, und wartet mit der Arbeitsaufnahme noch einige Monate. Niemand kann vor der Geburt des eigenen Kindes voraussagen, wie man sich danach fühlen wird. Da immer mehr Frauen berufstätig sind, ist es jedoch wichtig und unerläßlich, darüber nachzudenken, wie man ihre Situation erleichtern kann.

Jede Frau hat ihre Zweifel und Ängste – es wäre unnormal, wenn man sie nicht hätte. Im Rückblick wird alles leicht und einfach erscheinen, aber in der Zwischenzeit ist es hilfreich, an all die anderen Frauen in ähnlicher Situation zu denken, die ihre Schwangerschaft genießen, denkwürdige Geburten erleben und die trotz einiger schlafloser Nächte und Sorgen um Ernährung und Gewichtszunahme des Babys von ihren Kindern begeistert sind. Sie machen die Erfahrung, daß Schwangerschaft und Geburt ihnen eine erfüllende Zeit in ihrem Leben eröffnet.

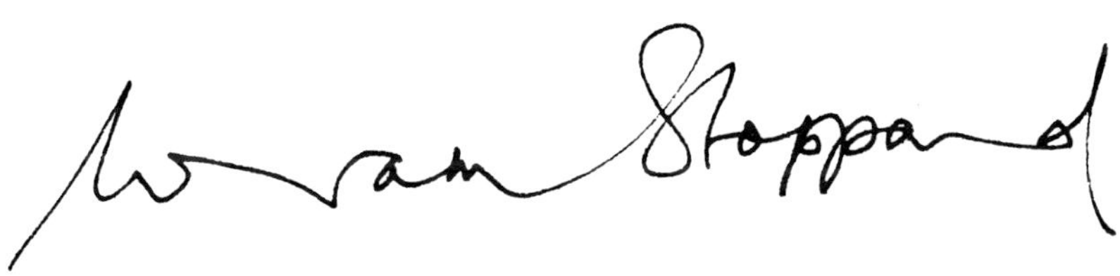

Schwangerschaftskalender

Kenntnisse von den Körpervorgängen während der Schwangerschaft helfen, den eigenen Körper und seine Bedürfnisse besser kennenzulernen. Dieser Kalender beschreibt in Kurzform die wöchentlichen Entwicklungen des Babys und die Veränderungen im eigenen Körper, so daß man das Geschehen während der Schwangerschaft besser verstehen kann. Da keine Schwangerschaft der anderen gleicht, sollte man nicht beunruhigt sein, wenn manche Änderungen zu einem bestimmten Zeitpunkt noch nicht eingetreten sind; sie erfolgen zu gegebener Zeit.
In jedem Monat gibt es in der Regel bestimmte Dinge, an die Sie denken sollten, z. B. einen Geburtsvorbereitungskurs belegen, mit speziellen Pflegemaßnahmen beginnen oder Schwangerschaftskleidung und Stillbüstenhalter kaufen. Darauf wird im folgenden jeweils hingewiesen, ausführlich werden diese Punkte in den nachfolgenden Kapiteln behandelt.

Schwanger werden

Anzeichen einer Schwangerschaft

Planen Sie eine Schwangerschaft, sind Sie, wenn Ihre Periode ausbleibt, vermutlich schwanger. Vielleicht stellen Sie außer dem Ausbleiben der Periode noch keine weiteren Veränderungen fest, aber es ist auch möglich, daß die hormonellen Veränderungen zusätzlich zu einem oder mehreren der folgenden körperlichen Anzeichen führen:

- Übelkeit
- Veränderung des Geschmacks: vielleicht mögen Sie plötzlich keinen Kaffee oder Alkohol mehr
- eine Vorliebe für bestimmte Speisen, manchmal in Form eines Heißhungers
- Metallgeschmack im Mund
- Veränderungen in den Brüsten; sie können sich weich anfühlen und etwas spannen
- verstärkter Harndrang
- Müdigkeit zu jeder Tageszeit; es kann Ihnen auch schwarz vor Augen oder schwindlig werden
- vermehrter Ausfluß
- unerklärlicher Stimmungswechsel und Gemütsschwankungen

Schwangerschaftsdauer

Eine Schwangerschaft dauert vom Zeitpunkt der Befruchtung des Eis bis zur Geburt 266 Tage. Zur Berechnung, wie weit fortgeschritten Ihre Schwangerschaft ist, gilt jedoch der erste Tag der letzten Menstruation als Tag 1 der Schwangerschaft und nicht der Tag der Befruchtung. Bei einem (im Durchschnitt) 28tägigen Zyklus findet die Befruchtung tatsächlich um den 14. Tag herum statt und nicht am ersten Tag der berechneten Schwangerschaft. Der Eisprung findet in der Regel 14 Tage vor Einsetzen der Periode statt. Aufgrund dieser Zeiteinteilung ist eine Schwangerschaft rechnerisch 266 Tage plus 14 Tage, also 40 Wochen lang. Eine normale Schwangerschaft kann zwischen 38 und 42 Wochen dauern. Auf Seite 50 finden Sie eine Tabelle, in der Sie Ihren voraussichtlichen Entbindungstag ablesen können.

6.-8. Woche

Jetzt sollten Sie Ihren Frauenarzt aufsuchen, um die Schwangerschaft bestätigen zu lassen. Bei einer vaginalen Untersuchung spürt der Arzt, daß die Gebärmutter geschwollen und leicht vergrößert ist; Scheide und Gebärmutterhals sind weich und von bläulicher Farbe. Haben Sie Fragen, wie Sie sich während der Schwangerschaft verhalten sollen, sprechen Sie mit dem Arzt darüber. Sie können ihm jetzt auch schon mitteilen, welche Art der Geburt Sie wünschen (Kapitel 3).

Die Bestätigung der Schwangerschaft

- Das Schwangerschaftshormon HCG (humanes Choriongonadotropin) kann schon in kleinen Mengen im Urin nachgewiesen werden. In der Apotheke erhältliche Schwangerschaftstests, die zu Hause durchführbar sind, haben eine Zuverlässigkeit um 95 %, und man kann eine Schwangerschaft bereits kurz nach Ausbleiben der Periode damit feststellen. Sie können den Test auch beim Frauenarzt durchführen lassen.
- Ein Bluttest kann die Schwangerschaftshormone bereits nachweisen, bevor die Periode ausgeblieben ist.
- Sind bereits zwei Perioden ausgeblieben, kann der Arzt durch eine vaginale Untersuchung die Schwangerschaft sicher bestätigen.

Diagnostische Tests

Sind Sie über 35 Jahre alt, wird der Arzt die Möglichkeit einer Amniozentese (siehe S. 83) ansprechen; diese Untersuchung ermöglicht die Feststellung von Fehlbildungen des Fetus, die bei älteren Frauen oder in erblich vorbelasteten Familien vorkommen können.

Leben Sie verantwortungsbewußt

Das Baby ist in diesen ersten Monaten am verletzlichsten, daher müssen Sie Vorsichtsmaßnahmen treffen:

- Falls Sie Medikamente nehmen, sprechen Sie mit dem Arzt darüber.
- Geben Sie das Rauchen auf und trinken Sie keinen Alkohol. Fällt Ihnen dies zu schwer, so schränken Sie den Nikotin- und Alkoholkonsum zumindest stark ein.
- Überprüfen Sie, ob Ihre Arbeitsbedingungen Ihre Schwangerschaft gefährden können (siehe S. 51).
- Bitten Sie den Arzt, Ihre Rötelnimmunität zu überprüfen (siehe S. 36).
- Stellen Sie hohe Ansprüche an die Hygiene. Tragen Sie Gummihandschuhe, wenn Sie mit rohem Fleisch, Haustierstreu und Fäkalien umgehen.

Vorsorgeuntersuchung
Die Ärztin stellt Ihnen zu Beginn der Schwangerschaft einen Mutterpaß aus.

Ihr Körper

- Ihre Brüste fühlen sich weich und schwer an.
- Ihre Gefühle können stark schwanken.
- Sie können morgens, aber auch zu anderen Tageszeiten Übelkeit verspüren.
- Müdigkeit kann alle anderen Symptome zusätzlich verstärken.

Ihr Baby

- Beim Embryo, der jetzt als Fetus bezeichnet werden kann, sitzen alle inneren Organe an der richtigen Stelle.
- Er bewegt sich viel, auch wenn Sie diese Bewegungen noch nicht spüren können.

Länge
Der Embryo ist fast 25 mm lang und ungefähr so groß wie eine Erdbeere.

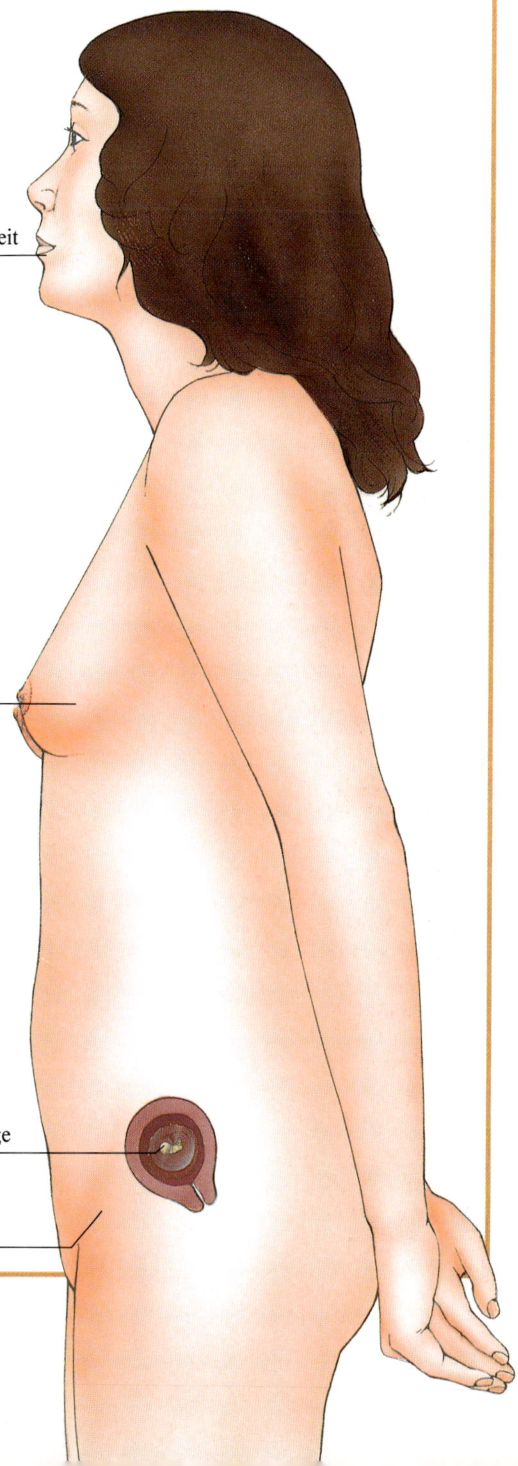

12. Woche

Am Ende der ersten zwölf Wochen sollten Beschwerden wie morgendliche Übelkeit und häufiger Harndrang allmählich nachlassen. Vielleicht stellen Sie die erste Gewichtszunahme fest. Von nun an nimmt die Blutmenge in Ihrem Körper kontinuierlich zu, so daß Herz und Lungen stärker arbeiten müssen. Auch die Nieren arbeiten stärker. Als Folge der Verlangsamung der Darmbewegungen kann Verstopfung auftreten. Sprechen Sie mit Ihrem Arzt über Ihr normales Fitneßprogramm; stimmt er zu, daß Sie es beibehalten, so können Sie weiterhin Sport treiben. Vereinbaren Sie einen Termin beim Zahnarzt.

Wichtige Maßnahmen

Gehen Sie regelmäßig zu den Vorsorgeuntersuchungen; vereinbaren Sie einen Termin beim Zahnarzt zur Zahnkontrolle.

- Informieren Sie Ihren Arbeitgeber über Ihre Schwangerschaft.
- Überlegen Sie, ob Sie und Ihr Partner einen Säuglingspflegekurs besuchen wollen. Informieren Sie sich über entsprechende Angebote (bei Volkshochschulen, Krankenhäusern usw.).
- Wenn Sie im Krankenhaus entbinden wollen, informieren Sie sich über die Möglichkeiten in Ihrer Umgebung. In den meisten Krankenhäusern können Sie die Räumlichkeiten auch besichtigen.
- Informieren Sie sich über das Angebot an Geburtsvorbereitungskursen (Schwangerschaftsgymnastik) vor Ort. Neben Übungen zur körperlichen Fitneß während der Schwangerschaft werden Entspannungs- und Atemtechniken geübt, man lernt, wie man mit den Wehen umgeht, und lernt nicht zuletzt andere schwangere Frauen kennen. Auskünfte erhalten Sie beim Frauenarzt, den Krankenkassen, im Krankenhaus, bei Volkshochschulen.
- Ernähren Sie sich möglichst während der ganzen Schwangerschaft gesund; vitaminreich und mit viel Frischkost.

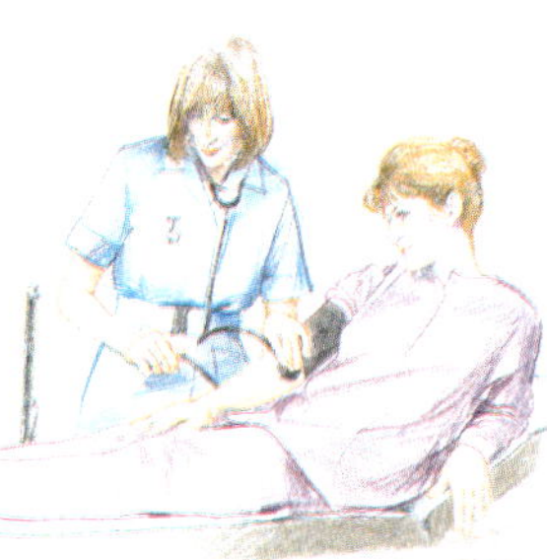

Blutdruck
Wird der Blutdruck regelmäßig überprüft, kann ein plötzlicher Anstieg schnell erkannt werden.

Wiegen
Bei jeder Vorsorgeuntersuchung wird das Gewicht überprüft.

Ihr Körper

- Die Übelkeit ist nicht mehr so stark.
- Der Harndrang läßt nach.
- Verstopfung kann auftreten.

Ihr Baby

- Die äußeren Geschlechtsorgane sind erkennbar.
- Die Augen sind ausgebildet, Finger und Zehen entwickeln sich, sind allerdings noch mit Haut untereinander verbunden.
- Die meisten inneren Organe funktionieren.
- Die Muskeln entwickeln sich, so daß die Bewegungen des Babys stärker werden.

Länge 7,5 cm
Gewicht 18 g

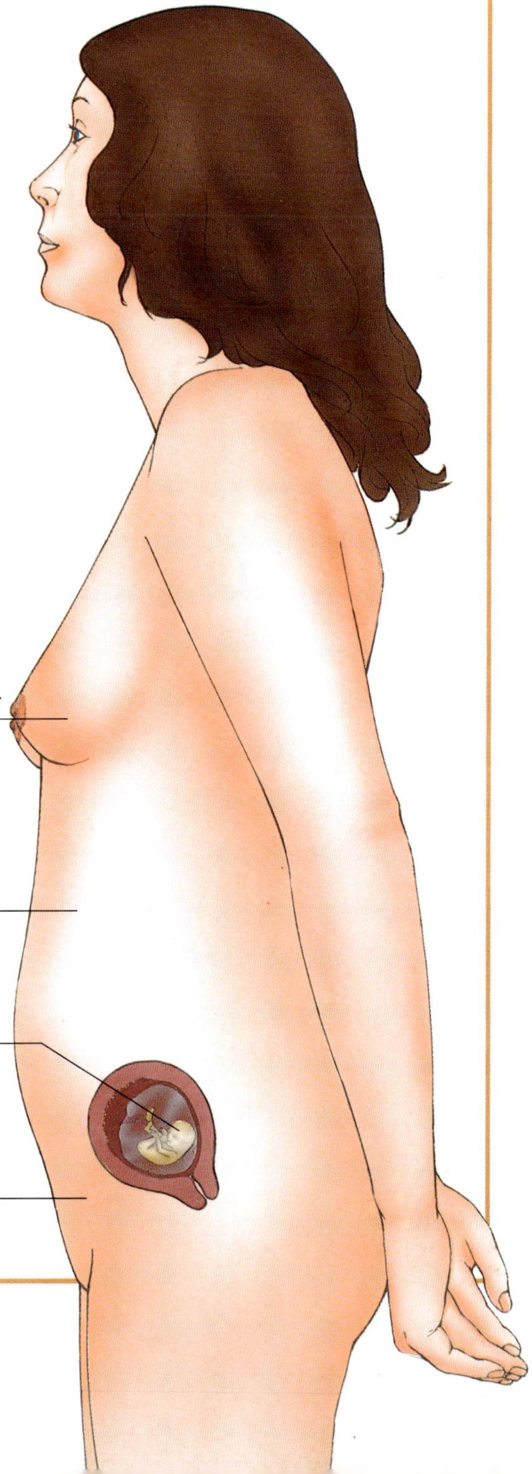

16. Woche

Sie fühlen sich allmählich besser und schwungvoller. Wahrscheinlich sieht man nun, daß Sie schwanger sind. Ihre Muskeln und Bänder werden weicher, und Ihre Taille verschwindet. Ernähren Sie sich sehr bewußt. Sobald Sie sich besser fühlen, wird Ihr Appetit größer, und Sie nehmen vielleicht sehr schnell zu. Tragen Sie nun auch bequeme Kleidung, die nicht einengt. Spätestens jetzt sollten Sie einen guten Büstenhalter kaufen, der ausreichend Halt bietet (siehe S. 142).

Medizinische Tests

- Wahrscheinlich führt man spätestens jetzt eine Ultraschalluntersuchung durch (siehe S. 82).
- Eine Alpha-Feto-Protein-Untersuchung (AFP) zeigt, ob Ihr Blut einen erhöhten Gehalt an dieser Substanz aufweist (siehe S. 82).
- Sind Sie über 35 Jahre, sind in Ihrer Familie schon Erbkrankheiten aufgetreten oder ist der AFP-Gehalt Ihres Blutes erhöht, kann zwischen der 16. und 18. Woche eine Amniozentese durchgeführt werden (siehe S. 83 ff.). Die Ergebnisse liegen nach ungefähr drei Wochen vor.
- Litten Sie früher schon an einer Gebärmutterhalsschwäche (Zervixinsuffizienz, siehe S. 162), wird der Muttermund jetzt unter Vollnarkose durch eine Naht verschlossen.

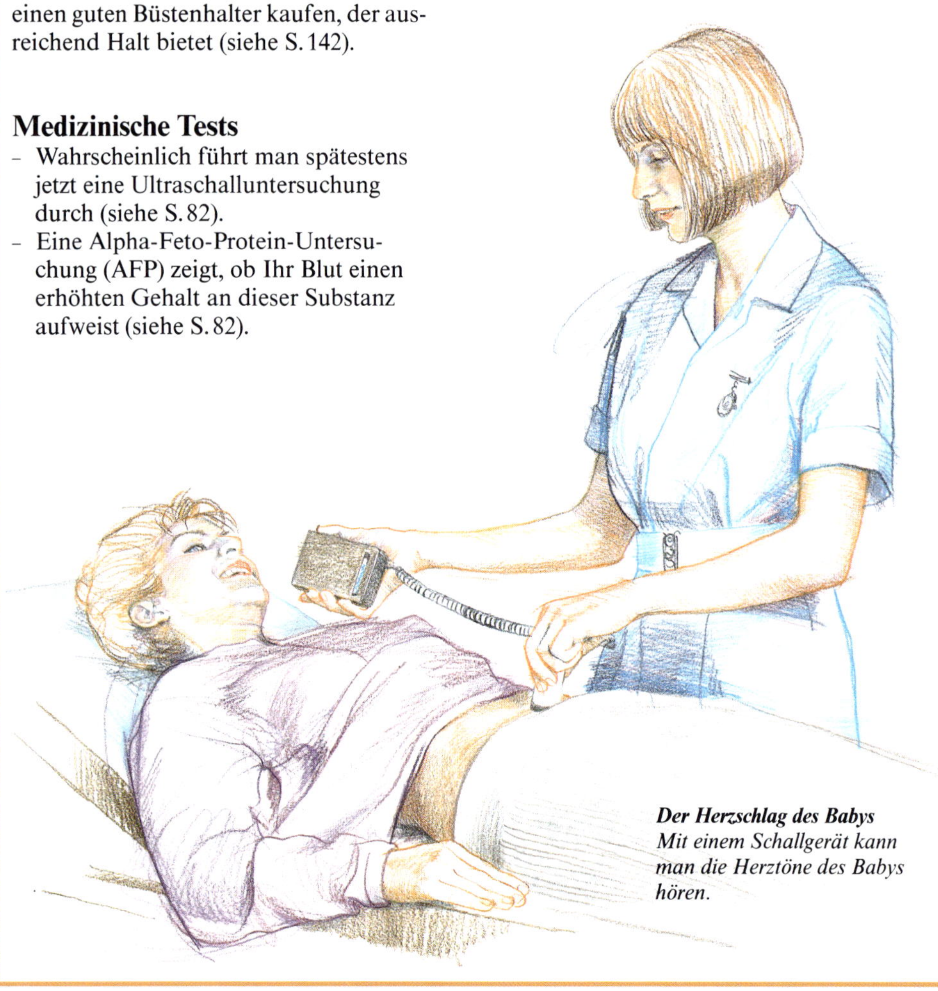

Der Herzschlag des Babys
Mit einem Schallgerät kann man die Herztöne des Babys hören.

Ihr Körper

- Sie sollten sich jetzt gut und voller Energie fühlen.
- Die Pigmentierung der Haut im Gesicht, auf Brüsten und Armen kann sich verändern.

Ihr Baby

- Ihr Baby ist vollständig ausgebildet. Von nun an wächst es vor allem in der Größe. Die Bildung lebenswichtiger Organe kann durch Drogen, Infektionen oder Vergiftungen kaum noch beeinträchtigt werden.
- Das Baby nimmt deutlich an Gewicht zu.
- Es hat klare Fingerabdrücke.
- Die Bewegungen werden kräftiger; feiner Flaum, Lanugo, erscheint am ganzen Körper.

Länge 16 cm
Gewicht 135 g

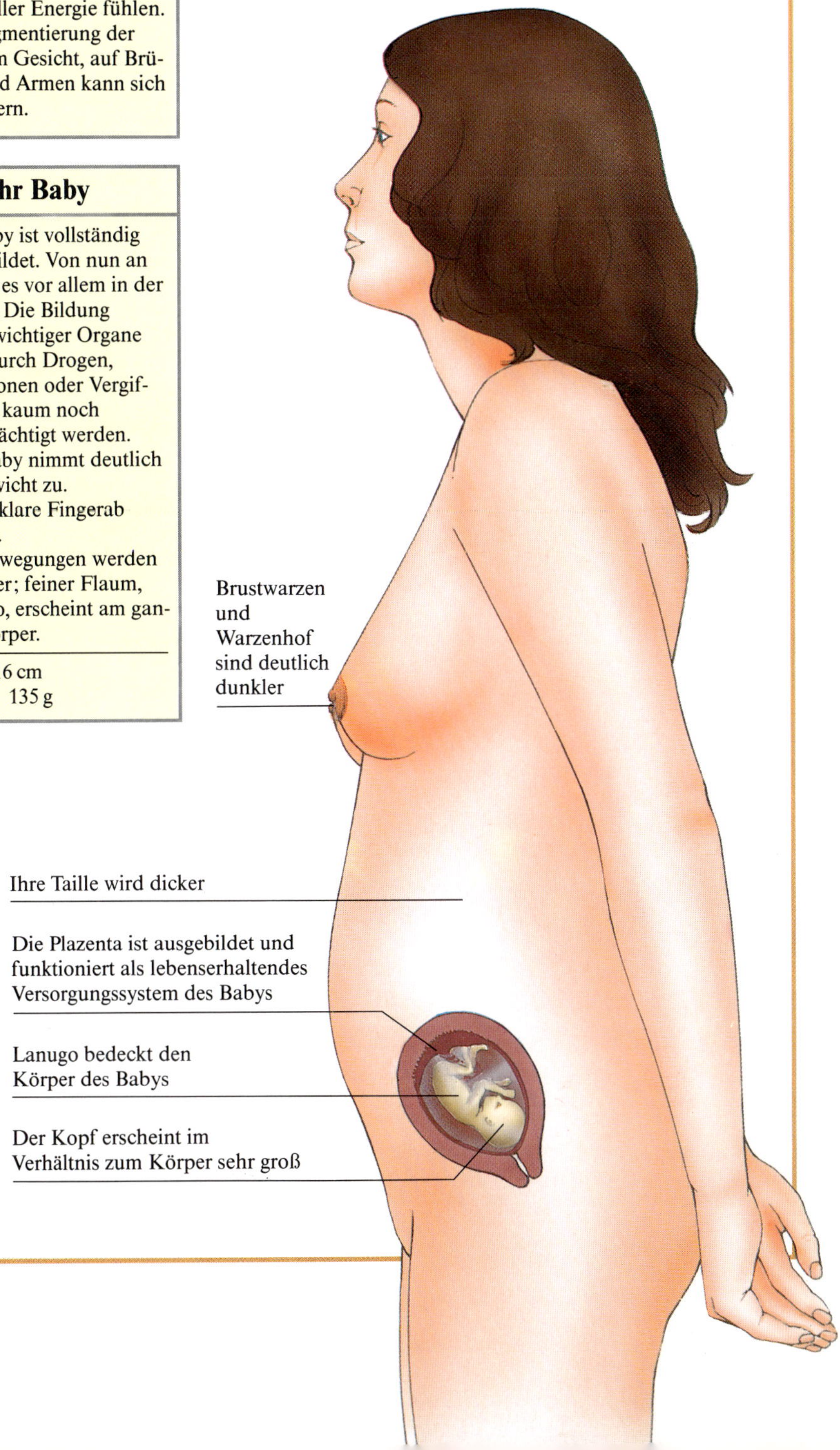

20. Woche

Inzwischen werden Sie das Baby auf dem Ultraschallbild erkannt haben, und Sie spüren seine Bewegungen wie das Flattern eines Schmetterlings in Ihrem Bauch. Die Ergebnisse der durchgeführten Tests zeigen, ob irgendwelche Probleme bestehen oder ob Sie Zwillinge erwarten. Wenn alles in Ordnung ist, können Sie nun die angenehmste Phase Ihrer Schwangerschaft genießen. Sie sehen sicherlich strahlend aus, auch wenn die intensive Pigmentierung sich möglicherweise noch verstärkt hat (siehe S. 104). Bekommen Sie im Gesicht eine »Schmetterlingsmaske«, meiden Sie die Sonne und bleichen Sie die Haut nicht.

Seien Sie offen
Diskutieren Sie Ihre Zweifel und Befürchtungen mit dem Partner.

Gemischte Gefühle

Es ist normal, wenn Sie und Ihr Partner der Elternschaft mit gemischten Gefühlen entgegensehen. Je näher die Geburt rückt, um so stärker können die Ängste werden; vielleicht fragen Sie sich, ob Sie sich für die Elternschaft reif fühlen und wie sie sich auf Ihre Beziehungen auswirken wird. Am besten spricht man offen über diese Befürchtungen. Eine andere Perspektive ist immer hilfreich und kann beim Erarbeiten von Strategien nützlich sein.

Übungen

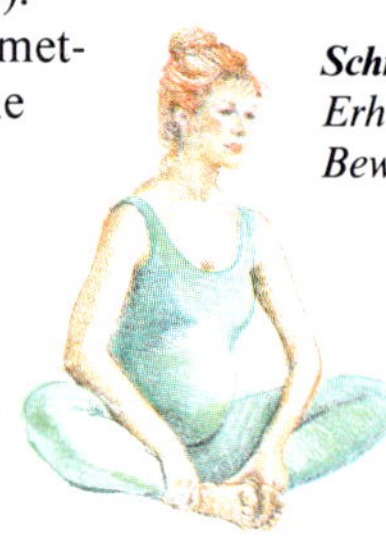

Schneidersitz
Erhöht die Beweglichkeit

Hocken
Eine gute Vorbereitung für eine Geburt in aufrechter Stellung

Sie sollten Ihr Übungsprogramm planen. Beginnen Sie mit einem Geburtsvorbereitungskurs. Machen Sie regelmäßig Schwangerschaftsgymnastik. Sie lernen dabei, wie man die Beckenbodenmuskulatur spannt (siehe S. 128), und Sie erhöhen Ihre Beweglichkeit als Vorbereitung auf die Geburt. Sie können auch selbst Übungen durchführen. Schwimmen ist ausgezeichnet zur Stärkung der allgemeinen Fitneß; im Wasser können Sie auch einige der Übungen durchführen (siehe Kapitel 9).

Ihr Körper

- Ihre Brüste können Kolostrum bilden, die erste Milch. Wischen Sie sie mit einem Tuch ab.
- Sie können Zahnfleischbluten bekommen.
- Eine verstopfte Nase kann sehr lästig sein.
- Sie können starken vaginalen Ausfluß haben. Verwenden Sie eine Binde, keine Tampons.

Ihr Baby

- Die Zähne des Babys beginnen sich im Kiefer zu bilden.
- Die Bewegungen können als leichtes Flattern spürbar sein.

Länge 25 cm
Gewicht 340 g

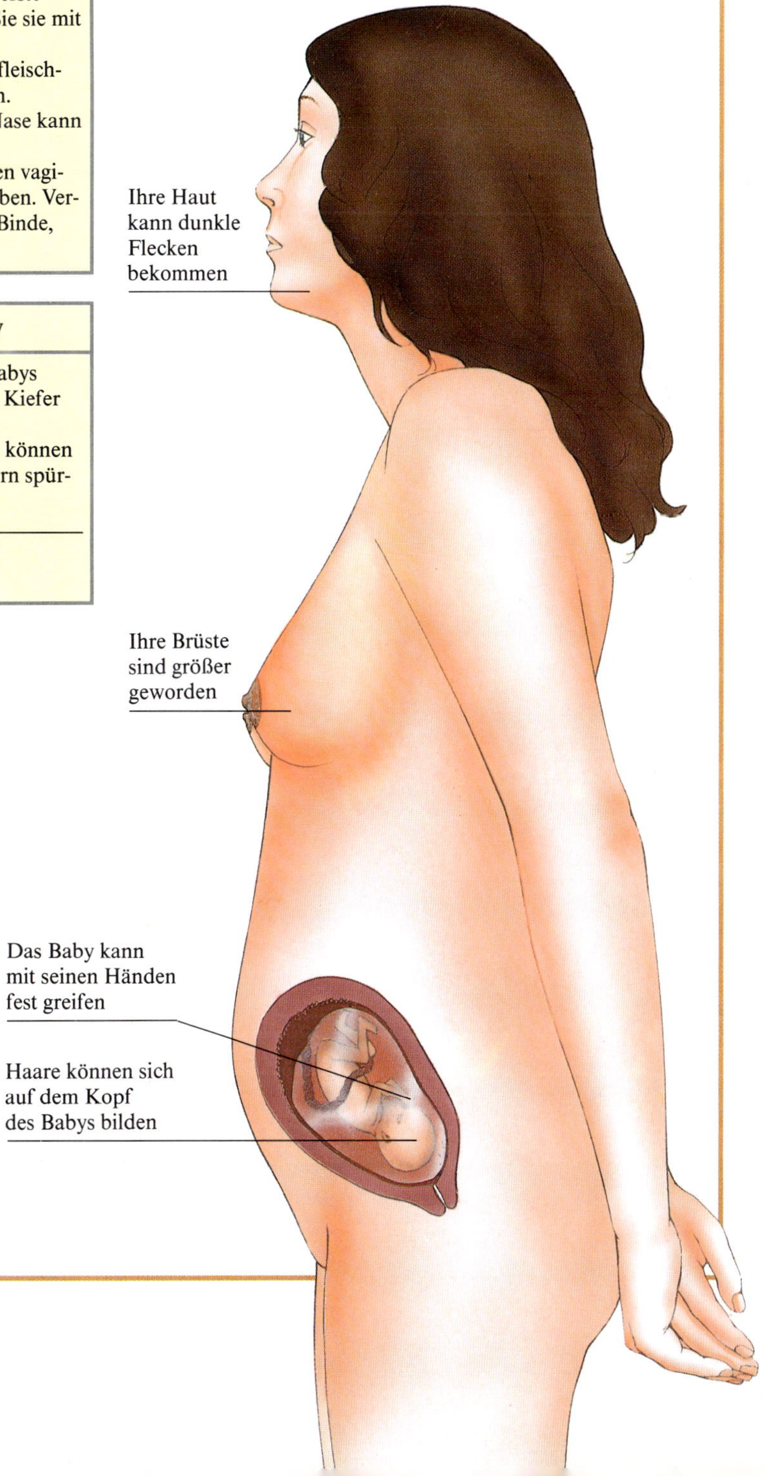

24. Woche

Die größte Gewichtszunahme findet statt; die Belastung macht sich an den Füßen bemerkbar. Achten Sie auf eine gute Haltung (siehe S. 125). Tragen Sie bequeme Schuhe, und legen Sie die Beine so oft wie möglich hoch. Von jetzt an leisten Herz und Lungen um 50 Prozent mehr Arbeit. Wahrscheinlich schwitzen Sie mehr, da der Spiegel aller Körperflüssigkeiten erhöht ist. Ihr Gesicht ist wegen der stärkeren Durchblutung meist gerötet. Führen Sie regelmäßig die Schwangerschaftsgymnastik sowie Entspannungs- und Atemübungen durch.

Gewichtszunahme

Während der Schwangerschaft müssen Sie an Gewicht zunehmen; die Zeiten, als das Gewicht streng überwacht und die Mutter ermahnt wurde, wenn sie zu sehr zunahm, sind vorbei. Zwischen der 24. und 32. Schwangerschaftswoche erfolgt in der Regel die schnellste Gewichtszunahme. Fühlen Sie sich allerdings schon schwer, dann sollten Sie sich während dieser Zeit etwas Zurückhaltung auferlegen oder öfters spazierengehen oder schwimmen, um überzählige Kalorien abzubauen. Allerdings ist jetzt nicht der Zeitpunkt für eine Diät. Achten Sie statt dessen auf eine ausgewogene, abwechslungsreiche Ernährung mit vielen Nährstoffen und frischen Nahrungsmitteln.

Ernährung in der Schwangerschaft
Essen Sie möglichst viele Nahrungsmittel in frischem, rohem, unverarbeitetem Zustand.

Ihr Körper

- Sie sehen nun schwanger aus und müssen weite Kleidung tragen.
- Aufgrund der erhöhten Durchblutung ist Ihnen heiß und Sie schwitzen.

Ihr Baby

- Das Baby kann am Daumen saugen und Schluckauf bekommen.
- Das Baby hat keinen bestimmten Schlafrhythmus, aber seine Bewegungen scheinen am aktivsten zu sein, wenn Sie schlafen wollen.

Länge 33 cm
Gewicht 570 g

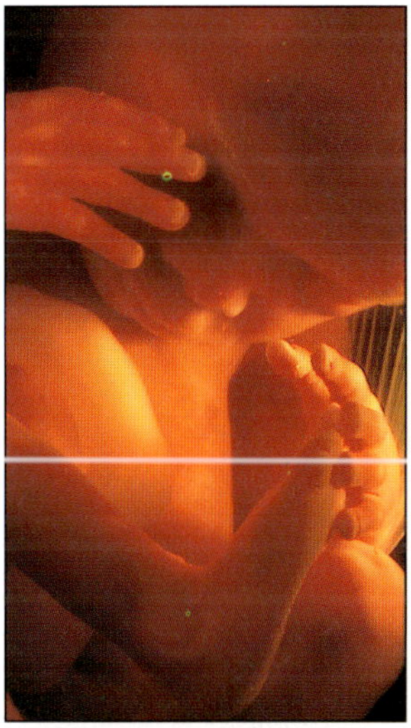

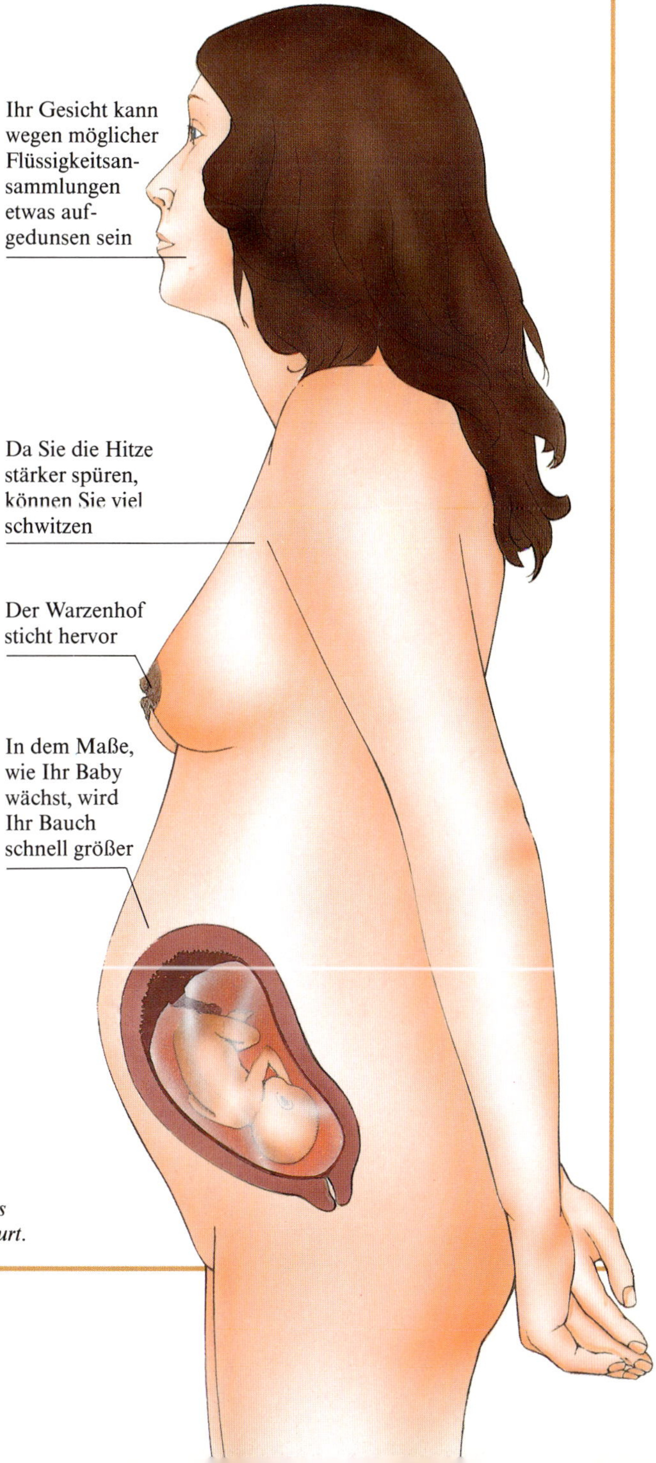

Ein Blick in die Gebärmutter
Aussehen und Verhalten des Babys sind jetzt bereits so wie bei der Geburt.

28. Woche

Je mehr das Baby wächst, um so dünner und gedehnter wird die Haut auf Ihrem Bauch. Möglicherweise treten Dehnungsstreifen auf. Würde Ihr Baby jetzt geboren, könnte es bei besonderer medizinischer Versorgung bereits überleben.
Sie sollten Ihrem Arbeitgeber nun auch bald schriftlich mitteilen, wann der erwartete Geburtstermin ist, wann die Schutzfrist beginnt und ob und wann Sie beabsichtigen, die Arbeit wiederaufzunehmen.

Schwangerschaftsbeschwerden

Einige der kleineren Unpäßlichkeiten einer Schwangerschaft werden zu Ihrem Alltag gehören (Kapitel 2). Gehen Sie jedes Problem sensibel an und seien Sie versichert, daß es nach der Geburt verschwinden wird. Wenn Ihnen die Verdauung Probleme bereitet, essen Sie öfters kleine Portionen und meiden Sie Nahrungsmittel, die Sie schlecht vertragen. Leiden Sie an Krämpfen, nehmen Sie viel Milchprodukte zu sich, um eine ausreichende Kalziumversorgung zu gewährleisten.
Jetzt können sich auch erste, schmerzlose Vorwehen bemerkbar machen (siehe S. 177).
Sie sollten viel ruhen und schlafen. Dies ist nicht immer einfach, da Ihr Umfang, Verdauungsprobleme und die Bewegungen des Babys nächtliches Durchschlafen beinahe unmöglich machen. Ein bequemes Bett kann diesem Problem abhelfen; mit Hilfe von Kissen können Sie sich eine bequeme Stellung einrichten, nachts zum Schlafen und tagsüber zum Ausruhen.
Während der letzten Monate müssen Sie vielleicht einige locker fallende Tops, Hemden, Jogginganzüge oder Hosen kaufen, um Ihre Schwangerschaftsgarderobe zu ergänzen. Sie können sich vielleicht auch einige Kleidungsstücke von Ihrem Partner ausleihen. Für besondere Gelegenheiten wollen Sie vielleicht einige Umstandskleider kaufen. Umstandskleider sind in der Regel vorne etwas länger, um Platz für den Bauch zu lassen.
Tragen Sie vernünftiges Schuhwerk, wie bequeme, flache Schuhe.

Kleidung

Ihre Garderobe
Viele Ihrer normalen Kleidungsstücke können Sie während der Schwangerschaft tragen.

Tragen Sie natürliche Stoffe (Baumwolle, Seide), in denen Sie weniger schwitzen

Mit Gummibändern läßt sich die Bundweite regulieren

Bequeme Stellungen
Dies ist eine gute Ruhestellung für den Tag.

Ihr Körper

- Vielleicht bilden sich Dehnungsstreifen auf Bauch oder Oberschenkeln.
- Sodbrennen oder Verstopfung können auftreten.

Ihr Baby

- Es setzt Fett an.
- Die Käseschmiere – eine fettige Substanz – bedeckt die Haut des Babys, so daß sie durch das Fruchtwasser nicht aufgeweicht wird.

Länge 37 cm
Gewicht 900 g

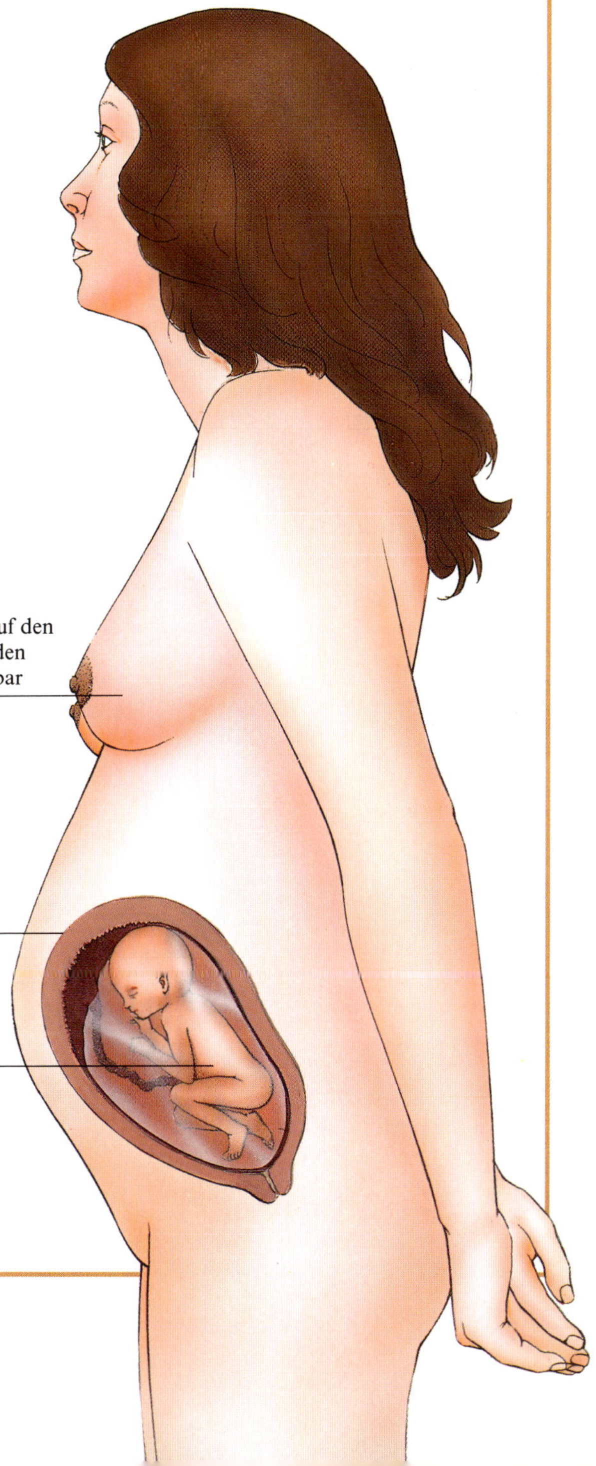

32. Woche

Sie werden schnell erschöpft sein und bei Anstrengung vielleicht kurzatmig. Sie werden sich wahrscheinlich freuen, bald nicht mehr arbeiten zu müssen; versuchen Sie tagsüber soviel wie möglich auszuruhen. Nehmen Sie die Dinge leicht, besonders, wenn Sie nicht gut schlafen. Spätestens jetzt sollten Sie mit Ihrem Partner einen Säuglingspflegekurs besuchen; packen Sie Ihr Köfferchen, das Sie zur Entbindung ins Krankenhaus mitnehmen wollen (siehe S. 172). Vielleicht wollen Sie nun auch die Ausstattung für Ihr Baby besorgen.
Die Vorsorgeuntersuchungen finden nun in zweiwöchentlichem Abstand statt. Wahrscheinlich wird durch einen Bluttest noch einmal überprüft, ob Sie nicht an Eisenmangel leiden. Auch ein zweiter Antikörper-Suchtest wird in der Regel durchgeführt.

Gute Haltung

Während der Schwangerschaft werden alle Gelenke und Bänder belastet. Die Veränderung des Körperschwerpunkts durch die Vergrößerung der Gebärmutter kann Ihre Haltung beeinflussen; wenn Sie sich nicht konzentrieren und an Ihren Körper denken, wenn Sie zum Beispiel etwas aufheben und schwere Taschen tragen, können Sie unnötige Rückenschmerzen bekommen.

Müdigkeit

Schlafprobleme sind in diesem Stadium der Schwangerschaft sehr verbreitet. Wenn Sie wach liegen, nutzen Sie die Zeit, um Ihre Entspannungstechniken durchzuführen. Wärmflaschen lindern Schmerzen im Beckenbereich.
Wenn Sie aufwachen, weil Sie Harndrang haben, schaukeln Sie beim Wasserlassen leicht vor und zurück. Dadurch wird die Blase gründlicher entleert, und Sie müssen nicht so schnell wieder aufstehen.

Sex während der Schwangerschaft

Im letzten Schwangerschaftsdrittel kann Ihnen Ihr Umfang beim Sex Probleme bereiten, so daß Sie bequemere Stellungen (siehe S. 110) oder andere Wege, sich zu lieben, ausprobieren müssen. Massage lindert nicht nur Beschwerden und Schmerzen, sondern kann auch eine liebevolle Möglichkeit sein, Zuneigung auszudrücken.

Gute Haltung

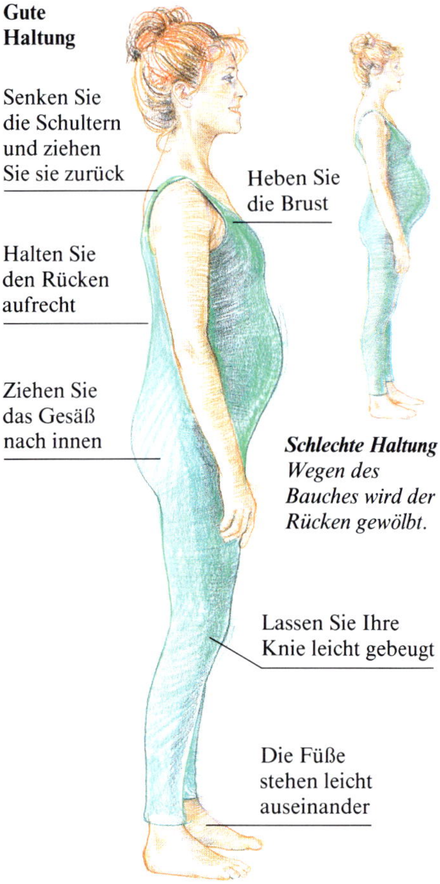

Schlechte Haltung
Wegen des Bauches wird der Rücken gewölbt.

Ihr Körper

- Durch die Vergrößerung der Gebärmutter kann es zu Schmerzen an den unteren Rippen kommen, da Baby und Gebärmutter gegen das Zwerchfell stoßen.
- Ihr Nabel stülpt sich nach außen, und die Linea nigra, wird sichtbar.
- Sie haben wieder verstärkten Harndrang, da Ihre inneren Organe durch die wachsende Gebärmutter zusammengedrückt werden.

Ihr Baby

- In den meisten Fällen liegt das Baby nun mit dem Kopf nach unten.
- Wenn es jetzt geboren würde, hätte es zu 50 % Überlebenschancen, da die Lungen voll entwickelt sind.
- Die Plazenta ist voll ausgereift.

Länge 40,5 cm
Gewicht 1,6 kg

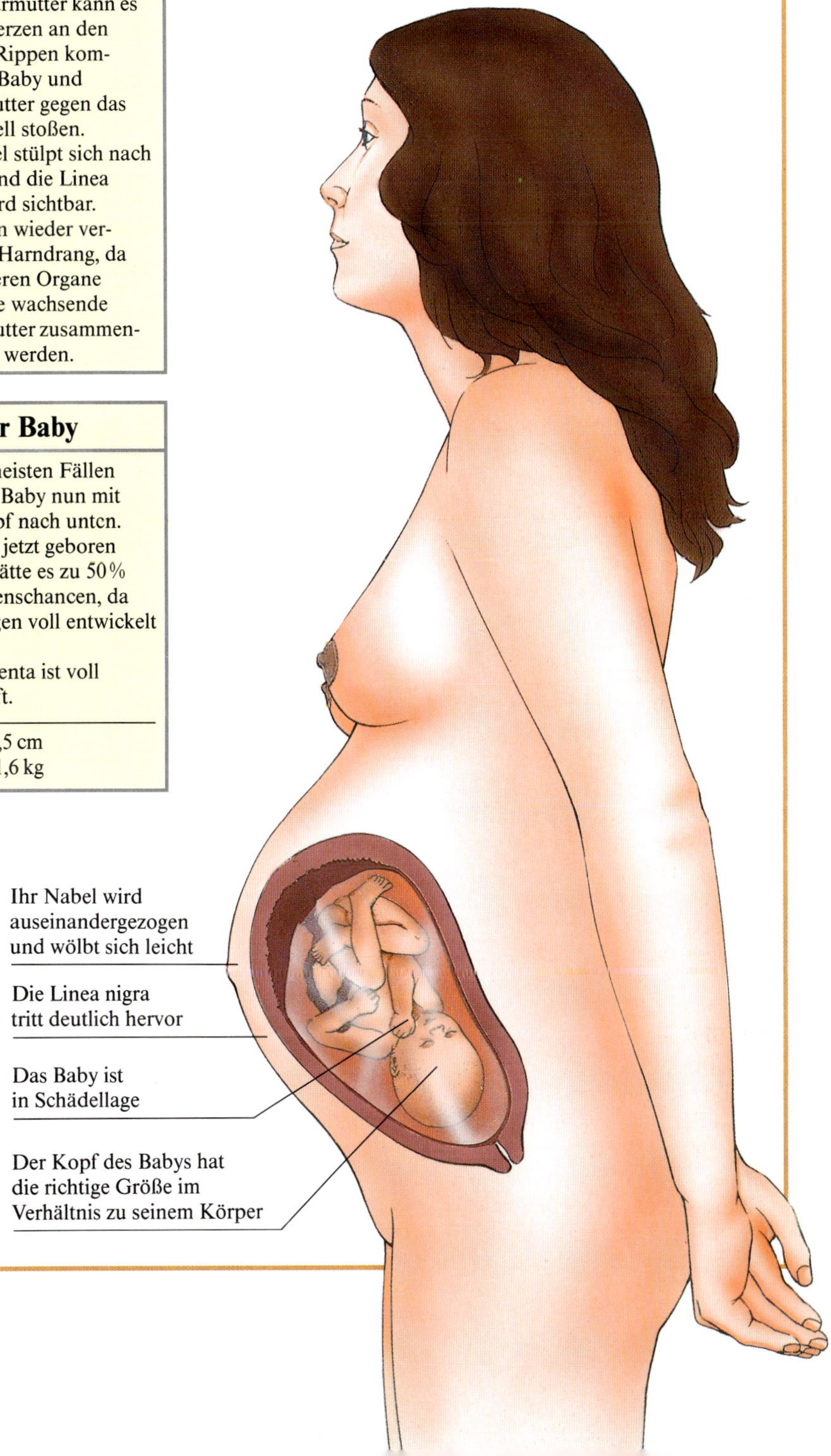

36. Woche

Von jetzt an sollten Sie Ihr Leben sorgfältig planen; nehmen Sie sich nicht zuviel vor; verbringen Sie Ihre Zeit mit vorsichtigen Aktivitäten. Lassen Sie die laufenden Pflichten von anderen erledigen. Starke Senkwehen lassen schon an die Geburt denken (siehe S. 176 ff.). Üben Sie Ihre Atemtechniken mit diesen Wehen. Die Vorsorgeuntersuchungen finden weiter im 14tägigen Rhythmus statt. Wenn es Ihr erstes Baby ist, tritt sein Kopf ins Becken ein. Dadurch wird die Atmung erleichtert, aber es kann zu Schmerzen in der Beckengegend kommen. Sie sollten nicht zu lange stehen, da die Fußknöchel anschwellen können. Wenn Sie starken Ausfluß haben, verwenden Sie Hygienebinden (führen Sie niemals Tampons ein).

Stillen

Wenn kurz nach der Geburt die Milch einschießt, werden sich Ihre Brüste nochmals vergrößern. Wollen Sie stillen, sollten Sie jetzt mindestens zwei Stillbüstenhalter, die vorne zu öffnen sind, kaufen. Bitten Sie im Fachgeschäft um Beratung, wenn Sie nicht genau wissen, welches Modell Sie wählen sollen.
Wird Kolostrum abgesondert, sollten Sie Stilleinlagen tragen, damit sich keine Flecken auf Ihrer Kleidung bilden.

Die Brustgröße messen

Messen Sie ungefähr in der 36. Schwangerschaftswoche Ihren Brustumfang, wobei Sie einen normalen Schwangerschaftsbüstenhalter tragen. Bestimmen Sie sowohl den Brustumfang wie auch die Körbchengröße.

Vorbereitungen für die Geburt

Im letzten Trimester wird der Drang, ein »Nest« zu bauen, stark. Da Sie nun nicht mehr arbeiten, haben Sie sicherlich Zeit, Babykleidung zu kaufen und ein Zimmer mit Bettchen, Wickelplatz und anderen Ausstattungsgegenständen einzurichten. Der Nestinstinkt kann zu einem Aktivitätsdrang führen, doch sollten Sie sich nicht übernehmen. Schonen Sie Ihre Kräfte. Ihr Köfferchen für die Geburt sollte jetzt auf jeden Fall fertig gepackt sein.

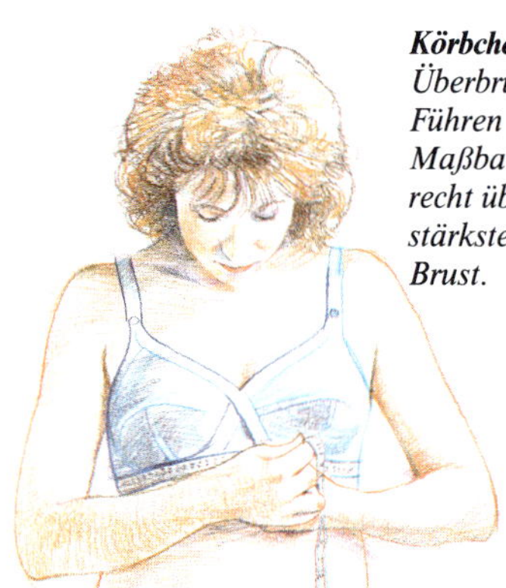

Körbchengröße
Überbrustmaß: Führen Sie das Maßband waagerecht über die stärkste Stelle der Brust.

Büstenhaltergröße
Unterbrustmaß: Messen Sie die Büstenhaltergröße unter den Brüsten.

Ihr Körper

- Wenn der Kopf des Babys ins Becken eintritt, lassen Verdauungsprobleme und Atembeschwerden nach.

Ihr Baby

- Das Baby wird immer rundlicher.
- Die Iris der Augen ist jetzt blau. Die Fingernägel reichen bis zu den Fingerspitzen.

Länge: 46 cm
Gewicht: 2,5 kg

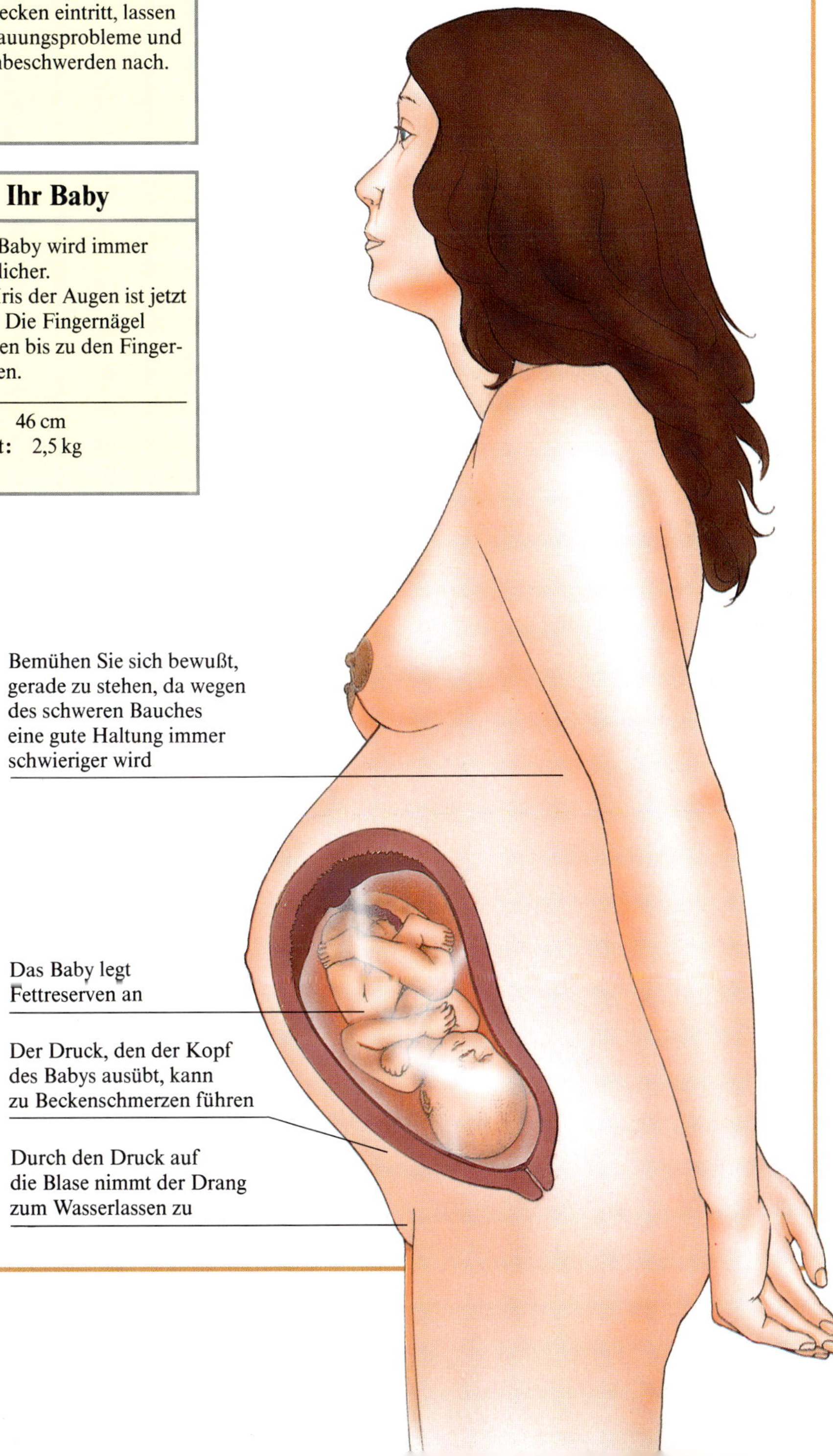

40. Woche

Der errechnete Geburtstermin steht bevor; ist er bereits verstrichen, machen Sie sich wahrscheinlich Sorgen. Doch nur 5% der Babys werden tatsächlich am errechneten Tag geboren. Sie empfinden inzwischen Ihren Körper als sehr schwer und sind oft müde; alle Ihre Bewegungen erfordern Anstrengung. Da das Baby tief unten im Becken liegt, haben Sie vielleicht Schmerzen in der Leistengegend und verspüren »Nadelstiche« in den Beinen. Die Bewegungen des Babys lassen nach, da es in der Gebärmutter nicht mehr viel Platz hat, aber kräftige Stöße von Händen und Füßen sind immer noch spürbar.

Anzeichen für die Geburt

Die Senkwehen können so stark werden, daß Sie meinen, die Geburt habe eingesetzt. Sind Sie im Zweifel, rufen Sie im Krankenhaus an oder sprechen Sie mit Ihrem Frauenarzt. Wirkliche Wehen sind regelmäßiger als Senkwehen.

Die Wehen kündigen sich nicht immer durch eindeutige Signale an (siehe S. 176). Selbst Frauen, die schon mehrere Kinder haben, können vom Einsetzen der Wehen überrascht werden.
Es gibt drei Anzeichen dafür, daß die Geburtswehen bald einsetzen werden:

- Der Abgang eines leicht blutigen Schleimpropfs. Er hat während der Schwangerschaft den Geburtskanal versperrt.
- Das Platzen der Fruchtblase; es kann ein Erguß oder auch nur ein leichtes Tröpfeln sein.
- Die Wehen beginnen in regelmäßigen Intervallen.

Das Messen der Wehen

Starke Senkwehen werden oft für Geburtswehen gehalten. Ob es sich um richtige Wehen handelt, können Sie feststellen, wenn Sie die Wehen während einer Stunde messen. Notieren Sie jeweils, wann eine Wehe beginnt und wie lange sie dauert. Die Kontraktionen sollten stärker und häufiger (siehe unten) werden und zwischen 30 und 60 Sekunden dauern. Manchmal beginnt eine Wehe und vergeht wieder. Sie sollten ins Krankenhaus gehen, wenn die Wehen in fünfminütigem Abstand erfolgen.

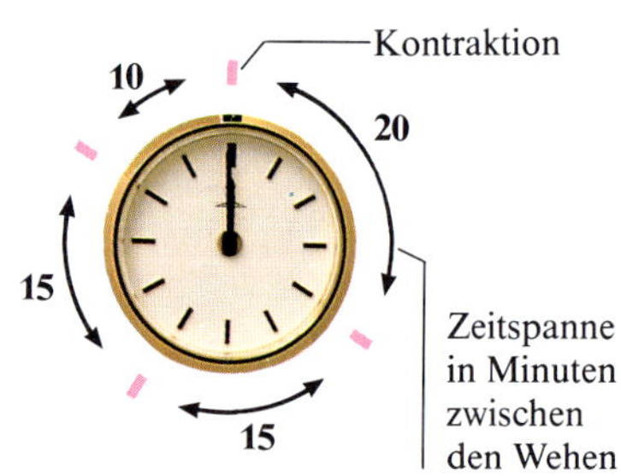

Ihr Körper

- Ihr Bauch ist sehr schwer.
- Alle Ihre Bewegungen erfordern große Anstrengung.
- Sie sind müde.
- Der Muttermund wird weich.

Ihr Baby

- Das Baby hat nun seine volle Größe erreicht.
- Ist es ein Junge, befinden sich die Hoden jetzt im Hodensack.
- Ist es Ihr erstes Baby, ist der Kopf bereits in Geburtsstellung.

Länge 51 cm
Gewicht 3,4 kg

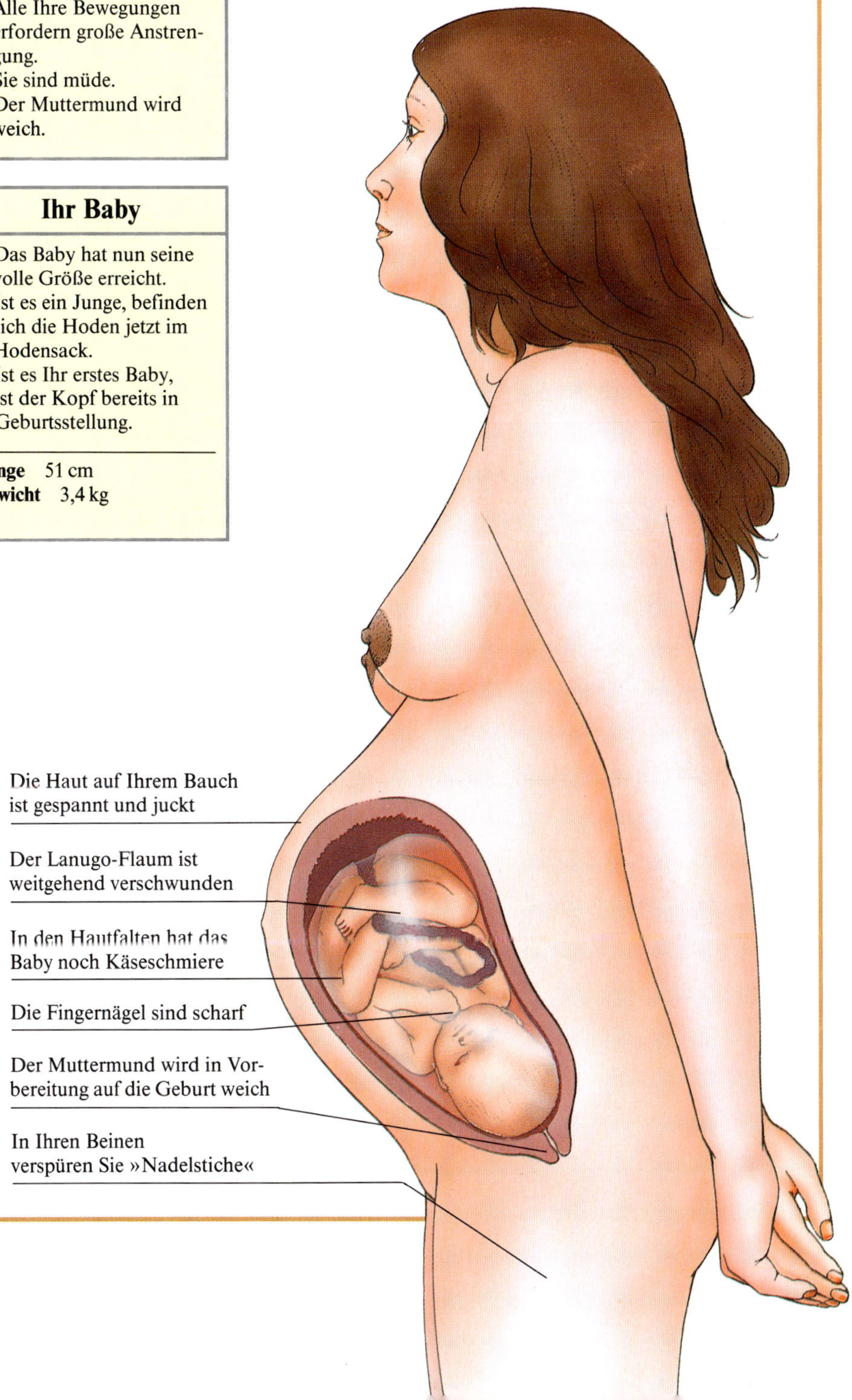

Mutter werden

Unmittelbar nach der Geburt sind Sie wahrscheinlich müde, vielleicht aber auch freudig erregt und voller Energie. Jede Frau reagiert anders. Auf jeden Fall fühlen Sie sich leichter und weniger plump. Während des Aufenthaltes im Krankenhaus müssen Sie sich an den dortigen Tagesablauf anpassen, aber sobald Sie zu Hause sind, können Sie die Ruhe und Sicherheit Ihrer familiären Umgebung genießen und Ihr Baby genau kennenlernen. Während der nächsten Wochen wird sich Ihr Leben um Ihr neues Baby drehen, aber nach einiger Zeit werden Sie beide zusammen mit Ihrer Familie und den anderen Kindern, die Sie vielleicht schon haben, einen Rhythmus und eine gewisse Routine finden (Kapitel 17).

Ihr neugeborenes Baby

Vielleicht hat Ihr Baby viele Haare, vielleicht aber auch gar keine. Vielleicht sieht es nicht so aus, wie Sie es sich vorgestellt haben, aber im Laufe der nächsten Tage werden Geburtsmale und durch die Geburt bedingte Verformungen verschwinden.
Beim ersten Stuhlgang nach der Geburt scheidet das Baby Mekonium aus, eine dunkle, feste Substanz. Sobald Sie mit den Mahlzeiten begonnen haben, wird das Baby normalen Stuhlgang haben.
Unmittelbar nach der Geburt werden mit dem Baby Tests durchgeführt und der Apgar-Index (siehe S. 222) bestimmt. Dieser Index gibt einen Hinweis auf das allgemeine Wohlbefinden des Babys. Dann wird es von der Hebamme gewogen und gemessen. Der Arzt wird es untersuchen, um eventuelle Auffälligkeiten festzustellen. Am dritten Tag findet die zweite Vorsorgeuntersuchung statt.

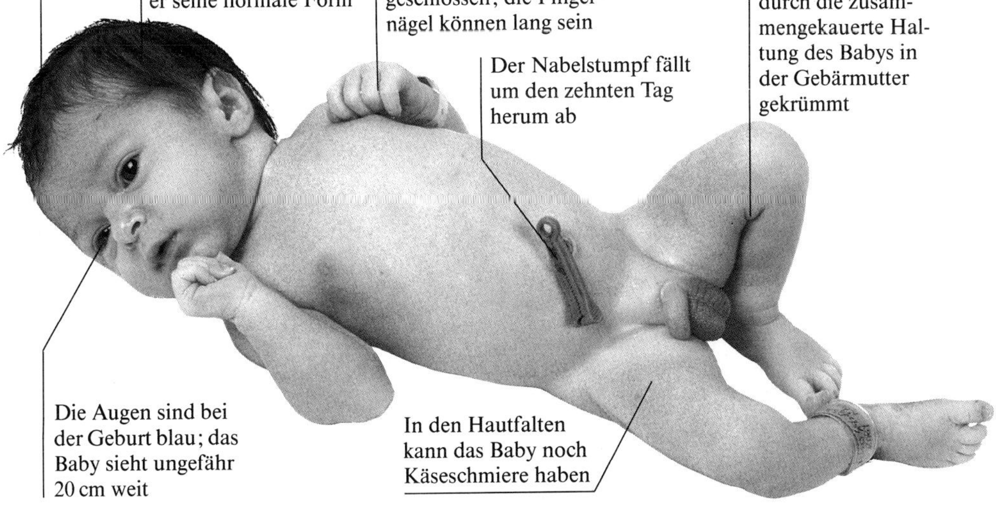

Ihr Baby
Endlich haben Sie Ihr perfekt ausgebildetes Baby mit seinen winzigen Fingern und Zehen und seinem fixierenden Blick in Ihren Armen.

1 Die Entscheidung, ein Baby zu bekommen

Der Professor für Geburtshilfe an meiner Universität sagte immer, daß es keinen richtigen Zeitpunkt für ein Baby gebe, da bei einem Paar im Berufs- oder Familienleben immer etwas dazwischenkommen könne. Die Umkehrung dieser Aussage ist, daß es auch keinen falschen Zeitpunkt gibt. Am wichtigsten ist, daß das Baby gewollt ist. Für viele Paare ist ein Wunschkind ideal. Aber die Planung läßt uns manchmal auch im Stich, und das ist meiner Meinung nach gut so. Vielleicht klappt es bei einer Frau gerade dann nicht mit der Empfängnis, wenn sie sich entschlossen hat, schwanger zu werden. Babys kommen nicht auf Bestellung.

Als ich mir mit 35 Jahren endlich darüber klargeworden war, daß ich meine berufliche Karriere für ein Baby unterbrechen wollte, setzte ich die Pille ab und war einen Monat später schwanger. Bei meinem zweiten Kind dauerte es 12 Monate – 12 Monate voller Ängste. Planung kann also fehlschlagen.

Wie gesund sind Sie?

Jedes Jahr wird eine kleine Anzahl Babys geboren, die nicht ganz gesund sind. Dafür gibt es viele Ursachen. Die wichtigsten sind die Ernährung und Gesundheit der Mutter. Beides hängt direkt mit ihrer Stellung in der Gesellschaft ab. Je weiter man die soziale Leiter hinabsteigt, desto häufiger werden mangelnde Ernährung und schlechter Gesundheitszustand der Mutter festgestellt. Es ist daher sehr wichtig, die Ernährungsgewohnheiten, seinen Lebensstil und den allgemeinen Gesundheitszustand zu überdenken, bevor man sich entscheidet, ein Baby zu bekommen (siehe S. 112). Es ist natürlich ideal, wenn man schon vorher beschließt, etwas für seine Gesundheit zu tun, und sich dann während der Schwangerschaft und Stillzeit daran hält. Der Körper wird dann viel eher mit den Belastungen und Spannungen in der Schwangerschaft fertig.

Ernährung

Man tut seiner Gesundheit einen guten Dienst, wenn man auf seine Ernährung achtet und seine Eßgewohnheiten genauer betrachtet. Wie sieht es mit Ihrem Frühstück aus? Essen Sie mittags eine Kleinigkeit, um abends eine größere Mahlzeit zu sich zu nehmen? Essen Sie genug Obst? Werden Sie zwischendurch so hungrig, daß Sie naschen müssen? Man kann seinen Gesundheitszustand sehr schnell verbessern (siehe S. 112–120), wenn man frisches Obst, Gemüse und ballaststoffreiche Nahrungsmittel zu sich nimmt. Stärkehaltige und fein verarbeitete Lebensmittel wie Sahnetorten und andere Süßigkeiten sollte man weglassen.

Bewegung

Bei vorwiegend sitzender Lebensweise sollte man zum Ausgleich etwas Sport betreiben, z. B. Tennis, Schwimmen oder Jogging, oder sich ein Übungsprogramm mit einer Rudermaschine oder einem Heimtrainer zusammenstellen. Die Übungszeit sollte täglich mindestens 20 Minuten betragen. Man darf ruhig etwas außer Atem geraten und schwitzen. Wenn diese Vorstellung zu abwegig erscheint, kann man mit einem schnellen Spaziergang beginnen. Das ist besser als nichts.

Sie brauchen sich weniger um Ihre Gesundheit und die des Babys zu sorgen, wenn Sie sich auf eine Schwangerschaft gut vorbereiten.

Drogen

Man sollte versuchen, die von der Gesellschaft akzeptierten Drogen einzuschränken - in erster Linie also Zigaretten und Alkohol. Die Risiken für Raucher und Nichtraucher sind allgemein bekannt. Eine Frau, die mit einem Raucher zusammenlebt, nimmt selbst als Nichtraucherin Nikotin und Teer über den Zigarettenrauch in der Luft auf. Nach Möglichkeit sollte man das Rauchen schon vor der Schwangerschaft aufgeben. Da es oft länger dauert, gute Vorsätze in die Tat umzusetzen, sollten Sie aufhören, wenn Sie beschließen, ein Baby zu bekommen. Rauchen wird häufig mit Unfruchtbarkeit bei Frauen in Zusammenhang gebracht, aber die Auswirkungen auf die männliche Fruchtbarkeit sind viel größer. Samenzellen sind eher gefährdet als Eizellen. Man nimmt an, daß das Rauchen die Chromosomen in den Zellkernen schädigt.

Marihuana ist zwar illegal, wird heute aber von vielen akzeptiert. Lange war man der Meinung, daß es keine Nebenwirkungen auf die Fruchtbarkeit habe. Neueste Untersuchungen zeigen jedoch, daß die normale Samenproduktion gestört wird, so daß ein krankes Kind zur Welt kommen kann. Beide Partner sind es daher ihrem Kind schuldig, Drogen schon neun Monate vor der Empfängnis zu meiden.

Auch hoher Alkoholkonsum kann die Schwangerschaft beeinträchtigen. Er wird mit bestimmten Geburtsschäden in Verbindung gebracht und führt in einigen Fällen zu schweren körperlichen und geistigen Schäden.

Alter der Eltern

Das Alter spielt immer eine Rolle, wenn man sich ein Kind wünscht. Es muß jedoch keine negative Bedeutung haben. Immer mehr Frauen sind bei der ersten Schwangerschaft über 30. Viele fürchten, daß dieser Zeitpunkt zu spät ist, da die Wahrscheinlichkeit einer schwierigen Geburt größer wird. Gleichfalls wächst die Gefahr, ein geschädigtes Kind zur Welt zu bringen. Das Risiko, ein mongoloides Kind zu bekommen, nimmt mit dem Alter der Mutter zu (siehe S. 84). Sorgfältig zusammengestellte Studien zeigen jedoch, daß es für eine Frau nicht gefährlich ist, eine Schwangerschaft auf ihr drittes Lebensjahrzehnt zu verschieben, denn nicht jede ältere Frau muß eine Risikoschwangerschaft haben.

Die Risiken werden mit zunehmendem Alter zweifellos größer, aber die Entscheidung, ein Kind zu bekommen, ist immer einzigartig, und das Alter der Eltern ist nur ein kleiner Faktor beim Abwägen der Risiken und Vorteile. Zwar ist die männliche Fruchtbarkeit vom Alter des Vaters abhängig, doch das Alter selbst stellt nicht im eigentlichen Sinn einen Risikofaktor für das Kind dar. Bei der Frau beeinflussen viele andere Dinge das Verhältnis der Risikofaktoren untereinander. So spielt z. B. ihre gesellschaftliche Position eine Rolle. Statistisch werden alle Frauen über 30 zusammengefaßt, unabhängig davon, ob sie krank oder gesund, reich oder arm sind. Die Komplikationen in der Schwangerschaft und bei der Entbindung in dieser Gruppe sind nicht vom Alter allein abhängig, sondern von anderen Dingen wie z. B. mangelhafter Ernährung. Neben dem Alter gibt es eine Vielzahl anderer Risikofaktoren, die auch jüngere Frauen treffen und mit denen sie sich auseinandersetzen müssen.

Von Experten wurde das »beste« Alter, ein Kind zu bekommen, je nach Überzeugung auf 18–20, 20–25 oder 25–30 Jahre festgesetzt. In vielen Fällen hat eine Frau jedoch keine Wahl. Wenn sie jung ist, denkt sie vielleicht mehr an ihre Karriere als an Kinder, oder sie hat noch nicht den Partner gefunden, mit dem zusammen sie Kinder haben möchte. Viele Frauen wollen einfach erst eine Familie gründen, wenn sie über 30 sind. Obwohl die Fruchtbarkeit mit zunehmendem Alter abnimmt (siehe S. 44), zeigen viele Statistiken, daß man fast in jedem Alter gute Chancen hat, schwanger zu werden. Aus vielen Studien an Frauen, die über 50 waren und normale Schwangerschaften hatten, kann geschlossen werden, daß der allgemeine Gesundheitszustand eine viel größere Rolle als das Alter

Röteln

Während der ersten drei Schwangerschaftsmonate bilden sich alle wichtigen Organe des Kindes. Röteln sind in dieser Zeit eine gefährliche Krankheit. Taubheit, Blindheit und Herzmißbildungen können für das sich entwickelnde Baby die Folge einer Infektion sein.

Was sollte man tun?

Wenn Sie als Kind nicht an Röteln erkrankt waren oder während der Pubertät keine Schutzimpfung bekommen haben, bitten Sie Ihren Arzt, einen Bluttest vorzunehmen, um die Immunität festzustellen. Anschließend wartet man mindestens drei Monate mit einer Schwangerschaft. Wenn Sie schon schwanger sind, wird ein Bluttest im Rahmen der Vorsorgeuntersuchung vorgenommen. Sind Sie nicht immun und kommen mit einem Kranken in Berührung, müssen Sie umgehend Ihren Arzt informieren. Bluttests in zweiwöchentlichem Abstand zeigen, ob Sie selbst an Röteln erkrankt sind. Ist dies der Fall, stehen Sie vor der schwierigen Entscheidung, ob ein Schwangerschaftsabbruch erfolgen soll.

für den Schwangerschaftsverlauf spielt. Die Entscheidung für ein Baby sollte also nicht am Alter scheitern, wenn man sich gesundheitlich fit fühlt.

Bestehende Krankheiten

Bestehende Krankheiten können Schwangerschaft und Geburt für manche Frauen erschweren. Besonders genaue und häufige Vorsorgeuntersuchungen, vielleicht verbunden mit einem Krankenhausaufenthalt während des letzten Drittels, ermöglichen es auch ihnen, eine normale Geburt zu erleben. Gefährdet sind Frauen mit Diabetes, Herzerkrankungen und Rhesus-Unverträglichkeit (siehe S. 161–168). Frauen, die z. B. wegen Epilepsie ständig Medikamente nehmen müssen, sollten mit ihrem Arzt vorher über die notwendige Weiterbehandlung sprechen.

Auswirkungen auf den Lebensstil

Eine neuere Untersuchung in Amerika zeigt, daß die Zahl der Frauen, die Mutterschaft als wichtigste Aufgabe in ihrem Leben betrachtet, in den letzten Jahren gesunken ist. Umgekehrt wuchs die Zahl der Frauen, die ihre Berufstätigkeit als erfüllender empfand. Frauen haben in den letzten Jahren über ihre Stellung in der Gesellschaft nachgedacht und sind selbstbewußter geworden. Durch sichere Methoden zur Empfängnisverhütung sehen viele die Rolle als Ehefrau und Mutter nicht mehr als ihre einzige Möglichkeit an. Sie investieren mehr Zeit in ihre berufliche Karriere und gründen zu einem späteren Zeitpunkt eine Familie. Dies hat zur Folge, daß die Mehrheit der Frauen nicht mehr nur aus Tradition oder zufällig Kinder bekommt. Die Entscheidung, Mutter zu sein, ist heute viel häufiger wohlüberlegt. Die meisten von uns würden fraglos die Idealisierung der Mutterschaft, die von der Gesellschaft lange als Erfüllung der Frau angesehen wurde, verurteilen.

Einige ältere Frauen, die keinen Partner haben, mit dem sie leben wollen, aber ein Kind haben möchten, sehen heute eine Möglichkeit darin, ihr Kind allein zu erziehen. Frauen, die diese Entscheidung treffen und schwanger werden, sind meistens sehr zielstrebig und bereit, die entstehenden Probleme zu meistern. Für sie ist Mutterschaft eine gewollte Erfahrung, nicht eine, die ihnen zufällig auferlegt wurde.

Angst vor der Elternschaft

Wenn man die Auswirkungen auf sein Leben bedenkt, die mögliche Unterbrechung einer glücklichen Zweierbeziehung, die Zugeständnisse und Anpassung an das Baby, wird die Wahl, überhaupt keine Kinder zu haben, verständlicher. Wenn Menschen über Elternschaft nachdenken, bekommen sie oft Angst – eine Angst, die ganz verständlich ist. Natürlich macht man sich über die Erziehung und das Glück des Kindes Gedanken, falls nicht alles so verläuft wie geplant. Es kann zu Geldproblemen kommen, zu Schwierigkeiten bei der Wiederaufnahme der Arbeit und zu Enttäuschung über die verlorene Freiheit. Als Paar hatte man wahrscheinlich zwei Einkommen zur Verfügung und muß nun längere Zeit mit einem auskommen. Nicht jeder fühlt sich wohl dabei, nicht mehr über seine Zeit frei verfügen zu können. Im täglichen Leben stellen sich oft negative Gefühle ein – Verstimmung, Bitterkeit, Ärger, schlechte Laune, Haß auf andere – und man sollte nicht glauben, daß ein Baby diesen Gefühlen ein Ende setzt.

Wahrscheinlich merkt man erst, wenn man ein Kind hat, wieviel einem abverlangt wird. In den ersten Jahren ist das Baby rücksichtslos im Nehmen. Aber die Erfahrung, die ich gemacht habe, ist, daß das Kind dafür um so mehr zurückgibt, wenn es älter wird.

Die Rolle des Vaters

Auch die Rolle des Vaters hat sich gewandelt. Immer mehr Väter nehmen ihre Verantwortung sehr ernst und sind nicht bereit, für ihre Kinder Fremde zu sein. Viele Jahre lang waren Männer von der Schwangerschaft und der täglichen Beschäftigung mit den Kindern ausgeschlossen, weil man der Meinung war, daß dies Aufgabe der Frau sei und Männer dort nichts zu suchen hätten. Die Emanzipation der Mütter hat die Emanzipation der Väter gefördert. Heute lassen Männer ihren väterlichen Gefühlen freien Lauf, sie nehmen von Anfang an teil an Schwangerschaft und Geburt und sind nicht bereit, darauf zu verzichten, die Entwicklung ihrer Kinder mitzuerleben. Der moderne Vater ist eher aktiv als passiv. Selbst in den ersten Jahren belohnt das Kind Sie mit unvergeßlichen Momenten des Glücks, vielleicht auch des Stolzes, und wenn es älter wird, gibt es Ihnen Freundschaft, Liebe, Trost und Freude.

Die meisten Väter, die schon in der Schwangerschaft starkes Interesse zeigen, kümmern sich auch nach der Geburt weiter um das Baby. Untersuchungen haben gezeigt, daß ein Vater sich dem Baby viel verbundener fühlt, wenn er es in den ersten sechs Lebenswochen so oft wie möglich hält und auf sein Weinen reagiert. Seine Haltung hängt auch davon ab, wie seine Partnerin Schwangerschaft und Mutterschaft erlebt. Je glücklicher ein Mann über ihre Schwangerschaft ist und je mehr er sich auf seine Rolle als Vater freut, um so mehr Freude wird ihm das Baby in den ersten Lebenswochen bereiten.

Gemeinsame Verantwortung

Die meisten Paare stimmen darin überein, daß beide Elternteile die gleichen Rechte haben und ihre Aufgabe bei der Kindererziehung zu gleichen Teilen wahrnehmen müssen. Wenn Sie planen, ein Baby zu bekommen, sollten Sie mit Ihrem Partner eine Art Vertrag schließen, in dem geregelt wird, daß Sie für das gemeinsame Kind zusammen die Verantwortung tragen. Man sollte sich vorher über die Rollenverteilung einig sein. Von einer Frau erwartet man heute nicht mehr, daß sie sich einzig und allein um das Kind kümmert und ans Haus gebunden ist, ohne eigene Interessen verfolgen zu können, während ihr Mann früh das Haus verläßt und erst wiederkommt, wenn das Baby schon schläft. Immer mehr Frauen sind mit dieser Einteilung nicht mehr einverstanden. Diese Punkte sollten Sie untereinander klären, bevor das Baby geboren wird, damit eine glückliche und stabile Umgebung gewährleistet ist.

Absetzen von Verhütungsmitteln

Wenn Sie die Pille nehmen, sollten Sie nach dem Absetzen drei normale Monatsblutungen abwarten, bevor Sie schwanger werden, um dem Stoffwechsel Zeit zu geben, sich zu normalisieren. In dieser Zeit sollten Sie ein mechanisches Verhütungsmittel verwenden, z. B. ein Kondom oder Diaphragma (siehe S. 239).

Es wurde viel über die Fruchtbarkeit der Frau nach dem Absetzen der Pille geschrieben, besonders nach längerer Einnahme. Als die Pille neu auf den Markt kam, glaubte man, daß die Fruchtbarkeit nach dem Absetzen zunähme, gewissermaßen als Überreaktion des Körpers. Heute wissen wir, daß dies nicht unbedingt so stimmt. Dann gab es Befürchtungen über Unfruchtbarkeit infolge der Pille, aber Untersuchungen haben gezeigt, daß die Mehrheit der Frauen im ersten Jahr nach dem Absetzen schwanger wurde und fast alle nach zwei Jahren.

Wenn Sie den Verdacht haben, trotz Pille schwanger geworden zu sein, sollten Sie gleich Ihren Arzt aufsuchen, da von den Hormonen der Pille ein gewisses Risiko für den Embryo in der frühen Entwicklungsphase ausgeht.

Nach Entfernen einer Spirale ist es nicht nötig, eine Schwangerschaft hinauszuschieben. Sollten Sie jedoch schwanger werden, solange sich die Spirale noch in der Gebärmutter befindet, muß sie sofort entfernt werden, damit die Schwangerschaft normal verlaufen kann. Geschieht dies nicht, kann es zu einer Fehl- oder Frühgeburt kommen. Auch wenn es Berichte von Ärzten über die Geburt von ganz normalen Babys gibt, obwohl sich die Spirale während der ganzen Schwangerschaft in der Gebärmutter befand, ist dies nicht empfehlenswert.

Empfängnis

Wenn man seine natürlichen Körperzyklen kennt, weiß man, wann es möglich ist zu empfangen und wann nicht. Die drei Körperrhythmen, die man beobachten kann, sind der Menstruationszyklus, die Veränderung der Körpertemperatur und das Auftreten und die Beschaffenheit von Schleim am Muttermund (Ausfluß).

Beobachten der Körperrhythmen

Frauen haben Menstruationszyklen unterschiedlicher Länge. Nachdem man sie ungefähr vier Monate lang beobachtet hat,

Aufzeichnung des Menstruationszyklus

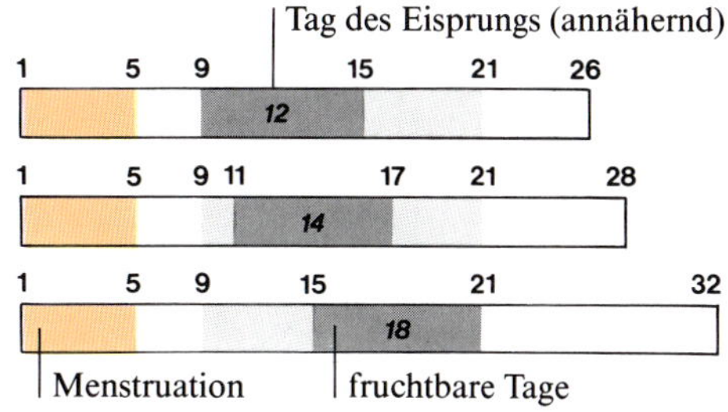

kann man leicht die fruchtbaren Tage bestimmen. War der kürzeste Zyklus 26 Tage lang und der längste 32 Tage, erstrecken sich die fruchtbaren Tage vom 9. bis zum 21. Tag, wie das Diagramm oben zeigt. Möchte man ein Kind zeugen, so sollte man sich auf diese Tage konzentrieren.

Zur Zeit des Eisprungs steigt die Körpertemperatur um ca. 0,3–0,5 °C an und bleibt bis zur nächsten Menstruation erhöht. Messen Sie jeden Tag Ihre Temperatur vor dem Aufstehen und tragen Sie sie täglich mehrere Monate lang in eine Temperaturkarte ein. An dem regelmäßigen Bild kann man ungefähr erkennen, an welchem Tag nach Einsetzen der Menstruation der Eisprung stattfindet. Findet der Eisprung am 14. Tag statt, dann liegt die fruchtbare Periode zwischen dem 11. und 17. Tag.

Der Ausfluß aus der Scheide ist während eines Monats verschiedenen Änderungen

Tägliche Temperaturkarte

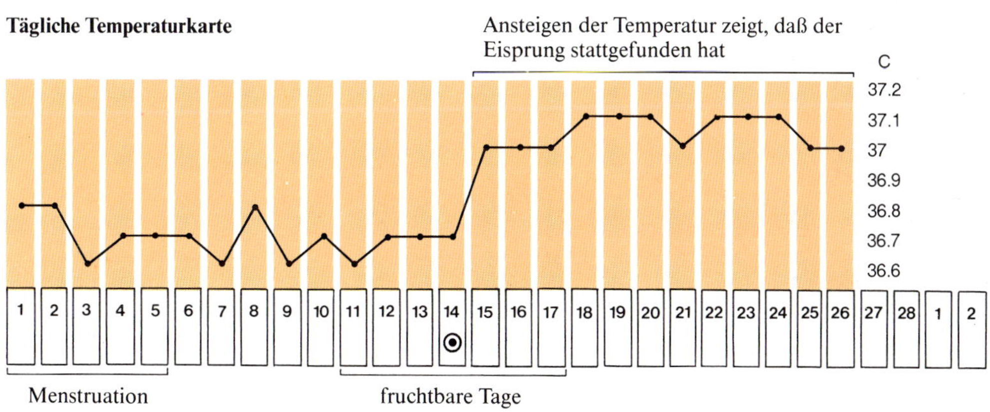

unterworfen. Kurz nach der Menstruation ist es eine geringe Menge, die trübe, zäh und dick ist. Wenn es auf die fruchtbaren Tage zugeht, vergrößert sich die Schleimmenge, sie wird klar und dehnbar. Sobald Sie diese Änderung bemerken, haben die wenigen fruchtbaren Tage begonnen. Anschließend wird der Ausfluß wieder trübe, zäh und dick.

Häufigkeit des Verkehrs

Es stimmt nicht, daß durch häufigen Verkehr die Fruchtbarkeit erhöht wird, eher gilt das Gegenteil. Je häufiger es zum Samenerguß kommt, desto weniger Samenzellen befinden sich darin. Die Anzahl mag unter die für eine Empfängnis notwendige Menge sinken. Wenn Sie schwanger werden wollen, ist es ratsam, einige Zeit vor den fruchtbaren Tagen auf Geschlechtsverkehr zu verzichten, so daß sich die Samenmenge erhöht. Während der fruchtbaren Tage sollte man höchstens einmal täglich Verkehr haben.

Der Einfluß von Chromosomen und Genen

Jede Körperzelle enthält 46 Chromosomen und somit 23 Chromosomenpaare. Jedes Paar stammt je zur Hälfte aus der Samenzelle des Vaters und aus der Eizelle der Mutter. Jedes Chromosom besteht aus einer Kette, in der ungefähr 2000 Gene miteinander verknüpft sind. Die Gene sind die Träger derjenigen körperlichen und geistigen Merkmale, die wir direkt von unseren Eltern erhalten. Merkmale wie z. B. die Augenfarbe oder die Haarstruktur werden durch jeweils ein Gen von der Mutter und eins vom Vater bestimmt. Jedes Merkmal hat eine dominante und eine rezessive Form. Das Gen für dunkles Haar z. B. dominiert immer über blondes Haar, braune Augen immer über blaue. Trotzdem sind beide Gene vorhanden, auch wenn eine Ausformung nicht sichtbar ist. Daher können zwei dunkelhaarige Menschen ein blondes Kind haben, dessen Haarfarbe auf das rezessive Blond der Mutter und des Vaters zurückgeht.

Eins der 23 Chromosomenpaare bestimmt das Geschlecht des Kindes. Samenzellen sind entweder weiblich (X) oder männlich (Y). Eizellen sind immer weiblich (X). Männer haben die Geschlechtschromosomen XY, Frauen dagegen XX. Biologisch gesehen, bestimmt der Vater das Geschlecht des Kindes. Wenn eine Samenzelle mit einem Y-Chromosom in die Eizelle eindringt, wird es ein Junge (XY), trifft eine X-Samenzelle auf die Eizelle, wird es ein Mädchen (XX). Wissenschaftler haben entdeckt, daß eine Y-Samenzelle einen längeren Schwanz hat, in größeren Mengen vorhanden ist und sich schneller als die weibliche X-Samenzelle bewegen kann. Diese ist jedoch ausdauernder und überlebt länger.

Genetische Beratung

Man muß immer wieder betonen, von welch entscheidender Bedeutung die Gesundheit der Mutter ist, um dem Baby die Chancen für eine normale Entwicklung zu geben. Aber auch die Gesundheit des Vaters ist wichtig, denn nur der Körper eines gesunden Mannes kann normale Samenzellen in großen Mengen produzieren, die für eine normale Vereinigung von Ei und Samenzelle notwendig sind. Wenn Ei- oder Samenzelle schadhaft sind, werden sie sich wahrscheinlich gar nicht vereinigen können. Wenn sie jedoch nur leicht defekt sind, kann sich aus ihnen kein Kind normal entwickeln.

Die Mehrzahl der so entstandenen Mißbildungen und Defekte ist nicht vorhersehbar und entsteht zufällig. Wenn es jedoch in einer Familie Krankheiten gibt, die seit Generationen auftreten, sollte man eine Genberatungsstelle aufsuchen. Zu solchen Krankheiten zählen das Down-Syndrom (Mongolismus) und die Bluterkrankheit.

Das versteckte Gen für blondes Haar kann bei braunhaarigen Eltern zu verblüffenden Ergebnissen führen.

Besonders wichtig ist die Beratung natürlich, wenn die Eltern bereits ein Kind mit einer Erbkrankheit, einer Chromosomenstörung, einem Neuralrohrdefekt oder einer Mißbildung haben. Auch bei längerer, unfreiwilliger Kinderlosigkeit oder nach mehreren Fehlgeburten der Mutter empfiehlt sich eine Beratung, ebenso wie bei einer Blutsverwandtschaft der Eltern oder bei fortgeschrittenem Alter der Mutter. Auch Eltern, die Anlageträger für ein bestimmtes Stoffwechselleiden sind, sollten zunächst fachlichen Rat einholen. Die Wahrscheinlichkeit einer möglichen Schädigung des Kindes kann im Rahmen einer solchen Beratung geklärt werden.

Niemand kann daran gehindert werden, Kinder zu bekommen, aber die Entscheidung fällt leichter, wenn man die Untersuchungsergebnisse eines Experten kennt. Eine Chromosomenzählung kann eine Vorstellung davon geben, wie hoch das Risiko ist, ein krankes Kind zu bekommen. Es ist eine einfache, schmerzlose Angelegenheit: Im Mundinnern werden einige Zellen sanft abgekratzt und unter dem Mikroskop untersucht.

Jeder von uns nimmt bei der Entscheidung, ein Kind zu bekommen, ein gewisses Risiko auf sich. Daher ist es wichtig zu wissen, wie groß das eigene Risiko im Vergleich zu dem anderer ist. Ist es gering, wird man vielleicht einen Versuch wagen. Bei einem sehr großen Risiko ist es wahrscheinlich besser, ein Kind zu adoptieren.

Befruchtung

Eine Eizelle wird ungefähr eine Woche nach Menstruationsende bzw. 14 Tage nach Einsetzen der letzten Regel befruchtet. 7 bis 10 Tage später nistet sie sich in der Gebärmutterschleimhaut ein. Am Ende der folgenden Woche ist sie dann mit einer einfachen Plazenta, die den sich entwickelnden Embryo mit seiner Mutter verbindet, sicher befestigt (siehe S. 86). Durch die Plazenta werden Nährstoffe von der Mutter zum Baby befördert, seine Abfallstoffe gehen in den Kreislauf der Mutter zurück. Dieses Organ ist für den normalen Schwangerschaftsverlauf entscheidend, da es Hormone produziert, die für die Gesundheit des Babys, für die Gebärmutter und die weiblichen Geschlechtsorgane wichtig sind, und die den Körper der Frau auf die Geburt vorbereiten.

Wenn die Eizelle ungefähr ein Drittel ihres Weges im Eileiter zurückgelegt hat, wird sie von einer Samenzelle, die sich nach dem Samenerguß in der Scheide befindet, befruchtet. Wenige Sekunden nach der Ejakulation machen sich die Samenzellen mit peitschenden Schwanzbewegungen auf den Weg. So gelangen sie mit hoher Geschwindigkeit aus dem sauren Bereich der Scheide durch den Muttermund, der während des Eisprungs schleimiger und durchlässiger geworden ist, in die Gebärmutter. In wenigen Sekunden durchqueren sie diese und gelangen in den Eileiter. Samenzellen werden von der relativ großen

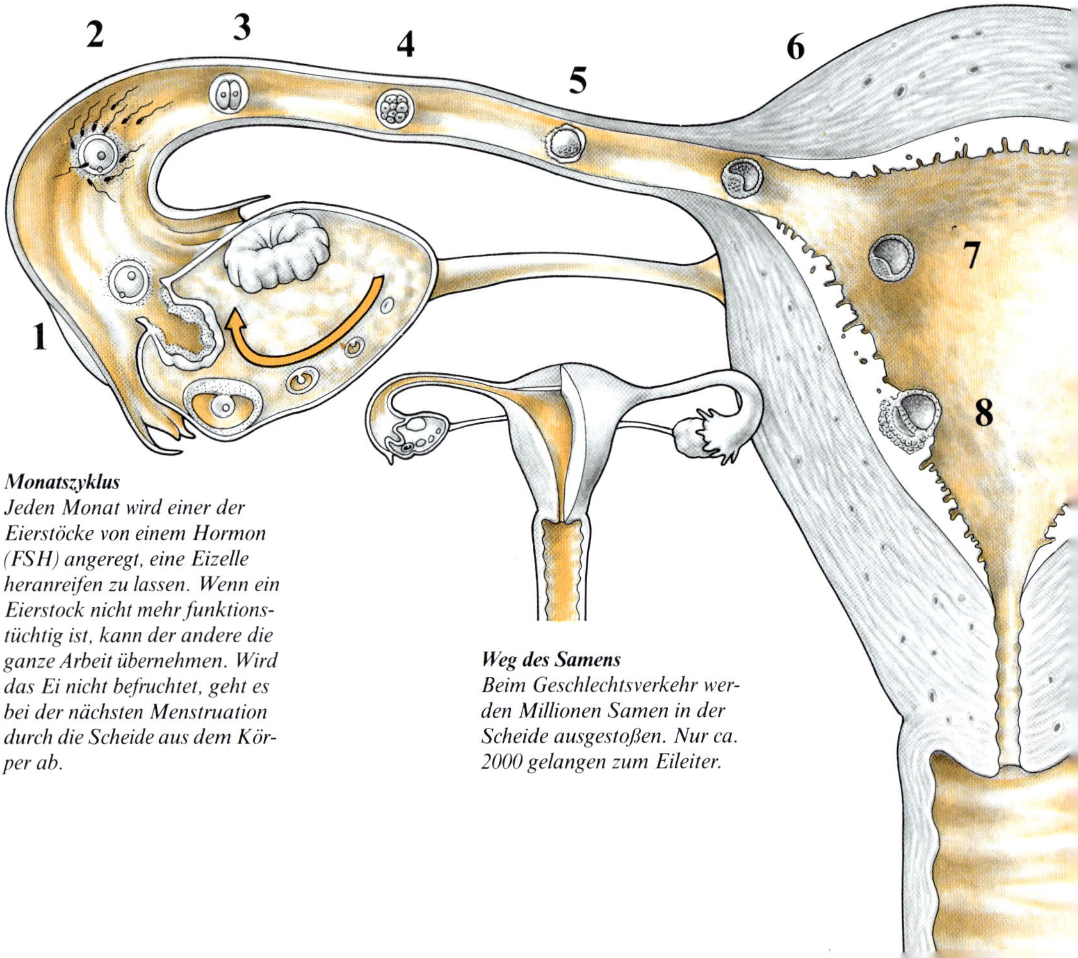

Monatszyklus
Jeden Monat wird einer der Eierstöcke von einem Hormon (FSH) angeregt, eine Eizelle heranreifen zu lassen. Wenn ein Eierstock nicht mehr funktionstüchtig ist, kann der andere die ganze Arbeit übernehmen. Wird das Ei nicht befruchtet, geht es bei der nächsten Menstruation durch die Scheide aus dem Körper ab.

Weg des Samens
Beim Geschlechtsverkehr werden Millionen Samen in der Scheide ausgestoßen. Nur ca. 2000 gelangen zum Eileiter.

Eizelle chemisch angezogen und lassen sich auf der ganzen Eifläche nieder. Es gelingt jedoch nur einer, die äußere Schicht der Eizelle zu durchdringen. Die Außenschicht des Eis verhärtet sich, und alle anderen Samen können nicht mehr eindringen. Dieser ganze Vorgang, vom Samenerguß bis zur Befruchtung, dauert im allgemeinen weniger als 60 Minuten.

Die herangereifte, unbefruchtete Eizelle kann wahrscheinlich nur 12 Stunden überleben, höchstens jedoch 24. Samenzellen sind nicht viel länger als 24 Stunden befruchtungsfähig, 36 Stunden sind wahrscheinlich die äußerste Grenze. Es kann also nur zur Befruchtung kommen, wenn Geschlechtsverkehr ein bis zwei Tage vor dem Eisprung oder direkt nach dem Eisprung stattfindet.

Nur der Kopf der Samenzelle verschmilzt mit dem Ei zu einer einzelnen Zelle. Körper und Schwanz gehen verloren. Die Zelle teilt sich in den ersten 24 Stunden, am vierten Tag ist es schon ein runder Ball, der aus über 100 Zellen besteht. Drei Tage lang ist der Zellball in der Gebärmutter frei beweglich, er wird von einer Art »Milch« ernährt, die von den Drüsen in der Gebärmutterwand abgesondert wird. Am Ende der ersten Lebenswoche hat er sich tief in die Schleimhaut eingepflanzt - diesen Vorgang bezeichnet man als Einnistung. Hier ist der Zellball ständig vom Blut der Mutter umgeben, was die Nährstoffzufuhr und Beseitigung der Abfallstoffe des Embryos erleichtert. Bis zur 12. Woche wird das sich entwickelnde Baby als Embryo bezeichnet, danach als Fetus.

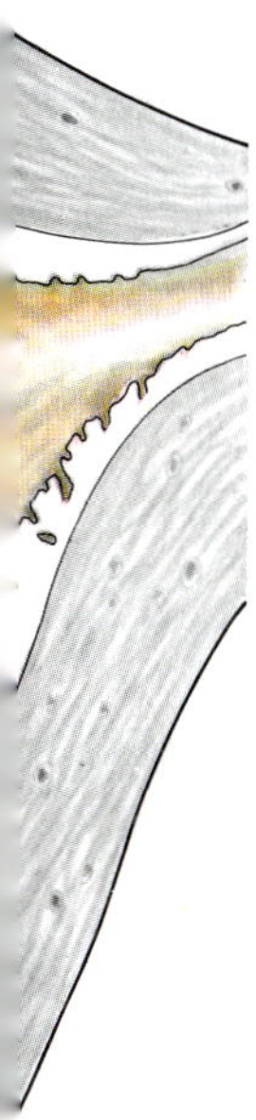

1 *Die Eizelle wird ungefähr am 14. Tag des Zyklus von der Oberfläche des Eierstockes freigesetzt. Sie wird von dem trichterförmigen Ende des Eileiters aufgefangen und durch Muskelkontraktionen vorwärtsbewegt.*

2 *Die Befruchtung durch eine Samenzelle findet statt, wenn etwa ein Drittel des Weges im Eileiter zurückgelegt ist.*

3 *Die befruchtete Zelle teilt sich innerhalb von 24 Stunden.*

4 *Durch wiederholte Zellteilungen entsteht ein Zellball.*

5 *Das Ei teilt sich auf seinem Weg durch den Eileiter immer wieder.*

6 *Eine Aushöhlung hat sich in dem Zellball geformt, der jetzt Blastozyste heißt.*

7 *Die Blastozyste erreicht die Gebärmutterwand.*

8 *Die Einnistung findet etwa am 7. Tag statt, meistens im oberen Teil der Gebärmutter an der rechten oder linken Seite, je nachdem aus welchem Eierstock das Ei kam. Am 10. Tag ist der Embryo fest verankert.*

Empfängnis von Zwillingen

Wird eine Eizelle befruchtet und spaltet sich dann in zwei Teile, wachsen eineiige Zwillinge heran, die das gleiche Geschlecht und eine Plazenta haben. Aber die meisten Zwillinge entstanden aus zwei befruchteten Eizellen und getrennten Plazenten und Fruchtblasen.

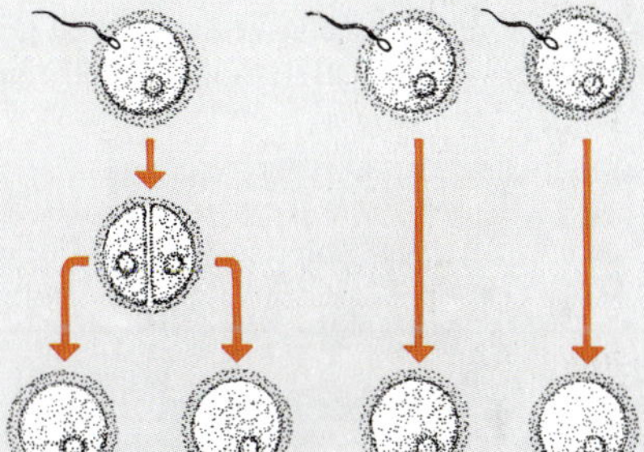

Eineiige Zwillinge
Das befruchtete Ei teilt sich - manchmal sogar nach der Einnistung - in zwei separate Zellen.

Zweieiige Zwillinge
Zwei Eier werden in den Eileiter freigesetzt und von zwei Samenzellen befruchtet.

Unfruchtbarkeit

Von zehn Frauen im gebärfähigen Alter ist eine vermindert fruchtbar und kann keine Kinder bekommen. Dieses Verhältnis ist in westlichen Ländern ziemlich konstant. Verminderte Fruchtbarkeit ist nicht auf einen Partner beschränkt, sondern gemeinsame Angelegenheit eines Paares. Die Fruchtbarkeit beider Partner muß immer zusammen betrachtet werden. Manchmal kann die hohe Fruchtbarkeit des einen die niedrige Fruchtbarkeit des anderen aufwiegen. Liegt sie jedoch bei beiden unter dem Durchschnitt, kann dies Sterilität bedeuten. Dies erklärt auch, warum kinderlose Paare nach einer Trennung mit anderen Partnern ohne Schwierigkeiten Kinder bekommen können.

Fruchtbarkeit der Frau

Bei Frauen wird die Fruchtbarkeit am ehesten vom Alter beeinflußt. Vom 25. Lebensjahr an nimmt sie ab (siehe unten). Nach dem 45. Lebensjahr findet ein Eisprung nur noch bei der Hälfte der Monatszyklen statt, so daß die Möglichkeit, schwanger zu werden, geringer ist als bei einer jüngeren Frau. Ihre Fruchtbarkeit ist also stark vermindert. Die männliche Fruchtbarkeit geht langsamer zurück. Bei einem 20jährigen

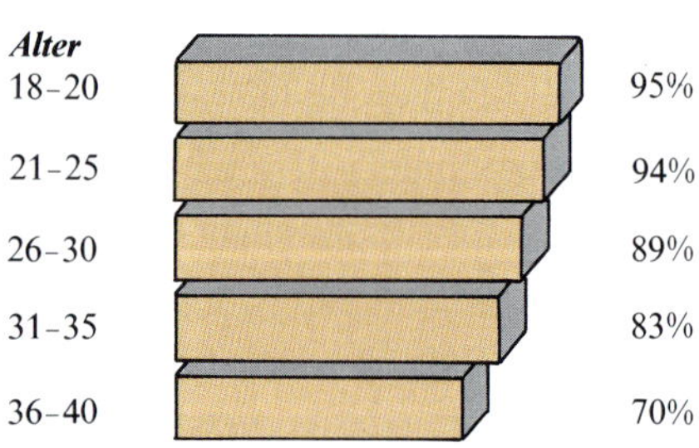

Abnahme der weiblichen Fruchtbarkeit
Im Alter von 25 Jahren nimmt die Fruchtbarkeit bei Frauen ab. Die Abnahme ist bis zum 35. Lebensjahr nur gering, dann wird eine Empfängnis schwieriger und die Risiken größer (siehe S. 70).

Mann ist sie so hoch wie bei einer Frau gleichen Alters und beträgt im 60. Lebensjahr noch 10 Prozent.

Von vielen Frauen wird der Kinderwunsch stark überbewertet. Manche werden dadurch sogar körperlich krank. Ich kann dies gut verstehen und nachempfinden. In gewissem Sinn war ich selbst für ein Jahr zwischen der Geburt meines ersten Babys und der meines zweiten unfruchtbar. Jeden Monat beobachtete ich meinen Körper auf Anzeichen der Menstruation hin und war fast hysterisch, wenn sie dann kam. Ich war besessen von dem Gedanken an Schwangerschaft und genauso deprimiert wie jede Frau, die keine Kinder bekommen kann. Gegen Ende des Jahres zwang ich mich, die Sache gleichmütiger anzugehen, und ich wurde tatsächlich schwanger.

Unfruchtbarkeit kann körperliche, seelische und emotionale Ursachen haben. Vielen Menschen fällt es schwer, über dieses für sie unangenehme Thema zu reden. Aber wenn Sie als Paar die Ursachen finden wollen, müssen Sie einen Arzt, Eheberater oder Psychologen zu Rate ziehen. Das heißt, daß beide Partner diese schwierigen Dinge offen und vernünftig diskutieren sollten.

Um der Unfruchtbarkeit der Frau auf den Grund zu gehen, können folgende Verfahren notwendig sein:

- Tägliches Aufzeichnen der morgendlichen Körpertemperatur um festzustellen, ob ein Eisprung stattgefunden hat.
- Untersuchung der Absonderungen in der Scheide, um zu sehen, ob Sie auf Hormonbehandlung ansprechen.
- Chirurgische Untersuchung, meistens Laparoskopie, bei der ein teleskopartiges Instrument durch die Bauchwand eingeführt wird zur Beobachtung der inneren Geschlechtsorgane.
- Man leitet ein Kontrastmittel, das auf dem Röntgenschirm sichtbar wird, durch die Eileiter - so lassen sich Hindernisse ausmachen.
- Untersuchung von Blut- und Urinproben, um den Progesteronspiegel abzuschätzen.

Da es ein langwieriger und frustrierender Prozeß ist, sollte man seelisch darauf vorbereitet sein. Das Ausbleiben des Eisprungs oder eine unzureichende Samenproduktion können mit Medikamenten verbessert werden. Dafür benutzt man bei Frauen und Männern die gleichen chemischen Stoffe, die Ergebnisse sind bei Frauen jedoch viel besser. Zuerst versucht man mit einem recht einfachen Medikament einen Eisprung herbeizuführen. Es wird so lange und in langsam steigender Dosis eingenommen, bis der Eisprung regelmäßig eintritt. Wenn diese Behandlung keinen Erfolg zeigt, wird eine Hormonbehandlung in Betracht gezogen. Zwei Drittel der so behandelten Patientinnen werden innerhalb kurzer Zeit (ca. drei bis vier Monate) schwanger. Da die Hormongaben sorgfältig dosiert werden, sind anschließende Mehrlingsgeburten seltener geworden, aber jede achte so herbeigeführte Schwangerschaft endet mit einer Fehlgeburt.

Unfruchtbarkeit des Mannes

Bei Männern gibt es zwei Hauptursachen für Unfruchtbarkeit: ein Hindernis im Samenleiter zwischen Hoden und Penis und eine unzureichende Samenproduktion. Untersuchungen im Krankenhaus und Labortests sind nötig, um beides auszuschließen. Es gibt drei Arten von unzureichender Samenproduktion: eine zu geringe Anzahl Samenzellen, nicht ausreichende Bewegungsfähigkeit der Samen oder eine große Menge abnormaler Samen. Diese Merkmale müssen nicht nur im Labor untersucht werden, sondern nach dem Geschlechtsverkehr auch an der Frau.

Künstliche Befruchtung

Wenn der Mann impotent ist, kann die künstliche Befruchtung seiner Frau zu einer Schwangerschaft verhelfen. Wenn sein Samen nicht genug Samenzellen oder zuviele abnormale enthält, verwendet man Spendersamen. In vielen Ländern gibt es dagegen gesetzliche Vorschriften. Einige Ärzte betrachten die künstliche Befruchtung mit Spendersamen als ethisch nicht vertretbar. Wenn bei der Frau kein Hindernis vorliegt, werden vier von fünf Frauen innerhalb von sechs Monaten schwanger. Frauen, bei denen die künstliche Befruchtung erfolgreich war, sind von dieser Methode überzeugt, da es ihnen wichtig ist, selbst ein Kind zu gebären. Einige Paare betrachten die Befruchtung mit Spendersamen sogar als eine Art Adoption. Gründe, die gegen eine Befruchtung mit Spendersamen sprechen, sind die Auswirkungen, die sie auf eine Ehe und die Familie haben können. Es gibt auch einige Unsicherheiten, was die Ehelichkeit und den Status des Kindes betrifft.

Gefahren am Arbeitsplatz

Wenn Sie oder Ihr Partner mit bestimmten Chemikalien, Blei oder Strahlungsmaterial arbeiten, kann die Fruchtbarkeit negativ beeinflußt werden. Bestimmte Substanzen in der Industrie können Samen schädigen, Mißbildungen bei Babys hervorrufen und Fehlgeburten auslösen. Wenn Sie sich nicht sicher sind, ob Gefahren für Sie bestehen, sollten Sie Ihren Arzt, den Betriebsrat oder das Personalbüro fragen. Wenn sich der Kontakt mit gefährlichen Substanzen nicht vermeiden läßt, sollte man alle Sicherheitsmaßnahmen einhalten und Schutzkleidung tragen. Staub oder Dämpfe dürfen nicht eingeatmet werden, Hautkontakt ist zu vermeiden. In der Industrie werden so viele Substanzen verwendet, und leider ist nicht bei allen ein Sicherheitsgrenzwert festgesetzt worden. Statt ein Risiko einzugehen, sollte man vielleicht an einen weniger gefährlichen Arbeitsplatz wechseln, bevor man schwanger wird.

Wenn Sie bereits schwanger sind, dürfen Sie nicht an einem gefährlichen Arbeitsplatz bleiben - Ihr Baby könnte Schaden nehmen. Ihr Arbeitgeber muß Sie an einen anderen Arbeitsplatz setzen. Erkundigen Sie sich nach Ihren Rechten, sie sind im Mutterschaftsgesetz aufgeführt.

Aids

Frauen können und konnten schon immer mit Aids infiziert werden - besonders gefährdet sind Frauen, die bisexuelle Kontakte haben. Frauen sollten wissen, wie sie sich gegen Aids schützen können und dabei sehr konsequent sein.

Über drei Viertel der Frauen, die sich mit dem HIV-Virus infizieren, werden bei heterosexuellen Kontakten angesteckt; ein besonderes soziales Gefüge existiert dabei nicht. Das Risiko ist bei jedem Menschen verschieden - manche Frauen werden bei Hunderten von Kontakten nicht angesteckt, während andere sich schon beim ersten Kontakt infizieren. Allem Anschein nach sind junge Frauen besonders stark betroffen. Eine Untersuchung aus Zaire zeigt, daß im Alter von 15-30 Jahren bei Frauen eine viermal größere Wahrscheinlichkeit einer Ansteckung besteht als bei jungen Männern.

Eine mit dem HIV-Virus infizierte Frau kann ein infiziertes Baby gebären, der Virus kann über die Plazenta den sich entwickelnden Fetus anstecken.

Nur sehr wenige Babys mit Aids überleben die Kindheit, daher sollte eine Frau bei einem Mann mit zweifelhafter sexueller Vergangenheit vorsichtig sein. Hier ist großes Mißtrauen angebracht, und wenn der Mann ihr noch vorwirft dieses Thema zur Sprache zu bringen, sollte es am besten zu keinem sexuellen Kontakt kommen.

Wenn Sie das Gefühl haben, Sie könnten infiziert sein, können Sie auf dem Gesundheitsamt einen Bluttest machen lassen. Wenn Sie tatsächlich HIV-positiv sind, muß man Sie über die Gefahr einer Übertragung auf andere unterrichten. In diesem Falle sollten Sie auch keine Schwangerschaft planen.

Alle Frauen sind es sich und ihren Babys schuldig, auf »sicheren« Sex zu bestehen. Bei jeder neuen sexuellen Bindung sollte das Thema Aids offen diskutiert werden; die Verwendung eines Kondoms ist der minimalste Schutz bei jeder Zufallsbekanntschaft, bei der es zu sexuellem Verkehr kommt.

2 Sie sind schwanger

Eine Schwangerschaft kündigt sich durch körperliche und seelische Symptome an. Körperliche Anzeichen sind: Übelkeit, häufiger Harndrang und erweiterte Blutadern unter der Hautoberfläche der Brust. Die Annahme der Schwangerschaft auf gefühlsmäßiger und geistiger Ebene ist etwas anderes. Die körperlichen Veränderungen sind mit Ängsten verbunden und aufregend, unser Gefühl reagiert wahrscheinlich etwas zwiespältig. Egal wie sehr man die Schwangerschaft herbeigesehnt hat, jetzt, da Gewißheit besteht, sind die Gefühle bei fast allen gemischt.
Diese Mischung aus positiven und negativen Gefühlen ist normal, und man sollte deshalb keine Schuldgefühle haben. An erster Stelle stehen sicher die Gefühle zu sich selbst, zum Partner und zur gemeinsamen Beziehung. Viele Paare machen die Erfahrung, daß sie sich neu einschätzen, bevor sie die bevorstehende Änderung akzeptieren. Schließlich werden Sie feststellen, daß Elternschaft in Ihrem Leben einen großen Schritt vorwärts bedeutet; es tut sich eine aufregende und befriedigende neue Welt auf, und Ihr Leben bekommt einen neuen Sinn.

Erste Anzeichen der Schwangerschaft

Das erste Anzeichen ist vielleicht das Gefühl, wirklich schwanger zu sein. Es mag schon früher Zeiten gegeben haben, als Sie dies annahmen, aber ich glaube, daß jede Frau fühlt, wenn es wirklich so ist. Es ist nicht nur ein Verdacht, sondern das sichere Empfinden, schwanger zu sein. Ich glaube, es hat mit der ersten Ausschüttung von Schwangerschaftshormonen zu tun. Sie beeinflussen nicht nur den Körper sondern auch die Seele und das Gefühlserleben.
Ein weiteres Anzeichen ist Müdigkeit. Einige Frauen mögen sich aktiver fühlen, aber die Mehrheit leidet unter Erschöpfung. Es ist eine Müdigkeit, die sie vorher nicht kannten. Einige Frauen können am Tag jederzeit einschlafen, manchmal schon wenige Stunden, nachdem sie aufgestanden sind. Andere werden am frühen Nachmittag so schläfrig, daß sie ihre Tätigkeit für kurze Zeit unterbrechen müssen, bis die Müdigkeit vorübergeht. Andere wieder leiden besonders am Abend darunter. Dieses Gefühl ist unkontrollierbar, und wahrscheinlich werden Sie ganz einfach schlafen müssen.
Ich habe nie eine Erklärung für dieses seltsame Schlafverlangen gefunden. Möglicherweise ist es die Wirkung von Progesteron, das zu Beginn der Schwangerschaft vermehrt ins Blut ausgeschüttet wird. Progesteron ist ein Beruhigungsmittel für Menschen, denn es hat stark beruhigende und hypnotische Wirkung. Progesteron ist auch für das gelassene, glückliche Aussehen verantwortlich, das seit altersher mit Schwangerschaft verknüpft wird. Ein anderes Müdigkeitsgefühl stellt sich später in der Schwangerschaft ein (siehe S. 148), das auf die Erschöpfung des Körpers zurückzuführen ist, aber im ersten Schwangerschaftsdrittel tritt es selten auf.

Ausbleiben der Periode

Innerhalb von zwei Wochen nach der Befruchtung bleibt die Periode aus. Es ist das klassische Anzeichen einer Schwangerschaft. Diese ist die häufigste Ursache des Ausbleibens, aber nicht die einzige, daher sollte man nicht automatisch annehmen, schwanger zu sein. Eine schwere körperliche Erkrankung, ein großer Schock, Flugreisen, eine Operation oder Angst können eine Periode verzögern. Auf der anderen Seite ist es auch möglich, trotz Schwangerschaft eine leichte Blutung zu haben, daher scheinen manche Schwangerschaften nur acht Monate zu dauern (siehe S. 96).

Morgendliche Übelkeit

Viele Schwangere leiden mehr oder weniger an Übelkeit. Sie wird von den zunehmenden Hormonmengen im Blut hervorgerufen. Ein Hormon, das humane Choriongonadtropin (HCG), befindet sich im Blutkreislauf. Es hält die Versorgung mit Östrogen und Progesteron aufrecht und verhindert die Menstruation, es erhält also die Schwangerschaft. Der Nachweis von HCG im Urin bestätigt eine Schwangerschaft (siehe S. 49). Die Bildung dieses Hormons liegt bei vielen Frauen ungefähr zeitgleich mit dem Auftreten der Übelkeit, die nach 12 bis 14 Wochen wieder abnimmt. Das plötzliche Ansteigen von Hormonen kann die Magenschleimhaut direkt reizen, was sich als Übelkeit bemerkbar macht. Hormone bewirken auch ein schnelles Aufbrauchen des Blutzuckers, was Hungergefühl und Übelkeit zugleich zur Folge hat. Übelkeit, manchmal verbunden mit Erbrechen, tritt ungefähr von der 6. Woche an auf. In den meisten Fällen dauert sie drei Monate lang an und läßt dann langsam nach (siehe S. 154).

Geschmack und Eßlust

Eine Änderung des Geschmackssinns und die Vorliebe für bestimmte Nahrungsmittel kann eines der ersten Zeichen einer Schwangerschaft sein und schon vor dem Ausbleiben der Periode auftreten. Es ist ganz normal, bestimmte Nahrungsmittel und Getränke abzulehnen, wie gebratene Speisen, Kaffee und Alkohol. Auch Zigarettenrauch wird häufig als unangenehm empfunden. Oft hört man, daß ein metallischer Geschmack im Mund den Geschmack einer Speise negativ beeinflußt. Man nimmt an, daß bestimmte Essensgelüste durch die erhöhten Hormonspiegel hervorgerufen werden. Ähnliches tritt manchmal in der zweiten Hälfte des Menstruationszyklus auf. Einer Eßlust auf kalorienreiche Nahrungsmittel sollten Sie nicht nachgeben, sie haben meistens geringen Nährwert.

Harndrang

Sobald die Gebärmutter anschwillt, drückt sie auf die Harnblase. Hormonelle Veränderungen verursachen ein Nachlassen der Muskelspannung, auch bei der Blase. Daher versucht die Blase selbst kleine Mengen Urin abzugeben, und viele Frauen haben schon eine Woche nach der Empfängnis das Gefühl, häufiger Wasser lassen zu müssen. Solange Sie dabei kein brennendes Gefühl oder Schmerzen empfinden, müssen Sie Ihren Arzt nicht befragen. Ungefähr in der 12. Woche hat sich die Gebärmutter so vergrößert, daß sie aus der Beckengegend aufsteigt und der Harndrang nachläßt.

Die Brust

Die Veränderungen, die am Anfang der Schwangerschaft in den Brüsten vor sich gehen (siehe S. 99), finden in abgeschwächter Form in der zweiten Hälfte des Menstruationszyklus statt. Sie werden durch das Progesteron hervorgerufen. Schon vor dem Ausbleiben der Periode können Sie ein Prickeln und Schmerzen in den Brustwarzen verspüren. Die Brüste fühlen sich möglicherweise schwer und empfindlich an und vergrößern sich. Zu Beginn der Schwangerschaft treten die Adern hervor, und die weichen Knötchen der Warzenhöfe werden größer. Ebenso vergrößern sich die Brustwarzen selbst, sie werden dunkler. Der Körper bereitet sich schon jetzt auf die Ernährung des Babys vor.

Reaktion auf die Schwangerschaft

Meistens fühlt man sich zu Beginn der Schwangerschaft zwiespältig, und Sie werden feststellen, daß die Gefühle sich mit den Launen ändern. Gemischte Gefühle über Schwangerschaft und Elternschaft sind ganz normal. Es wäre unrealistisch zu denken, daß sich Ihr Leben nach der Geburt des Babys nicht verändert, und es ist besser, schon jetzt vorauszudenken. Machen Sie sich wegen Ihrer widersprüchlichen Gefühle keine Vorwürfe, und versuchen Sie nicht, sie zu unterdrücken. Es ist viel vernünftiger, sich zu ihnen zu bekennen und sie hinzunehmen, als darauf zu warten, daß der Konflikt sich von alleine löst. Eine Schwangerschaft bedeutet auch, gefühlsmäßig zu wachsen. Am Ende werden Sie sich selbst wahrscheinlich besser verstehen und kennen.

Schwangerschaftstests

Der Nachweis von humanem Choriongonadotropin (HCG, siehe S. 89) im Urin ist der allgemeinübliche Schwangerschaftstest. Zu Beginn einer Schwangerschaft ist dieses Hormon verstärkt im Urin nachzuweisen.

Schwangerschaftstest zu Hause
Sie benötigen eine Urinprobe und müssen die Anleitung des Herstellers befolgen, da es verschiedene Testmethoden gibt. Bei den meisten brauchen Sie etwas Urin. Sehr wichtig ist, daß Sie den ersten Urin nach dem morgendlichen Aufwachen verwenden, denn zu diesem Zeitpunkt enthält er das Schwangerschaftshormon in konzentrierter Form, da viele Stunden lang nichts getrunken oder gegessen worden ist.

Urintest
Eine Probe des Morgenurins wird in einen seifenfreien Behälter gegeben. Ein Arzt oder Apotheker kann den Test vornehmen. Ein negatives Ergebnis bedeutet nicht unbedingt, daß Sie nicht schwanger sind. Wenn die anderen Anzeichen bestehen bleiben, sollten Sie es nach sieben Tagen wieder versuchen; vielleicht war der Zeitpunkt zu früh. Urintests sind zu 95 Prozent verläßlich.

Vaginale Untersuchung
Der Arzt führt zwei Finger in die Scheide ein und tastet mit der anderen Hand den Bauch ab. Dabei fühlt er, ob die Geschlechtsorgane weicher geworden sind und sich die Gebärmutter vergrößert hat. Die Untersuchung schadet dem Embryo nicht und wird oft schon beim ersten Arzttermin vorgenommen (siehe S. 76). Sie ist erst nach der 8. Woche verläßlich, dann aber zu 100 Prozent.

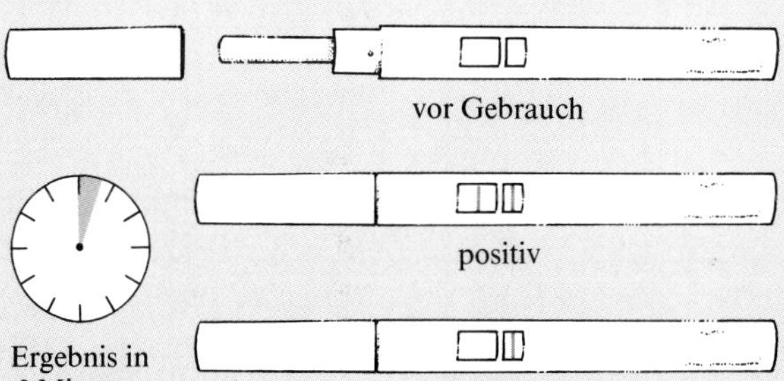

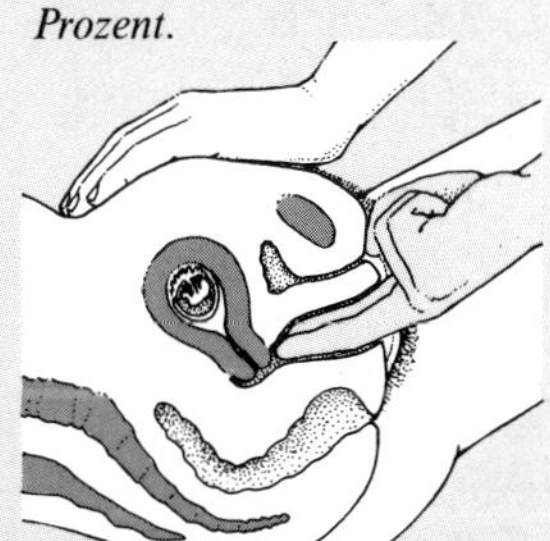

Bei Tests zu Hause kann eine Schwangerschaft zwei Tage nach dem Ausbleiben der Periode festgestellt werden. Bei diesem Test wird der Teststreifen in den Urinstrahl gehalten. Nach drei Minuten kann man das Resultat ablesen.

Verschiedene Reaktionen

Es ist möglich, daß ihre Reaktion auf die Bestätigung Ihrer Schwangerschaft anders ausfällt als erwartet. Vielleicht haben sich die persönlichen Verhältnisse verändert, und eine Schwangerschaft ist nicht mehr erwünscht. Möglicherweise lehnt eine Frau sie ab, weil sie ihren Körper beherrscht. Es mag zu Verbitterung führen, weil ihr aktives Leben eingeschränkt ist. Einige Frauen werden depressiv und denken sogar an Abtreibung.

Dies ist ein sehr negatives Bild von Schwangerschaft, und die Mehrheit der Frauen fühlt sich bestimmt ganz anders. Das Wichtigste für Sie und Ihren Partner ist jedoch, beim Empfang der Nachricht die Schwangerschaft voll anzunehmen. Sie können nicht so tun, als sei nichts geschehen, nur weil es in den ersten Wochen und Monaten keine sichtbaren, äußeren Anzeichen gibt. Sie beide sollten die Schwangerschaft realistisch beurteilen und nicht verklärt sehen.

Berechnung des zu erwartenden Geburtstermins (ET)
Die Schwangerschaft dauert im Durchschnitt 266 Tage oder 280 Tage, vom ersten Tag der letzten Regel (LR) an gerechnet. Um Ihren ET abzulesen, suchen Sie das Datum Ihrer LR in den dick gedruckten Zahlenreihen. Das Datum daneben ist der ET. Sie können den Termin auch so errechnen:

LR 17.9.83
+9 Monte 17.6.84
+7 Tage 24.6.84

280 Tage sind jedoch nur ein Durchschnitt, Sie können davon abweichen. Die Ankunft Ihres Babys am ET hängt davon ab, ob Sie einen regelmäßigen Zyklus von 28 Tagen haben. Ärzte gehen davon aus, daß eine normale Schwangerschaft zwischen 39 und 41 Wochen dauert.

Jan. Okt.	**Feb.** Nov.	**März** Dez.	**Apr.** Jan.	**Mai** Feb.	**Juni** März	**Juli** Apr.	**Aug.** Mai	**Sept.** Juni	**Okt.** Juli	**Nov.** Aug.	**Dez.** Sept.
1 8	**1** 8	**1** 6	**1** 6	**1** 5	**1** 8	**1** 7	**1** 8	**1** 8	**1** 8	**1** 8	**1** 7
2 9	**2** 9	**2** 7	**2** 7	**2** 6	**2** 9	**2** 8	**2** 9	**2** 9	**2** 9	**2** 9	**2** 8
3 10	**3** 10	**3** 8	**3** 8	**3** 7	**3** 10	**3** 9	**3** 10	**3** 10	**3** 10	**3** 10	**3** 9
4 11	**4** 11	**4** 9	**4** 9	**4** 8	**4** 11	**4** 10	**4** 11	**4** 11	**4** 11	**4** 11	**4** 10
5 12	**5** 12	**5** 10	**5** 10	**5** 9	**5** 12	**5** 11	**5** 12	**5** 12	**5** 12	**5** 12	**5** 11
6 13	**6** 13	**6** 11	**6** 11	**6** 10	**6** 13	**6** 12	**6** 13	**6** 13	**6** 13	**6** 13	**6** 12
7 14	**7** 14	**7** 12	**7** 12	**7** 11	**7** 14	**7** 13	**7** 14	**7** 14	**7** 14	**7** 14	**7** 13
8 15	**8** 15	**8** 13	**8** 13	**8** 12	**8** 15	**8** 14	**8** 15	**8** 15	**8** 15	**8** 15	**8** 14
9 16	**9** 16	**9** 14	**9** 14	**9** 13	**9** 16	**9** 15	**9** 16	**9** 16	**9** 16	**9** 16	**9** 15
10 17	**10** 17	**10** 15	**10** 15	**10** 14	**10** 17	**10** 16	**10** 17	**10** 17	**10** 17	**10** 17	**10** 16
11 18	**11** 18	**11** 16	**11** 16	**11** 15	**11** 18	**11** 17	**11** 18	**11** 18	**11** 18	**11** 18	**11** 17
12 19	**12** 19	**12** 17	**12** 17	**12** 16	**12** 19	**12** 18	**12** 19	**12** 19	**12** 19	**12** 19	**12** 18
13 20	**13** 20	**13** 18	**13** 18	**13** 17	**13** 20	**13** 19	**13** 20	**13** 20	**13** 20	**13** 20	**13** 19
14 21	**14** 21	**14** 19	**14** 19	**14** 18	**14** 21	**14** 20	**14** 21	**14** 21	**14** 21	**14** 21	**14** 20
15 22	**15** 22	**15** 20	**15** 20	**15** 19	**15** 22	**15** 21	**15** 22	**15** 22	**15** 22	**15** 22	**15** 21
16 23	**16** 23	**16** 21	**16** 21	**16** 20	**16** 23	**16** 22	**16** 23	**16** 23	**16** 23	**16** 23	**16** 22
17 24	**17** 24	**17** 22	**17** 22	**17** 21	**17** 24	**17** 23	**17** 24	**17** 24	**17** 24	**17** 24	**17** 23
18 25	**18** 25	**18** 23	**18** 23	**18** 22	**18** 25	**18** 24	**18** 25	**18** 25	**18** 25	**18** 25	**18** 24
19 26	**19** 26	**19** 24	**19** 24	**19** 23	**19** 26	**19** 25	**19** 26	**19** 26	**19** 26	**19** 26	**19** 25
20 27	**20** 27	**20** 25	**20** 25	**20** 24	**20** 27	**20** 26	**20** 27	**20** 27	**20** 27	**20** 27	**20** 26
21 28	**21** 28	**21** 26	**21** 26	**21** 25	**21** 28	**21** 27	**21** 28	**21** 28	**21** 28	**21** 28	**21** 27
22 29	**22** 29	**22** 27	**22** 27	**22** 26	**22** 29	**22** 28	**22** 29	**22** 29	**22** 29	**22** 29	**22** 28
23 30	**23** 30	**23** 28	**23** 28	**23** 27	**23** 30	**23** 29	**23** 30	**23** 30	**23** 30	**23** 30	**23** 29
24 31	**24** 1	**24** 29	**24** 29	**24** 28	**24** 31	**24** 30	**24** 31	**24** 1	**24** 31	**24** 31	**24** 30
25 1	**25** 2	**25** 30	**25** 30	**25** 1	**25** 1	**25** 1	**25** 1	**25** 2	**25** 1	**25** 1	**25** 1
26 2	**26** 3	**26** 31	**26** 31	**26** 2	**26** 2	**26** 2	**26** 2	**26** 3	**26** 2	**26** 2	**26** 2
27 3	**27** 4	**27** 1	**27** 1	**27** 3	**27** 3	**27** 3	**27** 3	**27** 4	**27** 3	**27** 3	**27** 3
28 4	**28** 5	**28** 2	**28** 2	**28** 4	**28** 4	**28** 4	**28** 4	**28** 5	**28** 4	**28** 4	**28** 4
29 5		**29** 3	**29** 3	**29** 5	**29** 5	**29** 5	**29** 5	**29** 6	**29** 5	**29** 5	**29** 5
30 6		**30** 4	**30** 4	**30** 6	**30** 6	**30** 6	**30** 6	**30** 7	**30** 6	**30** 6	**30** 6
31 7		**31** 5		**31** 7		**31** 7	**31** 7		**31** 7		**31** 7
Jan. Nov.	**Feb.** Dez.	**März** Jan.	**Apr.** Feb.	**Mai** März	**Juni** Apr.	**Juli** Mai	**Aug.** Juni	**Sept.** Juli	**Okt.** Aug.	**Nov.** Sept.	**Dez.** Okt.

Die berufstätige Frau

Sicher werden Sie feststellen, daß Ihre Kollegen an Ihrem Zustand Anteilnahme zeigen.

In den meisten Ländern gibt es Gesetze, die regeln, wie lange eine Frau arbeiten muß, damit sie nach der Geburt Mutterschaftsgeld erhält, und welche Auflagen ihr Arbeitgeber in bezug auf ihre Rückkehr an den Arbeitsplatz beachten muß. Davon abgesehen haben Arbeitgeber Interesse daran, von den zukünftigen Berufsplänen der werdenden Mutter unterrichtet zu werden. Ein Arbeitgeber wird nicht angemessen reagieren, wenn er nicht rechtzeitig informiert wurde. Gegen Ende des ersten Schwangerschaftsdrittels sollte man über seine zukünftigen Berufspläne nachdenken. Wenn Sie alle Ihre Möglichkeiten durchleuchtet und sich entschieden haben, sollten Sie mit Ihrem Arbeitgeber darüber sprechen. In den meisten Ländern ist bei seiner Benachrichtigung ein bestimmter Termin einzuhalten (siehe S. 244), wenn der Arbeitsplatz nach Ende des Schwangerschaftsurlaubes nicht verloren gehen soll.

Berufstätigkeit während der Schwangerschaft

Solange Sie keine schwere körperliche Arbeit leisten, mit gefährlichen chemischen Stoffen oder Dämpfen umgehen (siehe S. 45), gibt es keinen Grund, den Arbeitsplatz zu wechseln oder während der Schwangerschaft nicht berufstätig zu sein. Die Dauer der Berufstätigkeit hängt davon ab, wie fit Sie sich fühlen, welche Arbeit Sie ausüben und welche Gründe Sie für Ihre Berufstätigkeit haben. Der psychologische Nutzen, der nicht übersehen werden sollte, liegt darin, daß Ihre Umwelt die

Schwangerschaft als normal betrachtet. Außerdem wird Ihnen Ihr Beruf ein Gefühl von Stabilität und Sicherheit geben, was besonders in einer Zeit physischer und psychischer Veränderungen wichtig ist.
Die meisten Mediziner sind der Ansicht, daß man nach der 32. Woche nicht mehr arbeiten sollte (in Deutschland beginnt die Schutzfrist 6 Wochen vor dem errechneten Geburtstermin). Zu diesem Zeitpunkt haben Herz, Lungen und andere wichtige Organe wie Nieren und Leber die meiste Arbeit zu leisten; die körperliche Belastung von Wirbelsäule, Gelenken und Muskeln ist sehr groß. Besonders jetzt sollten Sie Ihren Körper bei Müdigkeit nicht weiter belasten, sondern sich ausruhen. Das kann bisweilen schwierig sein, selbst wenn Sie eine sitzende Tätigkeit ausüben.
Auf jeden Fall müssen Sie Ihre tägliche Arbeitsroutine der Schwangerschaft anpassen. Mit der Zeit werden Sie nicht mehr so

Tips für den Beruf

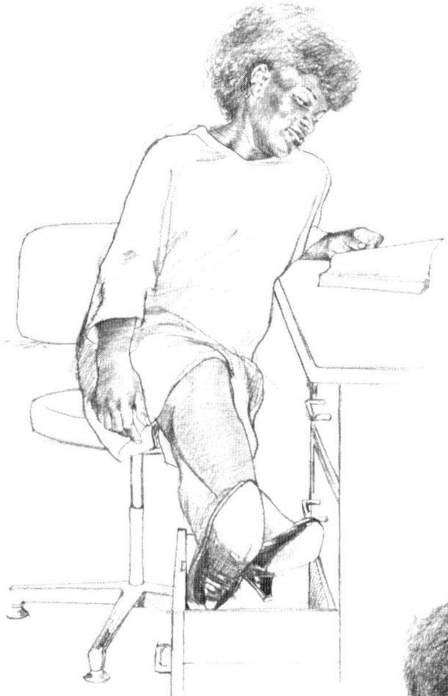

◁ ***Füße hochlegen***
Akzeptieren Sie Ihren Zustand und die Anspannung, die die Schwangerschaft während des Arbeitstages auf Ihren Körper ausübt. Legen Sie möglichst oft die Füße hoch und setzen Sie sich bei Gelegenheit. Bitten Sie um Hilfe; man wird sie gerne gewähren.

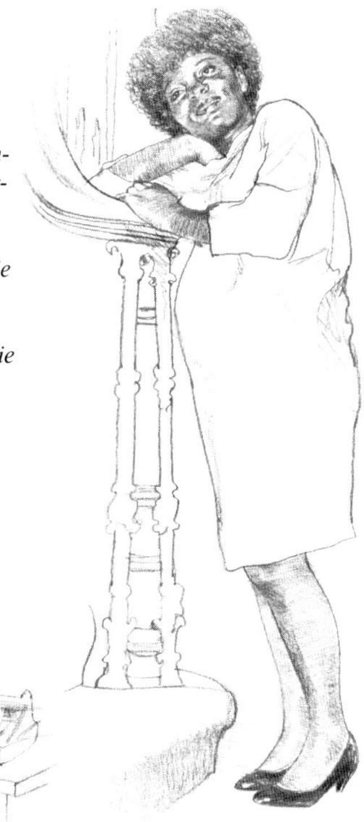

In die Knie gehen ▷
Gehen Sie in die Knie, wenn Sie sich bücken müssen oder kein Stuhl in der Nähe ist. Bauen Sie diese Position in Ihren Arbeitstag ein. So stärken Sie Ihre Oberschenkel und bereiten sich auf die Hockstellung bei der Geburt vor (siehe S. 186).

△ ***Machen Sie alles gemächlicher***
Wenn Sie früher Treppen im Laufschritt hinaufgeeilt sind, werden Sie feststellen, daß es jetzt langsamer geht. Bleiben Sie stehen, wenn Sie müde sind, und ruhen Sie sich aus.

beweglich und von der Arbeit und den abendlichen Verpflichtungen sehr erschöpft sein. Geben Sie anderen Dingen den Vorrang. Ihre Gesundheit und die Ihres ungeborenen Kindes sind viel wichtiger als ein sauberes Haus und ein gut gefüllter Kühlschrank.

Gefühle einer berufstätigen Mutter

Einige Frauen sehen eine Schwangerschaft als willkommene Unterbrechung ihres Berufslebens an. Sie bleiben bis kurz vor der Geburt an ihrem Arbeitsplatz und kehren kurze Zeit danach wieder an ihn zurück. Für sie ist die Entscheidung, ob sie das Baby stillen oder mit der Flasche ernähren sollen, nicht weiter schwierig. Sie entscheiden sich für die zweite Möglichkeit. Andere Mütter jedoch wären über diese Lösung unglücklich. Sie wollen bei ihren Kindern bleiben und sich selbst um sie kümmern. Jede Trennung von ihnen wäre schmerzhaft. Manche Frauen haben Angst, ihren Kindern nicht genug Zuwendung zu geben, machen sich aber auch Gedanken über die Opfer, die sie selbst bringen. Diese Frauen sehnen sich danach, ihre Kinder um sich zu haben. Besonders wenn sie klein sind, kann es schmerzlich sein, sie selbst für wenige Stunden zurückzulassen.

Trotzdem arbeiten viele Mütter weiter, aus wirtschaftlicher Notwendigkeit, aus dem Wunsch heraus, unabhängig und selbständig zu sein, aus Langeweile bei der Hausarbeit und in der Familie und aus absolut persönlicher Notwendigkeit. Frauen haben heute mehr Möglichkeiten, ihr eigenes Leben in die Hand zu nehmen, und immer mehr Frauen arbeiten einfach, weil es ihnen Spaß macht. Der Beruf bereichert ihr Leben und somit auch ihr Zusammenleben mit der Familie. Bis vor etwa 10 Jahren meinten viele Frauen, es sei ihre Pflicht, eigene Wünsche zurückzustellen und ganz für die Familie da zu sein. Heute dagegen fühlen sie, daß auch sie ein Recht darauf haben, sich nach ihren eigenen Wünschen zu richten. Sie entscheiden sich für eine Berufstätigkeit und nehmen Schwierigkeiten in der Familie dafür in Kauf.

Die Gefühle des Partners sollten neben den Ihren auch eine Rolle spielen. Es führt sicherlich zu Mißstimmung und Meinungsverschiedenheiten, wenn Sie ohne sein Einverständnis an Ihren Arbeitsplatz zurückkehren. Wenn Sie das Gefühl haben, daß dies der Fall ist, sollten Sie die Sache offen diskutieren. Vielleicht läßt sich ein Kompromiß und so eine glückliche Lösung für Ihr zukünftiges Berufsleben finden.

Rückkehr an den Arbeitsplatz

Wenn Sie sich für eine weitere Berufstätigkeit nach der Geburt des Babys entschieden haben, möchten Sie Ihren Beruf eventuell unter anderen Bedingungen ausüben. Besprechen Sie dies mit Ihrem Arbeitgeber. Vielleicht bietet sich die Möglichkeit, eine Halbtagsstelle zu finden, oder nur stundenweise zu arbeiten. Eine andere Lösung ist, sich einen Arbeitsplatz mit einem anderen zu teilen. Vielleicht besteht in Ihrem Beruf auch die Möglichkeit, selbständig zu Hause zu arbeiten. Sie sollten schon jetzt über die verschiedenen Lösungen nachdenken.

Bei der Überlegung, wann der beste Zeitpunkt ist, an den Arbeitsplatz zurückzukehren, sollte man realistisch sich selbst gegenüber sein. Nach der Schwangerschaft dauert es ungefähr neun Monate, bis sich der Stoffwechsel normalisiert hat; manche Körperfunktionen erholen sich schneller als andere. Wenn Sie Ihre erste Periode drei Monate nach der Geburt haben, ist das ein gutes Zeichen dafür, daß die Eierstöcke ihre normale Tätigkeit wiederaufgenommen haben. Aber nicht alle Hormondrüsen sind so schnell. Die Muskeln, Sehnen und Gelenke werden während der Schwangerschaft schlaffer und elastischer, um mit der veränderten Körperform und dem zusätzlichen Gewicht fertig zu werden. Sie müssen ihre Spannkraft und Stärke erst wiedergewinnen. Lebenswichtige Organe wie Herz, Nieren und Lungen

Vor- und Nachteile für die berufstätige Mutter

Vorteile	Nachteile
Größere Unabhängigkeit	Gefühl von Schuld und Unzulänglichkeit, weil Sie glauben, Ihr Kind zu vernachlässigen
Finanzielle Vorteile - Verbesserung des Lebensstandards	Isolierung von sozialen Kontakten
Erfüllung der Berufslaufbahn - Chance, Ausbildung und Qualifikation zu nutzen	Müdigkeit
Intensive Beschäftigung mit dem Kind, wenn Sie zu Hause sind	Anspannung durch die doppelte Verantwortung und die Notwendigkeit, immer vorausplanen zu müssen
Möglichkeit, in seinem Berufsfeld Profil zu zeigen.	Ablehnung durch nichtberufstätige Mütter in Ihrer Umgebung
	Sorge, eine gute Betreuungsstelle fürs Kind zu finden und zu behalten

und der Blutkreislauf passen sich erst langsam daran an, nun wieder Sie allein zu versorgen.

Babys und Eltern

Die Fürsorge für Ihr Kind steht an erster Stelle, und Sie sollten viel Zeit und Mühe darauf verwenden, eine Betreuungsstelle für Ihr Baby zu finden, die Ihren Bedürfnissen und Wünschen entspricht. Wenn Sie sich unwohl fühlen und Ihr Kind nur widerwillig jemandem anders überlassen, oder Angst haben, von Ihrem Kind nicht geliebt zu werden, sollten Sie sich von einer Studie beruhigen lassen, die in den letzten Jahren durchgeführt wurde. Ich habe mich immer auf meine innere Stimme verlassen und von dieser Untersuchung erst im nachhinein erfahren. Sie fand zu der Zeit statt, als ich trotz meiner kleinen Kinder berufstätig war. Ich wußte, daß mich die Kinder instinktiv als ihre Mutter erkennen würden. Ich war mir ganz sicher, daß sie mich von ihren Kinderfrauen, die sehr liebevoll waren, unterscheiden würden. Bei genauerem Nachdenken war es schwierig, einen Grund dafür zu finden. Ich nahm an, daß sie bis zum Alter von 18 Monaten immer genug Körperkontakt zu mir hatten. Möglichkeiten dazu gab es beim Füttern und Schmusen.

Wie die Untersuchung zeigte, ist die Fähigkeit von Babys, ihre Eltern von anderen Menschen zu unterscheiden, noch größer, als ich annahm. Das Wichtigste dabei ist jedoch weniger der Anblick, Geruch oder Körperkontakt mit den Eltern, sondern die liebevolle, vollständige Aufmerksamkeit, die nur sie geben können. Ein Baby unterscheidet sie von allen anderen Reizen. Der verblüffendste Aspekt war jedoch die kurze Zeit, die ein Baby dafür mit seinen Eltern zusammen sein muß. Weniger als eine Stunde am Tag reicht aus. Die Länge der Zeit, die sie mit ihrer Mutter verbringen, zählt viel weniger als das Wie der Zuwendung. Liebe läßt sich nicht in Zeit messen, Liebe ist, was wir in diese Zeit einbringen, egal wie kurz sie ist.

Doppelrolle

Ein Gesichtspunkt, der das Leben einer arbeitenden Mutter sehr schwierig gestalten kann, ist die Notwendigkeit, die ganze Freizeit der Familie widmen zu müssen. Man ist an zwei Arbeitsstellen im Einsatz - anders kann man die Situation nicht sehen. Manchmal gibt es keine Schwierigkeiten. Wenn Sie einen Beruf haben, der Sie geistig sehr in Anspruch nimmt, werden Sie wahrscheinlich noch die körperliche Energie haben, zu Hause die Kinder zu baden, mit ihnen zu spielen, Geschichten vorzulesen und ihnen zuzuhören. Wenn Sie aber z. B. als Krankenschwester oder Lehrerin arbeiten, werden Sie die Aufmerksamkeit, die Ihre Kinder Ihnen abverlangen, schon tagsüber bei der Arbeit verbraucht haben. Für Sie ist es dann doppelt schwer.

Ich bin der festen Ansicht, daß ein Kind besonders im Vorschulalter das Recht auf die volle Zuwendung der Eltern hat, wenn sie von der Arbeit nach Hause kommen. Der Preis dafür ist hoch. Anstatt sich nach einem anstrengenden Tag auszuruhen, muß das Baby betreut und alles andere mit einer Hand erledigt werden, bis es schläft. Statt selbst in die Badewanne zu steigen, muß man sich um das Baden und Füttern des Babys kümmern. Wenn Sie schließlich selbst ins Bett gehen, können Sie sicher damit rechnen, nachts gestört zu werden. Sie müssen als Eltern nicht nur großzügig sein, sondern aufopfernd. Es gibt Vor- und Nachteile für eine berufstätige Mutter. Die beste Lösung für Sie ist die, die Sie glücklich macht. Sie sollten sich jedoch darauf gefaßt machen, Schuldgefühle zu bekommen oder das Gefühl, der Mutterrolle nicht gerecht zu werden. Aber solange Sie und Ihr Partner glücklich sind, wird sich das Kind gut entwickeln, egal ob Sie den ganzen Tag zu Hause sind oder einem Beruf nachgehen.

3 Verschiedene Entbindungsmöglichkeiten

Vielen Frauen ist heute bewußt, daß es verschiedene Möglichkeiten für eine Geburt gibt und, vorausgesetzt die Schwangerschaft verläuft normal, kann sie die Geburt nach ihren ganz persönlichen Wünschen planen. In Deutschland arbeiten in vielen Krankenhäusern Ärzte und Hebammen sehr flexibel zusammen und gehen auf die Wünsche der Frauen ein, egal ob sie aufrecht oder in hockender Stellung entbinden wollen oder ohne irgendwelche Schmerzmittel auskommen wollen. Sie können heute erleben, daß die Geburt eine Erfahrung ist, über die Sie die Kontrolle haben und die zum einzigartigen Erlebnis wird. Es gibt nur noch sehr wenige Krankenhäuser, in denen Sie Ihren Partner oder eine gute Freundin nicht als Unterstützung bei der Geburt dabeihaben können. Auch Hausgeburten kommen wieder häufiger vor; in diesem Fall kommt der Hebamme eine ganz besondere Rolle zu, und ein Arzt wird nur bei Komplikationen gebraucht.

Entscheidungshilfen

Viele Frauen sind über den Ablauf der Geburt in einem Krankenhaus enttäuscht. Sie stören sich an der Art und Weise, wie mit ihnen in der Institution Krankenhaus verfahren wird. Sie hatten sich den Ablauf vorher ganz anders vorgestellt und gewünscht. Wenn Sie die Geburt planen, müssen Sie sich selbst über Ihre Wünsche im klaren sein und bereit, für sie einzutreten. Dazu sollten Sie die verschiedenen Möglichkeiten kennen. Dies können Sie erreichen, indem Sie Bücher lesen, Fragen stellen, an verschiedene Organisationen schreiben, um informiert und beraten zu werden. Sie müssen selbstsicherer sein, als Sie es in der Vergangenheit vielleicht waren, und nichts akzeptieren, wenn Sie nicht ganz glücklich darüber sind. Außerdem müssen Sie lernen, aus sich herauszugehen. Es ist schön und gut, sich selbst über seine Wünsche im klaren zu sein, aber wenn man seine Hoffnungen anderen nicht mitteilen kann, können sie nicht realisiert werden. Sie müssen entschlossen sein, sich bestimmt auszudrücken. Wenn Sie nicht genug Selbstsicherheit haben, bitten Sie einen guten Freund oder besser noch Ihren Partner immer dann um moralische Unterstützung, wenn Sie mit einer Situation konfrontiert werden, die Sie ängstigt.

Ein Ziel dieses Kapitels ist, Ihnen die Planung der Geburt zu erleichtern, nachdem Sie sich über Ihre emotionalen und körperlichen Bedürfnisse klargeworden sind. Ein anderes Ziel ist, Ihnen das Selbstvertrauen zu geben, das Sie brauchen, um in allen Diskussionen mit Ärzten und Hebammen selbstsicher auftreten zu können. Sie müssen eine Menge Verantwortung auf sich nehmen, lassen Sie nichts über Ihren Kopf hinweg entscheiden.

Wenn Sie sich über Ihre Wünsche und Bedenken klargeworden sind, können Sie sie in Ihrem persönlichen Geburtsplan (siehe S. 246–249) notieren. Sie können darum bitten, daß diese Notizen Ihrem Untersuchungsbericht beigelegt werden, oder Sie bewahren sie selbst bis zum Entbindungstag auf.

Wie kommt man an Informationen?

Man sollte einige Zeit darauf verwenden herauszufinden, wo und wie das Baby geboren werden soll. Zuerst sprechen Sie am besten mit Ihrem Arzt. Er wird Ihnen eine Menge Informationen darüber geben können, welche Möglichkeiten es in Ihrer näheren Umgebung gibt und an wen Sie sich wenden können. Ihr Arzt wird Ihnen wahrscheinlich auch sagen, welche Möglichkeiten er vorzieht, und Sie werden erkennen, ob Sie mit ihm auskommen oder ob sich Konflikte ergeben. All diese Informationen helfen dabei, eine Entscheidung zu treffen. Vielleicht können Sie auch zu einer Hebamme Kontakt aufnehmen. Immer mehr Frauen wünschen eine Geburt, die von einer Hebamme geleitet wird. Allerdings sollten Sie nicht ganz auf die Zusammenarbeit mit einem Arzt verzichten und seinen Rat beherzigen. Falls

Wo soll das Baby zur Welt kommen?

Die zwei wichtigen Punkte Ihrer Wahl sind, ob Sie eine medizinisch geleitete oder eine »natürliche« Geburt wollen, und ob Ihr Kind zu Hause oder im Krankenhaus zur Welt kommen soll. Es gibt leidenschaftliche Verfechter hochtechnisierter Geburten im Krankenhaus, die sagen, daß dies der einzige Weg sei, die Sicherheit für Mutter und Kind zu gewährleisten, falls ein Notfall eintritt. Das andere Extrem sind Befürworter der natürlichen Geburt, die mit aller Macht ihre Methoden durchsetzen wollen. Einige Frauen glauben, daß ihnen nur ein Krankenhaus die Sicherheit gibt, die sie brauchen. Andere Frauen bevorzugen ihre gewohnte Umgebung.

Hausgeburt

Für Frauen, die eine normale Schwangerschaft haben und bei denen keine Komplikationen bei der Geburt zu erwarten sind, kann eine Hausgeburt in Erwägung gezogen werden. Vor einiger Zeit waren Mediziner einhellig der Meinung, daß eine Krankenhausgeburt sicherer ist, aber Studien haben gezeigt, daß Frauen zu Hause viel entspannter sind. Eine Hausgeburt kann für eine gesunde Mutter und ihr Baby ebenso sicher sein wie eine im Krankenhaus.

Ambulante Geburt

Wenn eine komplikationslose Geburt zu erwarten ist, Sie aber einer Hausgeburt skeptisch gegenüberstehen, ist dies die ideale Lösung. Sie gehen zur Geburt ins Krankenhaus und werden einige Stunden später oder nach einer Nacht wieder entlassen. Voraussetzung ist, daß alles ohne Komplikationen verlaufen ist. Wenn Sie zu Hause sind, kümmert sich eine Hebamme um Sie, die Sie zehn Tage lang besucht. Adressen von Hebammen erfahren Sie beim Bund Deutscher Hebammen. Möglicherweise kommt auch die Hebamme, die Sie im Krankenhaus entbunden hat, zu Ihnen nach Hause.

Krankenhausgeburt

Sie gehen zur Geburt in das Krankenhaus Ihrer Wahl und bleiben, wenn alles komplikationslos verlaufen ist, etwa sechs Tage lang dort, den Tag der Geburt mit einberechnet. Wenn Sie schon zu den Vorsorgeuntersuchungen ins Krankenhaus gegangen sind oder Ihr Gynäkologe dort Belegbetten hat, ist es möglich, daß er während der Geburt anwesend ist. Sehen Sie sich während der Schwangerschaft mehrere Entbindungsstationen an. Es gibt immer noch Krankenhäuser mit steriler Atmosphäre, in denen die Technik im Vordergrund steht, aber der Trend geht zu kleineren Entbindungszimmern ohne Krankenhausatmosphäre, in denen jedoch auch alle modernen technischen Mittel zur Verfügung stehen.

Sie werden sich viel besser entspannen können, wenn Sie sich nicht um das Tun Ihrer anderen Kinder sorgen müssen.

Sie von vornherein eine bestimmte Entbindungsmöglichkeit wünschen, kann es doch sein, daß bestimmte medizinische Gründe dagegen sprechen. Denken Sie dann daran, daß die größte Sicherheit für Sie und Ihr Baby immer zuoberst steht.

Hausgeburt

Eine Hausgeburt bietet Vorteile, wenn die Schwangerschaft normal verläuft und für die Geburt keine Schwierigkeiten zu erwarten sind. Ein Vorteil ist, daß die aufreibende Fahrt ins Krankenhaus entfällt, wenn die Wehen schon eingesetzt haben, und daß Sie nicht von Raum zu Raum in einer oft sterilen Umgebung gefahren werden, wenn Sie dort sind. Es werden keine unnötigen medizinischen Eingriffe vorgenommen, und Ihre Hebamme wird die Geburt leiten.
Der Erfolg beim Stillen ist in der häuslichen Umgebung fast immer größer. Ein wichtiger Punkt ist, daß Sie die Verantwortung für die Geburt Ihres Kindes haben. Sie gehen voran, und die anderen unterstützen Sie. Allerdings besteht immer ein gewisses Risiko, falls eine unerwartete Komplikation eintritt.

Beweglichkeit

Einer der größten Vorteile ist, daß Sie sich frei bewegen können, wann immer Sie wollen. Die meisten Frauen finden es angenehmer herumzulaufen (siehe S. 66). Die Arbeit der Gebärmutter wird unterstützt und die Sauerstoffversorgung des Babys verbessert. Manchmal wird die Sauerstoffzufuhr vermindert, wenn die Mutter auf dem Rücken liegt (siehe S. 66).

Familienzusammenhalt

Zu Hause vermeiden Sie auch eine Trennung von Ihrer Familie. Der größte Vorteil ist, daß Sie mit Ihrem Baby die ersten Minuten und Stunden nach der Geburt zusammen sein können. Dies ist besonders auch für Ihren Partner wichtig, denn in dieser Zeit entwickelt sich die emotionale und körperliche Bindung (siehe S. 217) zu Ihrem Baby.

Eine Hausgeburt trägt dazu bei, daß Ihre anderen Kinder die Geburt als normalen Teil des Lebens betrachten und das Baby gleich nach der Geburt sehen können.

Vertrauen

Sie werden selbstsicher und entspannt sein, da Sie in Ihrer gewohnten Umgebung sind. Dies ist ein Vorteil für alle, die sich um Sie kümmern. Wenn man sich wohl fühlt, wird die Funktion der Gebärmutter unterstützt. Die Geburt verläuft dann ganz einfach besser. Außerdem wird die Gefahr von Infektionen durch das Krankenhauspersonal und andere Mütter und Babys ausgeschlossen. Eine Hausgeburt kann manche Aspekte des Krankenhauses vermeiden, die Ihnen nicht gefallen; dies wird Ihnen guttun.

Vorbereiten einer Hausgeburt

Als erstes müssen Sie Ihren Arzt fragen, ob er bereit ist, Ihren Wunsch nach einer Hausgeburt zu unterstützen. Vielleicht müssen Sie sich einen anderen Arzt suchen. Tun Sie dies, sobald Sie wissen,

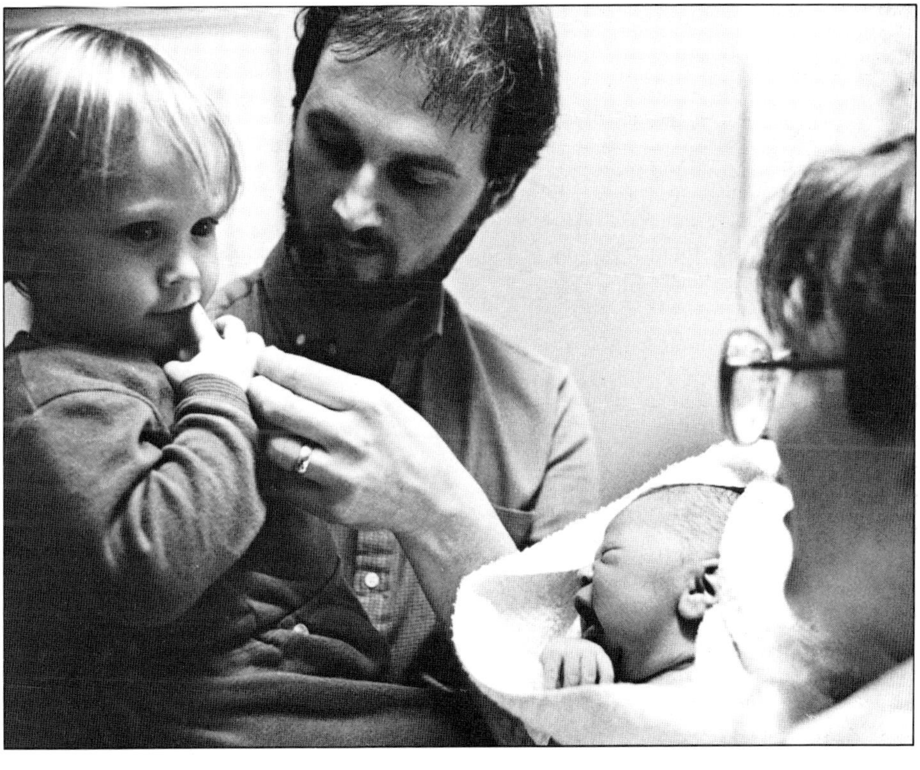

daß Sie schwanger sind. Vielleicht können Sie über das Gesundheitsamt oder eine Hebamme die Adressen von Ärzten in Ihrer Umgebung erfahren, die Hausgeburten durchführen. Betonen Sie, wie wichtig Ihnen eine Hausgeburt ist. Wenn Sie nichts erreichen, schreiben Sie ans Kreisgesundheitsamt. Drücken Sie Ihre Wünsche bestimmt aus, und bitten Sie um Hilfe.

Krankenhausgeburt

Manchen Frauen wird die Entscheidung, wo ihr Kind geboren werden soll, abgenommen: sie müssen wegen ihrer Verfassung oder ihrer medizinischen Vorgeschichte ins Krankenhaus. Trotzdem sollte man Fragen stellen und einiges klären, bevor man sich für ein Krankenhaus entscheidet, egal ob die Krankenhausentbindung medizinisch notwendig ist oder nicht.

Kann mein Partner die ganze Zeit bei mir bleiben, auch nach der Geburt des Babys?
Kann an seiner Stelle eine Freundin dabei sein?
Kann mein Partner oder Freund bei einem Kaiserschnitt anwesend sein?
Kann ich nach Einsetzen der Wehen herumlaufen, wenn alles in Ordnung ist?
Kann ich die Geburtsstellung wählen?
Müssen die Schamhaare abrasiert werden?
Wird ein Einlauf gegeben oder ein Zäpfchen verabreicht?
Wird die Fruchtblase routinemäßig gesprengt?
Bei wieviel Prozent der Frauen wird die Geburt künstlich eingeleitet?
Bei wie vielen Frauen erfolgt eine elektronische Herzton-Wehen-Überwachung?
Bei wieviel Prozent der Frauen wird in diesem Krankenhaus ein Dammschnitt vorgenommen?
Wie viele Frauen haben eine Zangengeburt in diesem Krankenhaus?
Ist es möglich, schmerzstillende Mittel abzulehnen?
Wie viele Frauen bekommen bei einem Kaiserschnitt eine Vollnarkose und wie viele eine lokale Anästhesie?
Kann ich das Baby nach der Geburt solange bei mir haben, wie ich möchte, wenn alles gut verlaufen ist?
Kann ich und/oder mein Partner das Baby nach einem Kaiserschnitt halten?
Kann ich mein Baby 24 Stunden am Tag bei mir haben?
Kann ich jederzeit stillen, auch nachts?
Ist die Besuchszeit durchgehend?
Kann mein Partner beim Baden und Wikkeln helfen?
Ist es möglich nach 12 bzw. 24 Stunden entlassen zu werden?

Warum eine Krankenhausgeburt?

Es gibt gute Gründe für eine Krankenhausgeburt:

- Wenn in Ihrer medizinischen Vorgeschichte Herz- und Nierenerkrankungen, hoher Blutdruck, Tuberkulose, Asthma, Diabetes, ernste Blutarmut, Übergewicht und Epilepsie vorkommen.
- Wenn es sich bei früheren Entbindungen um Totgeburten, Steiß- oder Querlagen (d.h. das Baby liegt quer im Becken), vorzeitige Wehen (vor der 37. Schwangerschaftswoche), Plazentainsuffizienz (die Plazenta ernährt das Baby nicht ausreichend), schwierige Zangengeburten oder verzögerte Lösung der Plazenta handelte.
- Wenn die folgenden Dinge in Ihrem Fall zutreffen: das Baby ist zu groß im Verhältnis zum Becken, echte Überreife, Blutvergiftung der Mutter, Zwillinge, Blutungen in der späten Schwangerschaft, Lage der Plazenta im unteren Teil der Gebärmutter (Plazenta praevia), zuviel Fruchtwasser, die Mutter ist Rhesus-negativ und Bluttests haben gezeigt, daß sie genug Antikörper hat, um das Baby zu schädigen, Vernarbungen an der Gebärmutter durch frühere Operationen, die Mutter ist über 35 und erwartet ihr erstes Baby.

Wie lange?

Es ist durchaus möglich, schon 6 Stunden nach der Geburt aus dem Krankenhaus entlassen zu werden. Die normale Aufenthaltsdauer beträgt jedoch 6 Tage, den Tag der Geburt mit einberechnet. Sie haben aber das Recht, sich selbst zu jeder Zeit auf eigene Verantwortung hin zu entlassen. In diesem Fall wird manchmal versucht, von seiten des Krankenhauses Druck auszuüben, um Sie zum Bleiben zu bewegen. Wenn Sie genug Unterstützung und Hilfe haben und bei Ihnen und Ihrem Baby keine Komplikationen eingetreten sind, gibt es eigentlich keinen Grund, nicht nach Hause zu gehen.

Bei einer Krankenhausgeburt gibt den meisten Frauen der Beistand ihres Partners größere Sicherheit.

Wahl des Partners bei der Geburt

Wenn sich Ihr Partner soviel wie möglich bei Schwangerschaft und Geburt Ihres Kindes einbeziehen soll, ist es natürlich, daß er während der Geburt bei Ihnen ist. Er kann Sie liebevoll unterstützen. Sein

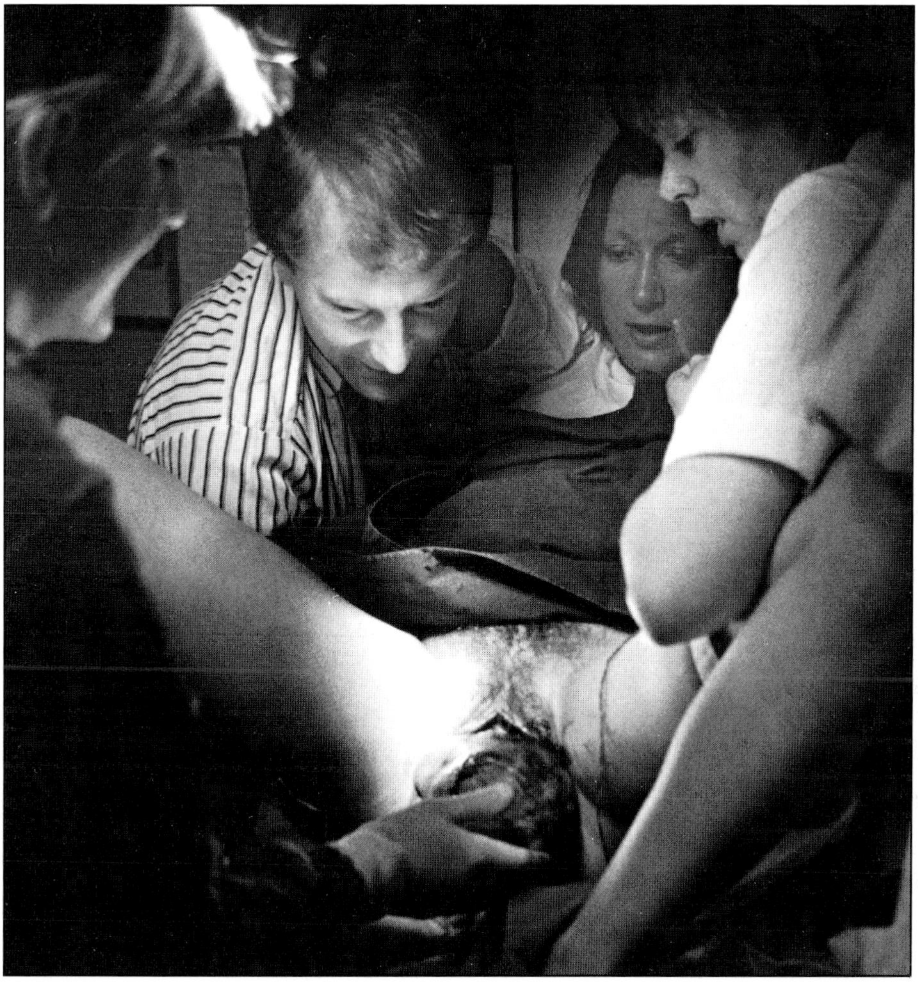

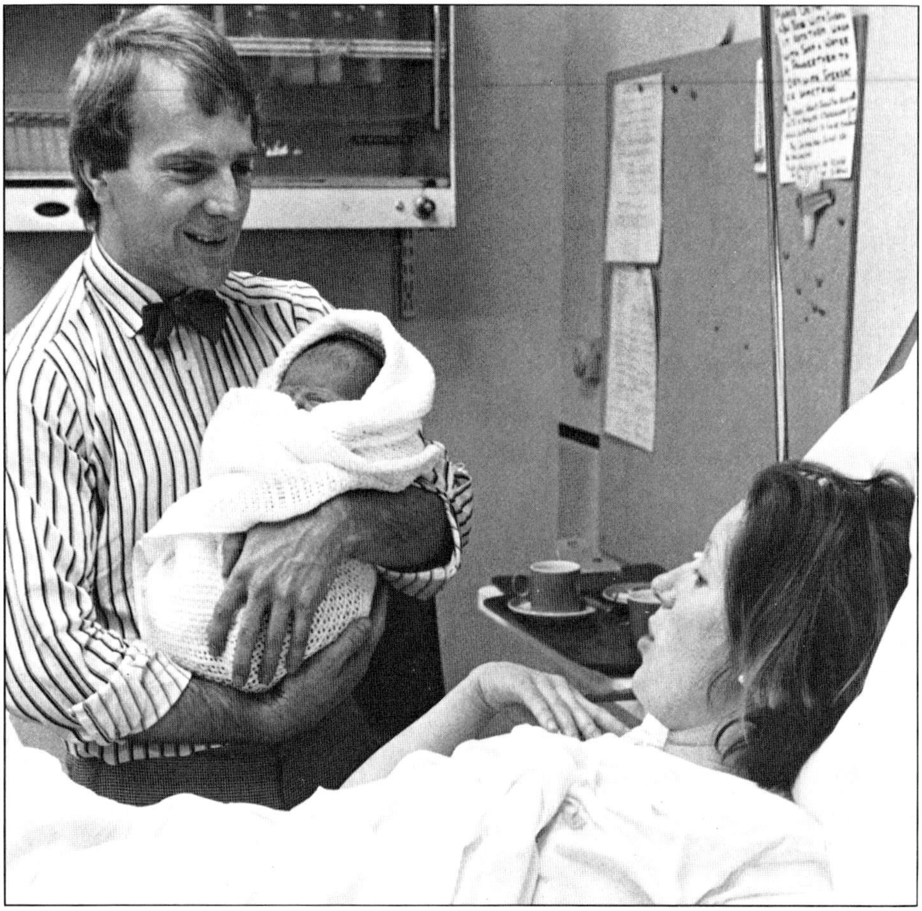

Nach der Geburt werden Sie und Ihr Partner das Gefühl haben, daß Sie gemeinsam ein Wunder vollbracht haben.

Interesse von Anfang an wird Ihr Verständnis füreinander bei der Vorbereitung auf die Geburt verbessern. Er kann Sie zu den Vorbereitungskursen begleiten und sogar mit Ihnen zusammen Entspannungsübungen machen.
Wenn die Wehen eingesetzt haben, ist er derjenige, der sich in der Zeit bis zur Geburt um Sie sorgt und sich um Sie kümmert. Das Krankenhauspersonal ist dazu da, Sie beide zu unterstützen.

Die Hebamme

Eine Schwangerschaft und Geburt, die von einer Hebamme überwacht wird, garantiert, was sich viele Frauen wünschen und im Krankenhaus so oft vermißt wird – ständige Fürsorge durch eine Person. Wenn Sie schon zur Vorsorge ins Krankenhaus gehen, lernen Sie die Hebammen dort kennen, und es ist möglich, daß Sie die Hebamme, die Sie vorher betreut hat, dann auch entbindet.

Der Geburtshelfer

Manche Frauen jedoch fühlen sich betrogen und als Menschen zweiter Klasse behandelt, wenn bei der Geburt kein

Geburtshelfer anwesend ist. Obwohl sie nicht erwarten, daß irgend etwas schiefgeht, fühlen sie sich in der Hand eines Spezialisten besser. Eine andere Gruppe von Frauen sieht in der Krankenhausgeburt genau das Ereignis, das sie erwartet haben. Normalerweise leiten Geburtshelfer aber nur schwierige Geburten und Notfälle. Vielleicht haben Sie die Ärzte der Entbindungsstation schon vorher kennengelernt, wenn Sie zu den Vorsorgeuntersuchungen ins Krankenhaus gegangen sind oder Ihr Gynäkologe dort Belegbetten hat.

Natürliche Geburt

Es ist nicht überraschend, daß die meisten Frauen eine natürliche Geburt haben können oder gehabt haben. Es gibt viele Gründe, ein Kind »natürlich« zu gebären – ohne Angst, ohne unnötige medizinische Eingriffe und in ruhiger Atmosphäre. Man kann unter verschiedenen Methoden wählen. Ihnen liegen unterschiedliche Auffassungen zugrunde, daher passen sie zu verschiedenen Persönlichkeiten. Viele Zentren, die natürliche Geburtsmethoden praktizieren, haben sich die Punkte, die sie für die besten halten, herausgesucht und so eigene Methoden gefunden. Ursprünglich gibt es jedoch von jeder Methode eine reine Form.

Grantly Dick-Read

In seinem Buch »Mutterwerden ohne Schmerz«, das in den vierziger Jahren erschien, veröffentlichte Dr. Grantly Dick-Read die Prinzipien der natürlichen Geburt. Seine Philosophie war, Angst und Spannungen durch richtige Erziehung und moralische Unterstützung zu verringern und möglicherweise ganz auszuschalten und damit die Schmerzen, die aus diesen Gefühlen entstanden. Seine Methode lehrt Sie, mit Spannungen fertig zu werden. Sie betont, daß Wissen Angst mildert, Spannungen verhindert und so wiederum den Schmerz beherrscht. Um dies zu erreichen, gibt es Kurse, die Atemübungen, Atemkontrolle und Entspannungsübungen für die Muskeln umfassen (siehe S. 147), Informationen darüber geben, was in einer normalen Geburtssituation zu erwarten ist und wie man sich selbst helfen kann. Die Methode lehrt auch, sich durch Anleitung, Beruhigung und Mitgefühl unterstützen zu lassen. Grantly Dick-Read legte großen Wert auf die Vorbereitung der Elternschaft und Geburt.

Psychoprophylaxe

Sie ist eine bestimmte Atemmethode als Vorbereitung auf die Geburt. Die Techniken wurden in Rußland entwickelt und im Westen von Dr. Fernand Lamaze verbreitet. Die Lamaze-Methode ist sicherlich die populärste in den USA und dient auch in Europa als Grundlage für viele Kurse. Sie ermutigt die Frau, die Verantwortung für sich selbst zu übernehmen und eine Beziehung zu Partner, Freunden und Ratgebern herzustellen. Sie legt großen Wert auf Teamarbeit. Die Frau muß ihren Körper die ganze Schwangerschaft hindurch mit besonderen Übungen vorbereiten. Sie muß ihren Geist trainieren, so daß sie auf die verschiedenen Wehen während der Geburt automatisch reagieren kann. Ihr Partner fungiert als »Trainer« und unterstützt sie emotional. Von ihm wird erwartet, daß er den Kursus zusammen mit der zukünftigen Mutter besucht und zu Hause bei den Konditionsübungen mit ihr zusammenarbeitet. Während der ganzen Geburt gibt er ihr Anweisungen, redet ihr gut zu und beruhigt sie.

Die Leboyer-Philosophie

Sie beruht auf mehreren Grundregeln und bezieht sich mehr auf das Baby als auf die Mutter und ihre Fortschritte während der Geburt. In seinem Buch »Geburt ohne Gewalt« sagt Frederick Leboyer, daß das

Neugeborene alles fühlt, alle Regungen seiner Umgebung widerspiegelt - Ärger, Angst, Ungeduld usw. - und daß es durch seine Sinne sehr empfindsam ist. Daher glaubt er, daß alle Reize auf ein Minimum reduziert werden müssen, durch gedämpftes Licht, wenig Lärm, wenig Handhabung und durch das Eintauchen in Wasser von Körpertemperatur, so daß der Eintritt des Babys in die Welt sich kaum vom Leben in der Gebärmutter unterscheidet.
Diese Lehre entspricht jedoch nicht ganz der Physiologie dessen, was bei der Geburt mit dem Baby geschieht. Es ist gerade der Kontakt mit der Luft, deren Temperatur niedriger als die Körpertemperatur ist, die das Baby dazu bringt, nach Luft zu schnappen und so die erste entscheidende Funktion der Lungen herzustellen. Er bewirkt auch den Wechsel der Blutzirkulation vom fetalen zum reifen Zustand.
Es ist einfach nicht richtig zu behaupten, daß der Gehörsinn eines Babys so empfindlich ist, daß es durch Lärm aufgeschreckt wird. Das Geräusch der Gebärmuttergefäße ist ungefähr so laut wie ein Staubsauger. Leboyer glaubt auch, daß die Mutter, die das Baby durch den Geburtskanal preßt und drückt, »ein Feind und Ungeheuer« für das Kind ist. Viele Frauen widersprechen dem verständlicherweise, da die Rolle der Mutter bagatellisiert und herabgesetzt wird.
Dr. Leboyer ist der Meinung, daß das Baby nur mit der menschlichen Haut in Berührung kommen soll. Das Baby wird mit dem Gesicht auf den Bauch der Mutter gelegt, die es mit ihren Armen bedeckt. Durch (nicht von Leboyer durchgeführte) Experimente wurde bewiesen, daß dies eher ein Absinken der kindlichen Körpertemperatur verhindert als Raumstrahler. Die Forschung hat auch gezeigt, daß das Baby so die Atemwege besser von Schleim reinigen kann, als dies mit einem Absaugröhrchen möglich ist.
Leboyer fordert, daß Vorhänge und Rolladen im Entbindungszimmer zugezogen werden und das Licht soweit wie möglich gedämpft wird. Einige Mediziner haben dagegen Einwände, sie sind der Meinung, daß es unmöglich ist, so den Zustand des Babys zu beurteilen.
Nur wenige Zentren praktizieren die Leboyer-Methode in ihrer reinen Form, aber viele nehmen seine Ideen als Grundlage. Als ich Leboyer zum ersten Mal las, hatte ich das Gefühl, daß er nur formulierte, was Hebammen im Prinzip schon seit Jahren praktizieren. Es ist immer noch schwierig, reine oder angepaßte Leboyer-Methoden in modernen Krankenhäusern zu finden, da diese mehr auf Schnelligkeit und Technologie ausgerichtet sind. Die Mediziner dort tun sich schwer, Leboyers Ideen anzunehmen, da die Babys, die nach seiner Methode geboren wurden, keinen besonderen Vorteil, verglichen mit anderen, zu haben scheinen, obwohl ihre Mütter dies vielleicht glauben.

Dr. Michel Odent

In seiner Klinik in Frankreich läßt Michel Odent der Mutter in gemütlicher, häuslicher Atmosphäre völlige Freiheit, sich so zu bewegen, wie sie möchte, und ermutigt sie, ein neues Niveau tierischen Bewußtseins zu erreichen, indem sie ihre Hemmungen vergißt und zu einem primitiven biologischen Stadium zurückfindet. Dr. Odent glaubt, daß der hohe Spiegel von Endorphinen, einem natürlichen Narkotikum, im Körper der Mutter frei herrschen sollte. Er argumentiert, daß, wenn einer Mutter Betäubungs- und schmerzstillende Mittel verabreicht würden, die körpereigenen Endorphine nicht wirken könnten und sie so ihres natürlichen Schmerzschutzes beraubt werde.
Dr. Odents Klinik in Pithviers in Frankreich, in der er seine wegweisenden natürlichen Geburtstechniken verwirklichte, wurde zu einem Zentrum für alle, die ihre Einstellung zur Geburt und ihre Geburtsmethoden verändern wollten. Dr. Odent meint, daß während der Geburt Musik spielen sollte, die Sitzmöbel sollten mit weichen Kissen ausgestattet sein und eine entspannte Atmosphäre sollte herrschen.

Während der Wehen sollte die Frau tun dürfen, was sie will: sitzen, gehen, stehen, essen und trinken. Niemand redet ihr drein, sie kann jederzeit die Position einnehmen, die ihr am bequemsten scheint. Auf sich gestellt, gehen viele Frauen auf alle viere, eine Stellung, die Schmerzen mindert. Später, bei der Geburt, stehen viele oder befinden sich in halb hockender Stellung, so daß ihnen die Erdanziehungskraft hilft; es ist eine natürliche Position, die bei den meisten Naturvölkern praktiziert wird. Odent ermutigt die Frauen, eine unterstützte Hockstellung einzunehmen, bei der er oder der Partner der Frau hinter ihr steht und ihr Gewicht unter ihren Achseln und Oberarmen abfängt. So kann sie in die Knie gehen und sich auf dem Arm ihres Partners abstützen. Im Zimmer nebenan steht ein Wasserbecken. Dort können sich die Frauen entspannen. Wenn sie es wünschen und es sich einrichten läßt, entbindet Dr. Odent das Baby auch im Wasserbecken. Dr. Odent ist der Meinung, daß die Geburtsbecken, die er bei vielen Unterwassergeburten verwendet, vor allem ein Mittel der Schmerzbekämpfung sein sollten. Die Geburt selbst muß nicht unter Wasser erfolgen, obwohl Dr. Odent das Kind sehr gern im Wasser entbindet. Es gibt offensichtlich keinen Beweis dafür, daß eine Unterwassergeburt gefährlich ist, sofern der Kopf des Kindes sofort aus dem Wasser gehoben wird.

Bei Dr. Odent sind Dammschnitt, Zangengeburt und Kaiserschnitt sehr selten. Die unterstützte Hockstellung verhindert schwere Dammrisse. Da die Mutter während der Geburt in aufrechter Stellung war, bleibt sie mit der noch intakten Nabelschnur und dem Kind im Schoß sitzen. Das Baby riecht sofort ihre Haut; dies ist für das Stillen wichtig. Innerhalb weniger Sekunden nehmen die meisten Mütter instinktiv ihr Baby auf und legen es an die Brust. Dem Partner muß nicht gesagt werden, daß er die Mutter und das Baby umarmen soll. Viele sind sehr bewegt, viele weinen vor Glück. Diese drei Menschen genießen eine sehr enge Gemeinschaft.

Die Yoga-Methode

Sie eignet sich für Frauen, die bereits Yoga praktizieren. Während der Geburt soll die Frau sich auf ihr Bewußtsein konzentrieren, um ganz mit dem, was mit ihr geschieht, eins zu werden. Durch Yoga kann sie ihr Bewußtsein je nach ihrer Fähigkeit und Duldsamkeit kontrollieren. Sie kann sich ganz von den Wehen ablenken und sich dann wieder völlig in sie hineinversenken. Sie kann meditieren, singen und sich durch die geistige Anteilnahme der Yogagruppe unterstützen lassen. Anhänger dieser Methode glauben, daß eine Frau die Geburt reif und erhaben erfährt. Die Erziehung zur Yoga-Geburt hilft in dem Glauben, daß eine Frau die Kraft hat, eigene Schmerzen zu schaffen oder zu zerstören, und unterstützt somit auch die eigene Freude an der Geburt.

Medizinische Verfahren

Nur noch in sehr wenigen Krankenhäusern werden die folgenden Praktiken durchgeführt. Maßnahmen, die einst routinemäßig erfolgten, wie ein Einlauf oder das Rasieren der Schamhaare, erfolgen heute meist nur noch, wenn wichtige Gründe dafür sprechen. Doch es gibt auch noch viele Ärzte, Hebammen und Schwestern, die die Berechtigung oder Notwendigkeit ihrer Routineeingriffe während einer Geburt nie in Frage stellen; manchmal würde eine Geburt ohne derartige Eingriffe aber besser, sicherer oder angenehmer verlaufen. Ich bin der Meinung, daß man dies tun sollte, und gebe Ihnen daher die notwendigen Informationen, um selbst zu entscheiden, ob diese Verfahren gerechtfertigt sind und ob man sie für sich selbst will.

Einläufe

Sie werden meistens mit Seifenwasser oder einem langsam wirkenden Zäpfchen in den After gegeben, um den Darm zu entleeren. Trotzdem ist das Einsetzen der Wehen oft von mehrfachem Stuhlgang begleitet, da die Darmmuskeln sich in Wechselwirkung mit den Gebärmuttermuskeln zusammenziehen. Sehr oft wird etwas Stuhl ausgeschieden, wenn der Kopf des Babys geboren wird; aber sofern Ihnen dies nicht peinlich und unangenehm ist, besteht kein Grund für einen routinemäßigen Einlauf. Ein Einlauf kann stark wirken, und Sie müssen schnell zur Toilette laufen; dies kann Sie in Streß und Unruhe versetzen.

Rasieren der Schamhaare

Außer bei einem Kaiserschnitt ist dies ziemlich unnötig. Der Grund für das Rasieren liegt darin, daß die Schamhaare eine Infektionsquelle sind und es dadurch nicht möglich ist, den Damm völlig steril zu halten, falls ein Dammschnitt nötig wird. Doch Untersuchungen zeigten, daß eine vereinfachte Form der Vorbereitung der Schamgegend wirkungsvoller ist, um das Infektionsrisiko zu reduzieren. Die Vulva wird mit Mull abgewischt, so daß Schleim und Blut entfernt werden, und anschließend mit einem Desinfektionsspray, das jedes Infektionsrisiko ausschaltet, besprüht.

Ans Bett gebunden sein

Es gibt überhaupt keinen Grund, warum eine Frau nach Einsetzen der Wehen im Bett liegen sollte. Es hat sich in der Geburtshilfe jedoch so eingebürgert und stört heute den Ablauf im Krankenhaus weniger. Es gibt häufig Widerstand gegen Änderungen. Es ist unnatürlich und sogar unbequem für eine Frau, während der Geburt in ein und derselben Position zu bleiben. Aber von den meisten Frauen, die ins Krankenhaus gehen, wird erwartet, daß sie im Bett bleiben, in erster Linie, weil sie an den Herzton-Wehen-Schreiber angeschlossen werden (siehe S. 204). Das bedeutet, daß sie sich nur begrenzt bewegen können. Das gleiche gilt für den Entbindungstisch, der einer Frau automatisch eine untaugliche Stellung aufzwingt. Eine sehr gute Studie in Südamerika hat gezeigt, daß die Geburtszeit bei Müttern, die sich nach dem Einsetzen der Wehen bewegen konnten, wie sie wollten, nur zwei Drittel der Zeit betrug wie bei Frauen, die die ganze Zeit im Bett lagen. Bezog man alle Mütter mit ein, war die Gruppe, die sich bewegen konnte, 25 Prozent schneller als die anderen.

Die Untersuchung zeigte auch, daß 95 Prozent der Mütter, die selbst ihre Stellung wählen konnten, die aufrechte Position bevorzugten und als bequemer empfanden. Wenn Mütter sitzen, stehen, knien und hocken können, haben sie weniger Schmerzen und fühlen sich wohler.

Die Studie kommt zu dem Schluß, daß Frauen, die bei einer normalen Spontangeburt eine aufrechte Stellung einnehmen dürfen, es nach Einsetzen der Wehen leichter haben. Unter diesem Gesichtspunkt betrachtet, scheint es unvernünftig, Frauen zu verbieten, die Stellung oder Stellungen zu wählen, die ihnen in der ersten und zweiten Geburtsphase am bequemsten scheinen. Sie entsprechen auch am ehesten der Form des Beckens und der Position des Babys. Ich kann das Argument nicht akzeptieren, daß die liegende Position der Hebamme oder dem Arzt entgegenkommt. Vielmehr muß sich der Arzt nach der Patientin richten und nicht umgekehrt.

Geburtsstellungen

Vor Ende des siebzehnten Jahrhunderts waren Geburtszimmer Arbeitsbereich der Frauen, und niemand hätte sich in das normale Verhalten der Gebärenden eingemischt. Die Schwangere konnte sich bewegen, wie sie wollte, jede Position einnehmen, die ihr bequem erschien, essen und trinken und zur Geburt des Babys dann die Position einnehmen, die ihr am bequemsten erschien. Dann kamen Ärzte dazu, und zu damaliger Zeit waren alle Ärzte Männer. Ein französischer Arzt am königlichen Hof schlug vor, daß Frauen auf dem Rücken liegen und Geburtsstühle verwenden sollten, um vaginale Untersuchungen

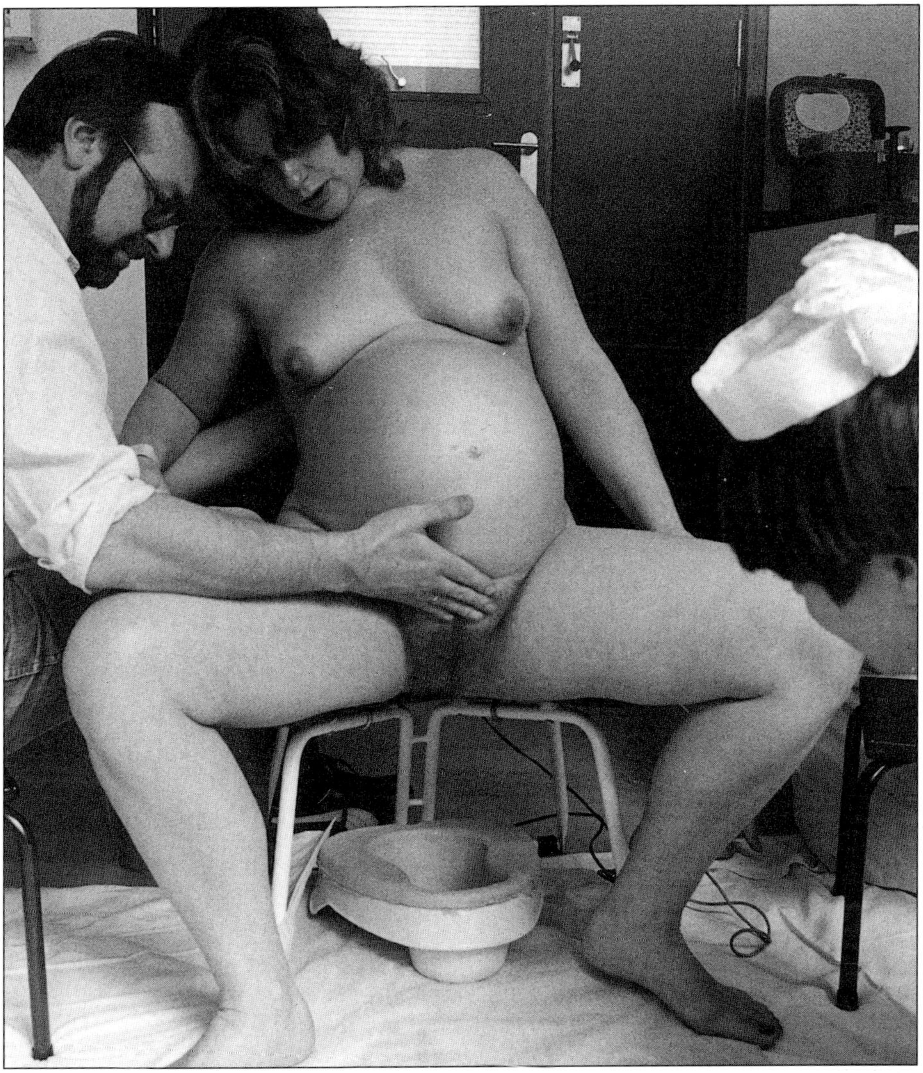

und geburtshilfliche Maßnahmen zu erleichtern - nicht, weil es für die Mutter oder das Baby besser wäre.
Es ist natürlich, bei der Geburt des Babys eine halbaufrechte Stellung einzunehmen, nicht nur, weil dies bequem ist, sondern auch mechanisch am wirksamsten. Wenn sich die Mutter in aufrechter Stellung befindet, ziehen die Wehen nach unten und drücken das Baby nach draußen gegen den Boden. Wenn eine Frau preßt, preßt sie in die gleiche Richtung nach draußen und, was sehr wichtig ist, die Erdanziehungskraft hilft ihr dabei. Wenn eine Frau dagegen auf dem Rücken liegt, drücken die Wehen das Baby ins Bett und nicht den Geburtskanal hinunter, so daß die zusätzliche Kraft der Erdanziehung verloren geht. Daher muß eine liegende Frau ihr Baby gegen die Anziehungskraft nach oben pressen. Dies verlängert die Geburtszeit und bringt alle anderen möglichen Komplika-

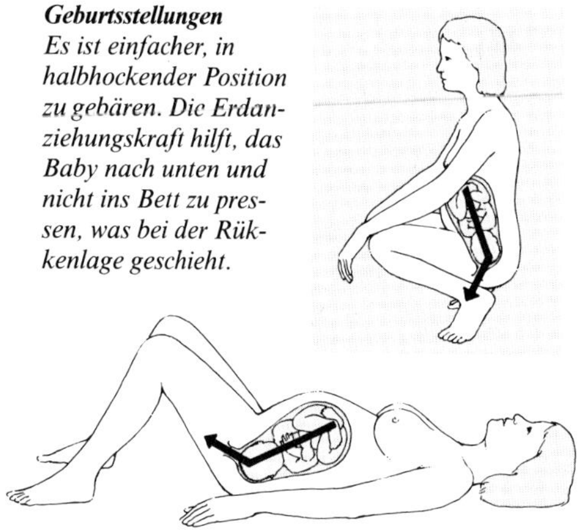

Geburtsstellungen
Es ist einfacher, in halbhockender Position zu gebären. Die Erdanziehungskraft hilft, das Baby nach unten und nicht ins Bett zu pressen, was bei der Rükkenlage geschieht.

Nachteile der Rückenlage bei der Geburt

Wenn Sie auf dem Rücken liegen:
- kann der Blutdruck fallen und die Blut- und Sauerstoffversorgung des Babys gefährden;
- ist der Schmerz größer als in aufrechter Haltung;
- wird ein Dammschnitt eher notwendig;
- ist die Möglichkeit einer Zangengeburt größer;
- wird die Nachgeburt verzögert;
- sind Rückenschmerzen möglich.

tionen mit sich, einschließlich der Notwendigkeit eines Dammschnitts. In einigen Krankenhäusern wird die Frau sogar an den Fußknöcheln angeschnallt. Diese Stellung wird Lithotomie-Position genannt und hat keine wissenschaftliche oder logische Grundlage.

Einige fortschrittliche Krankenhäuser haben das Problem der Stellung erkannt und die altmodischen Auffassungen aufgegeben. Stellen Sie die Praxis in Ihrem Krankenhaus in Frage und erkundigen Sie sich, ob Sie das Baby in einer der Stellungen gebären können, die auf S. 186 beschrieben sind. Wenn dies abgelehnt und Ihnen gesagt wird, daß Sie sich hinlegen müssen, sollten Sie sich vielleicht nach einem anderen Krankenhaus umsehen.

Essen und Trinken

In vielen Kulturen können Frauen, bei denen die Geburt eingesetzt hat, essen und trinken (besonders Kräutertees), damit sie bei Kräften bleiben. Gebärenden Nahrung vorzuenthalten ist eine relativ moderne Praxis in unseren Krankenhäusern. Es kann zwar sein, daß der Magen seine Arbeit einstellt und Nahrung, die man nach Einsetzen der Wehen zu sich nimmt, erbrochen wird. Es gibt aber eigentlich überhaupt keinen Grund, eine Frau während der Geburt fasten zu lassen, tatsächlich haben Frauen häufig einen plötzlichen Energiebedarf, für den sie Zucker brauchen. Wenn sie diesen nicht bekommen, greift der Körper auf Fettreserven zurück.

Der Grund, eine Frau fasten zu lassen, ist, daß eine Vollnarkose notwendig werden kann. Es ist jedoch nicht logisch, allen Frauen Nahrung vorzuenthalten, statt nur denen, bei denen ein operativer Eingriff vorhersehbar ist. Viele Frauen wollen während der Geburt nichts essen, aber viele sind durstig, besonders, wenn die Geburt lange fortschreitet und viel Flüssigkeit durch Schwitzen verlorengeht. Meiner Meinung nach kann man ihnen Wasser geben. Häufig wird ein Tropf angelegt, der eine Glukoselösung direkt in den Körper der Mutter leitet und den Magen umgeht. Er ist jedoch ein weiterer medizinischer Eingriff während der Geburt.

Umzug in den Kreißsaal

Idealerweise sollte die Geburt in friedlicher, ungestörter Atmosphäre ruhig ablaufen. Jede Unterbrechung kann sie nachteilig beeinflussen. Die Übergangsphase ist oft der anspannendste Teil der Geburt. Gerade zu diesem Zeitpunkt werden Frauen in vielen Krankenhäusern jedoch gezwungen, aus ihrem Bett aufzustehen und sich in einem Rollstuhl in ein anderes

Zimmer fahren zu lassen, was sich körperlich und emotional nachteilig auswirkt.
In den meisten Krankenhäusern gibt es einen Kreißsaal oder ein Entbindungszimmer. Besichtigen Sie schon in der Schwangerschaft das Krankenhaus und die Räumlichkeiten, in denen Sie entbinden werden. Sie sollten jemanden mitbringen können, der Ihnen hilft. Gibt es einen Kassettenrecorder, fragen Sie, ob Sie Ihre eigenen Kassetten mitbringen können.
Es gibt keinen medizinischen Grund für die Unbeweglichkeit des Krankenhauspersonals. Die Phantasielosigkeit zeigt häufig, daß Mitgefühl mit der Schwangeren fehlt. Ich sehe keinen vernünftigen Grund dafür, warum es für eine Frau mit normalem Geburtsverlauf notwendig sein sollte, das Baby in einem Kreißsaal zu gebären. Sie könnte auch in dem Zimmer bleiben, in dem sie sich schon während der ersten Phase aufhält. Es sollte nur über gute Beleuchtung, Sauerstoffversorgung und Absauggerät verfügen, falls die Atemwege des Babys gereinigt werden müssen.

Alternative Entbindungszimmer

Einige fortschrittliche Krankenhäuser haben alternative Entbindungszimmer eingerichtet, die eine häusliche Atmosphäre haben und in denen eine Frau so gebären kann, als wenn sie zu Hause wäre. Es stehen jedoch alle medizinischen Geräte bereit, wenn Mutter oder Kind sie brauchen sollten. Es gibt keine unbequeme Unterbrechung des Geburtsvorgangs durch den Umzug in den Kreißsaal, und Sie müssen nicht auf einem Entbindungstisch liegen, der von klinischem Zubehör umgeben ist. Für viele Frauen ist diese Art der alternativen Entbindung ein idealer Kompromiß.
Geburtsbecken in Krankenhäusern sind keine Seltenheit mehr. Gibt es in dem Krankenhaus, in dem Sie entbinden wollen, kein Becken, aber einen dafür geeigneten Ort, und ist das Klinikpersonal einverstanden, so besteht auch die Möglichkeit, ein Becken zu mieten. Doch denken Sie daran, Geburtsbecken ermöglichen in erster Linie, Babys im Wasser, nicht unter Wasser zu bekommen. Sie können während der Wehen auch Aromatherapie anwenden: beim Parfümieren des Wassers, als Massageöl und auf Ihrem Kissen.

Ernährung des Babys

Ein sehr wichtiger Aspekt ist die Ernährung des Babys. Die meisten Babys gedeihen, egal ob sie gestillt oder mit der Flasche ernährt werden. Wenn man dies zugrunde legt und sich in unsicheren Augenblicken daran erinnert, gibt es anderes zu bedenken. Das Füttern ist am erfolgreichsten, wenn Sie mit der gewählten Methode zufrieden sind. Um sich die Wahl zu erleichtern, muß man die Vor- und Nachteile des Stillens, der Flaschenernährung oder einer Kombination von beidem kennen. Und Sie müssen bedenken, wie das Baby am besten gedeiht. Es gibt kaum Zweifel, daß Stillen für seine Gesundheit besser ist.

Vorteile des Stillens

Ein guter Grund fürs Stillen ist, daß es eine natürliche Angelegenheit ist. Die meisten Frauen haben den Wunsch zu stillen, und nur wenige Frauen sind dazu nicht in der Lage. Egal wie klein die Brüste sind, sie können genug Milch für das Baby produzieren. Selbst Frauen mit Hohl- oder Schlupfwarzen können bei rechtzeitiger Diagnose stillen (siehe S. 100). Es ist natürlich für eine Frau, stolz darüber zu sein, daß ihr Baby mit der Nahrung gedeiht, die ihr Körper herstellt. Die meisten Frauen suchen die körperliche Nähe des Babys und haben Freude am Stillen. So entwikkelt sich eine enge Beziehung zwischen ihnen und dem Baby.
Gestillte Babys erkranken nicht so leicht wie Babys, die mit der Flasche ernährt werden. Es gibt weniger Fälle von

Magen-Darm-Infektionen, Bronchitis und Masern. Die Antikörper der Mutter gegen bakterielle und Virusinfektionen befinden sich in der Vormilch. Wenn das Kind diese eiweißreiche Vormilch zu sich nimmt, wird es durch die Antikörper der Mutter geschützt. Sie schützen seinen Darm, werden direkt unverändert von seinem Körpersystem aufgenommen und bilden einen wichtigen Schutz gegen Infektionen. Hat die Mutter z. B. Antikörper gegen Kinderlähmung, gehen diese durch die Vormilch an das Baby über, und der Polio-Virus kann ihm nichts anhaben, solange es gestillt wird. Die Antikörper in seinem Darm töten den Virus, bevor er schaden kann. Außerdem ist Muttermilch antibakteriell, da sie Wirkstoffe enthält, die Bakterien zerstören. Obwohl diese Substanzen auch in Kuhmilch enthalten sind, bietet Flaschennahrung nicht den gleichen Schutz, da die Antikörper bei der Erwärmung der Milch zerstört werden.

Muttermilch ist die beste Nahrungsquelle für ein Baby, sie enthält genau die richtige Menge an Mineralien und Eiweiß. Kuhmilch hat einen für Kälber wichtigen höheren Anteil an Eiweiß und einen hohen Kaseingehalt. Er ist der am schwersten verdauliche Teil und wird im Stuhlgang als Quark ausgeschieden. Muttermilch enthält genau die für ein Neugeborenes richtige Menge Natrium, Kuhmilch dagegen mehr. Der Fettgehalt in Kuh- und Muttermilch ist gleich, aber in Muttermilch in kleinerer Tröpfchenform vorhanden und daher leichter verdaulich. Das Fett in der Muttermilch ist vielfach ungesättigt, es enthält wenig Cholesterin. Das schützt möglicherweise vor Herzerkrankungen. Muttermilch hat mehr Zucker (Laktose) als Kuhmilch, auch der Mineral- und Vitamingehalt ist unterschiedlich.

Stillen ist gut für die Figur. Die Forschung hat gezeigt, daß eine Frau durchs Stillen die meisten Fettreserven, die sie in der Schwangerschaft angelegt hat, wieder verliert. Wenn Sie nicht stillen, wird es schwieriger sein, das Gewicht, das Sie vorher hatten, wieder zu erreichen.

Es ist ein weitverbreiteter Irrtum, daß die Brust ihre Form und Festigkeit durchs Stillen verliert. Das stimmt nicht. Die Veränderungen der Brust entstehen durch die Schwangerschaft, nicht durch die Milchproduktion und durchs Stillen. Stillen hat auch den Vorteil, daß es das Hormon Oxytozin freisetzt. Es bewirkt, daß die Gebärmutter ihre ursprüngliche Größe wieder erreicht, sich das Becken und die Taille normalisieren.

Die Bindung zwischen Mutter und Baby entsteht beim Stillen ganz automatisch. An der Brust ist das Gesicht des Babys dem Gesicht der Mutter nah, selbst ein Neugeborenes kann es auf diese Entfernung erkennen. Sie können Augenkontakt herstellen und Ihr Baby beim Stillen anlächeln. So entsteht eine körperliche und emotionale Bindung, die wahrscheinlich für den Rest des Lebens bestehen bleibt.

Nachteile des Stillens

Ein oft genannter Nachteil ist, daß das Stillen die sozialen Aktivitäten der Mutter einschränkt. Das muß nicht unbedingt so sein. Man kann Milch abpumpen (siehe S. 241), so daß das Baby versorgt ist, wenn Sie nicht zu Hause sind. Man kann die eigene Milch in sterile Flaschen füllen und im Kühl- oder Gefrierschrank aufbewahren, damit der Babysitter dem Baby die Flasche geben kann. Bedenken Sie auch, daß selbst, wenn Sie Ihr Kind nur zwei Wochen lang stillen, dies besser ist als gar nichts; es gibt einem Baby einen guten Start ins Leben. Ein weiterer Vorteil beim Abpumpen ist, daß Ihr Partner sich auch beim Füttern des Babys beteiligen kann.

Flaschennahrung

Da es eigentlich keine echten Argumente gegen das Stillen gibt, spricht eigentlich nichts dafür, das Kind mit der Flasche zu ernähren. Sollte es jedoch in Ihrem speziellen Fall unmöglich sein zu stillen und Ihre Wahl auf die Ernährung mit der Flasche fallen, dürfen Sie auf keinen Fall glau-

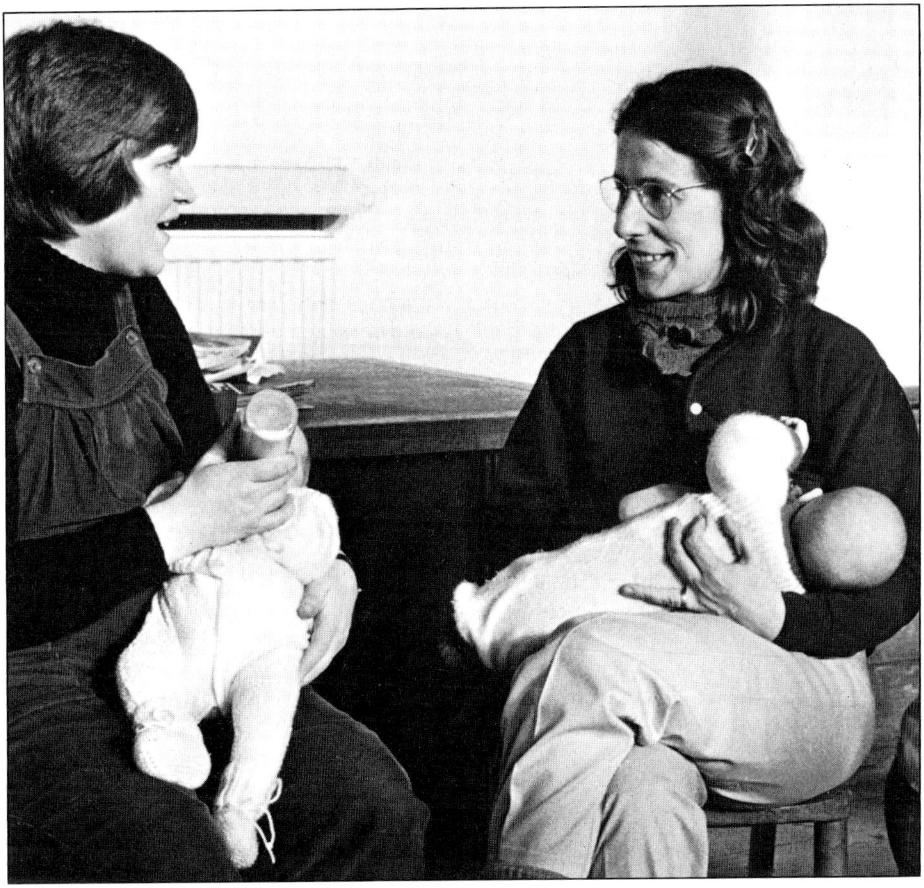

Ausschlaggebend für die Wahl der Ernährungsmethode sind die Zufriedenheit von Mutter und Kind und das Gedeihen des Babys.

ben, daß Ihr Baby nur das Zweitbeste bekommt; schlimm wäre, wenn Sie nun ständig ein schlechtes Gewissen hätten. Babys gedeihen und sind mit der Flaschennahrung völlig zufrieden. Denken Sie daran, daß ein Baby Liebe und Fürsorge mehr braucht als Muttermilch. Mit Flaschennahrung, Liebe und Aufmerksamkeit wird das Baby ausgezeichnet gedeihen.
Einige Mütter haben gar keine andere Wahl, als ihre Babys mit der Flasche zu ernähren. Dazu zählen Frauen, die ständig Medikamente einnehmen müssen; so muß z.B. Epilepsie mit Beruhigungsmitteln unter Kontrolle gehalten werden und chronische Depressionen mit Antidepressiva. Es kann vorkommen, daß Sie plötzlich krank werden und ins Krankenhaus müssen. Wenn Sie sich körperlich nicht gesund fühlen, sollten Sie ebenfalls nicht stillen. Wenn Sie regelmäßig Medikamente einnehmen, sollten Sie nachfragen, ob sie in die Milch übergehen und welche Auswirkungen sie für das Baby haben. Oft ist es stillenden Müttern möglich, auf andere Medikamente umzuwechseln.
Behinderte Babys oder Babys mit körperlichen Mißbildungen wie Wolfsrachen, Mißbildungen des Kiefers und des Mundes können Schwierigkeiten beim Saugen haben und müssen mit der Flasche ernährt werden.

Wenn Sie meinen, daß Sie zuwenig Milch haben und Ihr Kind nicht richtig gedeiht, wenden Sie sich an eine Hebamme oder an eine Stillgruppe, bevor Sie zur Flaschennahrung wechseln.
Einige Frauen haben eine starke körperliche Abneigung gegen das Stillen und finden es ermüdend. Eine Frau, die große Abneigung verspürt, ist belastet, was die Milchproduktion und den Milchfluß beeinträchtigt. Wenn Sie Angst haben, daß Ihr Baby nicht genug bekommt, wird es Ihre Abneigung gegen das Stillen vergrößern. Versuchen Sie vor der Geburt, mit einer verständnisvollen Freundin oder Hebamme zu sprechen, und beziehen Sie den Vater mit ein.
Einer der Hauptvorteile, das Baby mit der Flasche zu ernähren, ist, daß Ihr Partner von Anfang an mithelfen kann. Es bedeutet auch, daß Sie sich die Arbeit teilen können, so daß Sie genug Ruhe, ungestörten Schlaf und Zeit für sich selbst haben.
Einer der fragwürdigen Vorteile der Flaschennahrung ist, daß das Baby in den ersten Wochen zwischen den einzelnen Fütterungszeiten länger schläft. Der hohe Kaseingehalt der Kuhmilch mag der Grund dafür sein, denn es dauert länger, bis sie verdaut ist.
Bei der Flasche können Sie genau sehen, wieviel Ihr Baby getrunken hat. Bei einem Neugeborenen kann das sehr beruhigen.

Nachteile der Flaschennahrung

Erbrochenes eines Babys, das mit der Flasche ernährt wird, riecht unangenehm, genau wie sein Stuhlgang. Ein anderes großes Problem ist eine Allergie gegen Kuhmilch, die bei Babys vorkommt, die empfindlich auf das fremde Eiweiß in der Kuhmilch reagieren. Es gibt Sojaersatz für Babys mit Allergien. Babys aus Familien, in denen Ekzeme oder Asthma häufig vorkommen, sollten gestillt werden oder diese Ersatznahrung bekommen.
Die Sterilisierung von Flaschen und die Vorbereitung der Mahlzeiten nimmt, verglichen mit dem Stillen, eine Menge Zeit in Anspruch. Flaschennahrung ist im Vergleich zu Muttermilch teuer.
Flaschennahrung entspricht nicht genau den Nahrungsbedürfnissen des Babys. Es treten häufiger Infektionen der Verdauungswege auf. Flaschenkinder leiden häufiger an Übergewicht.
Flaschennahrung hat nie dieselbe chemische Zusammensetzung und nie dieselben Schutzstoffe wie Muttermilch.

4 Vorsorgeuntersuchungen

Die Vorsorge ist der Schlüssel zu glücklicher Mutterschaft, gesunder Schwangerschaft und gedeihenden Babys. Ihre Wichtigkeit kann nicht überbetont werden. Die meisten Ärzte sind heute der Meinung, daß sich die Risiken über frühzeitige und genaue Vorsorgeuntersuchungen weiter senken lassen.

Für viele Frauen ist der Besuch der Arztpraxis oder des Krankenhauses zu den Vorsorgeuntersuchungen eine glatte und angenehme Sache. Sie können sich mit anderen Müttern, Ärzten und Hebammen unterhalten und erhalten so immer mehr Informationen. Sie fühlen sich sicherer und können den kommenden Ereignissen vertrauensvoll entgegensehen. Bei der Vorsorge handelt es sich in erster Linie um Routineuntersuchungen. Sie können aber auch Fragen stellen und die verschiedenen Möglichkeiten für sich erforschen, so daß Sie die Geburt nach Ihren Wünschen besser vorausplanen.

Beim Arzt

Sobald Sie glauben, schwanger zu sein, sollten Sie Ihren Arzt aufsuchen. Er wird Sie nach dem Datum Ihrer letzten Regel fragen. Von diesem Tag an wird die Schwangerschaft berechnet. Ihr Arzt wird einen Schwangerschaftstest vornehmen – entweder einen Urintest (siehe S. 49) oder eine vaginale Untersuchung, wenn die Schwangerschaft schon seit mindestens acht Wochen besteht. Der Arzt wird diese Untersuchung durchführen, auch wenn Sie zu Hause selbst schon einen Test gemacht haben.

Der erste Besuch ist nicht nur zur Bestätigung der Schwangerschaft wichtig. Sie können auch schon allgemein ansprechen, wie Sie sich die Geburt vorstellen (siehe S. 56–72). Machen Sie sich deshalb schon vorher Gedanken. Vielleicht unterscheiden sich Ihre Vorstellungen von dem Wunsch Ihres Arztes, bestimmte Routineverfahren beizubehalten. Wenn Sie über einen Punkt der Schwangerschaft und Geburt Ihre ganz eigenen Vorstellungen haben, aber Angst haben, eingeschüchtert zu werden, sollten Sie Ihren Partner oder eine redegewandte Freundin zur moralischen Unterstützung mitbringen. Ihre Gegenwart allein genügt vielleicht schon, damit Sie Ihre Wünsche aussprechen können. Sind Sie über 35, oder gab es in Ihrer Familie bereits genetisch bedingte Krankheiten, kann eine Chorionzottenuntersuchung (siehe S. 79) empfehlenswert sein. Sie wird in der 8. Schwangerschaftswoche durchgeführt; daher sollten Sie den Arzt, sobald Sie eine Schwangerschaft vermuten, aufsuchen, um mit ihm über die Möglichkeit dieser Untersuchung zu sprechen. Bitten Sie Ihren Arzt, Sie umfassend zu informieren. In der Regel wird diese Untersuchung in einem Krankenhaus durchgeführt. Fragen Sie Ihren Arzt nach Informationen, erkundigen Sie sich danach, welche Bücher er empfiehlt, vielleicht kann er Ihnen einige Broschüren geben und Adressen von Hebammen vermitteln. Wenn Sie Ihr erstes Kind erwarten, treffen Sie im Wartezimmer wahrscheinlich andere schwangere Frauen zum Gedankenaustausch. Falls Ihr Hausarzt keine Schwangerenvorsorge macht, wird er Sie an einen Gynäkologen überweisen. Wenn Sie eine Hausgeburt planen, müssen Sie sich schon jetzt einen Arzt suchen, der Sie darin unterstützt. (Sie können auch ein Krankenhaus aufsuchen. Dort werden Vorsorgeuntersuchungen in der gynäkologischen Abteilung vorgenommen.)

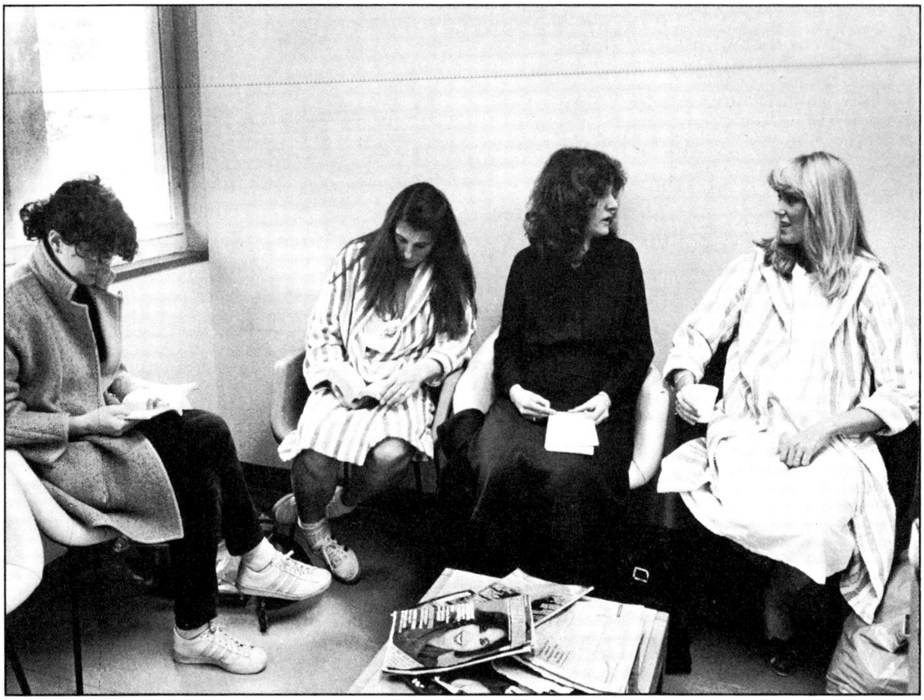

Die Wartezeiten beim Frauenarzt werden schnell vergehen, wenn Sie die Termine gut planen und die Wartezeit angenehm verbringen.

Vorsorge im Krankenhaus

Nach Feststellen der Schwangerschaft wird Ihr Arzt Vorbereitungen für die Vorsorgeuntersuchungen treffen. Ist eine Hausgeburt erwünscht, wird z.B. von Anfang an eine Hebamme eingeschaltet. Auch alle Krankenhäuser mit einer gynäkologischen Abteilung nehmen die Untersuchungen vor. In großen Krankenhäusern scheinen oft chaotische Zustände zu herrschen; das Personal scheint unorganisiert zu sein, und die Wartezeiten können lang sein. Viele Frauen fühlen sich hier unter Umständen als Nummer behandelt. Schlimmer noch ist, daß man bei jedem neuen Besuch wahrscheinlich anderes Personal zu Gesicht bekommt. Um dies zu vermeiden, sollten Sie sich nach einem kleinen Krankenhaus umsehen oder zu einem Gynäkologen in die Praxis gehen. Sie fühlen sich dann viel wohler.

Ratschläge fürs Krankenhaus

Wenn Sie sich als Nummer behandelt fühlen und Ihnen im Krankenhaus bei den Untersuchungen nicht genug Anteilnahme entgegengebracht wird, sollten Sie das beste daraus machen und sich auf Ihren Besuch vorbereiten:

- nehmen Sie eine Freundin mit, lesen Sie ein gutes Buch oder handarbeiten Sie
- bringen Sie sich eventuell einen kleinen Imbiß mit
- notieren Sie sich Fragen, wenn Sie sich über etwas Sorgen machen
- versuchen Sie, Ihre Kinder während der Untersuchungen unterzubringen; sie sind leicht gelangweilt und können Sie nervös machen.

Die erste Vorsorgeuntersuchung

Etwa vier Wochen nach Bestätigung der Schwangerschaft ist die erste Untersuchung fällig. Sie gibt dem Arzt Informationen darüber, ob die Schwangerschaft und Geburt normal verlaufen wird. Wenn Sie eine Hausgeburt wünschen, werden Fragen nach Ihren sozialen und familiären Umständen gestellt, um abzuschätzen, ob eine Hausgeburt für Sie geeignet ist.
Es werden auch bestimmte Tests vorgenommen, um festzustellen, ob Sie gesund sind (siehe S. 76); z. B. Blutdruckmessen, Blutabnahme und Urintest. Blut- und Urinproben müssen eventuell an ein Labor geschickt werden, die Ergebnisse liegen dann beim nächsten Mal vor.
Jetzt können Sie auch Fragen stellen. Es ist wichtig, Vertrauen zu gewinnen, Sie sollten deshalb ruhig sagen, wenn Sie etwas beunruhigt. Es ist bei dieser ersten Untersuchung nicht unbedingt notwendig, aber vielleicht möchten Sie schon jetzt festhalten lassen, ob Sie während der Geburt schmerzstillende Mittel wünschen, ob Sie früher entlassen werden wollen und was geschehen soll, wenn das Baby überfällig ist. Dies ist besonders angebracht, wenn Sie schon zur Vorsorge in das Krankenhaus gehen, in dem Sie später entbinden wollen.
Wahrscheinlich werden Ihnen Eisentabletten verschrieben (siehe S. 116). Auch wenn Ihre Nahrung eisenreich ist, sollten Sie sie nehmen, um einer Anämie vorzubeugen.
Bei einer normal verlaufenden Schwangerschaft finden die Vorsorgeuntersuchungen alle vier Wochen und nach ungefähr der 30. Woche in 14täglichem Rhythmus statt. Wenn der errechnete Geburtstermin ereignislos verstreicht, werden Sie wahrscheinlich im Abstand von wenigen Tagen zum Arzt bestellt.
Wahrscheinlich kann man Ihnen auch Hinweise geben, wann und wo Kurse zur Geburtsvorbereitung stattfinden.

Ihre Krankenkarte

Bei Ihrem ersten Besuch werden verschiedene Fragen über Ihre bisherige Krankengeschichte und über eventuelle Geburten gestellt:
Name, Alter, Geburtsort und -datum.
Kinderkrankheiten, Krankenhausaufenthalte, welche schweren Krankheiten und Operationen Sie hatten.
Ob es in Ihrer Familie oder der Ihres Partners Zwillinge gibt.
Welche Verhütungsmittel Sie angewendet haben und wann sie abgesetzt wurden.
Ihr bisheriger Menstruationsverlauf, Zeitpunkt der ersten Regel, durchschnittliche Länge des Zyklus, Dauer der Blutung und Datum des ersten Tages der letzten Regel.
Mögliche Schwangerschaftssymptome und allgemeiner Gesundheitszustand.
Geburtsverlauf bei Ihren Kindern (falls Sie schon welche haben) oder eventuelle Fehlgeburten.
Ob Sie regelmäßig verschreibungspflichtige Medikamente einnehmen und unter Allergien leiden.
Beruf und Ihre spezielle Berufstätigkeit.

Das Krankenhauspersonal

Eine Hebamme hat eine besondere Ausbildung für die Fürsorge bei Frauen mit normaler Schwangerschaft und für die Entbindung ihrer Babys. Wenn alles normal verläuft, kann eine Hebamme Sie ohne ärztliche Unterstützung zu Hause oder im Krankenhaus entbinden. Wenn Sie früh aus dem Krankenhaus entlassen werden, können Sie sich von einer freiberuflichen Hebamme bis zu zehn Tage lang zu Hause besuchen lassen.
Vielleicht übernimmt Ihr Hausarzt die Vorsorgeuntersuchungen. Wenn er mit einer Hausgeburt einverstanden ist, wird er bei der Geburt anwesend sein. Falls er Belegbetten im Krankenhaus Ihrer Wahl hat, ist es möglich, daß er dort bei Ihrer Entbindung dabei ist. Das gibt Ihnen sehr viel Sicherheit.

Routineuntersuchungen

Name	Zweck	Bedeutung
Größe der Mutter (erster Termin)	Abschätzen der Beckengröße und des -ausgangs	Sehr kleine und zierliche Frauen haben häufig ein kleines Becken, was die Geburt erschwert.
Gewicht (bei jedem Termin)	Um das Wachsen des Fetus zu überwachen. Versuchen Sie, möglichst immer die gleiche Kleidung zu tragen, damit Ihr Gewicht nicht unnötig schwankt.	Gewichtsverlust wird untersucht, obwohl es im ersten Drittel nicht ungewöhnlich ist, wenn Ihnen übel ist und Sie erbrechen. Plötzlicher Gewichtsanstieg kann auf Präeklampsie hinweisen (siehe S. 166).
Brüste (erster Termin, es sei denn, es gibt ein Problem)	Untersuchung auf Knoten und Form der Brustwarzen	Wenn Sie Hohl- oder Schlupfwarzen haben und stillen wollen, wird Ihnen empfohlen, Brustschilder zu tragen (siehe S. 99), sanfte Übungen an den Brustwarzen zu machen oder einfach abzuwarten. Vielleicht korrigiert sich die Form von selbst.
Herz, Lunge, Haare, Augen, Zähne, Nägel (erster Termin)	Abschätzen des allgemeinen Gesundheitszustands.	Möglicherweise brauchen Sie besondere Fürsorge und Ergänzung Ihrer Diät (siehe S. 114) oder nur allgemeine Beratung in Ernährungsfragen. Ein Besuch beim Zahnarzt sollte erfolgen.
Beine und Hände (bei jedem Termin)	Feststellen von Krampfadern und Schwellungen (Ödeme) an Knöcheln, Händen und Fingern.	Starke Schwellungen können ein Zeichen von Präeklampsie sein (siehe S. 166). Bei Krampfadern werden Ratschläge gegeben (siehe S. 158).
Urin (bei jedem Termin)	1. Untersuchung auf Protein, um die Nierenfunktion zu überwachen. 2. Zuckertest; falls er mehrmals positiv ausfällt, besteht die Möglichkeit, daß Sie Diabetes haben. 3. Untersuchung auf Ketone; werden sie gefunden, ist es fast immer ein Zeichen von Diabetes.	1. Protein im Urin bei fortgeschrittener Schwangerschaft ist ein Zeichen für Präeklampsie (siehe S. 166). Wahrscheinlich wird Bettruhe verordnet. 2. Schwangerschaft kann Diabetes zum Vorschein bringen (siehe S. 161), er muß behandelt und stabilisiert werden. Nach Ende der Schwangerschaft kann er wieder verschwinden und in späteren Schwangerschaften wieder auftauchen. 3. Das Vorkommen von Ketonen zeigt, daß der Körper nicht genug Zucker hat. Sie werden wegen Diabetes behandelt. Bei diesen Tests werden Ketone jedoch selten gefunden.
Urin (MSU) (bei Bedarf)	Untersuchung auf Niereninfektion. Die Vulva wird mit einem sterilen Tuch abgewischt, die ersten Urintropfen werden in die Toilette gegeben und der Mittelstrahlurin (MSU) wird in einem Gefäß aufgefangen.	Eine bestehende Niereninfektion, von der Sie nichts wissen, kann in der Schwangerschaft ernste Folgen haben. Sie werden mit Antibiotika behandelt.
Vaginale Untersuchung (bei jedem Termin)	Bestätigung der Schwangerschaft und Feststellung, ob die Gebärmuttergröße dem Schwangerschaftsstadium entspricht. Beim ersten Termin Muttermundabstrich, um Muttermundkrebs auszuschließen. Feststellung von Beckenabnormitäten. Feststellung, ob der Muttermund fest verschlossen ist.	Ausschließen von Problemen mit dem Muttermund und der Beckenhöhle. Falls der Krebstest positiv ist, müssen Sie die Möglichkeiten mit dem Gynäkologen besprechen. Erwähnen Sie auch, ob Sie oder Ihr Partner an Herpes der Genitalien erkrankt waren. Er kann beim Baby Gehirnhautentzündung verursachen. Wenn gegen Ende der Schwangerschaft eine Infektion besteht, werden Sie durch Kaiserschnitt entbunden.

Name	Zweck	Bedeutung
Herztöne des Fetus (bei jedem Termin)	Bestätigung, daß der Fetus lebt und Herz und Herzschlag normal sind.	Wenn die Herztöne des Babys mit einem Herztonschreiber abgehört werden (durch Ultraschallvibration), kann der Ton des Herzschlags verstärkt werden, und Sie können mithören.
Abtasten des Bauches (bei jedem Termin)	Feststellung der Fundushöhe (oberer Rand der Gebärmutter - siehe S. 102) und der Größe und Position des Fetus.	Gibt eine Vorstellung von Schwangerschaftsdauer und Lage des Fetus in der Gebärmutter. Dies ist wichtig, wenn sich ein Fetus in der 32. Woche noch nicht aus der Steißlage in die Schädellage gedreht hat (siehe S. 177).
Blutdruck (bei jedem Termin)	Er zeigt an, mit welchem Druck das Herz Blut durch den Körper pumpt. Es wird zweierlei gemessen: die erste Zahl gibt den systolischen Druck an, wenn sich das Herz zusammenzieht, das Blut herausdrückt und »schlägt«. Er wird hörbar, wenn die Manschette eng angezogen wird. Die andere Zahl ist der diastolische Druck, der ruhende Druck zwischen den Herzschlägen. Ein normaler Blutdruck ist 120/70.	Bluthochdruck (Hypertonie) kann auf verschiedene Probleme hinweisen, einschließlich der Präeklampsie (siehe S. 166). Er muß unter Kontrolle gehalten werden, wenn er plötzlich steigt, z. B. über 140/90. Möglicherweise wird Bettruhe im Krankenhaus nötig. Jedes Ansteigen der unteren Zahl (Diastole) gibt Grund zur Besorgnis.
Blutuntersuchungen (bei jedem Termin)	1. Feststellen der Hauptblutgruppe 0, A, B, AB 2. Feststellen des Rhesusfaktors. 3. Feststellen des Hämoglobinspiegels (wiederholter Test). Er mißt die sauerstoffbefördernden Substanzen in den roten Blutkörperchen. Normal sind, in gm gemessen, zwischen 12 und 14 gm. 4. Alpha-Feto-Proteinspiegel - ein spezieller Test, der in der 16. Woche vorgenommen werden kann. 5. Feststellung, ob Antikörper gegen Röteln vorhanden sind. 6. VDRL, Kahn- oder Wassermann-Test, um Syphilis auszuschließen. 7. Erkennung der Sichelzellanämie und Thallassämie, beides Formen von Anämie bei dunkelhäutigen Menschen und Bewohnern des Mittelmeerraumes. 8. Feststellung, ob Antikörper gegen Aids vorhanden sind, wenn Sie zu einer Risikogruppe gehören oder den Test wünschen.	1. Kenntnis der Blutgruppe ist wichtig für eventuelle Bluttransfusionen im Notfall. 2. Für den Fall der Rhesusunverträglichkeit (siehe S. 167). 3. Während der Schwangerschaft kann der Hämoglobinspiegel sinken, da Schwangere mehr Blut im Körper haben (siehe S. 103); sinkt er unter 10 gm, wird eine Behandlung wie für Anämie (siehe S. 155) begonnen. Eisen- und Folsäuretabletten heben den Spiegel, so daß dem Baby mehr Sauerstoff zugeführt wird. 4. Siehe S. 82. 5. Feststellung, ob Immunität gegen Röteln besteht. Ist dies nicht der Fall, werden Sie davor gewarnt, mit Röteln in Kontakt zu kommen. 6. Wenn Sie, ohne es zu wissen, Syphilis haben, ist eine Behandlung vor der 20. Woche unbedingt nötig; danach kann sie sich auf das Baby übertragen. 7. Kann das Baby schädigen und die Schwangerschaft beeinflussen, daher die Frage nach der Rasse, die als anstößig empfunden werden kann. Gehören Sie zu einer der betroffenen Gruppen, wird Ihr Blut untersucht. Zusätzliche Folsäure wird verschrieben, in schweren Fällen von Sichelzellanämie kann eine Bluttransfusion nötig sein. 8. Der HIV-Virus, der Aids verursacht, kann über die Plazenta auf das Baby übertragen werden; ein mit Aids infiziertes Baby wird das Kleinkindalter nicht überleben.

Bei der Vorsorge

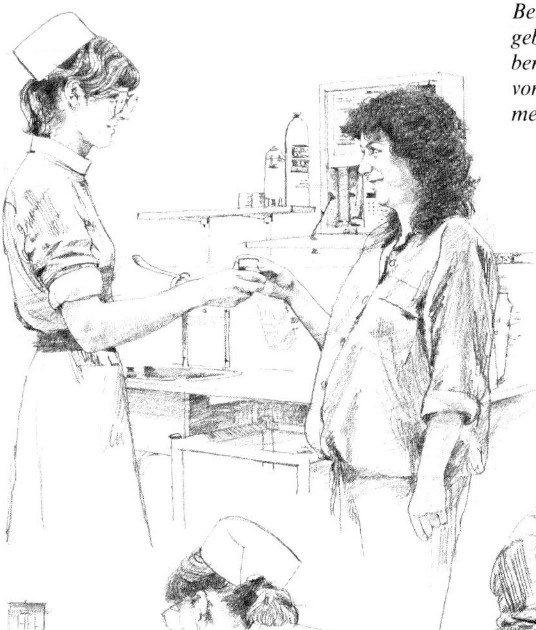

◁ ***Urinuntersuchung***
Bei jedem Termin werden Sie gebeten, eine Urinprobe abzugeben. Das Ergebnis liegt sofort vor und wird im Mutterpaß vermerkt.

▽ ***Gewicht***
Ihr Gewicht wird genau überwacht. Plötzliches Ansteigen kann Grund zur Besorgnis sein; es ist möglicherweise ein Zeichen von Wasseransammlung (siehe S. 154), vielleicht ist aber auch nur Ihre Kleidung schwerer als beim letzten Mal.

△ ***Blutdruck***
Er wird jedesmal gemessen, so daß Veränderungen schnell unter Kontrolle gebracht werden können.

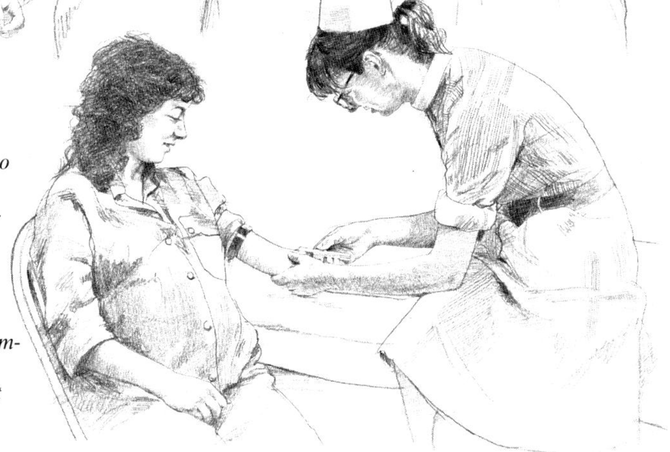

Blutabnahme ▷
Zu Schwangerschaftsbeginn wird Blut aus dem Arm entnommen und auf verschiedene Dinge hin untersucht, es zeigt auch Ihren allgemeinen Gesundheitszustand an.

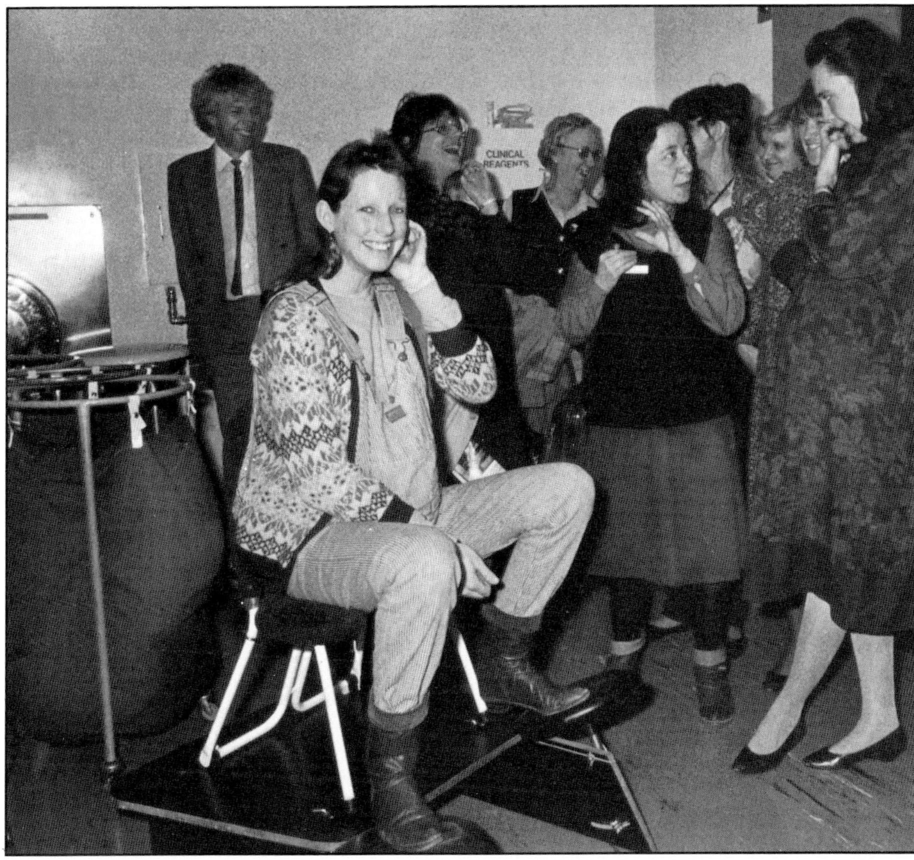

Besichtigen Sie, zusammen mit anderen werdenden Eltern, die Räumlichkeiten auf der Entbindungsstation.

Der Geburtshelfer ist ein Arzt, der sich auf Schwangerschaft und Geburt spezialisiert hat. Er führt das Team von Hebammen und Schwestern an, das Sie während der Vorsorge und bei der Geburt Ihres Babys überwacht. Ein Ober- oder Chefarzt leitet meistens nur schwierige Geburten.

Ältere Frauen

Die Bezeichnung „ältere Frauen" ist sehr ungenau; es herrscht keine Einigkeit darüber, ab welchem Alter man eine Frau im Hinblick auf die Geburt eines Babys als „älter" bezeichnen muß. Während früher bereits bei einer Frau über 25–30 ein erhöhtes Risiko gesehen wurde, meint man heute, daß eine Schwangerschaft bei einer über 35jährigen intensivere Betreuung braucht. Dies bedeutet aber keineswegs, daß Probleme wahrscheinlich werden.

Neben dem Alter der Mutter sind ihre Krankengeschichte, ihre Ernährung und ihre Lebensumstände wichtig (siehe S.34). Bei der ersten Untersuchung werden einer älteren Erstgebärenden jedoch viele Fragen gestellt, da sie statistisch gesehen eher mit Risiken zu rechnen hat und besondere Fürsorge braucht. Wenn alle Fragen beantwortet, Risikofaktoren festgestellt und die Tests durchgeführt sind (siehe S. 84), unterscheidet sich die Schwangerschaftsvorsorge bei älteren Frauen im allgemeinen nicht von der Norm.

Der Mutterpaß

Bei Ihrer ersten Vorsorgeuntersuchung wird Ihnen ein Mutterpaß ausgehändigt. Bei jedem Termin vermerkt Ihr Arzt oder seine Helferin die Ergebnisse der Untersuchungen und den Verlauf der Schwangerschaft. Sie müssen den Paß immer mitbringen und sollten ihn auch sonst bei sich tragen. Wenn Sie plötzlich ärztliche Hilfe brauchen, sind alle Daten zur Hand. Die meisten Abkürzungen sind unten aufgeführt.

O. B., eine Null oder ein Haken	Ohne Befund; der Urin ist in Ordnung.
Prot	Eiweiß (Albumin) im Urin
BD	Blutdruck
HA	Herzaktion: Herztöne des Fetus
EKB	Erste Kindbewegung
SL	Schädellage
KL	Kopflage
BEL	Steißlage (Beckenendlage)
LR	Letzte Regel
ET	Errechneter Entbindungstermin
Hb(Ery)	Hämoglobinspiegel, dient zur Feststellung von Anämie
E	Der Kopf des Babys ist ins Becken eingetreten; die Geburt steht bevor
NE	Nicht eingetreten
Para 0	Die Frau hat noch keine Kinder
Para 1 (usw.)	Die Frau hat ein Kind geboren.
Fe	Es wurde ein Eisenpräparat verschrieben.
NT	Nächster Termin
Fundushöhe	Höhe des oberen Randes der Gebärmutter. Das Baby drückt sie durch sein Wachstum nach oben, und oft dient die Höhe zur Bestimmung der Schwangerschaftsdauer. Manchmal wird die Fundushöhe (vom Schambein bis zum oberen Rand der Gebärmutter) mit einem Zentimetermaß gemessen. Die Zahl entspricht in etwa der Schwangerschaftsdauer in Wochen.
Relation des PT zum Rand	Damit ist der Beckenrand gemeint. Der sich präsentierende Teil (PT) des Babys in bezug auf den Rand im späteren Stadium der Schwangerschaft ist das Teil, das zuerst geboren wird.
EPH-Gestose	Präeklampsie
Ödeme	Wasseransammlungen
LWS	Längsstellung, das Baby liegt parallel zur Wirbelsäule in der Gebärmutter
II.v Bel	rechte vordere Beckenendlage – häufigste Steißlage
AFP	Alpha-Feto-Protein
CS	Kaiserschnitt
H/T	Hypertonie (Bluthochdruck)
MSU	Mittelstrahlurin
Primigravida	Erste Schwangerschaft
Multigravida	Zweite oder weitere Schwangerschaft
VE	Vaginale Untersuchung

Lage des Babys

Bestimmte Abkürzungen beschreiben die Lage des Babys in der Gebärmutter (siehe S. 177 und 206): Sie beziehen sich auf die Lage des Babykopfes (Schädellage) in bezug auf Ihren Körper; d. h. links (I.) oder rechts (II.), nach vorne oder hinten

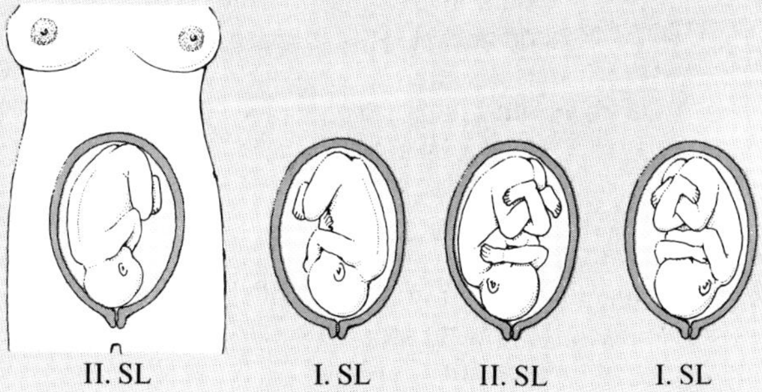

II. SL dorso anteriore — I. SL dorso anteriore — II. SL dorso posteriore — I. SL dorso posteriore

Vorbereitungskurse für Eltern
Für Paare, die zum ersten Mal Eltern werden, gibt es Kurse, die Ihnen Selbstvertrauen und Informationen geben. Sie sollten im Idealfall drei Dinge kombinieren: beiden helfen, Schwangerschaft und Geburt zu verstehen; Techniken zur Entspannung, zum Atmen und Übungen zur Geburtsvorbereitung vermitteln; und Informationen zum Umgang mit dem Neugeborenen geben. Hören Sie sich in Ihrer Umgebung nach Kursen um, die besonders die Themen der Schwangerschaft und Babypflege behandeln, in denen Sie Informationslücken haben. Fragen Sie Ihren Arzt oder eine Hebamme, auch kirchliche Organisationen und Volkshochschulen bieten oft Kurse an. Sehen Sie sich rechtzeitig um, damit der gewählte Kurs nicht belegt ist. Manchmal leiten auch Hebammen Kurse im Krankenhaus, sie machen die Vorgänge dort verständlich und schließen meistens einen Besuch des Kreißsaals und der Entbindungsstation ein. Diese Vorbereitungskurse bieten auch eine gute Möglichkeit, andere werdende Eltern kennenzulernen.

Spezielle Tests

Ultraschall
Das Echo von Schallwellen, die von den verschiedenen Körperteilen mit ihrer verschiedenartigen Beschaffenheit zurückgeworfen werden, ergibt ein photographisches Bild. Ultraschall kann weiches Gewebe abbilden und ein sehr genaues Bild des Fetus in der Gebärmutter geben. Man kann damit das Alter des Fetus bestimmen, seine Lage in der Gebärmutter und den zu erwartenden Geburtstermin.
Die erste Untersuchung findet gewöhnlich in der 16. Schwangerschaftswoche statt, kann aber zu jedem Zeitpunkt der Schwangerschaft durchgeführt werden. Praktisch alle Frauenärzte verfügen heutzutage über eine Ultraschallausrüstung.

Eine Ultraschalluntersuchung dauert etwa 5–10 Minuten. Sie müssen dazu Ihren Bauch freimachen. Manchmal werden Sie gebeten, vorher nicht zur Toilette zu gehen und viel zu trinken, damit die Blase voll ist und klar sichtbar wird. Auf Ihrem Bauch wird ein Kontaktmittel verteilt, damit der Schallkopf leicht darübergleitet. Er sendet die Signale zurück, die auf einem Schwarzweiß-Monitor sichtbar werden. Diese Prozedur ist nicht schmerzhaft. Sie haben ein sanftes, strömendes Gefühl dabei.

Zweck des Ultraschalls
Eine Ultraschalluntersuchung dient dazu:
- das Alter des Fetus zu bestimmen, indem man Kopf- und Körpergröße mißt. Geschieht dies am Anfang der Schwangerschaft, so ist die Bestimmung plus/minus eine Woche korrekt
- das Wachstum zu überwachen und Verzögerungen festzustellen, wenn Untersuchungen darauf schließen lassen, daß etwas nicht in Ordnung ist. Eine Serie, d.h. mehrere Ultraschallbilder werden über einen bestimmten Zeitraum aufgenommen, dient dazu, das Wachstum des Fetus zu überwachen und das erwartete Geburtsdatum festzusetzen
- vor einer Amniozentese (siehe nächste Seite) die genaue Lage des Babys und der Plazenta festzustellen
- die Lage der Plazenta und ihren Zustand zu beurteilen, falls sie sich in fortgeschrittener Schwangerschaft lösen sollte
- bei einem Anstieg des Proteinspiegels festzustellen, ob eine Mehrlingsschwangerschaft vorliegt
- sichtbare Mißbildungen des Babys an Gehirn und Nieren festzustellen
- eine Wucherung bei der Mutter festzustellen, die die Geburt behindern könnte.

Gefährlichkeit von Ultraschall

Einige Mediziner sagen mit Bestimmtheit, daß Ultraschall völlig ungefährlich ist. Aber dies ist nicht bewiesen. Früher glaubte man auch, daß Röntgenaufnahmen ungefährlich wären. Es wurde erst Jahrzehnte später erkannt, daß sie schädigende Wirkung haben. Man kann jedoch guten Gewissens sagen, daß die Informationen, die uns zur Zeit zur Verfügung stehen, darauf hindeuten, daß Ultraschall für Mutter und Baby ungefährlich ist.

AFP-Untersuchung

Alpha-Feto-Protein ist eine Substanz, die sich während der Schwangerschaft in unterschiedlichen Mengen im Blut der Mutter befindet. Zwischen der 16. und 18. Woche ist der Spiegel im allgemeinen niedrig. Falls Ihr Blut zu diesem Zeitpunkt auf den AFP-Gehalt untersucht wird und dieser erhöht ist, kann das ein Hinweis auf eine Schädigung des Neuralrohrs beim Baby sein wie Spina bifida. Um dies mit Sicherheit sagen zu können, müssen sich

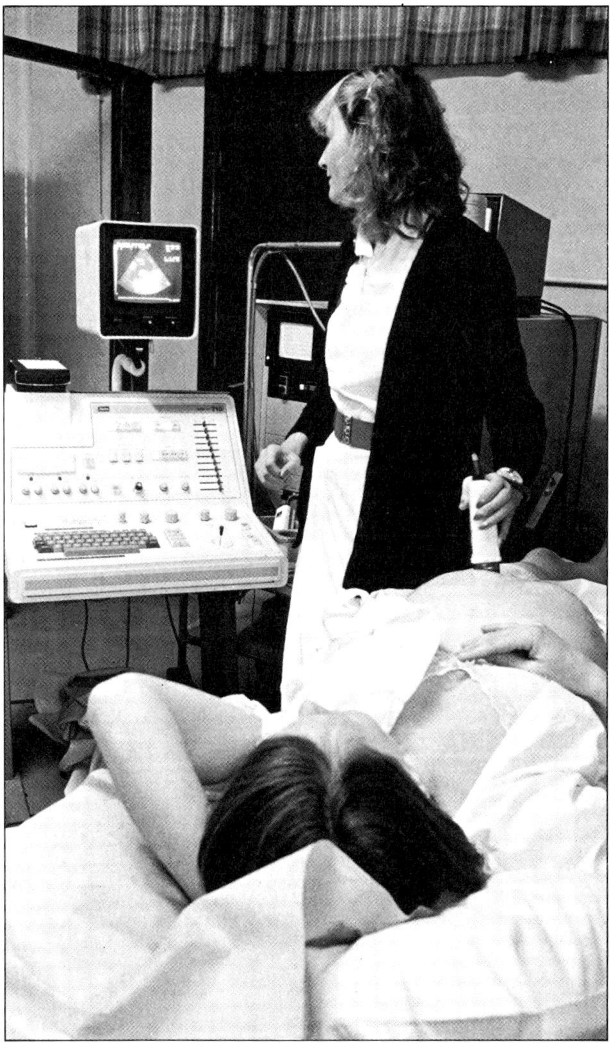

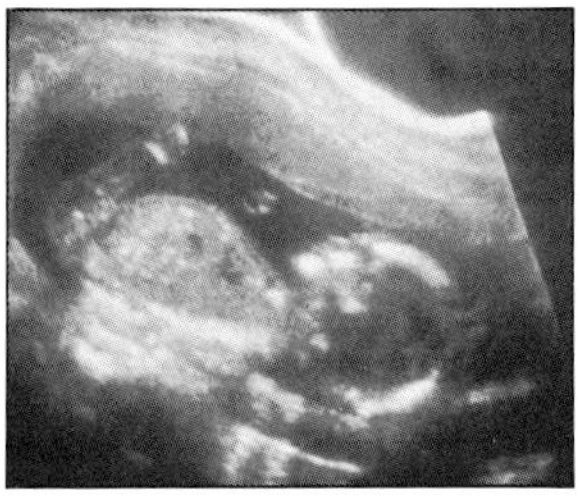

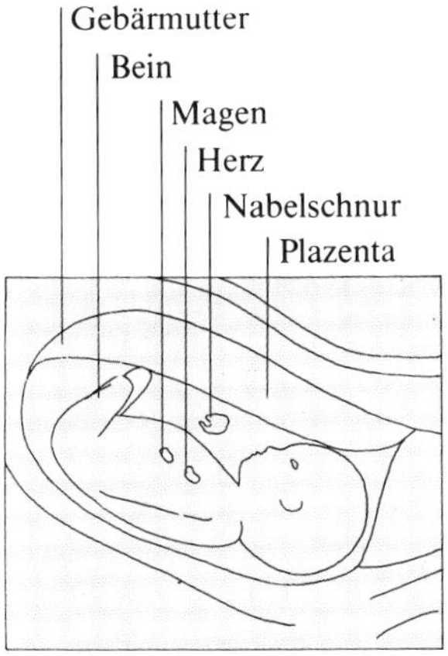

Der Fetus in der Gebärmutter
Die Formen des Babys mögen Ihnen unklar erscheinen, bitten Sie den Arzt, Ihnen Kopf, Glieder und Organe zu zeigen. Es ist eine schmerzlose Angelegenheit, aber im Anfangsstadium der Schwangerschaft muß Ihre Blase voll sein. Machen Sie sich deshalb keine Sorgen: Kommen Sie etwas früher und trinken Sie mehrere Glas Wasser.

auch im Fruchtwasser hohe Mengen von Alpha-Feto-Protein befinden. Da dies jedoch auch bei Zwillingsschwangerschaften so ist, und der Gehalt ebenfalls mit Fortschreiten der Schwangerschaft steigt, wird eine Ultraschalluntersuchung vorgenommen, um zu sehen, ob Sie Zwillinge erwarten, und um die Daten zu bestätigen, falls Ihre Schwangerschaft schon weiter fortgeschritten ist. Ein weiterer Bluttest wird vorgenommen, wenn das Ergebnis des Ultraschalls negativ ist. Nur wenn eine Bestätigung notwendig ist, wird eine Amniozentese in Erwägung gezogen. Kleinere Schädigungen des Neuralrohrs wie ein behaartes Muttermal am unteren Ende der Wirbelsäule sind weit verbreitet.
Liegt der AFP-Spiegel unter dem Normalwert, besteht die Möglichkeit, daß der Fetus am Down-Syndrom leidet; in diesem Fall kann eine Amniozentese durchgeführt werden.

Chorionzottenuntersuchung

Dieser Test zur Feststellung von Schädigungen des Fetus kann bei Frauen, die über 35 Jahre alt sind oder in deren Familie bereits Erbkrankheiten aufgetreten sind, zwischen der 8. und 10. Schwangerschaftswoche durchgeführt werden.
Dabei wird eine kleine Probe der Chorionzotten (die äußere Haut der Keimblase) genommen und im Labor untersucht. Diese Gewebeprobe kann ambulant genommen werden; dies dauert weniger als eine Stunde. Mit Hilfe von Ultraschall kann bestimmt werden, wo die Probe genommen wird; die Chorionzotten werden dann mit Hilfe eines dünnen, biegsamen Kunststoffschlauchs abgesaugt, der durch die Scheide in die Gebärmutter eingeführt wird. Chorionzotten haben dasselbe Erbgutmuster wie das Kind. Die Chromosomenanalyse dieser Zellen ist wie ein »Fenster« zum Fetus.
In sehr seltenen Fällen kann eine Chorionzottenuntersuchung zum Platzen der Fruchtwasserblase führen, zu Infektionen und Blutungen. Dennoch beträgt das Risiko einer Fehlgeburt allem Anschein nach nur ein Prozent.
Dieser Test hat den Vorteil, daß er schon sehr früh in der Schwangerschaft durchgeführt werden und das Ergebnis sehr schnell ermittelt werden kann. Dadurch kann die Frau früh darüber bestimmen, ob eine Schwangerschaft gegebenenfalls abgebrochen werden soll, und muß nicht auf eine Amniozentese warten, die erst in der 16.-18. Schwangerschaftswoche durchgeführt werden kann und deren Ergebnis erst 2-3 Wochen später zur Verfügung steht.

Amniozentese

Sie dient dazu, eine Reihe von Schädigungen wie Spina bifida und Mongolismus (Down-Syndrom, siehe S. 85) festzustellen. Sie ist keine Routineuntersuchung und wird nur vorgenommen, wenn der Arzt eine Abnormität vermutet, die man nicht auf andere Weise feststellen kann. Obwohl der Test immer leichter durchführbar wird, ist er immer noch ein schwerwiegender Eingriff. Eine Probe des Fruchtwassers, das das Baby umgibt, wird entnommen. An den im Fruchtwasser schwimmenden abgeschilferten Zellen kann eine unnormale Chromosomenstruktur erkannt werden. Man kann auch feststellen, wieviel Sauerstoff und Kohlendioxid sich im Fruchtwasser befinden. Es zeigt an, ob das Baby ausreichend mit Sauerstoff versorgt wird.
Eine Amniozentese wird manchmal bei Frauen über 35, die sich ernste Sorgen machen, vorgenommen oder wenn schon ein krankes Kind in der Familie ist, bzw. eine Erbkrankheit vorliegt. Das Geschlecht des Babys kann anhand einiger Hautzellen bestimmt werden, so daß sich erkennen läßt, ob irgendwelche geschlechtsspezifische Krankheiten vererbt worden sind. Der Test wird nicht durchgeführt, nur um das Geschlecht des Babys festzustellen. Bei Rhesusunverträglichkeit ist der Bilirubingehalt des Fruchtwassers ein guter Hinweis darauf, ob das Baby in der Gebärmutter eine Bluttransfusion braucht (siehe S. 167).

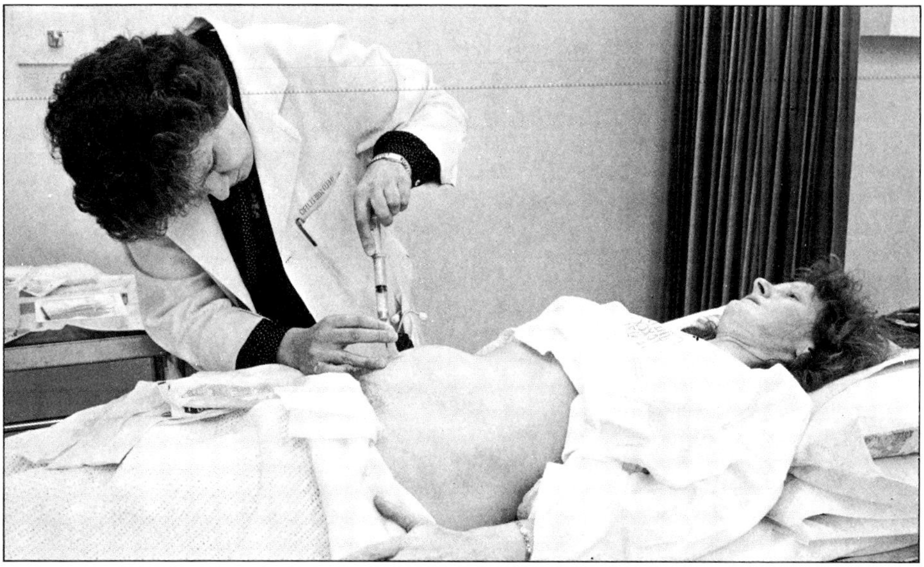

Wirkungsweise der Amniozentese

Fruchtwasser wird vom Fetus geschluckt und durch seinen Mund oder seine Blase wieder ausgeschieden. Es enthält Hautzellen und Zellen anderer Organe, deren Analyse auf den Zustand des Babys schließen läßt. Amniozentese bedeutet nichts anderes als die Entnahme des Fruchtwassers aus der Gebärmutter. Ungefähr 75 verschiedene genetisch bedingte Krankheiten können sich dann durch Chromosomenanalyse feststellen lassen. Der Test wird im Krankenhaus durchgeführt, im allgemeinen erst 14 Wochen nach der letzten Regel; vorher ist wahrscheinlich nicht genug Wasser in der Fruchtblase vorhanden, um die Zellenanalyse durchführen zu können.

Risiken der Amniozentese

Mit einem geübten Arzt und der Unterstützung durch Ultraschall, der die genaue Lage der Plazenta und des Fetus anzeigt, ist das Risiko einer Fehlgeburt minimal. Die Entscheidung für eine Amniozentese sollte gut gegen die Gründe, aus denen heraus Sie Ihnen angeboten wird, abgewogen werden. Man sollte sich auch fragen, ob man bereit ist, einen Schwangerschaftsab-

Entnahme von Fruchtwasser

Nach einer Ultraschalluntersuchung zur Feststellung der Lage von Fetus und Plazenta wird ein kleiner Bereich des Bauches örtlich betäubt. Eine lange Hohlnadel am Ende einer Spritze wird dann vorsichtig in die Gebärmutter eingeführt. Ca. 14 g Fruchtwasser wird aus der Fruchtblase entnommen. Die Flüssigkeit wird zentrifugiert, um die abgeschilferten Zellen des Babys von dem Rest der Flüssigkeit zu trennen. Von den Zellen wird für die Dauer von 2½ bis 5 Wochen eine Kultur angelegt.

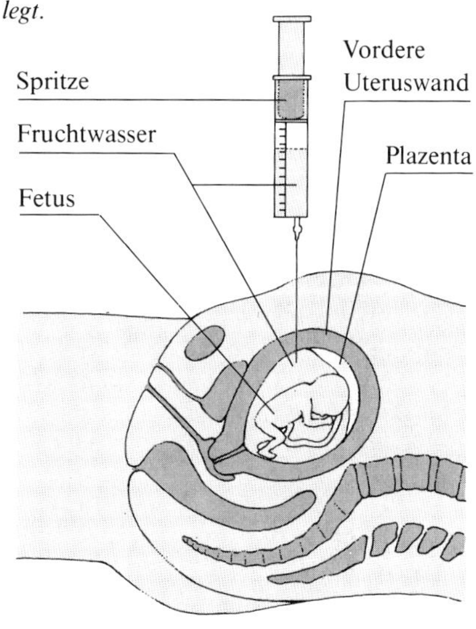

Gründe für die Amniozentese

- Amniozentese wird angeboten, wenn:
  die Schwangere über 40 ist, da dann das Risiko abnormaler Chromosomen viel größer ist
- bestimmte Krankheiten wie Stoffwechselstörungen in Ihrer Familie vorkommen
- sie Träger genetisch bedingter Störungen ist, wie der Bluterkrankheit oder bestimmter Formen von Muskeldystrophie
- der Alpha-Feto-Proteinspiegel erhöht ist, was auf Spina bifida hinweisen kann
- ein Kaiserschnitt geplant ist; der Test kann die Reife der Lungen beim Baby feststellen.

bruch vornehmen zu lassen, wenn das Ergebnis der Untersuchung Anlaß zu ernster Sorge gibt.

Das angespannte Warten auf das Ergebnis ist wahrscheinlich das schlimmste an der Untersuchung. Das Fruchtwasser wird möglicherweise nur auf eine Erkrankung hin untersucht, was auch bei einem negativen Ergebnis nicht ausschließt, daß es vielleicht andere Probleme gibt. Bitten Sie Ihren Arzt um die Ergebnisse aller möglichen Tests, die für Sie in Frage kommen.

Down-Syndrom oder Mongolismus

Es ist eine Folge einer Chromosomenabnormität des Babys. In den meisten Fällen gibt ein zusätzliches Chromosom, das vor oder sofort nach der Befruchtung erscheint, dem Fetus 47 Chromosomen in jeder Zelle anstelle der normalen 46 (siehe S.40). Der genaue Grund ist unbekannt, aber das Alter der Mutter ist ein wichtiger Faktor; das Risiko, ein mongoloides Kind zu bekommen, steigt nach 35 steil an.

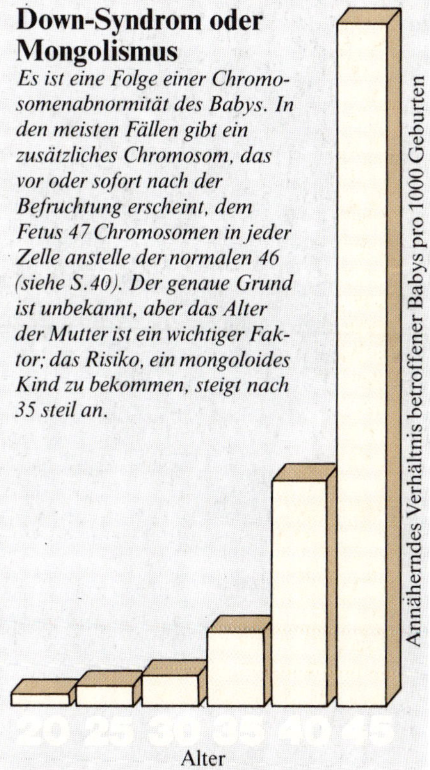

5 Das wachsende Baby

Die Entwicklung des Fetus kann grob in drei Trimester von jeweils ungefähr 12 Wochen unterteilt werden. Am Ende des ersten Trimesters ist der Embryo als Mensch erkennbar, obwohl er erst 7,5 cm lang ist. Das zweite Drittel ist eine Zeit schnellen Wachsens, auch während des dritten Trimesters wächst das Baby noch in der Länge und legt Fettreserven an.

Lebenssysteme

Von entscheidender Wichtigkeit für das Wachstum und die richtige Entwicklung Ihres Babys ist eine gesunde Plazenta, die eine lebenswichtige Verbindung zwischen Ihrem Körper und dem des Babys herstellt. Sie ist das Organ, das es dem Baby ermöglicht durch Sie zu leben, sich auf Sie und Ihre Körperfunktionen zu stützen, die für seine Gesundheit und sein Wohlergehen notwendig sind.

Die Funktion der Plazenta

- sie ermöglicht, daß Sauerstoff, Nährstoffe und schützende Antikörper von der Mutter zum Baby gelangen
- sie bildet lebenswichtige Schwangerschaftshormone
- sie transportiert die Abfallprodukte des Babys zur Mutter, die sie ausscheidet

Die Funktion der Fruchtwasserflüssigkeit

- sie trägt das Baby, während es sich frei bewegt und dabei seine Muskeln trainiert
- sie garantiert eine konstante Temperatur
- sie wirkt als schützendes Kissen bei Stößen auf die Gebärmutter
- sie übt einen beständigen Ausdehnungsdruck aus, so daß das Baby Platz zum Wachsen hat
- sie formt bei der Geburt einen Keil und schützt so den Kopf des Babys, während er den Muttermund weitet
- sie nimmt Substanzen, die der Fetus über den Urin ausscheidet, auf

Fruchtwasser

Von der 4. oder 5. Woche an füllt Fruchtwasser den Raum in der Fruchtblase, die aus Häuten besteht und den sich entwikkelnden Embryo umschließt. In der 12. Woche schluckt der Embryo die Flüssigkeit, die durch seine Eingeweide in seinen Blutkreislauf aufgenommen wird. Von dort geht sie durch die Nabelschnur und die Plazenta in den Blutkreislauf der Mutter (siehe Zeichnung gegenüber). Einige Flüssigkeit zirkuliert so während der ganzen Schwangerschaft weiter, aber zu Beginn des zweiten Drittels gebraucht der Fetus seine eigenen Nieren und uriniert.
Das Fruchtwasser ermöglicht dem Fetus, sich frei zu bewegen und so seine Muskulatur zu kräftigen.
Es hält eine bestimmte Temperatur aufrecht, schützt wie ein Kissen, wenn die Gebärmutter Stöße empfängt und übt in der Gebärmutter ständigen Druck nach außen aus, so daß das Baby Platz zum Wachsen hat. Während der Geburt formt es einen Keil, der den Kopf des Babys schützt und bei der Dehnung des Muttermundes hilft. Es nimmt Substanzen auf, die der Fetus mit seinem Urin ausscheidet.

Die Häute

Es sind zwei dünne, papierne Häute, das Amnion und das Chorion, die die Gebärmutter auskleiden und die Fruchtblase bilden, in der sich das Baby entwickelt.

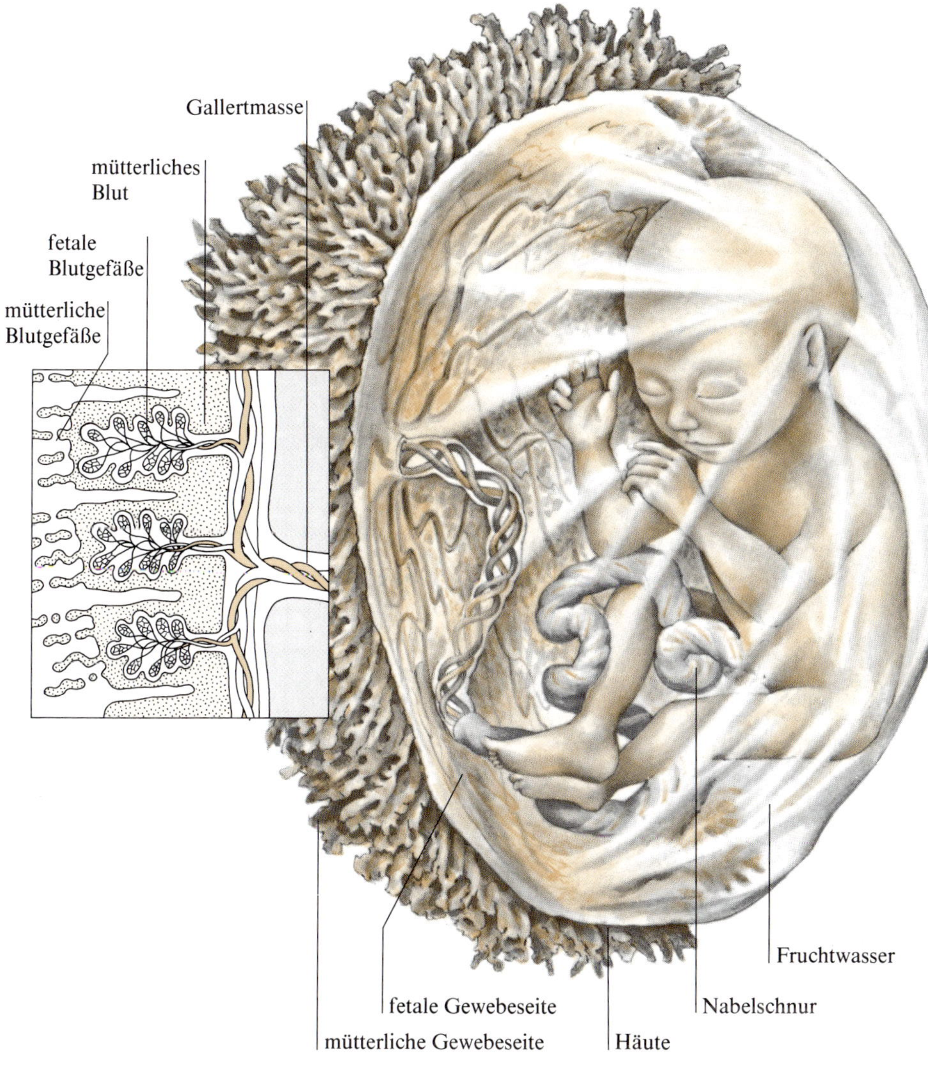

Das Lebenssystem des Babys
Die Fruchtblase und die Plazenta machen das lebenserhaltende System des Babys aus. Die Fruchtblase hat sich tief in der Blastozyste entwikkelt, die sich aus dem befruchteten Ei geformt hat. Daher enthält sie Zellspuren, die das Geschlecht und den genetischen Entwurf des Babys tragen. Dieser Raum ist von Häuten umgeben und enthält das Fruchtwasser. Die Plazenta ist über die Nabelschnur mit dem Baby verbunden. Sie besteht aus drei miteinander verdrehten Blutadern, von denen zwei das Blut des Babys zur Plazenta transportieren, wo es gereinigt wird. Die andere bringt mit Sauerstoff und Nahrung angereichertes Blut zum Baby. Die Schnur ist von einer gallertartigen Masse und von einer Haut umgeben. Die Plazenta selbst ist fest mit der Gebärmutterwand verwurzelt.

1. Trimester

Am Ende des ersten Trimesters sind die Systeme des fetalen Körpers schon gut entwickelt, viele Organe sind mehr oder weniger vollständig. Nerven und Muskeln arbeiten. Reflexe sind vorhanden. Das Herz pumpt 30 Liter Blut pro Tag durch seinen Kreislauf. Ihr Baby kann sich spontan bewegen, obwohl Sie diese Bewegungen noch nicht spüren.

Die Entwicklung des Embryos

Zwischen der 5. und 7. Woche entwickelt sich der Embryo körperlich sehr schnell, obwohl er noch recht klein ist. In der 7. Woche haben sich die Eingeweide gebildet, und die Gliederknospen sind sichtbar. Der Embryo ähnelt langsam einem Menschen. Die kleinen Silhouetten spiegeln in etwa die tatsächliche Größe wieder.

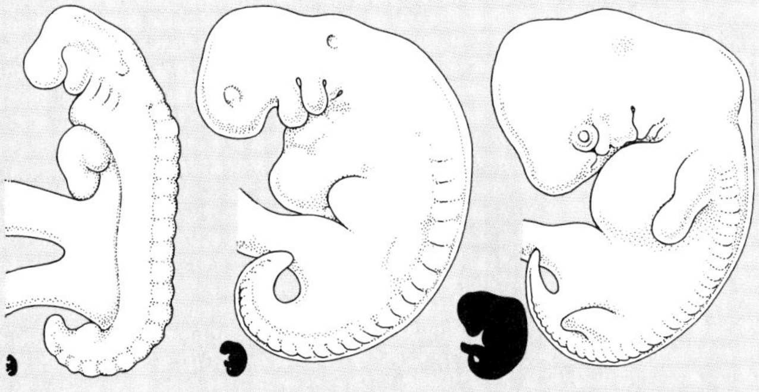

5. Woche 6. Woche 7. Woche

5. Woche
Der Embryo ist mit nacktem Auge leicht erkennbar. Das Spinalrohr beginnt sich zu entwickeln. Die Anlagen für das Gehirn und den Rückenmarksstrang erscheinen.
Länge: 2 mm

6. Woche
Der Kopf beginnt, sich zu formen, dann die Brust und der Bauch. Das Herz, das nur eine einzelne Röhre ist, schlägt. Blutzellen entstehen und zirkulieren mit jedem Herzschlag. In der Nabelschnur, die zur Plazenta führt, bilden sich Blutadern, die die Verbindung zwischen Mutter und Kind stärken. Kleine Einbuchtungen, in denen sich die Augen entwickeln werden, und die Anfänge des Mundes sind vorhanden. Der Unterkiefer ist sichtbar. Arm- und Beinknospen sind vorhanden.
Länge: 6 mm

7. Woche
Einbuchtungen, aus denen Finger und Zehen entstehen, sind sichtbar. Die Eingeweide sind fast vollständig vorhanden. Die Lungen haben sich gebildet, sind aber noch fest. Am Kopf gehen aufregende Entwicklungen vor. Das Innenohr und die Augen entwickeln sich. Löcher für die Nase sind vorhanden. Knochenzellen erscheinen, wo vorher nur Knorpel waren. Dies markiert den Übergang vom Embryo zum Fetus.
Länge: 20 mm

8. Woche
Alle inneren Organe sind an ihrem Platz. Die Hauptgelenke von Schultern, Ellbogen, Hüften und Knien sind deutlich sichtbar. Die Geschlechtsorgane sind vorhanden, obwohl der Fetus noch fischähnlich aussieht.
Länge: 25 mm

9. Woche
Der Mund beginnt sich zu entwickeln, und die Nase ist vorhanden. Die am schnellsten wachsenden Teile sind Glieder, Hände und Füße. Der Hörmechanismus im Ohr hat sich entwickelt. Obwohl Sie es nicht fühlen, bewegt sich Ihr Baby jetzt sehr viel.
Länge: 3 cm
Gewicht: 2 g

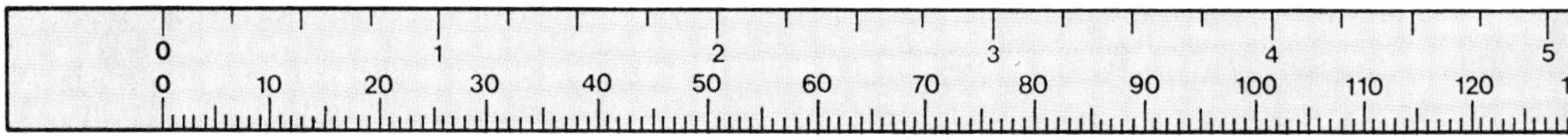

10. Woche

Die äußeren Teile der Ohren beginnen zu wachsen, die Augen sind gut geformt. Der Kopf ist, mit dem Rest des Körpers verglichen, noch groß, und seine Entwicklung ist ausgeprägt. Die Finger und Zehen sind erkennbar, aber durch Haut verbunden.
Länge: 4,5 cm
Gewicht: 5 g

11. Woche

Die Eierstöcke und Hoden haben sich gebildet und auch die äußeren Geschlechtsorgane. Das Herz pumpt Blut in alle Körperteile. Am Ende der 11. Woche sind alle inneren Organe geformt und arbeiten. Nur in seltenen Fällen werden diese Organe jetzt durch Infektionen, Chemikalien oder Medikamente noch geschädigt.
Länge: 5,5 cm
Gewicht: 10 g

12. Woche

Geschlossene Augenlider sind erkennbar, während sich das Gesicht richtig formt. Muskeln wachsen am Körper, daher werden die Gliedbewegungen kräftiger. Gehirn und Muskeln sind aufeinander abgestimmt. Gelenke ziehen sich zusammen, die Zehen werden angezogen, und das Baby kann saugen. Finger und Zehen sind voll geformt und haben Nägel. Ihr Baby kann schlucken und nimmt Fruchtwasser auf.
Länge: 7,5 cm
Gewicht: 18 g

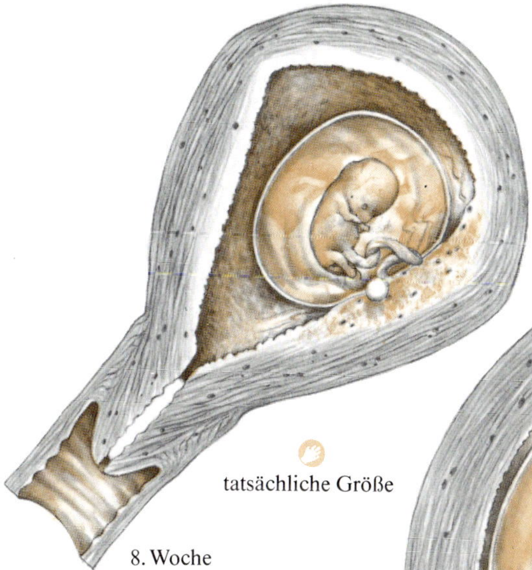

tatsächliche Größe

8. Woche

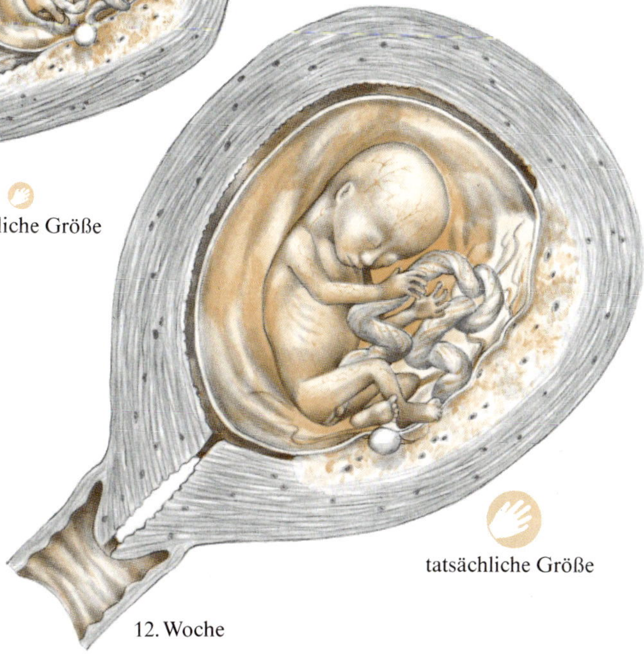

tatsächliche Größe

12. Woche

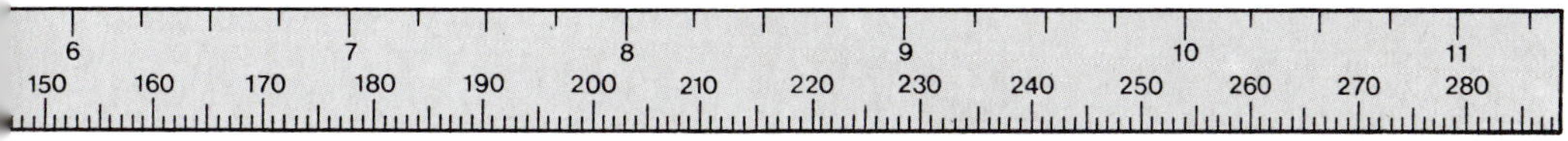

2. Trimester

Im mittleren Schwangerschaftsdrittel fühlen Sie die ersten fetalen Bewegungen, ungefähr von der 18. Woche an. Das Baby sieht jetzt wie ein »richtiger« Mensch aus mit Haaren und sogar Wimpern, und es beginnt, sich auch so zu benehmen: es fängt an, am Daumen zu lutschen. Jetzt sieht man Ihnen auch äußerlich an, daß Sie schwanger sind.

13. Woche

Ihr Baby ist vollständig geformt. Während der restlichen Schwangerschaftszeit wächst es nur noch, so daß bei seiner Geburt die lebenswichtigen Organe schon ausgereift sind und es ihm ermöglichen, unabhängig vom Organismus der Mutter zu leben.
Länge: 8,5 cm
Gewicht: 28 g

14. Woche

Starke Gewichtszunahme. Alle Hauptmuskeln reagieren auf Reize des Gehirns. Die Arme können sich an Ellbogen und Handgelenk beugen; das Baby kann die Finger anziehen und Fäuste machen. Das Herz kann mit einem Ultraschallgerät abgehört werden.
Länge: 10,5 cm
Gewicht: 65 g

16. Woche

Glieder und Gelenke sind voll ausgebildet, die Muskeln werden kräftiger. Die Bewegungen sind kräftig. Der ganze Körper ist mit feinem Haar (Lanugo) bedeckt, Augenbrauen und Wimpern beginnen zu wachsen.
Länge: 16 cm
Gewicht: 135 g

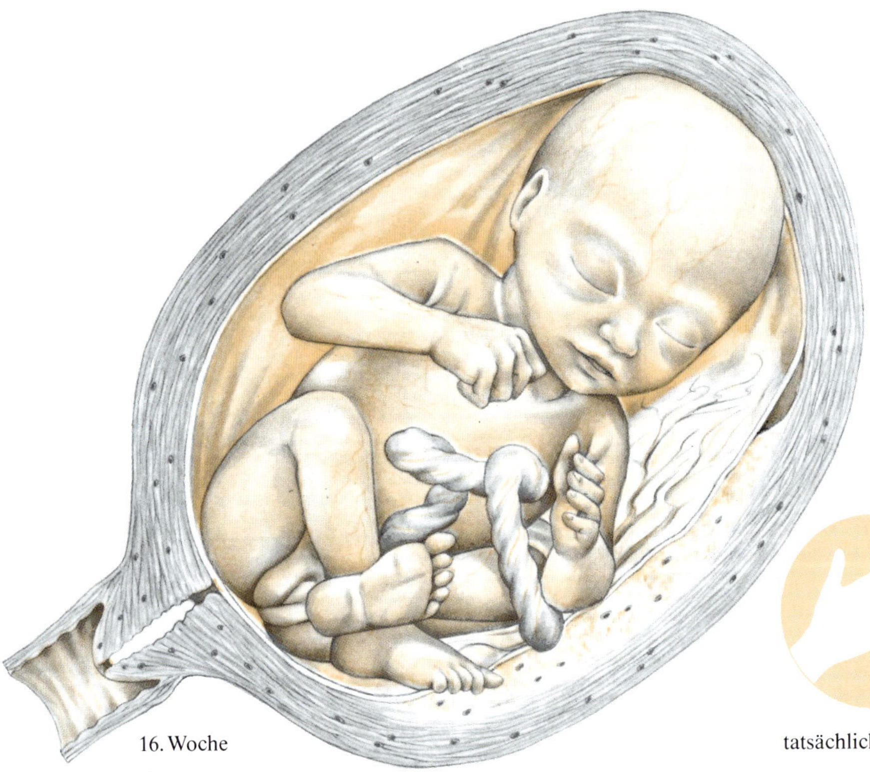
16. Woche

tatsächliche Größe

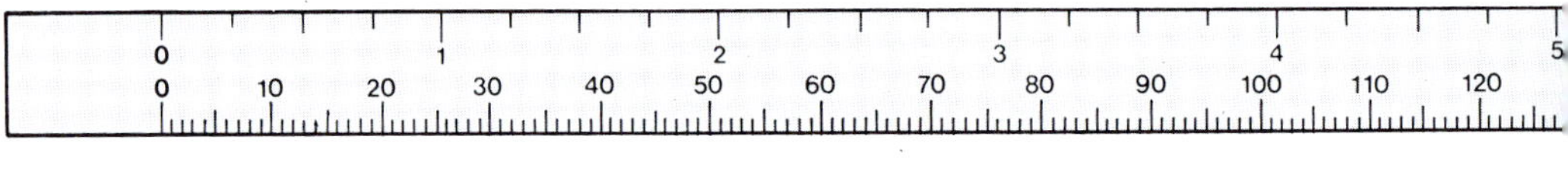

20. Woche
Ihr Baby wächst sehr schnell. Die Zähne bilden sich im Kieferknochen, die Kopfhaare wachsen. Die Muskeln werden kräftiger. Die Bewegungen sind heftiger, wahrscheinlich spüren Sie sie jetzt. Sie fühlen sich an wie leichtes Flattern oder Blasen, die an der Bauchinnenwand zerplatzen.
Länge: 25 cm
Gewicht: 340 g

24. Woche
Das Baby saugt mit Unterbrechungen am Daumen, es kann husten und hat Schluckauf. Es hat noch keine Fettreserven angelegt und ist noch recht dünn.
Länge: 33 cm
Gewicht: 570 g

28. Woche
Kopf und Körper haben jetzt ein besseres Verhältnis zueinander. Fettreserven sammeln sich an. Der Körper ist von einer dicken cremigen Substanz (Käseschmiere) bedeckt, die verhindert, daß die Haut im Fruchtwasser aufweicht. Die Lungen werden reif.
Länge: 37 cm
Gewicht: 900 g

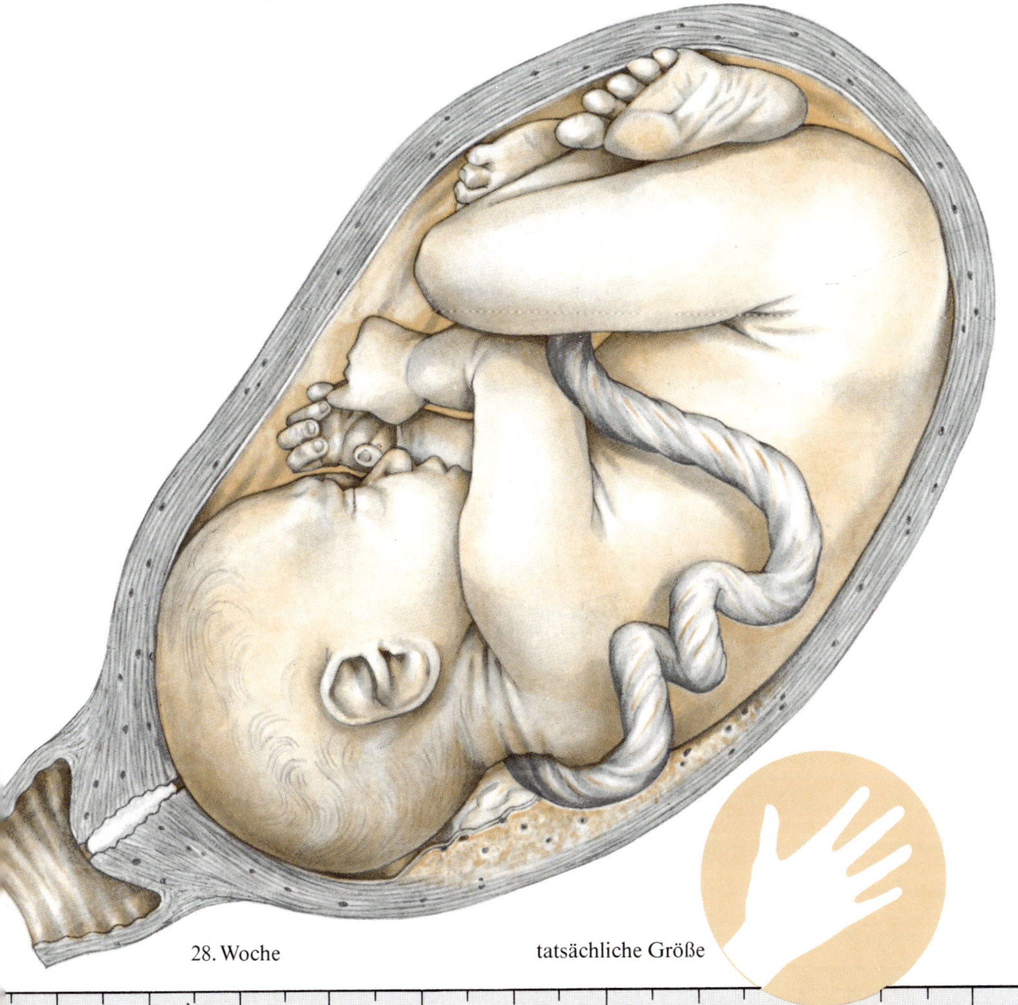

28. Woche

tatsächliche Größe

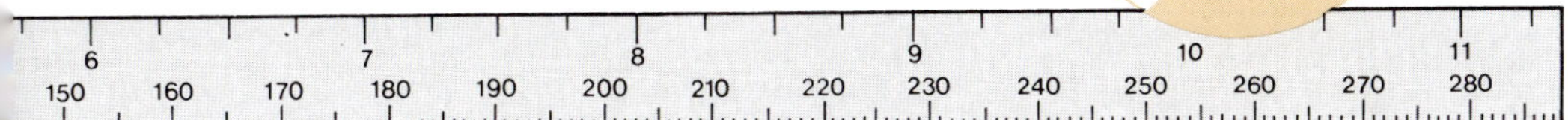

3. Trimester

Nach der 28. Woche wird das Baby vom Gesetz als lebensfähig betrachtet, d. h. es ist allein lebenstüchtig. Wenn es während des dritten Trimesters geboren würde, kann es Atmungsstörungen haben und Schwierigkeiten, sich warmzuhalten, aber mit den modernen Einrichtungen für Frühgeburten hat es im allgemeinen gute Chancen zu überleben.

32. Woche

Die Proportionen des Babys sind jetzt so wie bei der Geburt. Es ist viel kräftiger geworden, und in über 90 Prozent der Fälle liegt es mit dem Kopf nach unten in Beckenrichtung. Seine Bewegungen sind jetzt sehr stark und klar spürbar.
Länge: 40,5 cm
Gewicht: 1,6 kg

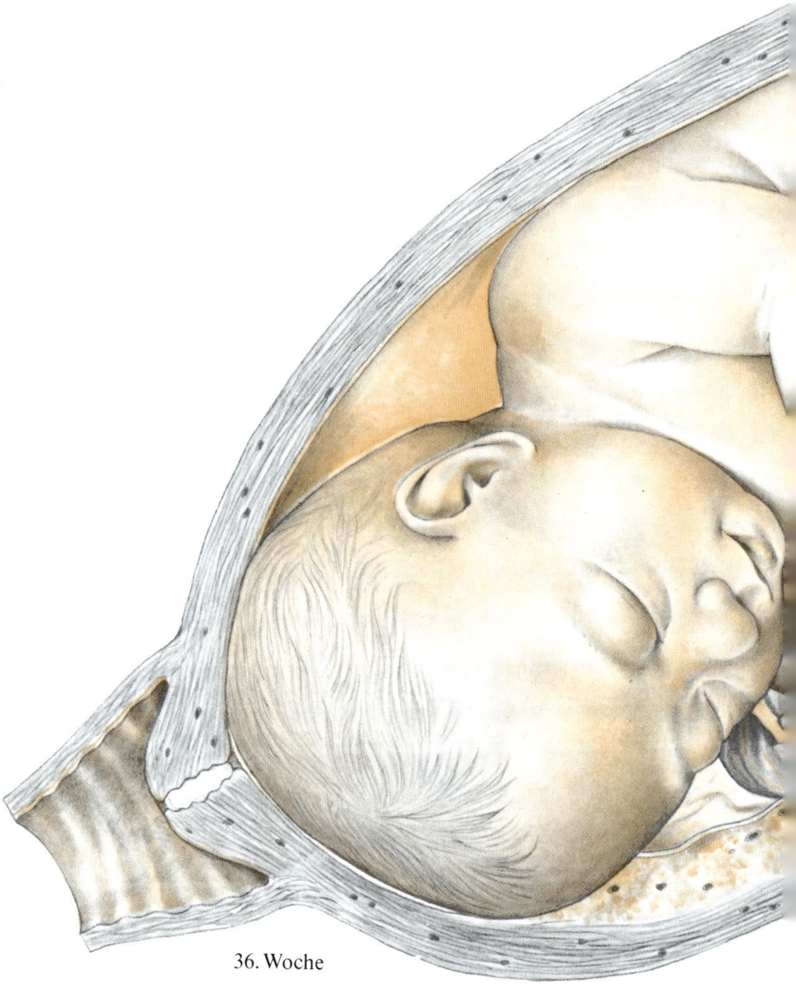

36. Woche

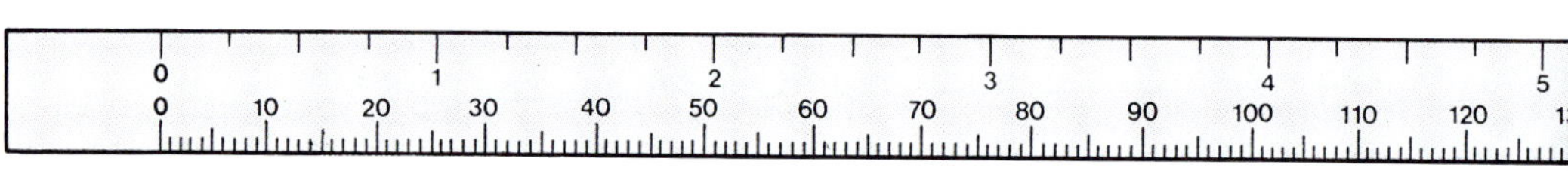

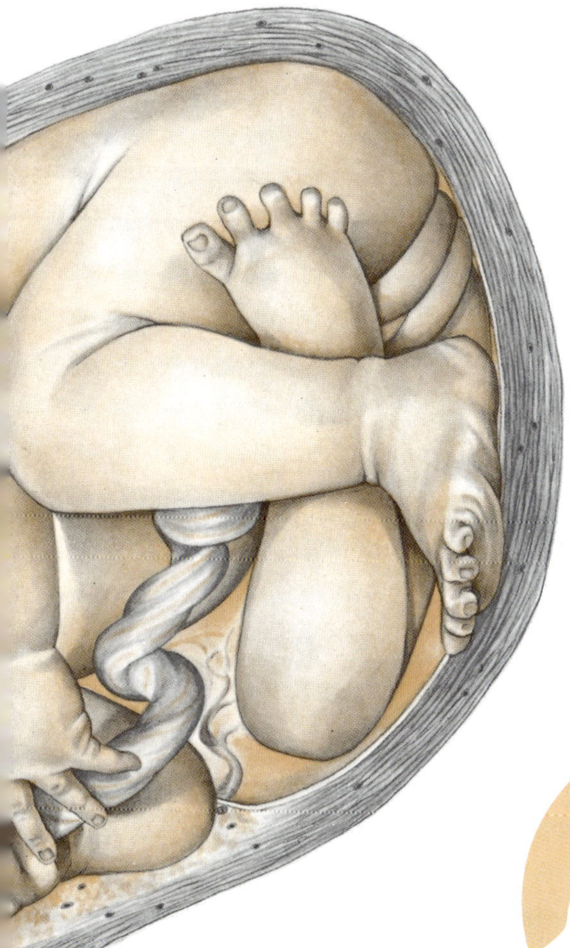

36. Woche

Während der nächsten vier Wochen nimmt das Baby 28 g pro Tag zu. Es füllt die Gebärmutter ganz aus, die Bewegungen sind stoßhafter, während es sich in der Geburtsposition einrichtet. Die Iris der Augen ist blau. Die weichen Nägel sind bis ans Ende der Finger und Zehen gewachsen. Das Kopfhaar ist 1,5-5 cm lang. Bei einem Jungen sollten sich die Hoden im Hodensack befinden. Wenn es das erste Baby ist, ist sein Kopf jetzt ins Becken eingetreten.

Länge: 46 cm
Gewicht: 2,5 kg

tatsächliche Größe

Geburtstermin

Vierzig Wochen nach dem ersten Tag der letzten Regel ist Ihr Baby bereit, geboren zu werden, obwohl Babys selten am errechneten Termin zur Welt kommen (siehe S. 42). Beim zweiten oder weiteren Babys tritt der Kopf ungefähr eine Woche vor der Geburt in die knöcherne Beckenöffnung ein, in manchen Fällen jedoch erst, wenn die Geburt eingesetzt hat.

40. Woche

Die Käseschmiere hat sich verringert, so daß sich in den Hautfalten nur noch Reste befinden – besonders um den Hals herum, in den Achselhöhlen und in der Leistengegend. Die Fingernägel sind lang und müssen kurz nach der Geburt geschnitten werden. Wenn das Baby wach ist, sind seine Augen geöffnet, und es kann Licht erkennen. Die Körperbehaarung ist zum größten Teil verschwunden.
Länge: 51 cm
Gewicht: 3,4 kg

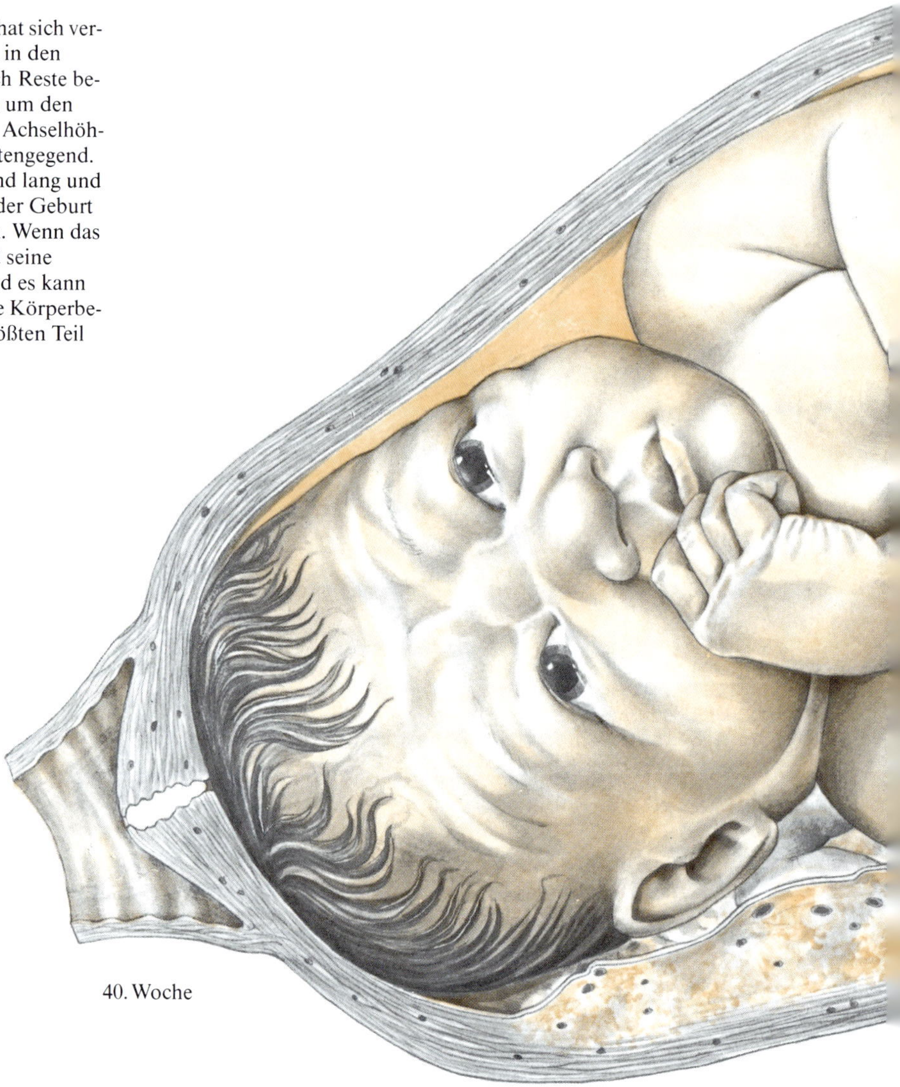

40. Woche

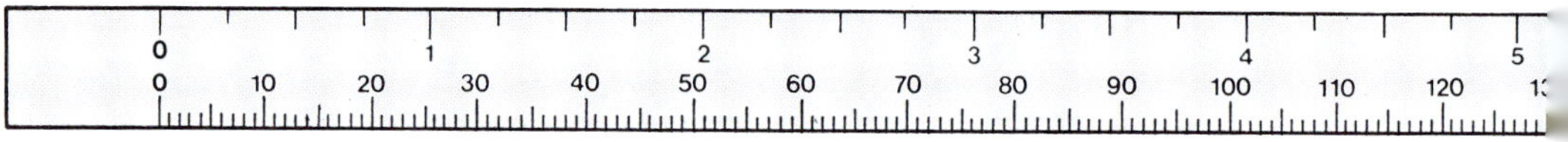

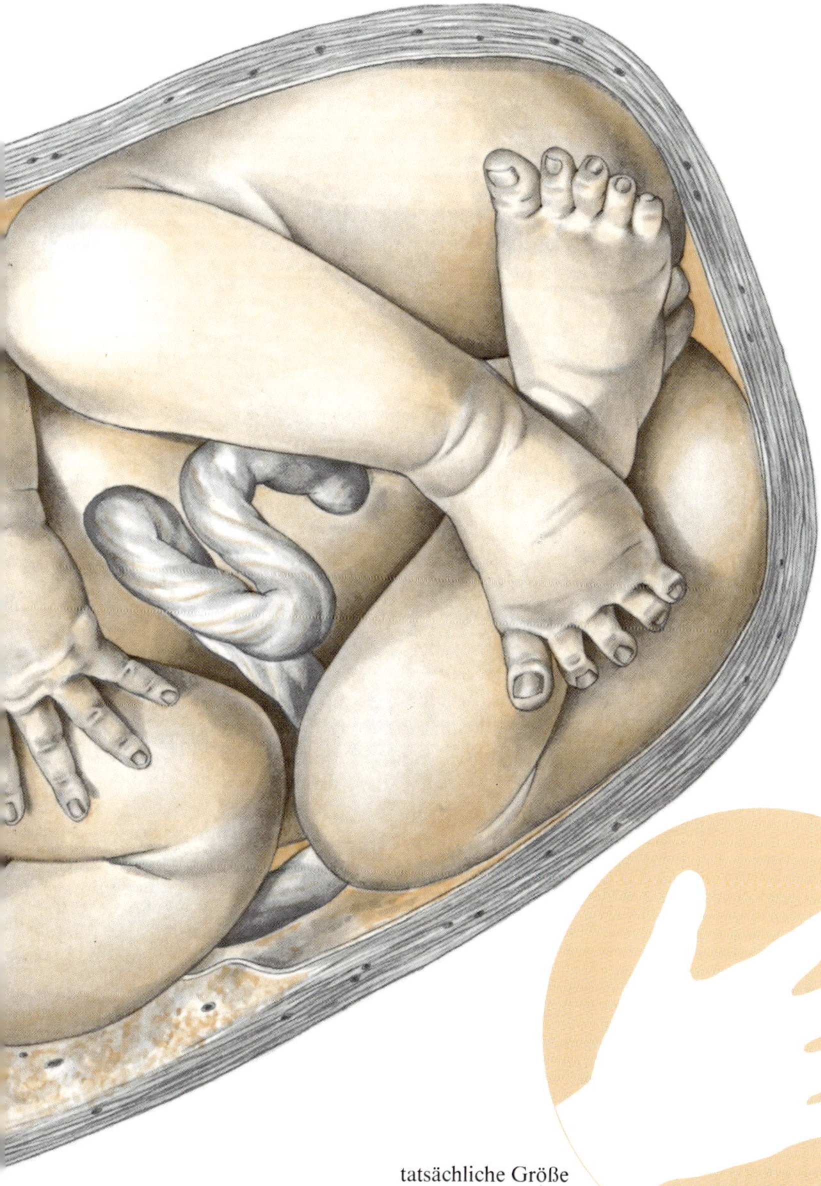

tatsächliche Größe

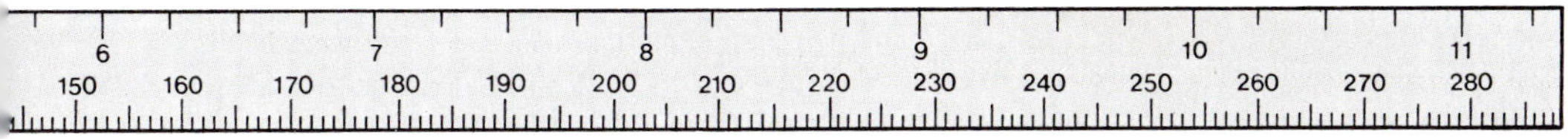

6 Körperliche Veränderungen

Fast alle körperlichen Veränderungen, die sichtbar und fühlbar sind, wie Vergrößerung der Brust, Vertiefung der Hautpigmentierung und leichte Atemlosigkeit bei Anstrengung, hängen von der größeren Produktion einer Anzahl von Hormonen ab. In der frühen Schwangerschaft sind hauptsächlich die Eierstöcke für die Hormonausschüttung verantwortlich, aber sehr bald produziert die Plazenta eine noch größere Menge von Hormonen. Die Hormonausschüttung ist enorm. In einem durchschnittlichen Menstruationszyklus beträgt die tägliche Höchstmenge an Progesteron, einem besonders wichtigen Hormon, wenige Milligramm pro Tag, sie steigt aber gegen Ende der Schwangerschaft auf bis zu 250 mg pro Tag. Während die Ausschüttung von Progesteron auf das 50-60fache ansteigt, steigt sie bei Östrogen, einem anderen wichtigen Hormon, auf das 20-30fache an. Alle Hormone bewirken Veränderungen der Körperstruktur und -vorgänge, so daß der Körper das sich entwickelnde Baby unterstützen und ernähren kann. Alle Organe sind von diesen biochemischen Veränderungen betroffen.

Menstruationszyklus

Die erste Abweichung von der normalen Hormonausschüttung erfolgt sehr früh in der Schwangerschaft. Der Menstruationszyklus beginnt, wenn ein Hormon (Follikel stimulierendes Hormon - FSH) aus der Hirnanhangdrüse die Entwicklung eines Ovums in einem Follikel in einem der Eierstöcke anregt (siehe S. 42). In einem 28tägigen Menstruationszyklus (siehe S. 39) findet die Ausstoßung des Ovums um den 14. Tag herum statt, wenn der Follikel zerreißt und das Ei entläßt, das sich dann den Eileiter hinunter auf die Gebärmutter zubewegt. Es wird dabei von »Fangarmen« am Ende des Eileiters unterstützt, die es auf den richtigen Weg bringen. Jetzt beginnt auch die Gebärmutterschleimhaut (Endometrium) anzuschwellen, und der Schleim am Muttermund (Cervix) wird dünner, so daß die Samenzellen leichter eindringen können. Wenn das Ei nicht befruchtet wird, beginnt der Follikel (Gelbkörper) um den 24. Tag herum zu verkümmern, und weitere Hormonveränderungen bewirken die Ausstoßung der Schleimhaut am 28. Tag, die von einer Blutung am 1. Tag des nächsten Zyklus begleitet wird.

Eine Schwangerschaft tritt ein, wenn die Befruchtung um den 14. Tag des Zyklus herum stattfindet, die befruchtete Eizelle nistet sich etwa 7 Tage später, ungefähr am 21. Tag, in die Gebärmutterwand ein. Zwischen der Einnistung und der sonst normalerweise eintretenden Verkümmerung des Gelbkörpers liegen also drei bis vier Tage. Dem Körper bleibt nur diese kurze Frist, um den Abbau aufzuhalten und die Menstruation zu unterdrücken. Dies wird wahrscheinlich durch ein starkes Hormon erreicht, das humane Choriongonadotropin (HCG), das von der befruchteten Eizelle produziert wird. Seine unmittelbare Funktion liegt darin, einen gesunden Gelbkörper und die Ausschüttung von Östrogen und Progesteron aus den Eierstöcken zu erhalten. So wirken der mütterliche Körper und der sich entwickelnde Embryo, der zu diesem Zeitpunkt erst ein winziger Zellball ist (siehe S. 42), zusammen, erhalten die Schwangerschaft und verhindern die Menstruation.

Bei manchen Schwangeren reichen die Hormonspiegel nicht aus, um Durchbruchblutungen zum Zeitpunkt der ersten verpaßten Periode zu unterdrücken, und bei einigen treten sie ein, wenn die zweite oder sogar dritte Periode fällig gewesen wäre. Dabei kommt das Blut aus der Schleimhaut, nicht vom befruchteten Ei, die Blutung schadet dem Baby nicht. Wenn die Hormonspiegel jedoch zu niedrig sind, kommt es fast mit Sicherheit zu einer Fehlgeburt (siehe S.164).

Die Plazenta

Um sich einnisten zu können, entstehen am Ei mikroskopisch kleine, fingerähnliche Vorwölbungen (Chorionzotten), die sich in die Gebärmutterwand einbetten. Aus diesen Zotten entsteht die Plazenta, die Nahrung und Sauerstoff zum Baby bringt und Abfallstoffe wegtransportiert. Im Verlauf des dritten Trimesters hat sich die Plazenta zu einer leistungsfähigen chemischen Fabrik entwickelt, die eine immer größer werdende Menge weiblicher Schwangerschaftshormone mit zwei besonderen Funktionen produziert. Diese Hormone bewirken Veränderungen im Körper der Mutter, so daß die Schwangerschaft erhalten und die Milchproduktion vorbereitet wird. Zweitens stellen sie sicher, daß die Geschlechtsorgane gesund sind, und daß die Plazenta gut funktioniert, damit das Baby ausreichend ernährt wird und gesund bleibt.

28tägiger Menstruationszyklus

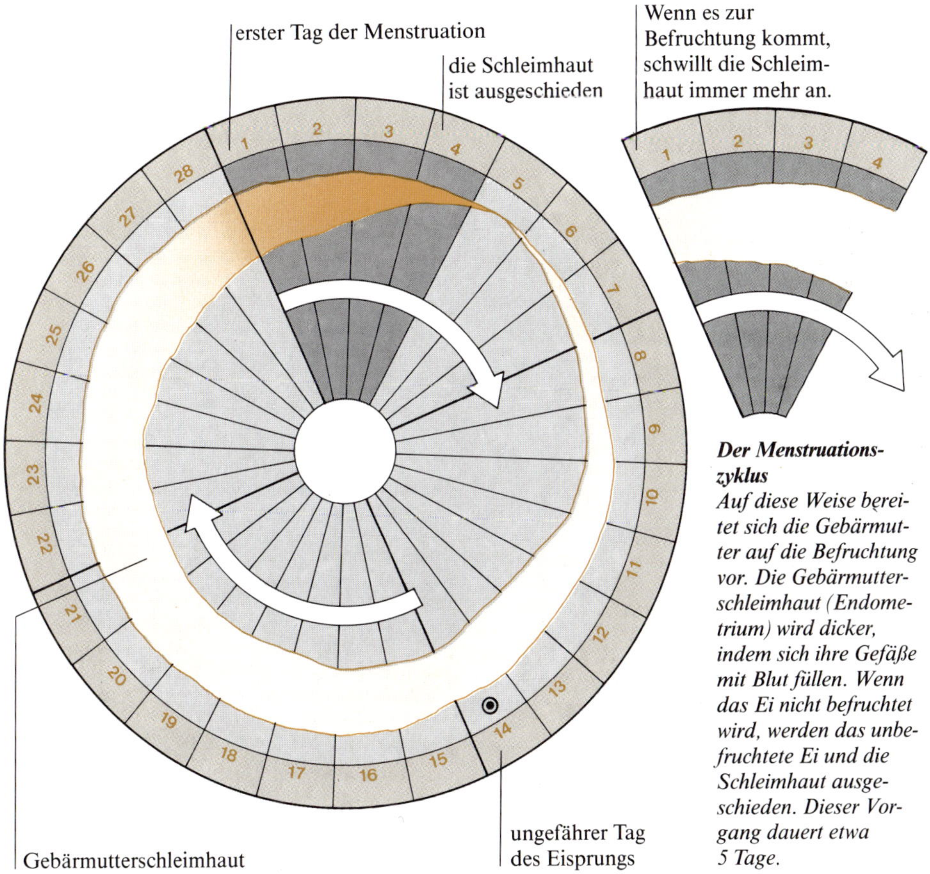

Der Menstruationszyklus
Auf diese Weise bereitet sich die Gebärmutter auf die Befruchtung vor. Die Gebärmutterschleimhaut (Endometrium) wird dicker, indem sich ihre Gefäße mit Blut füllen. Wenn das Ei nicht befruchtet wird, werden das unbefruchtete Ei und die Schleimhaut ausgeschieden. Dieser Vorgang dauert etwa 5 Tage.

Schwangerschaftshormone

Name	Funktion	Auswirkungen für Mutter und Baby
Humanes Choriongonadotropin (HCG)	Von den Zotten der Plazenta produziert, regt es die Eierstöcke an, mehr Progesteron zu produzieren (siehe unten), es unterdrückt die Menstruation und erhält die Schwangerschaft. Erreicht den Höhepunkt der Produktion um den 70. Tag und fällt dann für den Rest der Schwangerschaft auf einen gleichmäßigen Wert. Erhält die Funktion der Eierstöcke, bis die Plazenta ihre Aufgabe übernimmt.	Hohe Werte im Blutstrom dann, wenn Frauen normalerweise in der Schwangerschaft an Übelkeit leiden (siehe S. 48), kann mit Erbrechen am Morgen verbunden sein. Nachweis dieses Hormons im Urin ist ein verläßlicher Schwangerschaftstest (siehe S. 49).
Laktotropes Hormon der Plazenta (HPL)	Von der Plazenta produziert, wichtig für die Milchproduktion. Sein Nachweis in der späten Schwangerschaft zeigt die relative Leistungsfähigkeit der Plazenta an.	Vergrößert die Brüste, bedingt die Abgabe von Vormilch um den fünften Monat herum. Ein niedriger Spiegel zeigt an, daß die Plazenta möglicherweise nicht ausreichend funktioniert, um das Baby zu ernähren.
Relaxin	Wahrscheinlich von der Plazenta produziert. In Tierexperimenten macht es den Muttermund weicher. Entspannt die Beckengelenke.	Hat möglicherweise entspannende Wirkung auf Bänder und Gelenke.
Östrogene	Von der Plazenta produziert, wobei sie Startwirkstoffe aus den Nebennierendrüsen der Mutter und des Babys verwendet.	Wirkt insgesamt auf die Schwangerschaft. Besonders wichtig für die Gesundheit der Geschlechtsorgane, die Fortpflanzungsorgane und die Brust.
Progesteron	Wird wie Östrogen produziert. Hält die Schwangerschaft aufrecht, entspannt weiche Muskeln.	Wirkt insgesamt auf die Schwangerschaft. Bereitet die Brust auf die Milchproduktion vor. Entspannung von Gelenken und Bändern als Vorbereitung auf die Geburt, kann die Darmbewegung beeinflussen und zu Verstopfung (siehe S.152) und zu Rückenschmerzen (siehe S. 152) führen. Läßt die Körpertemperatur ansteigen.
Melanozyten stimulierendes Hormon (MSH)	Höhere Werte in der Schwangerschaft. Regt die Haut an, Pigmente zu produzieren.	Dunklerwerden der Brustwarzen, braune Flecken im Gesicht, an den Oberschenkelinnenseiten und eine braune Linie, die senkrecht am Bauch verläuft (siehe S. 105). Bei einigen Frauen treten diese Veränderungen nicht auf.

Die Brüste

Größe und Form sind von Frau zu Frau verschieden und auch vom Menstruationszyklus abhängig. In der zweiten Hälfte des Zyklus, nach dem Eisprung, bemerken die meisten Frauen eine Vergrößerung der Brust. Kurz vor der Menstruation fühlt sie sich ziemlich knotig an, da die Milchdrüsen größer werden, die Talgdrüsen auf den Warzenhöfen treten hervor, und die Brustwarzen sind empfindlicher. In der Schwangerschaft nehmen Sie die Veränderungen der Brust - eine Vergrößerung oder ein prickelndes Gefühl - vielleicht als eines der ersten Anzeichen wahr.

Frauen mit 28tägigem Zyklus bemerken eine auffällige Vergrößerung der Brust meistens um die 6.-8. Schwangerschaftswoche herum, zwei bis vier Wochen nachdem normalerweise ihre Periode eingesetzt hätte. Die Brüste fühlen sich fest an und sind meistens empfindlich. Die Adern haben sich nah unter der Hautoberfläche vermehrt und sind größer geworden. Ein prickelndes Gefühl und auch gelegentlich stechende Schmerzen sind normal. Die Talgdrüsen um die Brustwarzen herum (Montgomerysche Drüsen) treten hervor und werden rosa.

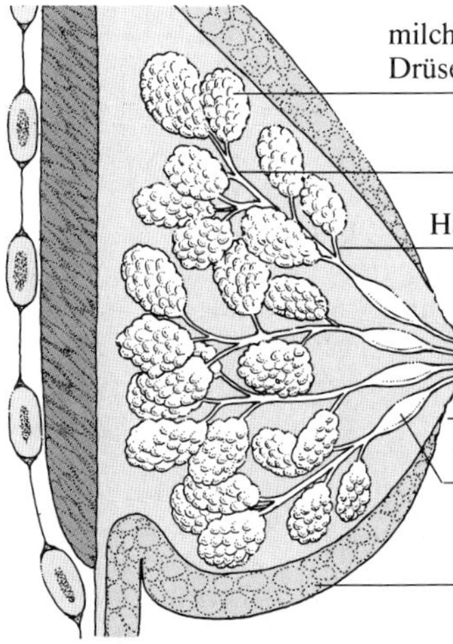

Der Querschnitt durch die milchproduzierende Brust sieht aus wie ein Baum mit vielen Zweigen und Blättern.

Die Brüste setzen sich in erster Linie aus Millionen kleiner Milchdrüsen und ihren engen Kanälen zusammen, die in den Brustwarzen zusammengeführt werden und dort münden. Obwohl man fast mit Sicherheit sagen kann, daß die Hormone zusammenwirken, regt Östrogen das Wachsen der Kanäle an, während Progesteron eine Vergrößerung der Drüsen selbst bewirkt. Schon früh in der Schwangerschaft produzieren die Brüste die Vormilch (Kolostrum - siehe S. 223). Sie kann allein austreten oder durch Massage ausgedrückt werden (siehe rechts), aber machen Sie sich keine Sorgen, wenn dies nicht möglich ist. Während der Schwangerschaft wird sicher nicht so viel Kolostrum austreten, daß Sie in Verlegenheit geraten könnten.

Das größte Wachstum der Kanäle und die ausgeprägteste Größen- und Gewichtszunahme der Brüste finden im ersten Trimester statt. Dies ist auf die vermehrte Anzahl von Milchkanälen, die der Vorbereitung der Milchproduktion dienen, zurückzuführen. Jetzt sollten Sie sich einen gutsitzenden Büstenhalter kaufen. Wahrscheinlich muß er mindestens zwei Größen größer sein. Nach der Geburt des Babys brauchen Sie auch Stillbüstenhalter (siehe S. 142). Wenn Sie das Gewicht der Brüste während der Schwangerschaft und Stillzeit gut abstützen, werden sie nach Ende der Stillzeit die Form und Festigkeit wiedererlangen, die sie vor der Schwangerschaft hatten. Bei einigen Frauen scheinen die Brüste nach dem Abstillen kleiner zu sein, da das ursprüngliche Fettgewebe durch milchproduzierende Kanäle ersetzt wurde.

Gegen Ende des ersten Trimesters findet eine der letzten Veränderungen der Brüste statt, durch eine allgemeine Zunahme der Pigmentierung werden auch die Brustwarzen und -höfe dunkler (siehe S. 104), dies ist ein weiteres Merkmal der Schwangerschaft.

Schlupfwarzen

Richten sich Ihre Brustwarzen nicht auf, wenn Sie frieren, sexuell erregt sind oder stillen, haben Sie Hohl- oder Schlupfwarzen. Sie können Schlupfwarzen verbessern, wenn Sie während der Schwangerschaft unter Ihrem Büstenhalter Brustschilder tragen, oder Sie können eine bestimmte Übung, bekannt unter dem Namen »Hoffmannsche Technik«, durchführen. Legen Sie an jede Seite des Warzenhofes einen Zeigefinger und strecken Sie die Brustwarzen. Legen Sie dann die Finger über und unter den Warzenhof und wiederholen Sie die Übung. Führen Sie diese Übung während der Schwangerschaft zweimal täglich durch. Auch das Baby kann dabei helfen, dieses Problem zu lösen, kann aber Schwierigkeiten dabei haben, die Warze zu fassen.

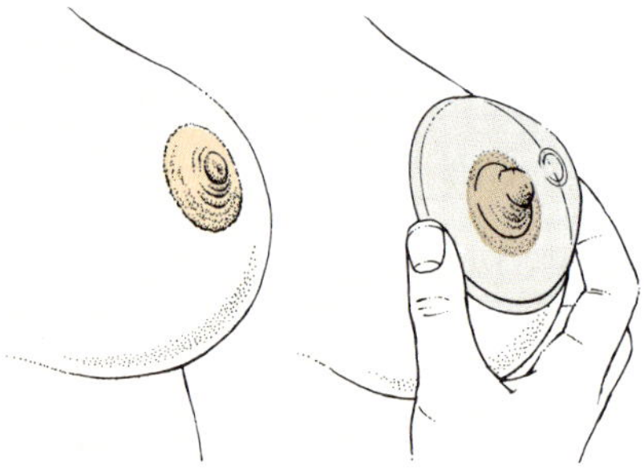

Hohl- oder Schlupfwarzen
Bei Hohl- oder Schlupfwarzen richtet sich die Brustwarze auch dann nicht auf, wenn sie stimuliert wird. Wollen Sie später stillen, kann das Baby die Brustwarze nicht fassen und nicht saugen. Hohl- oder Schlupfwarzen lassen sich verbessern, indem man von der 15. Woche an Brustschilder trägt. Zuerst benutzt man sie nur wenige Stunden und steigert langsam auf einige Stunden pro Tag im dritten Trimester. Sie bestehen aus Kunststoff oder Glas und haben ein Loch, durch das die Brustwarze sanft durch Saugwirkung herausgezogen wird. Es ist nicht schmerzhaft.

Die Gebärmutter

Die Gebärmutter hat während der Schwangerschaft drei Hauptaufgaben. Das befruchtete Ei hat sich in ihr eingenistet, sie gibt dem wachsenden Baby Platz und entläßt es zum Geburtstermin. Um die zweite Aufgabe erfüllen zu können, muß die Gebärmutter wachsen und sich dehnen, aber gleichzeitig die Neigung, sich zusammenzuziehen, die entsteht, weil sich etwas in ihr befindet und weil ihr Ausgang, der Muttermund, sich nicht dehnen darf, unterdrücken.

Ausdehnung

Um sich dem Baby, der Plazenta und dem Fruchtwasser anzupassen, muß das innere Volumen auf 5 Liter anwachsen – eine etwa 1000fache Vergrößerung des Inhalts. In der ersten Schwangerschaftshälfte nimmt die Gebärmutter durch das Wachsen der Muskelfasern schnell an Gewicht zu. Jede Muskelzelle der Gebärmutter vergrößert sich bis auf das 50fache, zuerst unter dem Einfluß von Östrogenen. In der Schwangerschaftsmitte verlangsamt sich das Wachstum, aber der Gebärmutterinhalt vergrößert sich schnell, da die Muskelfasern sich strecken und dünner werden. Durch ihr Wachstum vergrößert sich das Gewicht der Gebärmutter um etwa das 30fache, von ca. 40 g auf 800 g beim Entbindungstermin. Die Vergrößerung ist zuerst nicht wahrnehmbar, bis die Gebärmutter etwa in der 16. Woche aus dem Bekken aufsteigt. In der 36. Woche hat der obere Rand der Gebärmutter das Brustbein erreicht. Wenn der Kopf des Babys in das Becken eintritt (siehe S. 175), senkt sie sich wieder.

Wehen

Ein normales Kennzeichen der Gebärmuttermuskulatur ist, daß sie sich zusammenzieht, ohne daß man es spürt. Während der ganzen Schwangerschaft zieht sich die Gebärmutter zusammen; diese schwachen, kurzen Wehen merkt man kaum. Wenn man eine Hand auf den Bauch legt, kann man fühlen, wie der Muskel hart wird und sich anspannt. Diese leichten, schmerzlosen Vorzeichen treten im Abstand von etwa 20 Minuten während der ganzen Schwangerschaft auf. Sie sind wichtig, da sie eine gute Blutzirkulation der Gebärmutter gewährleisten und ihr Wachstum unterstützen. Wahrscheinlich spüren Sie die Vorwehen erst im letzten Monat der Schwangerschaft. Sie können recht heftig sein und mit echten Wehen verwechselt werden; man nennt sie daher auch »falsche Wehen« (siehe S. 177).

Bis zur 12. oder 14. Woche hat das Baby genug Platz in der wachsenden Gebärmutter, aber danach wird sie an der Stelle, an der sie in den Muttermund übergeht, breiter und schafft so mehr Raum für das Baby. Diesen Teil bezeichnet man als unteres Segment der Gebärmutter. Es ist wichtig, daß seine Ausweitung nicht zu einer Erweiterung des Muttermundes führt, bevor das Baby lebensfähig ist. Die obere Hälfte des Muttermundes ist muskulös und dehnbar, während die untere Hälfte aus einem straffen Fasergewebeband besteht. Obwohl dieses Band während der Schwangerschaft, besonders in den letzten Wochen, weicher wird, um die Geburt vorzubereiten, reicht sein Widerstand normalerweise aus, um die Vorwehen abzufangen. Bei der Wehentätigkeit während der Geburt zieht sich der obere Teil der Gebärmutter zusammen, um das Baby herauszudrücken.

Die Vergrößerung der Gebärmutter

Die Gebärmutter vergrößert sich in der Schwangerschaft um ein 1000faches und verdrängt so die anderen Organe. Dies kann zu Problemen führen wie Harndrang, Sodbrennen, Atemlosigkeit und Verstopfung.

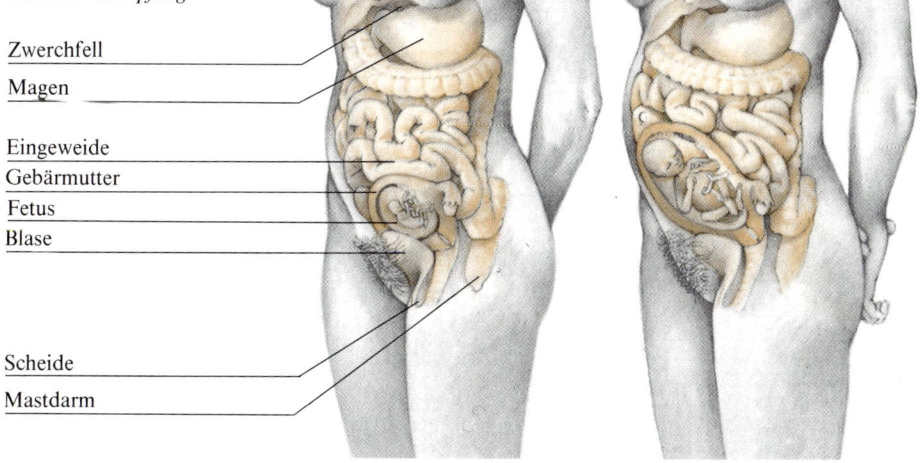

12. Woche
Die Gebärmutter, die aus der Beckenhöhle aufsteigt, kann abgetastet werden.

16. Woche
Die Gebärmutter vergrößert sich schnell, die Taille verschwindet, die Schwangerschaft ist äußerlich erkennbar.

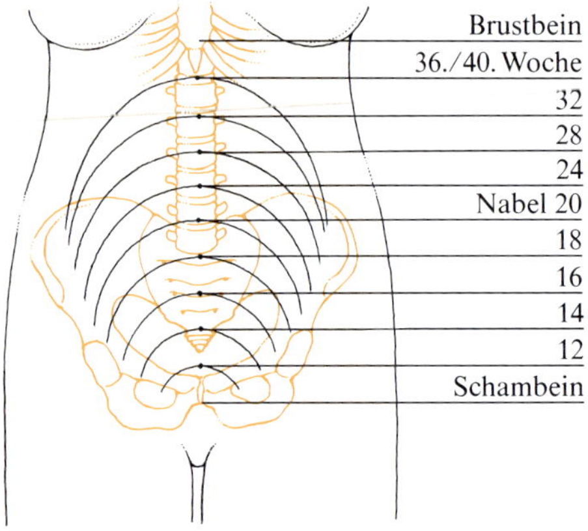

Die Fundushöhe
Sie kann durch Abtasten oder in Zentimetern, vom Schambein an gemessen, festgestellt werden. Sie dient als Leitfaden für die Schwangerschaftsdauer und wird in den Mutterpaß eingetragen.

Die Scheide

Zu Beginn der Schwangerschaft verändert sich auch das Gewebe in der Scheide, so daß sie sich bei der Geburt leichter dehnt. Die Muskelzellen werden größer, und die Schleimhäute schwellen an. Eine Nebenwirkung ist vermehrter Ausfluß (siehe S. 158). Sollte der Ausfluß unangenehm riechen oder zu Wundsein führen, sollten Sie Ihren Arzt darauf aufmerksam machen. Während der Schwangerschaft dürfen Sie keine Scheidenspülungen anwenden. Eine andere Folge der vermehrten Schleimabsonderung und Schwellung der Scheide kann größeres sexuelles Verlangen sein. Es ist jedoch bei jeder Frau verschieden und kann sich während der ganzen Schwangerschaft verändern (siehe S. 110).

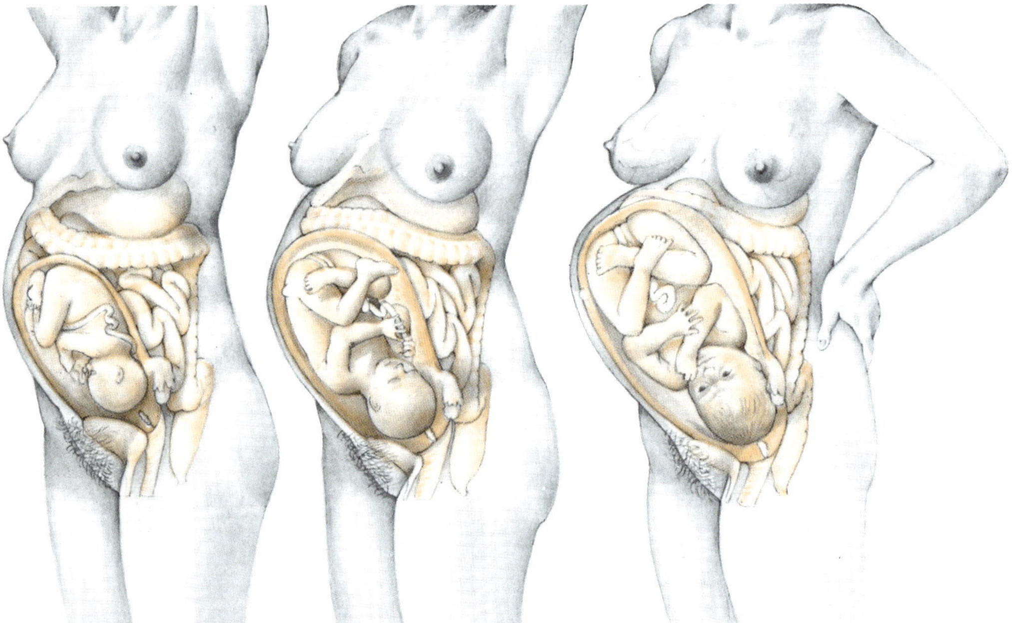

28. Woche
Die Haut am Bauch beginnt sich zu dehnen, der Druck nach oben kann zu Verdauungsstörungen führen.

36. Woche
Die Gebärmutter drückt jetzt auf den Brustkorb, dort können Sie einen stechenden Schmerz verspüren.

40. Woche
Der Kopf des Babys tritt ins Becken ein und übt Druck auf die Leistengegend und das Becken aus.

Lebenswichtige Funktionen

Ihr Körper reagiert auf den hormonellen Anreiz in der Schwangerschaft mit weitreichenden Veränderungen in den wichtigen Systemen wie Blutkreislauf, Atmungs- und Ausscheidungssystem. Früher nahm man an, daß die Beziehung zwischen Mutter und Embryo wie die zwischen Wirtstier und Parasit sei, aber heute wissen wir, daß sie viel komplizierter ist. Als Reaktion auf unterschiedliche und erhöhte Hormonabgaben sieht der mütterliche Körper von den ersten Tagen an die Bedürfnisse des Babys voraus: durch Veränderungen in seinen lebenswichtigen Funktionen kommt die Mutter unbewußt den Ansprüchen ihres Kindes entgegen.

Das Blut

Während der Schwangerschaft nimmt das Blutvolumen um etwa 1,5 Liter zu (eine durchschnittlich große Frau hat normalerweise etwa 5 Liter Blut). Das Volumen vergrößert sich von der 10. Woche an stetig und erreicht im dritten Trimester den höchsten Stand. Das zusätzliche Blut ist für die Gebärmutter erforderlich, die etwa 25 Prozent der Menge braucht, und für die Brust und andere wichtige Organe - selbst das Zahnfleisch wird mit mehr Blut versorgt (siehe S. 106). Die Zunahme des flüssigen Blutanteils (Plasma) ist proportional größer als die der roten Blutkörperchen. Wenn diese zu sehr verdünnt werden, zeigt sich bei den Vorsorgeuntersuchungen ein Absinken der Hämoglobinkonzentration, man bezeichnet sie als physiologische Anämie. Es ist eine andere Anämie als die Eisenmangelanämie (siehe S. 77). In einer normalen Schwangerschaft vergrößert sich die Anzahl der roten Blutkörperchen ständig, besonders wenn man auf eine eisenhaltige Ernährung achtet.

Eine andere Nebenwirkung des vermehrten Flüssigkeitskreislaufs im Körper ist eine Verminderung der Natriumkonzentration, daher sollte man während der Schwangerschaft die Salzzufuhr nicht vermindern (siehe S. 117), wenn man nicht ernstzunehmende Wasseransammlungen im Körper hat.

Das Herz

Durch die vermehrte Flüssigkeitsmenge muß das Herz stärker arbeiten. Am Ende des zweiten Drittels hat sich seine Arbeitslast um 40 Prozent erhöht. Es vergrößert sich, um mit dieser zusätzlichen Arbeit fertig zu werden, aber erstaunlicherweise verändert sich der Pulsschlag kaum. Der vermehrte Kreislauf ist in erster Linie auf die Gebärmutter gerichtet. Auch die Nieren werden vermehrt mit Blut versorgt. Die Blutversorgung der Haut ist ebenfalls größer, sie ist gerötet, wärmer und schwitzt leichter. Im dritten Trimester kann die Gebärmutter auf die große Bauchschlagader drücken, wenn Sie auf dem Rücken liegen. Dieses hat einen Blutdruckabfall zur Folge, Ihnen wird schwindelig und Sie fühlen sich matt.

Die Lungen

Um die vermehrte Blutmenge ausreichend mit Sauerstoff zu versorgen, müssen auch die Lungen stärker arbeiten. Wenn Sie viel an der frischen Luft sind und sich viel bewegen, verbessert sich die Blutversorgung der Lungen von selbst. Im dritten Trimester verdrängt die Gebärmutter die Lungen, besonders dann, wenn Sie Zwillinge erwarten oder sehr an Umfang zugenommen haben. Dies ist unangenehm, und Sie müssen kräftiger durchatmen. Aufrecht zu sitzen hilft, auch im Bett.

Die Nieren

Die Nieren müssen 50 Prozent mehr Blut filtern und reinigen als vorher. Daher werden alle Nierenfunktionen leistungsfähiger, der Körper befreit sich schneller von Harnstoff und Harnsäure. Die Nieren unterscheiden jedoch nicht zwischen

Abfallstoffen und Nährsubstanzen: das Blut wird auch schneller von Glukose gereinigt, zusammen mit Mineralien und Vitaminen – z. B. dem wasserlöslichen Vitamin C und Folsäure, die vier- bis fünfmal schneller ausgeschieden werden. Dies ist einer der Gründe, warum man der Ernährung und der Vitamin- und Mineralzufuhr Aufmerksamkeit schenken sollte, möglicherweise muß man zusätzliche Folsäurepräparate nehmen (siehe S. 117).
Neben der größeren Urinmenge, die ausgeschieden werden muß, reizt die sich zusammenziehende Gebärmutter die benachbarte Blase, und Sie müssen häufiger zur Toilette. Es ist eins der ersten Zeichen der Schwangerschaft (siehe S. 48). Auch wenn es unangenehm ist, sollten Sie die Flüssigkeitszufuhr nicht einschränken.

Die Gelenke

Bänder aus starkem, unelastischem Fasergewebe, Ligamente, umgeben und verbinden die Gelenke, sie stützen und verstärken sie und machen sie standfest. Durch die Ausschüttung bestimmter Hormone in der Schwangerschaft werden diese Bänder besonders im Becken weicher und elastischer. Es ist eine Vorbereitung auf die Geburt: Die meisten Gelenke im Becken können nachgeben und sich verschieben, damit das Baby bei der Geburt leichter hindurchkommt. Die am meisten betroffenen Gelenke sind das Kreuzbein am unteren Rücken und die Verbindung der Beckenknochen vorne, das Schambein.

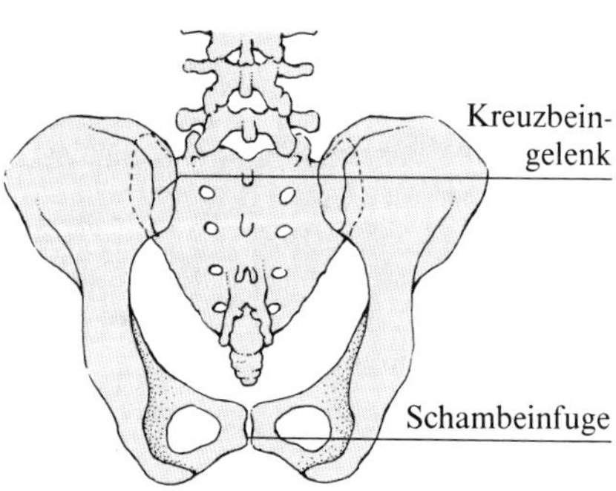

Das Kreuzbeingelenk befindet sich am oberen Ende des Gesäßes.

Nach der 16. Woche kann sich der Beckenrand durch das Gewicht des wachsenden Babys, das in das Becken drückt, nach vorne neigen. Dieser veränderte Neigungswinkel und das zunehmende Gewicht werden zur Belastung für Muskeln und Bänder am unteren Ende der Wirbelsäule, was einer der Gründe für Rückenschmerzen ist. Dieser Neigung nach vorne kann man durch gute Haltung und Beckenübungen (siehe S. 135) entgegenwirken.
Die Elastizität aller Bänder während der Schwangerschaft bedeutet, daß sie zu Überdehnung neigen. Daher schmerzen sie besonders am unteren Teil des Rückens, an den Beinen und Füßen. Gute Haltung (siehe S. 125), Gymnastik, gut sitzende Schuhe und Massage können körperlichen Beschwerden entgegenwirken (siehe S. 149–159).

Die Haut

Obwohl einige Frauen während der Schwangerschaft vor Gesundheit strotzen, gibt es einige weniger schöne Hautveränderungen, die jedoch kurz nach der Geburt verschwinden.

Pigmentierung

Das Dunklerwerden der Haut ist ein Anzeichen der Schwangerschaft, es ist je nach Hautfarbe unterschiedlich. Blonde, rothaarige und brünette Frauen mit blasser Haut werden wahrscheinlich keine Veränderungen feststellen, bei Frauen mit olivfarbener Haut verdunkelt sich diese um einige Töne, Brustwarzen, Warzenhöfe, Bauch und Schamgegend bleiben für den Rest des Lebens dunkelbraun.
Die Pigmentierung der Brustwarzen und der Warzenhöfe und die dunkle Linie (Linea nigra), die in der Bauchmitte senkrecht verläuft, erscheinen um die

14. Woche herum. Die Linea nigra ist bis zu 1 cm breit und erstreckt sich von der Schambehaarung bis zum Nabel oder sogar zum Brustbein. Der Nabel wird ebenfalls dunkler, er wölbt sich hervor und ist in der 40. Woche völlig flach. Nach der Geburt nimmt er seine ursprüngliche Form wieder an. Die Linea nigra wird kurz nach der Geburt ebenfalls blasser, es kann jedoch mehrere Monate dauern, bis sie ganz verschwunden ist. Manchmal bleibt sie als Schatten erhalten.

Braune Muttermale, Leberflecken, Sommersprossen oder frische Narben, besonders am Bauch, können während der Schwangerschaft dunkler werden, was sich besonders nach Sonneneinstrahlung zeigt, aber kurz nach der Geburt normalisieren sie sich wieder. Manchmal erscheinen unregelmäßige braune Flecken (Mutterflecken), durch Sonneneinwirkung werden sie noch deutlicher (siehe S. 143). Wenn man empfindlich ist, ist es besser, sich nicht zu lange direkter Sonneneinstrahlung auszusetzen. Nach der Geburt werden die Flecken blasser und sind wahrscheinlich in einigen Monaten völlig verschwunden.

Hautbeschaffenheit

Man kann nicht voraussagen, ob die Haut, besonders im Gesicht, während der Schwangerschaft trocken oder fettig wird, sich ihr Zustand verbessert oder verschlechtert. Hohe Hormonabgaben haben mehrere Auswirkungen, genau wie größere Blutzufuhr. Glänzende Haut ist auf die Wirkung des Progesterons zurückzuführen, das die Talgabsonderung fördert. Durch schwankende Hormonspiegel können unerwartet Pickel auftreten (siehe S. 144), nicht nur im Gesicht, sondern auch auf dem Rücken. Vermehrte Wasseransammlungen können Falten ausfüllen oder unangenehme Aufgedunsenheit hervorrufen (siehe S. 144), abhängig von der Gesichtsform. Diese Veränderungen sind jedoch normal und verschwinden wieder, wenn das Baby geboren ist.

Dehnungsstreifen

Sie können in der Haut unter verschiedenen Bedingungen entstehen. Sie erscheinen, wenn man in der Pubertät schnell wächst, in kurzer Zeit stark zunimmt und während der Schwangerschaft. Der Grund ist immer derselbe - das Reißen von Kollagenbündeln. Kollagen ist das »Skelett« der Haut; ein Netzwerk elastischer Bündel erlaubt es der Haut, sich bei Bewegungen oder bei Größen- und Formveränderungen zu dehnen. Die Schwangerschaftsstreifen gehen auf den hohen Spiegel der Sexualhormone zurück, die im Blut zirkulieren. Unter anderem bauen sie das Eiweiß der Haut ab, schaffen es fort und zerstören so die Kollagenbündel. Die Haut wird papierdünn und an bestimmten Stellen empfindlich und dehnbar - dies sind die Schwangerschaftsstreifen.

Bei Gewichtszunahme bilden sich Streifen, wenn die Kollagenbündel durch das Fett, das sich unter der Haut ablagert, zum Bersten gebracht werden.

Während der Schwangerschaft erscheinen diese Streifen an den Brüsten, am Bauch, an den Oberschenkeln und auch am Gesäß. Sie bleiben während der ganzen Schwangerschaft rosa, nach der Geburt schrumpfen sie und werden silberfarben (siehe S. 156). Diese Streifen sind besonders bei dunkelhäutigen Frauen sehr auffällig, da sie einen starken Kontrast zur übrigen Hautfarbe bilden.

Haare und Nägel

Beides besteht aus der gleichen Substanz - Keratin. Vielleicht stellen Sie Veränderungen an Ihren Haaren (siehe auch S. 143) und an Ihren Fingernägeln fest.

Veränderungen der Haare

Eine Schwangerschaft kann nicht vorhersehbare und ziemlich starke Auswirkungen auf die Haare haben: Locken werden glatt und glattes Haar lockt sich. Diese Veränderungen können nach der Geburt des Babys bestehen bleiben. Bei manchen Frauen wird das Haar dicht und glänzend, bei anderen leblos oder fettig. Selbst die übrige Körperbehaarung kann mehr oder weniger stark hervortreten.

Bei den meisten Frauen wird das Haar besonders gegen Ende der Schwangerschaft wegen des sehr hohen Progesteronspiegels im Blut, was die Talgdrüsen der Kopfhaut anregt, fettiger. Trockenem Haar kann diese Veränderung nützen, kann es aber auch dünn machen. Wenn Ihr Haar bisher normal war, sind die Veränderungen für Sie vielleicht schwierig zu handhaben, da Ihr Haar nicht mehr so gut frisierbar ist wie vorher. Daher ist es nicht ratsam, die Haare während der Schwangerschaft zu färben oder Dauerwellen legen zu lassen.

Ein Grund dafür, warum das Haar zunehmend dichter wird, ist, daß Hormonveränderungen mehr als 90 Prozent der Kopfhaare anregen, gleichzeitig zu wachsen. Daher ist das Haar während der Schwangerschaft dichter und kräftiger. Dies muß aber nicht für alle Frauen zutreffen.

Kurz nach der Geburt verlieren Sie die Haare, die normalerweise ausgegangen wären, in großen Mengen; sie machen Platz für die nächsten. Der Haarverlust kann bis zu 18 Monate anhalten, und wenn die Haare langsam nachwachsen, wird das Haar immer dünner. Dies kann alarmierend sein, aber keine Frau ist bisher durch Schwangerschaft kahlköpfig geworden. Sie können damit rechnen, daß Ihr Haar sich schließlich wieder erholt.

Körper- und Gesichtshaare können auch eine Wachstumsphase durchmachen, sie nehmen an Menge und Stärke zu. Frauen mit dunkler Haut, bei der die Schwangerschaft erhöhte Pigmentierung verursacht, stellen vielleicht fest, daß ihr Körper- und Gesichtshaar ebenfalls dunkler wird. Manchmal bleibt es dabei.

Veränderungen der Nägel

Splitternde und brüchige Nägel sind ein anderes Problem, dem einige Frauen in der Schwangerschaft begegnen. Dies kann ärgerlich sein, aber Gummihandschuhe und Handcreme helfen, die Nägel zu schützen. Nach der Entbindung normalisiert sich ihr Zustand wieder. Frauen, die während der Schwangerschaft kräftigere, glänzende Nägel haben, leiden möglicherweise nach der Geburt an brüchigen Nägeln.

Zähne und Zahnfleisch

Früher sagte man, daß ein Baby das Kalzium in den Zähnen der Mutter verbrauche, und daher Frauen während der Schwangerschaft häufiger an Karies litten als normal. Dies stimmt nicht, denn auf diese Weise kann Kalzium den Zähnen nicht entzogen werden. Die hohen Progesteronabgaben während der Schwangerschaft machen jedoch die Ränder des Zahnfleisches um die Zähne herum weich und schwammig, es entzündet sich leichter (siehe S. 152). Sie sollten daher sehr auf Mundhygiene achten und nach jeder Mahlzeit die Zähne putzen, besonders wenn Sie Süßigkeiten gegessen haben. Lassen Sie sich einen Termin beim Zahnarzt geben, sobald Sie wissen, daß Sie schwanger sind, und fragen Sie ihn, worauf Sie besonders achten sollen. Vielleicht schlägt er vor, die Zahnfleischränder zu härten oder die Zahnzwischenräume mit Zahnseide zu reinigen. Nehmen Sie regelmäßig Ihre Termine während der Schwangerschaft und Stillzeit wahr. Sagen Sie Ihrem Zahnarzt, daß Sie schwanger sind und möglichst keine Röntgenaufnahmen gemacht werden sollen. Probleme mit Zähnen und Zahnfleisch lassen sich am besten umgehen, wenn Sie kalzium- und vitaminreiche Nahrung zu sich nehmen und Süßigkeiten, die Karies verursachen, vermeiden.

7 Emotionale Veränderungen

Psychologisch gesehen, besteht Ihre Hauptaufgabe während der neun Schwangerschaftsmonate darin, Ihr Baby in Ihre Pläne, Zukunft, Gefühle und Ihren Lebensstil einzubeziehen. Obwohl diese Herausforderung für Männer und Frauen ähnlich ist, kann sie jeweils andere Auswirkungen haben. Jede Art von Unruhe, die Sie jetzt fühlen, ist eine positive Kraft, die Sie dem Vater- oder Muttersein näherbringt. Wenn dies geschehen ist, sind Sie wahrscheinlich emotional gut auf das Baby vorbereitet. Die Tatsache, daß Sie sich Gedanken über Ihre Entscheidung machen, bedeutet nicht, daß Sie einen Fehler gemacht haben. Es wäre falsch anzunehmen, daß ein Baby nur Freude bringt. Das beste für Sie selbst ist, offen über Ihre Gefühle zu sprechen. Wenn Sie zueinander ehrlich sind, können Sie Ihre Gedanken klären und die Grundlage für einen ständigen Austausch während der Schwangerschaft vorbereiten.

Das Bild von sich selbst

Vielleicht fühlen Sie sich wegen der Form und Größe Ihres Körpers seltsam und machen sich Sorgen, dick und unattraktiv zu werden. Versuchen Sie, Ihre Figur positiv zu sehen. Sehen Sie die Schönheit Ihres größeren Busens und der Krümmung Ihres Bauches. Für Männer und Frauen ist der Körper einer Schwangeren sehr sinnlich, sie ist auf ihre Art schön. Das Bild, das Sie sich von sich selbst machen, ist wichtig. Die Selbstsicherheit, die entsteht, wenn Sie stolz auf Ihren Umfang und Ihre Fruchtbarkeit sind, wird Sie positiv über Ihren Zustand denken lassen, Sie werden gut aussehen (siehe S. 139), und in dieser Zeit gesund (siehe S. 112) und fit (siehe S. 124–138) sein wollen.

Wie Hormone Ihre Launen beeinflussen

Wechselnde Launen sind größtenteils auf die ungeheuren Veränderungen in Ihrem Hormonhaushalt zurückzuführen. Sie können sie selbst kaum kontrollieren, und es gibt keinen Grund, sich schuldig zu fühlen oder sich zu schämen, wenn man sich plötzlich anders verhält. Man wird Sie nicht zu hart beurteilen, wenn Sie z. B. kurz angebunden sind und dies sonst nicht Ihre Art ist. Aufgrund der Hormonveränderungen sind fast alle Schwangeren labil, ihre Launen wechseln schnell, sie zeigen starke Reaktionen auf Kleinigkeiten, haben Weinanfälle und fühlen sich unsicher und überängstlich. Selbst in einer sonst sehr positiven Schwangerschaft kann es zu Depressionen, Angst und Verwirrung kommen. Wenn Sie wissen, daß dies normal ist, werden Sie sich besser fühlen, und die Launen gehen schneller vorüber. Versuchen Sie, nicht zuviel darüber nachzudenken.

Gefühle für Ihren Partner

Es gibt für Sie und Ihren Partner ein großes Wechselbad der Gefühle während der Schwangerschaft. Bereiten Sie sich darauf vor, nehmen Sie sich Zeit und seien Sie geduldig. Eine gute partnerschaftliche Beziehung wird durch Ihre Schwangerschaft mit großer Sicherheit untermauert. Vielleicht sollten Sie gleich zu Anfang beschließen, über alles, was mit der Schwangerschaft zu tun hat, offen zu sprechen und Bemerkungen Ihres Partners

nicht als zurückweisend oder unfreundlich empfinden. Während dieser Zeit ist es ganz normal, ungewöhnliche Ansprüche aneinander zu stellen als Beweis ihrer Treue und Liebe. Seien Sie bei kleinen Beschwerden realistisch, sprechen Sie darüber und erklären Sie sich ihre Gefühle. Die bevorstehende Elternschaft kann manchmal Spannungen hervorrufen, aber sie lassen sich lösen, wenn Sie offen zueinander sind. Reibungen und Konflikte werden kleiner, wenn beide Partner großzügig sind.
Sie werden sich in Ihren neuen Rollen schätzen lernen. Vielleicht haben Sie sich eine bestimmte Vorstellung davon gemacht, wie Ihr Partner die neue Rolle annimmt, und ob er oder Sie die Erwartungen erfüllen. Seien Sie nicht zu hart; denken Sie daran, daß Sie sich selbst auch so bewerten. Sie können dann besser verstehen, wie Ihr Partner sich fühlt, wenn er die ganze Zeit beurteilt wird.

Das besondere Erlebnis der Schwangerschaft kann eine liebevolle Beziehung noch enger gestalten

Ein engagierter Vater

Jeder Vater sollte eher aktiv als passiv sein, wenn es um etwas so Wichtiges wie die Geburt seines Kindes geht. Sie müssen fühlen, daß Sie auch etwas beitragen und besser noch, daß Sie etwas Wichtiges zusammen tun.
Vaterschaft beginnt nicht mit der Geburt des Kindes: Beziehen Sie sich von Anfang an mit ein.
Als zukünftiger Vater fragen Sie sich vielleicht, wie Sie Ihrer Partnerin in der Schwangerschaft helfen und dabei auch Ihre eigenen Bedürfnisse berücksichtigen können. Sie müssen sich aber darauf vorbereiten, daß Ihr Leben etwas durcheinandergebracht wird. Die goldene Regel ist,

den Bedürfnissen Ihrer Partnerin gegenüber aufmerksam zu sein, ihr zu helfen und alles zu verfolgen, was mit ihr geschieht. Vaterschaft bedeutet harte Arbeit, eine Menge Verantwortung und viel Zeit. Aber sie macht sich durch unermeßliche Freude, Befriedigung und Glück bezahlt. Während der Schwangerschaft, bei der Geburt und danach wird Ihre Partnerin von ihrem Mut und Ihrer Unterstützung abhängig sein. Bekommt sie sie nicht, wird sie sich alleingelassen fühlen.

Es ist für einen zukünftigen Vater nicht ungewöhnlich, während der ersten Schwangerschaft seiner Partnerin eifersüchtig zu sein. Vielleicht fühlen Sie sich vernachlässigt, wenn Ihre Partnerin sich eher einer Freundin als Ihnen mitteilt. Wenn Sie bemerken, daß Sie ihre Wünsche, Probleme und Bedürfnisse herunterspielen, sollten Sie Ihr Verhalten einmal unter die Lupe nehmen. Versuchen Sie, besonders verständig zu sein, hören Sie zu, seien Sie mitfühlend und machen Sie ihr Mut.

Es ist nicht leicht, diese gegenseitige Abhängigkeit zu praktizieren; die Art und Weise, wie Jungen traditionell erzogen werden, erschwert es noch. Der starke, ruhige Einzelgänger hat es schwer, ein teilnahmsvoller Vater zu werden. Es ist leichter, vom Beispiel der Eltern zu lernen, als wenn man sich selbst erziehen und seinen eigenen Weg finden muß.

Bedenken Sie, daß Mütter und Väter mehr oder weniger gleich unwissend sind, was Babys und Kleinkinder betrifft. Mütter lernen schließlich aus Notwendigkeit und durch ihre Fehler. Wenn Sie sich nicht selbst darum bemühen, werden Sie auch dies nicht können. Es ist schlimm, wenn man nicht an der Fürsorge seines Kindes teilnehmen kann und ihm fremd bleibt. Denken Sie daran, daß es keinen richtigen oder falschen Weg für Eltern gibt, Sie müssen bereit sein zu wachsen, genau wie Ihr Kind wächst – indem Sie aufmerksam sind, Fehler zugeben und sich für die Familienmitglieder Zeit nehmen – all dies wird Ihnen helfen, ein besserer Vater zu sein.

Besondere Ängste

Fast alle zukünftigen Eltern, vor allem aber die Mütter, haben Angst um das Baby, besonders im letzten Drittel. Die bevorstehende Geburt und die Vorstellung, ein Baby zu haben, nähren natürliche Ängste. Man fragt sich, ob das Baby mißgebildet ist, ob man der Elternrolle gerecht wird, ob man vorsichtig genug mit dem Baby umgeht und ob man mit der täglichen Routine in den ersten Wochen fertig wird. Diese Gefühle sind ganz normal und die meisten Frauen haben sie. Wenn Sie wissen, daß sie eintreten werden und daß sie normal und natürlich sind, wird es Ihnen helfen, Ihre Ängste zu überwinden.

Besonders Träume können beunruhigend sein. Vielleicht träumen Sie davon, wie Sie Ihr Baby mißhandeln oder sich nicht richtig darum kümmern. Sie träumen möglicherweise, daß Sie das Baby verlieren oder daß es tot geboren wird. Ihre Träume geben ganz berechtigte Ängste wieder; Ängste, die vorhanden sind, die Sie aber tagsüber verdrängen. Durch Träume kommen diese Gefühle an die Oberfläche, und man kann sich so von ihnen befreien. Sie sind ein Ventil für Ihre Ängste. Die Tatsache, daß Sie davon träumen, Ihrem Baby zu schaden, heißt nicht, daß Sie dies wirklich wollen oder tun würden; es ist ein gesundes Symptom dafür, daß Sie das Beste für Ihr Baby wollen.

Jede Schwangere macht sich zu irgendeinem Zeitpunkt Sorgen, daß mit dem Baby etwas nicht in Ordnung ist. Träume, das Baby zu verlieren oder tot zu gebären, haben wenig reale Grundlage. Es bedeutet, daß man das Baby symbolisch aus der Gebärmutter entläßt. Träume vom Tod des Babys sind Teil Ihrer verständlichen Sorge um sein Wohlergehen. Obwohl ich wußte, daß dies ganz natürlich ist, machte ich mir trotzdem Sorgen. Um damit fertig zu werden und die Träume aus meinem Kopf zu verscheuchen, versuchte ich etwas Positives zu tun und Vorbereitungen für die Ankunft des Babys zu treffen.

Alle Frauen sind ängstlich, wie sie sich während der Geburt verhalten werden. Werden die Schmerzen zu stark sein? Werden sie schreien? Werden sich Darm oder Blase ungewollt entleeren? Werden sie die Kontrolle über sich selbst verlieren und sich dumm benehmen? Werden sie laut schreien und Dinge tun, für die sie sich später schämen? Solche Ängste sind normal, und wahrscheinlich werden Sie überrascht sein, wie ruhig Sie sein werden, obwohl die meisten von uns irgend etwas Dummes während der Geburt tun. Es ist wirklich nicht wichtig. Denken Sie daran, daß es für die Schwestern und Ärzte nichts Neues ist und daß sie nicht in Verlegenheit geraten.

Sex in der Schwangerschaft

Die Mehrheit der Frauen, mit denen ich über Sex und Schwangerschaft gesprochen habe, waren fast einhellig der Meinung, daß Sex besser war als jemals zuvor. Wegen des hohen Hormonspiegels kann eine Frau leichter stimuliert werden und einen hohen Grad sexueller Erregung schneller als im normalen Zustand erreichen. Viele Teile ihres Körpers, wie die Brust, Brustwarzen und Schamgegend (siehe S.102) sind empfindlicher, da alle Geschlechtsorgane weiter entwickelt und leichter erregbar sind als vor der Schwangerschaft. Sie müssen auch nicht an die Empfängnisverhütung denken. Viele Frauen sind auch entspannter.

Im ersten und dritten Trimester kann die Libido jedoch abnehmen. Das kann das Ergebnis größerer Hormonausschüttung sein, die Übelkeit und Müdigkeit verursacht. Am Ende der Schwangerschaft stört Sie dann Ihr großer Umfang. Auch wenn Sie nicht miteinander schlafen wollen, und vielen Paaren geht es so, können Sie auf andere Weise sexuell aktiv sein, indem Sie andere Wege finden, sich zu berühren und sich so sexuelle Freude schenken, und damit auch Ihre Körper neu entdecken lernen.

Es gibt keine medizinischen Gründe, während der Schwangerschaft keine vollen sexuellen Beziehungen zu haben, die Gebärmutter ist mit dem Schleimpfropf völlig verschlossen. Ein Artikel in einer britischen Ärztezeitschrift mit dem Titel »Bringt Sex den Fetus in Verlegenheit?« hat darauf hingewiesen, daß große sexuelle Aktivität Infektionen bei der Mutter hervorrufen kann. Der Bericht zeigte, daß sich dies fast ausschließlich auf Gruppen am unteren Ende der sozialen Skala bezog und wahrscheinlich von anderen Faktoren abhing, wie Hygiene und möglicherweise wechselnden Sexualpartnern. Solange Sie nur mit Ihrem Partner schlafen und auch nur dann, wenn Sie sich danach fühlen, und wenn es nicht zu athletisch ist, kann man Sex während der ganzen Schwangerschaft empfehlen, falls Ihr Arzt keine Einwände hat oder andere Faktoren auf Sie zutreffen (siehe gegenüber). Sex ist auch für Ihren Körper gut - der Orgasmus übt die Gebärmuttermuskeln. In der Spätschwangerschaft kann dies zu Vorwehen führen, die nach einigen Minuten wieder aufhören. Sie werden sich auch Ihrer Beckenbodenmuskulatur bewußter.

Schadet Sex dem Baby?

Es gibt keine Informationen darüber, daß Sex dem Baby schadet. Sex ruft keine Infektionen hervor, da das Baby in der Fruchtblase, die es völlig umgibt, geschützt ist. Das Baby kann auch nicht zerdrückt werden. Die Fruchtblase (Amnion - siehe S.87) ist ein ausgezeichnetes Kissen, und wenn das Baby einmal fest in der Gebärmutterwand eingenistet ist, kann Geschlechtsverkehr keine Fehlgeburt auslösen. Sollte es dazu kommen, geschieht dies aus einem anderen Grund, nicht weil Sie Geschlechtsverkehr hatten. Auch Wehen beginnen nicht einfach aufgrund von sexueller Stimulierung.

Gründe, die gegen Geschlechtsverkehr sprechen: Kommt es zu Blutungen, fragen Sie sofort Ihren Arzt und üben Sie keinen Geschlechtsverkehr mehr aus. Vielleicht ist es nichts Ernsthaftes (siehe S. 158), aber Ihr Arzt muß untersuchen, ob es sich nicht um eine Plazenta praevia (siehe S. 160) handelt oder ob eine Fehlgeburt droht. Wenn Sie schon einmal eine Fehlgeburt hatten, fragen Sie Ihren Arzt um Rat. Vielleicht dürfen Sie während der ersten Monate keinen Geschlechtsverkehr haben, bis sich die Schwangerschaft etabliert hat.
Wenn sich der Schleimpfropf löst (siehe S. 177) oder die Fruchtblase platzt, besteht ein Infektionsrisiko.

Günstige Stellungen

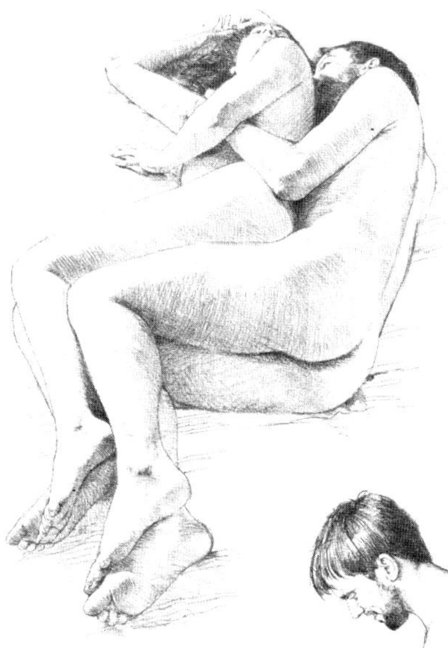

Ihr Bauch und die empfindlichen Brüste können Geschlechtsverkehr in den traditionellen Stellungen unbequem machen. Versuchen Sie andere Stellungen und bitten Sie Ihren Partner, nicht zu tief einzudringen.

8 Gesundheit und Ernährung

Um sicherzugehen, daß Ihr Baby sich gesund entwickelt, sollten Sie sich körperlich so fit wie möglich halten und besonders auf Ihre Ernährung achten. Das heißt nicht, daß Sie während der Schwangerschaft eine bestimmte Diät einhalten müssen, aber Sie sollten die richtigen Nahrungsmittel in der richtigen Zusammenstellung essen – nämlich die, die reich an wesentlichen Nährstoffen sind. Wenn es in Ihrer Ernährung an irgendetwas mangeln sollte, wirkt sich dies nicht nur auf Ihre Gesundheit aus, sondern auch auf die Schwangerschaft und die Ernährung des Babys. Sie sollten auch an die schädlichen Auswirkungen von Nikotin, Alkohol und Drogen denken, die sich nachteilig auf das Wachstum und Wohlergehen des Babys auswirken.

Gewichtszunahme

In der Schwangerschaft sollten Sie zu Ihrem eigenen Wohl und dem des Babys an Gewicht zunehmen. Eine vernünftige, nicht übermäßige Gewichtszunahme ist wichtig. Die Zunahme in der Schwangerschaft beträgt zwischen 9–13,5 kg. Am meisten nehmen Sie zwischen der 24. und 32. Woche zu. Die Gebärmutter, das Baby, die Plazenta und das Fruchtwasser machen mehr als die Hälfte der gesamten Gewichtszunahme aus. Sie produzieren auch mehr Blut (siehe S. 103) und müssen zur Vorbereitung auf die Milchproduktion Fettreserven anlegen. Diese Reserven bleiben nach der Geburt und verschwinden wieder durch Stillen und Gymnastik.

In der Vergangenheit war man bei zu starker Gewichtszunahme oft alarmiert, da Ärzte dies als Risikofaktor in der Schwangerschaft ansahen. Ich rate niemandem, zuviel zuzunehmen, aber ich bin der Meinung, daß ein Arzt, der sich um die Gewichtszunahme zu viele Gedanken macht, die Schwangerschaft zu einer unglücklichen Zeit machen kann. Von einer Diät während der Schwangerschaft muß ich abraten. Die schlimmsten Auswirkungen bei ungenügender und unterschiedlicher Nahrungszufuhr träten in den ersten Tagen und während des letzten Drittels ein, wenn sich das Gehirn des Babys entwickelt und heranreift.

Eine neuere britische Studie hat gezeigt, daß Mütter, deren Kalorien-, Vitamin- und Mineralaufnahme unter den empfohlenen Mengen lag, häufiger Babys mit niedrigem Geburtsgewicht geboren haben. Auf der anderen Seite kommt es weniger häufig zu körperlichen und geistigen Mißbildungen, spontanen Fehlgeburten und Tod von Neugeborenen, wenn die Mütter relativ viel zunehmen (ohne übergewichtig zu werden), und die Babys sind schwerer. Es zeigte sich auch, daß längere Geburtszeiten in direktem Zusammenhang mit dem Wachstum der Gebärmutter während der Schwangerschaft stehen, dies hängt wiederum davon ab, wie gut sich die Mutter ernährt hat.

Wieviel man zunimmt

Anstatt die Gewichtszunahme zu sehr zu beschränken, sollten die meisten Frauen mindestens 11 kg zunehmen. Wenn eine Frau das, was sie braucht, zu sich nimmt, folgt ihre Gewichtszunahme einem natürlichen und vorhersehbaren Ablauf. Wahrscheinlich verändert sich Ihre Figur schon von der Schwangerschaftsbestätigung (6.–8. Woche) an, und Sie nehmen an Gewicht zu. Ihre Gewichtszunahme wird jedoch erst aufgezeichnet, wenn Sie unge-

Kenntnis der Gewichtszunahme

Wenn Sie während der Schwangerschaft zu Rundlichkeit neigen, sammelt sich Fett besonders an den Oberschenkeln und Oberarmen an. Nach der Geburt ist es sehr schwer, es wieder zu verlieren. Dies kann sehr entmutigend sein, daher sind hier einige Tips aufgeführt, die helfen sollen, die Gewichtszunahme in vernünftigen Grenzen zu halten:

Sobald Sie wissen, daß Sie schwanger sind, bitten Sie jemanden, ein Foto von Ihnen zu machen und dies jeden Monat zu wiederholen. So haben Sie eine bessere Vorstellung, wie sich Ihre Figur verändert. Sie behalten den Überblick und können Eßgelüste besser unterdrücken.

Wenn man immer Probleme mit dem Gewicht hatte, diese aber kontrollieren konnte, ist es leicht, plötzlich mehr zu essen, wenn man weiß, daß man schwanger ist. Essen Sie von Anfang an vernünftig; besonders im ersten Drittel müssen Sie darauf achten, da der Appetit dann sowieso zunimmt.

Legen Sie sich einen Vorrat an nahrhaften Zwischenmahlzeiten zu Hause und am Arbeitsplatz an – Käse, Trokkenobst, Nüsse und Vollkornkekse.

Meiden Sie kalorienreiche, nährwertarme Nahrungsmittel, denen man überall begegnet, wie Kuchen, Chips und süße Limonaden.

Essen Sie nicht, um Ihre Laune zu verbessern. Wenn die Gedanken an Ihr Baby und die Geburt Sie zu sehr beschäftigen, um sich auf eine Arbeit zu konzentrieren, sollten Sie etwas zu Ihrer Ablenkung bereitliegen haben, z. B. ein Puzzle oder eine Handarbeit, das Ihre Aufmerksamkeit braucht und Ihre Routine unterbricht.

Bei der Vorbereitung von Haupt- und Zwischenmahlzeiten sollten Sie sich an diese einfachen Regeln halten:

Essen Sie keine weiterverarbeiteten Nahrungsmittel. Nehmen Sie viele Ballaststoffe in Ihre Ernährung auf. Grillen Sie Fleisch, anstatt es zu braten. Süßen Sie mit natürlichen Süßmitteln. Lassen Sie fettreiche Nahrungsmittel weg.

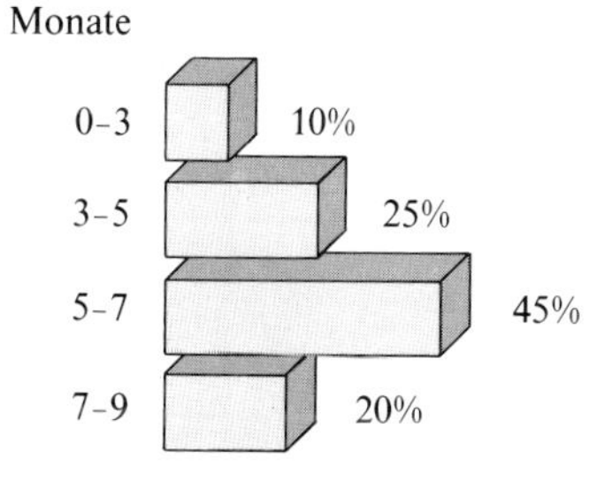

Prozentanteil an der gesamten Gewichtszunahme
Dies ist eine annähernde Richtlinie für die Gewichtszunahme in einer bestimmten Zeit der Schwangerschaft.

fähr in der 12. Woche mit den Vorsorgeuntersuchungen beginnen. Von diesem Anfangspunkt sollten Ihre Berechnungen ausgehen.

Übergewicht

Obwohl es keine ideale Gewichtszunahme gibt, bedeutet dies nicht, daß Sie alles essen und soviel, wie Sie wollen, zunehmen können.

Wenn man übergewichtig wird, ergeben sich verschiedene Probleme. So besteht z. B. ein Zusammenhang zwischen zu großer Gewichtszunahme und Kaiserschnitt. Wahrscheinlich arbeiten die Gebärmuttermuskeln weniger gut, wenn sich Fett zwischen den Fasern ansammelt, sie können sich nicht genug zusammenziehen, um das Baby herauszudrücken, wenn die Wehen eingesetzt haben. Übergewicht belastet das Herz, das schon stärker arbeiten muß, noch zusätzlich.

Wenn Sie tatsächlich übergewichtig sind und gerade eine Diät machen, ist es wichtig, sie einzustellen, bevor Sie schwanger werden. Wenn Sie versuchen, schwanger zu werden oder es bereits sind, sollten Sie Ihre Nahrungsmittel sorgfältig auswählen und nicht abnehmen, falls Ihr Arzt Ihr Übergewicht nicht für gefährlich hält. Sie sollten auf keinen Fall versuchen, drastisch abzunehmen, bis Sie Ihr Baby abgestillt haben.

Was man essen sollte

Ihr Appetit wird zunehmen, und vom vierten Monat an werden Sie möglicherweise ständig hungrig sein. So sorgt die Natur dafür, daß Sie genug für sich und das Baby essen. Das heißt nicht, daß Sie »für zwei« essen sollten. Es ist ganz normal, mehr zu essen, wenn der Stoffwechsel schneller arbeitet, aber der Energiebedarf steigt nur um etwa 15 Prozent, so daß 500 Kalorien mehr pro Tag ausreichen.

Alles, was Sie essen, sollte für Sie und das Baby gut sein. Wenn Sie sich schon vor der Schwangerschaft gut ernährt haben, sind Sie wahrscheinlich gesund genug, um die Zeit der Übelkeit zu überstehen (siehe S. 154). Versuchen Sie bei voranschreitender Schwangerschaft, mehrere kleine Portionen (etwa fünf oder sechs) zu sich zu nehmen statt drei größere. Mehrere kleine Mahlzeiten sind immer leichter zu verdauen. Die Darmtätigkeit verlangsamt sich

Nahrungsmittel, die Sie meiden sollten

Allgemein kann man sagen, daß Nahrungsmittel einen um so größeren Nährwert haben, je weniger sie verarbeitet und gekocht sind. Ihr Ziel sollte sein, so viele frische, rohe, nichtverarbeitete Nahrungsmittel zu wählen wie möglich. Fragen Sie danach, was an Nahrungsmitteln natürlich ist, was hinzugefügt wurde und wie sie verarbeitet wurden; so verhindern Sie, daß Sie Minderwertiges essen oder Dinge, die sogar schädlich sind. Bei der Planung sollten Sie folgendes beachten:

- Bei weiterverarbeiteten Nahrungsmitteln werden die Nährstoffe durch Eindosen, Pasteurisieren oder kommerzielle Gefriermethoden vermindert oder zerstört. Nahrungsmittel mit zusätzlichen Konservierungsmitteln, Geschmacks- und Farbstoffen enthalten viele unerwünschte Chemikalien.
- Produkte aus weißem Mehl oder alles, was zusätzlich Zucker enthält, hat geringen Nährwert, aber viele Kalorien.
- Süße Limonaden enthalten viele »leere« Kalorien und schädliche Zusätze.
- Starker Kaffee und Tee beeinflussen das Verdauungssystem negativ; trinkt man Tee zum Essen, kann die darin enthaltene Tanninsäure die Aufnahme von Eisen in der Nahrung verhindern. Koffein und Tanninsäure in großen Mengen sind nicht gut für das Baby.
- Manche Lebensmittel können gefährliche Bakterien enthalten; auf sie sollte während der Schwangerschaft verzichtet werden: Pasteten und Weichkäse (Listeria), rohe Eier (Salmonellen) und übermäßige Mengen an Leber (Vitamin-A-Vergiftung, siehe S. 118).
- Gemüse, das nicht mehr frisch ist, hat verminderten Nährwert.
- Bestimmte Schimmelpilze produzieren giftige Wirkstoffe. Sortieren Sie Gemüse und Obst mit kranker Schale aus und auch Nahrungsmittel, die schimmelig, oder getrocknete Nahrungsmittel, die verdorben sind. Es reicht nicht, die Schimmelstellen zu entfernen, da die Giftstoffe schon tiefer eingedrungen sein können und beim Kochen nicht zerstört werden.

während der Schwangerschaft, der Magen entleert sich langsamer und sollte nicht überladen werden. Das Baby drückt während des letzten Drittels auf Ihren Magen und engt sein Aufnahmevermögen ein, daher ist eine kleine Portion leichter unterzubringen, und Sie fühlen sich besser. Die Zwischenmahlzeiten können Probleme aufwerfen. Oft sind es aus Bequemlichkeit Dinge wie Chips oder Plätzchen. Sie sind meistens nährwertarm und reich an Kalorien; seien Sie erfinderisch und essen Sie schön zurechtgemachte Brote, Nüsse, Obst und Suppen.

Lebenswichtige Nährstoffe in der Schwangerschaft

Wahrscheinlich müssen Sie mengenmäßig nicht mehr essen als vorher, aber Sie sollten auf die Nährwerte der von Ihnen ausgewählten Nahrungsmittel achten.

Eiweiß

Ihr Eiweißbedarf steigt um ungefähr 50 Prozent. Sie müssen mehr Nahrungsmittel mit hohem Eiweißgehalt zu sich nehmen. Die erforderliche Tagesmenge läßt sich mit drei Eiern, ½ l Milch, 100 g Käse oder einer guten Portion Fisch oder magerem Fleisch abdecken. Diese Nahrungsmittel enthalten alle nötigen Aminosäuren (die chemischen Substanzen, aus denen das Eiweiß besteht). Pflanzliches Eiweiß enthält nur einige der Aminosäuren, und es muß mit tierischem Eiweiß oder Getreideprodukten (Vollkornbrot) kombiniert werden, um daraus vollständiges Eiweiß zu machen (siehe unten). Diese pflanzlichen Eiweiße sind in Erbsen, Bohnen, Linsen, Hefe, Samen und Nüssen enthalten.

Kalorien

Sie brauchen etwa 500 Kalorien über den normalen Bedarf von 2000–2500 pro Tag. Der Kalorienbedarf ist noch höher, wenn Sie ein zweites Baby kurze Zeit nach dem ersten erwarten, berufstätig sind, sich um eine große Familie kümmern müssen, untergewichtig sind oder unter Streß stehen. Wahrscheinlich müssen Sie sich nicht besonders um die Aufnahme von Kalorien kümmern – sie werden ausreichend in Ihrer abwechslungsreichen Nahrung enthalten sein.

Ballaststoffe

Mit fortschreitender Schwangerschaft kann es zu Verstopfung kommen (siehe S. 152), man kann ihr entgegenwirken, indem man dem Darm möglichst viele Ballaststoffe zuführt, die in rohem Obst und Gemüse, Kleie, Vollkorn, Erbsen und Bohnen enthalten sind. Man sollte jeden Tag etwas davon essen.

Flüssigkeit

Man sollte die Flüssigkeitszufuhr während der Schwangerschaft nicht einschränken, sondern nur den Kaloriengehalt der Getränke beachten. Wasser unterstützt die Arbeit der Nieren am besten und verhindert Verstopfung. Falls Sie geringe Wasseransammlungen haben (Ödeme – siehe S. 154), werden sie durch geringere Flüssigkeitszufuhr nicht beeinflußt.

Vitamine

Der Wert abwechslungsreicher und ausgewogener Ernährung besteht darin, daß Sie große Vitaminmengen zu sich nehmen, ohne auf Vitaminergänzungen zurückgreifen zu müssen. Die Forschung hat jedoch gezeigt, daß Multivitaminpräparate, die schon vor der Empfängnis und während des ersten Drittels eingenommen wurden, Schäden am Neuralrohr wie Anenzephalie und Spina bifida verhindern können. Bei manchen Frauen halten es die Ärzte für notwendig, die Nahrung zu ergänzen (siehe unten).

Mineralstoffe

Ein Mangel an Mineralstoffen und Spurenelementen ist unwahrscheinlich, wenn man sich ausgewogen ernährt. Die Kalzium- und Eisenzufuhr muß jedoch aufrecht erhalten bleiben, und einige Ärzte verschreiben routinemäßig Eisen- und Folsäurepräparate. Gegebenenfalls sollten Sie danach fragen. Vielleicht hat Ihr Arzt nach Einschätzung Ihrer Ernährung entschieden, daß sie ausreicht. Sie sollten nicht ohne Wissen Ihres Arztes Zusätze einnehmen. Frauen, die wegen ihrer Ernährung anfällig sind, wird eine Ergänzung ihrer Nahrung jedoch guttun.

Kalzium

Die doppelte Menge der normalen Kalziumzufuhr ist von der Empfängnis an wichtig, da sich Zähne und Knochen des Babys von der 4.-6. Woche an bilden. Mit dem wachsenden Baby wird auch Ihr Kalziumbedarf größer - in der 25. Woche hat er sich mehr als verdoppelt. Kalziumquellen sind Molkereiprodukte, getrocknete Erbsen, Bohnen, Linsen und Nüsse.

Kalzium kann ohne Vitamin D nicht ausreichend aufgenommen werden. Dieses Vitamin ist jedoch nicht in großen Mengen in Nahrungsmitteln enthalten, die beste Quelle ist das Sonnenlicht. Der Körper kann mit Hilfe der Sonne selbst Vitamin D herstellen, daher müssen Sie sich nicht darum sorgen, Nahrungsmittel, die reich an Vitamin D sind (Butter, Milch, Eigelb, Leber), zu sich zu nehmen, sondern nur dann, wenn Ihre Haut nie mit Sonnenlicht in Berührung kommt. Kalziumergänzungen sind hilfreich, wenn Sie allergisch auf Kuhmilch reagieren. Bis zu 1200 mg täglich müssen Sie als Präparat einnehmen, aber wenn Sie sich natürlich ernähren, reichen 600 mg aus. Vitamin D wird im allgemeinen in der Form von Fischlebertrankapseln, die auch Vitamin A enthalten, verschrieben und eingenommen.

Eisen

Die größere Blutmenge bedeutet, daß für die größere Menge roter Blutzellen zusätzliches Eisen gebraucht wird. Je mehr Hämoglobin das Blut enthält, um so mehr Sauerstoff kann es in die einzelnen Gewebeschichten transportieren, einschließlich der Plazenta. Eisen wird auch vom Baby als Vorrat für die Zeit nach der Geburt aufgenommen, da Muttermilch nur Spuren davon enthält.

Es ist für den Körper recht schwierig, Eisen aufzunehmen. Aus tierischen Quellen (Leber, Eigelb) wird es leichter aufgenommen als aus Vollkorn und Nüssen; ißt man gleichzeitig Nahrungsmittel, die reich an Vitamin C sind, kann die doppelte Menge Eisen aufgenommen werden.

Leiden Frauen an Eisenmangel, wenn sie schwanger werden, oder entwickeln sie ihn später, werden Eisentabletten oder Injektionen verschrieben, um eine Anämie zu verhindern (siehe S. 77). Leber, die sehr reich an Eisen ist, sollte nur gelegentlich gegessen werden. Zum einen deshalb, weil das Tierfutter gewöhnlich sehr reich an Vitamin A ist, das sich in der Leber des Tieres konzentriert. Große Dosen an Vitamin A können, wenn sie als Kapseln eingenommen werden, daß Risiko einer Schädigung des Babys erhöhen. Außerdem reichern sich in der Leber der Tiere auch Schadstoffe an, die über das Futter aufgenommen werden.

Eine ausreichende Eisenzufuhr ist wichtig; was jedoch ausreicht und in welcher Form Eisen aufgenommen werden sollte, ist offen. Die routinemäßige Verschreibung von Eisentabletten (siehe S. 74) für eine gesunde Schwangere hat keinen Vorteil für Mutter oder Baby.

Medikamente, die die Magensäure binden, schränken die Aufnahme von Eisen ein. Wenn Sie an Verdauungsstörungen leiden und Medikamente einnehmen, müssen Sie bei Ihrer Eisenzufuhr vorsichtig sein. Eine gute Eisenquelle sind Kochtöpfe aus Eisen. Nahrung, die in ihnen gekocht wird, nimmt Eisen auf, und ihr Eisengehalt ist zwischen drei- und 30mal höher.

Frauen, die auf ihre Ernährung achten müssen

Trifft einer der folgenden Punkte auf Sie zu, müssen Sie während der Schwangerschaft besonders gut essen und brauchen wahrscheinlich Ergänzungen, damit Sie und Ihr Baby gesund bleiben. Wenn Sie:

- gegen bestimmte wichtige Nahrungsmittel allergisch sind,
- vor der Empfängnis erschöpft waren,
- untergewichtig sind,
- oder sich nicht ausreichend und gut genug ernährt haben,
- vor kurzer Zeit eine Fehl- oder Totgeburt hatten, oder Ihre Kinder schnell hintereinander bekommen haben,
- stark trinken oder rauchen,
- an einer chronischen Krankheit leiden, die ständige Einnahme von Medikamenten erforderlich macht,
- sehr jung und noch im Wachstum sind,
- eine Mehrlingsschwangerschaft haben,
- besonders hart arbeiten müssen oder viel Streß ausgesetzt sind.

Folsäure

Sie ist für die Versorgung mit Zellsäuren wichtig, die von den sich sehr schnell teilenden Zellen des Embryos benötigt werden. Da der Körper Folsäure nicht lagert und sie in der Schwangerschaft vier- bis fünfmal schneller als normal ausgeschieden wird, muß man auf ausreichende Zufuhr achten. Frauen, die schon Babys mit Gehirnschäden oder Schäden des Nervenstranges wie Spina bifida geboren haben, werden manchmal höhere Dosen bis zu 4 mg verschrieben. Folsäure kommt in Blattgemüsen und Leber vor; aber da die niedrigen Dosen, die verschrieben werden, keine Nebenwirkungen haben, tut es eigentlich allen Schwangeren gut, Folsäure als Ergänzung zu nehmen.

Salz

Normalerweise nehmen wir zuviel Natrium auf, aber während der Schwangerschaft braucht der Körper mehr, nicht weniger. Dieser größere Bedarf beruht darauf, daß die Salzmenge im Blut durch die Zunahme an Körperflüssigkeit verdünnt wird.

Vegetarische Ernährung

Es ist auch für einen Vegetarier nicht schwer, eine ausgewogene Ernährung mit den richtigen Mengen Eiweiß, allen Vitaminen und Mineralstoffen zu sich zu nehmen. Es gibt ergänzende Pflanzenquellen für Eiweiß, so daß man bei richtiger Kombination der Nahrungsmittel alle notwendigen Aminosäuren zu sich nimmt. Wenn Sie z. B. Getreide - Reis oder Korn - essen, sollten Sie Sesamsamen, Nüsse oder Pilze dazugeben, die die fehlenden Aminosäuren liefern.

Schwangere Vegetarierinnen, die keine Molkereiprodukte essen, müssen bei der Auswahl ihrer Nahrung noch vorsichtiger sein, damit sie genug Kalzium, Vitamin D (oder viel Sonnenlicht) und Riboflavin zu sich nehmen. Das einzige Problem ist Vitamin B_{12}, das nur in tierischer Nahrung enthalten ist. Der Körper braucht nur eine sehr kleine Menge, aber wenn sie fehlt, führt dies schließlich zu einer Form von Anämie. Man kann es künstlich aus Pilzen herstellen, und Sie sollten Ihren Arzt nach diesem synthetischen B_{12} fragen. Ihrer Eisenzufuhr müssen alle Vegetarier besondere Beachtung schenken. Relativ wenig ist in pflanzlicher Nahrung, wie grünen Gemüsen und Bohnen enthalten, diese Nahrungsmittel enthalten sogar oft Wirkstoffe, die die Aufnahme von Eisen behindern, Vegetarier müssen daher auf Nahrungsmittel mit hohem Eisengehalt achten.

Nützliche Nahrungsmittel

Kartoffeln haben einen schlechten Ruf und werden unterschätzt, aber sie sind sehr nahrhaft und sollten bei der Ernährung nicht fehlen. Eine Kartoffel enthält etwa 3 g Eiweiß, Kalzium, Eisen, Thiamin, Riboflavin, Niacin und eine siebenmal höhere Menge Vitamin C als ein Apfel. Um die Kalorienzahl nicht zu erhöhen, sollten Sie sie nicht braten. Kochen Sie sie in der Schale, egal ob Sie sie im Backofen, Kochtopf oder als Püree zubereiten; beim Schälen verlieren sie eine Menge Ballaststoffe, die größte Menge Eiweiß, viele Vitamine und die Hälfte an Eisen.

Ein anderes nützliches Nahrungsmittel ist Milch. Milch ist eine billige Eiweißquelle und liefert Kalzium zusammen mit Vitamin A und D. Das Fett in der Milch ent-

Vitamine und Mineralstoffe, die in der Schwangerschaft erforderlich sind

Name	Nahrungsquelle	Wirkung
Vitamin A	Vollmilch, angereicherte Margarine, Butter, Eigelb, fetthaltiger Fisch, Tran, Leber, Nieren, grüne und gelbe Gemüse, Möhren – beim Kochen wird das Vitamin zur leichten Aufnahme freigesetzt	Baut die Widerstandskraft gegen Infektionen auf, hält Haut und Schleimhaut gesund, notwendig für die Bildung von Zahnschmelz, Haaren und Nägeln, wichtig für das Wachstum und die Bildung der Schilddrüse.
Vitamin B_1	Vollkorn, Nüsse, Hülsenfrüchte, Leber, Herz, Nieren, Hefe, Weizenkeime – zu langes Kochen zerstört das Vitamin	Hilft bei Verdauung, hält Magen und Darm gesund, für Fruchtbarkeit, Wachstum, Milchproduktion wichtig, bei Krankheit und Infektion ist der Bedarf größer.
Vitamin B_2	Hefe, Weizenkeime, Vollkorn, grünes Gemüse, Milch, Eier, Leber – das Vitamin ist lichtempfindlich	Hilft bei der Zersetzung aller Nahrung, verhindert Augen- und Hautprobleme, bei der Empfängnis und in den ersten Tagen danach, wesentlich für normales Wachstum und Entwicklung des Embryos.
Niacin (B_3)	Hefe, Weizenkeime, Vollkorn, Leber, Nieren, grüne Gemüse, fetthaltiger Fisch, Eier, Milch, Erdnüsse	Baut Gehirnzellen auf, verhindert Infektionen und Zahnfleischbluten.
Pantothensäure (B_5)	Leber, Nieren, Herz, Eier, Erdnüsse, Weizenkleie, Vollkorn, Käse	Wichtig für alle normalen, reproduzierenden Funktionen des Körpers, erhält rote Blutkörperchen.
Vitamin B_6	Hefe, Vollkorn, Leber, Herz, Nieren, Weizenkeime, Pilze, Kartoffeln, Bananen, Melasse, getrocknetes Gemüse	Hilft dem Körper, Fett und Fettsäuren für die Produktion von Antikörpern anzusammeln, die Krankheiten besiegen, bei Mangel Erkrankungen der Nerven und Anämie.
Vitamin B_{12}	Leber, Hefe, Weizenkeime, Vollkorn, Milch, Sojabohnen, Fisch	Wichtig für die Entwicklung gesunder roter Blutkörperchen, notwendig für die Bildung des zentralen Nervensystems.
Folsäure (zum Vitamin-B-Komplex gehörend)	rohes, blättriges Gemüse, Lammleber, Walnüsse	Wichtig für die Blutbildung, verhindert Schäden am Neuralrohr wie Spina bifida und andere Mißbildungen, wichtig für die Bildung des zentralen Nervensystems.

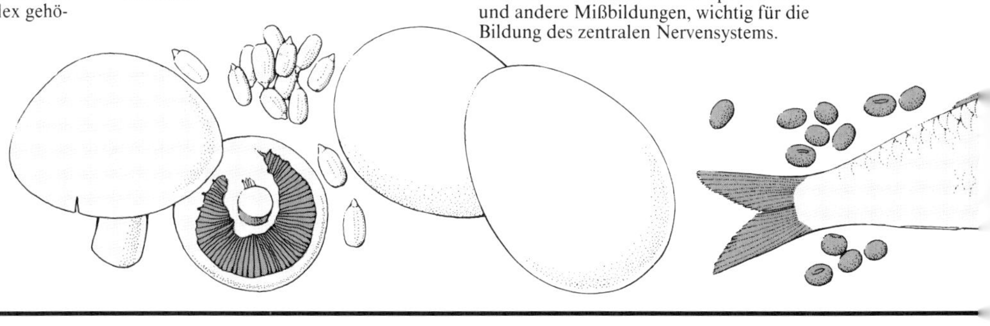

hält die Hälfte der Kalorien, daher sollte man entrahmte Milch verwenden.
Wenn Sie Milch nicht gerne trinken, verwenden Sie sie in Müsli, Nachspeisen, Suppen und Soßen, oder essen Sie Käse (zwei kleine Würfel Schnittkäse entsprechen einem kleinen Glas Milch) oder Joghurt. Wenn Sie allergisch gegen Milch sind, müssen Sie die Nährmittel, die sie bietet, aus anderen Quellen ersetzen, besonders das Kalzium.

Sie sehen also, daß schon wenige Nahrungsmittel ausreichen, alles Notwendige für Ihre Gesundheit und die Entwicklung Ihrer Schwangerschaft zu liefern. Solange Sie sich nicht makrobiotisch ernähren, reichen einige der folgenden Nahrungsmittel täglich aus: Milch, Eier, Fisch, mageres Fleisch, Innereien (Nieren, Leber), Hefeprodukte, Hartkäse, Vollkornprodukte (dunkles Brot, Nudeln oder Reis), frisches Obst und Gemüse.

Name	Nahrungsquelle	Wirkung
Vitamin C	Zitrusfrüchte, frisches Obst, rotes, grünes und gelbes Gemüse - Vitamin wird durch starkes Kochen zerstört	Baut Widerstandskraft gegen Infektionen auf, baut eine kräftige Plazenta auf, hilft, Eisen aus dem Darm aufzunehmen, nützliches Entgiftungsmittel des Körpers, wichtig für die Heilung von Knochenbrüchen und Wunden.
Vitamin D	angereicherte Milch, fetthaltiger Fisch, Lebertran, Eier, Butter, Eigelb - Sonnenschein aktiviert ein Provitamin in der Haut	Bewirkt die Aufnahme von Kalzium aus dem Darm und hilft, das Kalzium aus Blut und Gewebe in den Knochenzellen einzulagern.
Vitamin E	Weizenkeime, fast alle anderen Nahrungsmittel	Notwendig für die Erhaltung der Zellmembrane, schützt bestimmte Fettsäuren.
Vitamin K	grüne Blattgemüse - wird vom Körper aus Darmbakterien gewonnen	Hilft beim Blutgerinnungsprozeß.
Kalzium	Milch, Hartkäse, kleine Fische (ganz), Erdnüsse, Walnüsse, Sonnenblumenkerne, grünes Gemüse	Wesentlich für den Aufbau gesunder Zähne und Knochen, wichtig in den ersten Monaten, wenn sich die Zähe des Babys entwickeln.
Eisen	Nieren, Leber, Schalentiere, Eigelb, rotes Fleisch, Melasse, Aprikosen, Prinzeßbohnen, Rosinen, Backpflaumen	Wesentlich für den gesunden Aufbau der roten Blutkörperchen.
Zink	Weizenkleie, Eier, Leber, Nüsse, Zwiebeln, Schalentiere, Sonnenblumenkerne, Weizenkeime, Vollkorn	Hilft beim Aufbau von Enzymen (besondere Proteine, die chemische Reaktionen im Körper überwachen) und Proteinen, wird gebraucht, um die Abgabe von Vitamin A ins Blut zu überwachen.

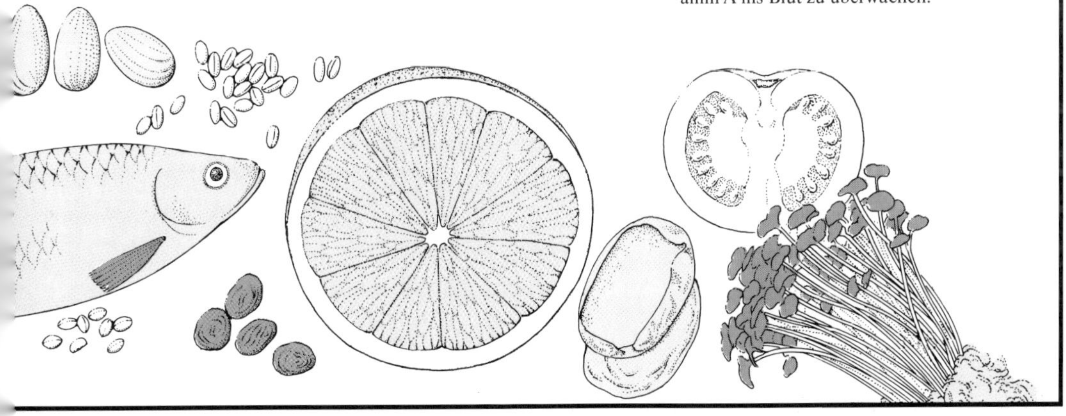

Ernährung und morgendliche Übelkeit

Ironischerweise können Frauen, die in den ersten drei Schwangerschaftsmonaten an Übelkeit leiden, gleichzeitig hungrig sein. Essen hilft bei Übelkeit, obwohl sie bald wieder auftritt. Viele Frauen machen die Erfahrung, daß häufige kleine Mahlzeiten helfen. Die auslösenden Nahrungsmittel (meistens schwere, fette oder stark gewürzte Speisen) und Gerüche (Zigarettenrauch, Bratengeruch) sollte man vermeiden, dies hilft in den schwierigen Wochen. Man spricht meistens von morgendlicher Übelkeit, sie kann jedoch jederzeit auftreten und auch den ganzen Tag über anhalten. Finden Sie heraus, wann es Ihnen besser geht und bereiten Sie Ihre Mahlzeiten dann vor.

Es kann bei Übelkeit auch helfen, mehr Kohlenhydrate zu essen, was aber auch zu erheblicher Gewichtszunahme führt. Fett muß jedoch im ersten Drittel angelegt werden (siehe S. 112), wenn Sie also Kohlenhydrate in Form von Kuchen essen, ist dies besser als gar nichts, besonders wenn Sie erbrechen müssen. Nahrhaftere Formen von Kohlenhydraten sind Vollkornbrot, Reis, Kartoffeln; Sie sollten eher auf diese zurückgreifen als auf Süßigkeiten und Kuchen.

Hier ist eine Liste von Nahrungsmitteln, die geeignet sind, aufkommende Übelkeit zu bekämpfen:
im Ofen getrocknete Vollkornbrotscheiben,
Schnitten aus Vollkornbrot und Schnittkäse,
Nüsse und Rosinen,
getrocknete Aprikosen,
Obstkuchen (besonders aus Vollkornmehl und zusätzlich mit Weizenkeimen),
knackige grüne Äpfel,
Cracker und Frischkäse,
rohes Gemüse wie Möhren, Sellerie, weiche junge grüne Bohnen, Erbsen aus der Schote, Tomaten,
frische Obstsäfte,
Mineralwasser,
Bitter Lemon,
Pfefferminzbonbons für Diabetiker,
Müsliriegel,
Biojoghurt mit Honig,
Kräutertees,
weiches, saftiges Obst wie Pfirsiche, Pflaumen und Birnen,
Milchmixgetränke aus entrahmter Milch.

Gefährliche Wirkstoffe

Rauchen Sie, oder trinken Sie normalerweise Alkohol, so sollten Sie während der Schwangerschaft zum Schutz Ihres Babys von diesen Gewohnheiten lassen. Sie sollten auch auf größtmögliche Hygiene achten, besonders wenn Sie rohes Fleisch zubereiten oder die Katzenkiste säubern. In rohem Fleisch und im Katzenkot kommt ein Parasit, das Toxoplasma vor, der Ihr ungeborenes Kind schädigen kann.

Rauchen

Die Chemikalien, die direkt über den Zigarettenrauch aufgenommen werden, beeinflussen das Wachstum des Fetus, da die Anzahl der Zellen, die im Körper und Gehirn des Babys produziert werden, sich verringert. Nikotin verengt die Blutgefäße, so daß die Blutzufuhr zur Plazenta und damit die Nahrungsaufnahme des Babys eingeschränkt wird.

Der Kohlenmonoxidanteil im Blut eines Rauchers ist höher; je nach der Menge im Körper einer Schwangeren konzentriert er sich im Blut des Babys. Kohlenmonoxid ist ein Gift, es verringert die Sauerstoffmenge, die im Blut transportiert werden kann. Je mehr Kohlenmonoxid sich im Blut des Babys befindet, desto geringer ist sein Geburtsgewicht. Die Babys von Raucherinnen können bis zu 200 g leichter sein als die von Nichtraucherinnen. Bei Babys mit geringem Geburtsgewicht können Probleme auftauchen, ihre Überlebenschancen sind geringer. Auch Frühgeburten sind bei Raucherinnen fast doppelt so häufig. Raucherinnen essen möglicherweise weniger, so daß ihre Babys unter Umständen nicht genug Nahrung zum gesunden Wachstum bekommen.

Studien haben gezeigt, daß Raucherinnen

eher Kinder mit angeborenen Mißbildungen haben wie Gaumenspalte, Hasenscharte und Schädigungen des zentralen Nervensystems, bei starken Raucherinnen ist dieses Risiko mehr als doppelt so hoch.
Das Risiko eines Absterbens der Schwangerschaft (Fehl- und Totgeburt) ist bei Raucherinnen fast zweimal so hoch, einmal, weil die Gefahr, daß sich die Plazenta im unteren Teil der Gebärmutter verwurzelt, sehr viel größer ist (siehe S. 160), zum anderen, weil die Plazenta von Raucherinnen dünner sein kann, beschädigte Blutadern haben und vorzeitig altern kann.
Totgeburten bei Müttern, die rauchen, sind häufiger als bei anderen Frauen. Frauen, die noch nach dem vierten Monat rauchen, erhöhen damit das Risiko um fast ein Drittel, daß ihr Baby innerhalb der ersten Lebenswoche stirbt.
Die Auswirkungen des Rauchens in der Schwangerschaft zeigen sich noch lange Zeit, nachdem das Baby geboren ist. Kinder, die in einem Haushalt aufwachsen, in dem geraucht wird, sind häufiger krank. Wenn Babys im ersten Lebensjahr Zigarettenrauch ausgesetzt sind, ist die Gefahr groß, daß sie unter Bronchitis leiden. Auch Fälle von »Plötzlichem Kindestod«, bei dem die Todesursache nicht nachgewiesen werden kann, sind häufiger.

Wieviel?

Obwohl Rauchen grundsätzlich schädlich ist, liegt die besonders kritische Menge bei über zehn Zigaretten pro Tag. Die Todesrate von Babys nimmt ab, wenn die Mütter weniger rauchen. Frauen, die weniger rauchen oder vor der 20. Woche völlig aufhören, haben meistens Babys, deren Geburtsgewicht ähnlich hoch ist wie das von Babys von Nichtraucherinnen. Aber die Gefahr von angeborenen Mißbildungen, die durch das Rauchen während der ersten Zeit und sogar vor der Empfängnis hervorgerufen werden, bleibt (siehe S. 35). Nichtraucherinnen, die mit einem Raucher zusammenleben oder sich oft in verrauchter Atmosphäre aufhalten, sind auch gefährdet. Kinder von Vätern, die stark rauchen, haben ein zweifach höheres Risiko, mit Mißbildungen geboren zu werden.
Es ist besonders für Frauen mit einer Risikoschwangerschaft wichtig, nicht zu rauchen. Wenn eine Frau z. B. schon einmal eine Totgeburt hatte, ist es unbedingt erforderlich, daß sie bei der nächsten Schwangerschaft nicht raucht, da sich sonst das Risiko einer weiteren Totgeburt vervielfacht.

Tips, sich das Rauchen abzugewöhnen

Eine Schwangerschaft verursacht Streß und Anspannung. Es kann für einige Frauen eine unruhige und auch langweilige Zeit sein, und das Rauchen bedeutet eine Art Flucht. Hier sind einige Tips, die helfen, das Rauchen zu reduzieren und vielleicht schließlich ganz einzustellen:

- rauchen Sie weniger als 10 Zigaretten pro Tag,
- rauchen Sie Zigaretten mit dem niedrigsten Teer- und Nikotingehalt,
- rauchen Sie immer Zigaretten mit Filter,
- inhalieren Sie den Rauch nicht,
- rauchen Sie die Zigaretten nur zur Hälfte – die größte Teer- und Nikotinmenge befindet sich in der zweiten Hälfte,
- wenn Sie aus Nervosität rauchen, beschäftigen Sie Ihre Hände mit etwas anderem,
- wenn Sie das Gefühl brauchen, etwas in Ihrem Mund zu haben, sollten Sie auf einem Zigarettenhalter aus Kunststoff kauen,
- greifen Sie nicht auf Süßes zurück und essen Sie nicht mehr,
- achten Sie auf Ihre Ernährung – Rauchern kann es an Zink, Magnesium, den Vitaminen A, B_6, B_{12} und C mangeln.

Alkohol

Das Ausmaß, in dem Alkohol ein sich entwickelndes Baby schädigen kann, ist erst in den letzten fünf Jahren erkannt worden.

Auswirkungen von Medikamenten auf das Baby

Name des Medikaments	Auswirkungen
Amphetamine	Wirken bei Erwachsenen anregend, regen auch das Nervensystem des Babys an. Können zu Herzschäden und Blutkrankheiten führen. Manchmal in Schlankheitsmitteln enthalten.
Anabolika	Diese Medikamente sind mit männlichen Sexualhormonen verwandt und werden benutzt, um den Appetit, das Muskelwachstum und die Gewichtszunahme anzuregen. Sie vermännlichen einen weiblichen Fetus. Können in Medikamenten für Heuschnupfen und Hautkrankheiten enthalten sein und in Salben für Hautreizungen - vermeiden Sie diese während der Schwangerschaft.
Antibiotika allgemein	Gehen in die Plazenta über, aber Penizillin scheint nicht schädlich zu sein.
Tetracyclin	Verursacht andauernde gelbe Verfärbung der Zähne des Babys, kann das Wachstum von Knochen und Zähnen behindern.
Streptomycin	Kann Taubheit bei Kindern hervorrufen, wird zur Behandlung von Tuberkulose angewendet.
Antihistaminika	Zur Behandlung von Allergien, in manchen Präparaten für Reisekrankheit enthalten, kann möglicherweise einige Mißbildungen hervorrufen.
Medikamente gegen Übelkeit	In Tierversuchen haben einige zu Mißbildungen geführt. Es ist besser, Übelkeit über die Ernährung entgegenzuwirken (siehe S. 120). Wenn Sie sehr unter Übelkeit zu leiden haben, wird Ihr Arzt Ihnen ein sicheres Mittel verschreiben.
Aspirin	In großen Mengen eingenommen, kann es zu einer Fehlgeburt führen. Im letzten Drittel kann es den Blutgerinnungsmechanismus des Babys und Ihren eigenen während der Geburt beeinflussen.
Anti-Baby-Pille Östrogen-Progesteron	Kann Mißbildungen der Gliedmaßen verursachen, Schäden der lebenswichtigen Organe und Vermännlichung des weiblichen Fetus. Die Einnahme am besten mindestens drei Monate vor der Empfängnis einstellen (siehe S. 38).
Kodein	Schmerzmittel, auch in einigen Hustensäften enthalten. Häufigeres Auftreten von Mißbildungen wie Gaumenspalte und Hasenscharte. Kann süchtig machen und Entzugserscheinungen beim Baby nach der Geburt hervorrufen.
Diuretika	Bauen ein Zuviel an Flüssigkeit im Körper ab. Verstärken die Leistung der Nieren. Können zu einigen Bluterkrankungen beim Fetus führen.
Narkotika	Verursachen Sucht beim Fetus. Neugeborene leiden an starken Entzugserscheinungen und brauchen möglicherweise eine Bluttransfusion nach der Geburt.
Paracetamol	Häufiger Bestandteil in Grippe-, Kopfschmerz- und Schmerzmitteln. Können die Leber und Nieren des Fetus schädigen. Während der Schwangerschaft nur mit Vorsicht anwenden.
Progesteron	Einige Ärzte bieten Tabletten, die diese Hormone enthalten, als Schwangerschaftstest an. Sie bewirken eine Vermännlichung des weiblichen Fetus. Lehnen Sie sie ab.
Drogen - LSD, Meskalin und Cannabis	Können Chromosomenschäden hervorrufen und dadurch die Gefahr von Fehlgeburt und Mißbildung. Über die Auswirkungen dieser Drogen ist wenig bekannt; versuchen Sie, sich mit Atem- und Entspannungsübungen zu entspannen (siehe S. 147).
Sexualhormone	Werden manchmal verabreicht, um eine Fehlgeburt zu verhindern, der Erfolg ist fragwürdig. Können Vermännlichung des weiblichen Fetus hervorrufen.
Sulphonamide	Können die Leberfunktion des sich entwickelnden Babys stören und Gelbsucht bei der Geburt verursachen. Werden zur Behandlung von Harnwegsinfekten verschrieben.
Beruhigungsmittel	Einige stärkere können Wachstum und Entwicklung hemmen und Mißbildungen verursachen. Sie könnten ein schwächeres Beruhigungsmittel nehmen, aber versuchen Sie, für die Dauer der Schwangerschaft ohne auszukommen.

Ein Teil jedes alkoholischen Getränks, das Sie zu sich nehmen, geht in seinen Blutkreislauf über und ist besonders schädigend in der kritischsten Entwicklungszeit in der 6.-12. Woche, obwohl auch zu anderen Zeiten ganz spezifische Schäden auftreten können.

Es gibt keine sichere Grenze für den Alkoholkonsum während der Schwangerschaft. Wenn Sie längere Zeit mehr als zwei alkoholische Getränke pro Tag zu sich nehmen, ist die Chance 1:10, daß Ihr Baby an fetalem Alkoholsyndrom (FAS) leidet. Dies kann sich durch Mißbildungen des Gesichts wie Gaumenspalte, Hasenscharte und Herzfehlern, abnormer Entwicklung der Gliedmaßen und unterdurchschnittlicher Intelligenz bemerkbar machen. Stark betroffene Babys erreichen nie die geistige oder körperliche Entwicklung Gleichaltriger. Selbst gelegentliches starkes Trinken kann die gleichen Schädigungen verursachen, auch wenn Sie normalerweise wenig trinken: Einmaliger übermäßiger Alkoholkonsum kann FAS genauso verursachen wie starkes Trinken während der ganzen Schwangerschaft. Sie sollten daher nicht mehr als zwei Gläser Spirituosen oder Wein oder ½ l Bier pro Tag trinken. Einige Studien zeigen, daß Babys auch schon geschädigt werden können, wenn man weniger als zwei Glas pro Tag trinkt.

Eine besondere Gefahr des Alkohols besteht darin, daß bei einigen Müttern der Körper den Alkohol sehr schnell in das giftige Azetaldehyd umwandelt. Auch scheinen einige Babys genetisch weniger widerstandsfähig gegen die Auswirkungen von Alkohol zu sein - bisher weiß man hierüber noch recht wenig. Es zeigte sich, daß schon ein alkoholisches Getränk pro Tag das Risiko, ein unterdurchschnittlich kleines Baby zu haben, verdoppeln kann, und Babys von Müttern, die die Hälfte dieser Menge trinken, sind oft nicht so groß wie erwartet. Heute glaubt man, daß schon sehr kleine Alkoholmengen viele geistige Schäden verursachen können, die man sich bisher nicht erklären konnte, und geistige und körperliche Auswirkungen für Babys haben. Nach dem heutigen Wissensstand wurde noch nicht bewiesen, daß gewisse Alkoholmengen unbedenklich sind. Es ist vernünftig, wenn Frauen bei Kinderwunsch und auch während der Schwangerschaft überhaupt nicht trinken.

Medikamente

Es ist bekannt, daß bestimmte Medikamente die Entwicklung des Babys beeinflussen können, besonders in der 6.-12. Woche, wenn sich alle lebenswichtigen Organe bilden. Selbst ein Medikament, das an sich unbedenklich ist, kann den Fetus in Verbindung mit anderen, ebenfalls ungefährlichen Medikamenten schädigen.

Wegen dieser Gefahr sollte kein Medikament, einschließlich Aspirin, ohne Wissen des Arztes eingenommen werden. Nehmen Sie keine frei erhältlichen, keine übriggebliebenen und keine Medikamente, die anderen verschrieben wurden. Wenn Sie Ihren Arzt aufsuchen, müssen Sie ihn sofort informieren, daß Sie schwanger sind oder versuchen, schwanger zu werden.

Einige Medikamente müssen für chronische Krankheiten eingenommen werden (siehe S. 37), wie Diabetes, Herzerkrankungen, Schilddrüsenerkrankungen, Rheuma und möglicherweise Epilepsie, aber besprechen Sie dies mit Ihrem Arzt, bevor Sie schwanger sind.

9 Gymnastik

Während und vor der Schwangerschaft ist Gymnastik wichtig. Vor der Schwangerschaft sorgt sie dafür, daß Sie fit sind und neun Monate lang ein gesundes Baby tragen können. Wenn Sie schwanger sind, bildet sie kräftige Muskeln, die die Gelenke und Wirbelsäule schützen (diese werden als Vorbereitung auf die Wehentätigkeit schlaffer und schmerzen bei Überbeanspruchung). Zusammen mit Atem- und Entspannungstechniken helfen bestimmte Übungen, Ihre Energie während der Geburt einzuteilen, während andere auf die Geburtsstellungen selbst vorbereiten.

Das eigene Körpergefühl

Ihr Körper verändert sich auf verschiedene Weise während der Schwangerschaft. Da sind einmal die offensichtlichen körperlichen Veränderungen (siehe S. 96–106) wie auch das allgemeine Schlafferwerden und Dehnen der Bänder an den Gelenken. Sie werden auch feststellen, daß Ihnen Dinge, die Sie vorher mit Leichtigkeit tun konnten, jetzt schwerer fallen.

In der Spätschwangerschaft werden Sie recht plump und verlieren wegen Ihres Umfangs viel von Ihrer Behendigkeit und Beweglichkeit. Sie können sich nicht mehr schnell bewegen, ohne atemlos zu werden. Ihr Schwerpunkt ist weiter nach vorn verlagert, daher sind Sie nicht mehr so standsicher. Vielleicht wird es schwierig für Sie, einem Hindernis auszuweichen, und wenn jemand Sie anstößt, können Sie hinfallen. Um die fehlende Standfestigkeit auszugleichen, drücken Sie möglicherweise die Schultern durch, stehen mit geöffneten Füßen da und laufen mit watschelndem Gang.

All diese Bewegungen zum Ausgleich bedeuten, daß die Muskeln anders als vorher benutzt werden, was sich mit voranschreitender Schwangerschaft in leichten Schmerzen äußern kann. Wenn Sie Ihren Körper aber fit halten und wissen, wie Sie ihn vor Belastung schützen können, werden die Muskeln, Gelenke und Bänder eher mit der Schwangerschaft fertig, ohne zu schmerzen. Vielleicht werden Sie auch gar keine Beschwerden haben. Denken Sie daran, daß Ihr Körper sich in einem besonderen (nicht abnormalen) Zustand befindet, entwickeln Sie Reflexe und Körperhaltungen, die auf seine Bedürfnisse Rücksicht nehmen. Wenn Sie sich unwohl fühlen, machen Sie Entspannungsübungen.

Bücken und Heben

Die Schwangerschaftshormone machen die Bänder am unteren Rücken und Bek-

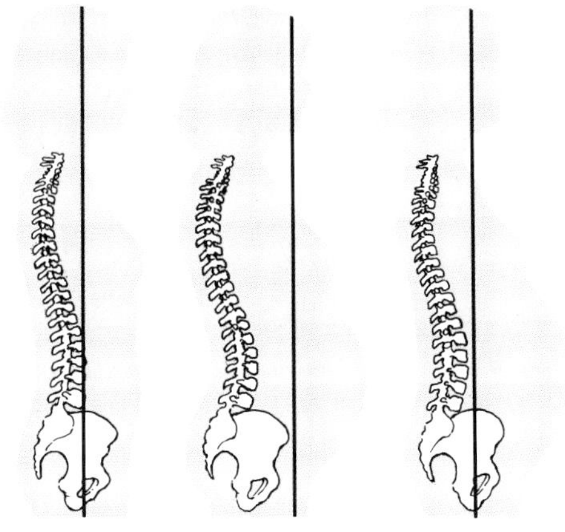

Korrektur schlechter Haltung
Ihr Schwerpunkt (links) wird von dem wachsenden Baby beeinflußt. Oft lehnt man sich zurück, um das größere Gewicht auszugleichen (Mitte). Gute Haltung (rechts) korrigiert das Gleichgewicht und verhindert Schmerzen.

ken weicher, so daß schweres Heben vermieden werden sollte. Schützen Sie Ihre Wirbelsäule und vermeiden Sie unnötige Belastungen des unteren Rückens beim Bücken und Heben.
Gebrauchen Sie Ihre Oberschenkelmuskeln beim Heben. Hocken Sie sich hin, halten Sie dabei Ihren Rücken gerade. Bereiten Sie (mit leicht geöffneten Füßen) Ihren Körper vor, indem Sie die Bauchmuskeln anspannen, die Beckenbodenmuskeln anziehen (siehe S. 128), tief einatmen und bis drei zählen, bevor Sie bei vier heben. Beim Heben atmen Sie aus. Gehen Sie nah an die Dinge heran, die Sie heben wollen, und halten Sie sie eng am Körper.
Schwanken Sie beim Tragen nicht von Seite zu Seite. Verteilen Sie das Gewicht gleichmäßig.
Wenn Sie ein Kleinkind tragen, sollten Sie sich nicht verdrehen und es nicht von einer Seite auf die andere wechseln. Wenn Sie irgend etwas am Boden tun müssen, hokken Sie sich hin (siehe S. 136) oder gehen Sie auf alle viere. Dies ist besonders bei Rückenschmerzen eine bequeme Stellung, da sie das Gewicht der Gebärmutter von der Wirbelsäule nimmt.
Wenn Sie eine schlechte Haltung haben oder Ihr Rücken nicht beweglich ist, versuchen Sie, Ihre Beweglichkeit zu verbessern, indem Sie im Schneidersitz an einer Wand sitzen. Strecken Sie Ihre Wirbelsäule und machen Sie eine Beckenkippe (siehe S. 135), pressen Sie dabei den Rücken gegen die Wand. Dies hilft, sich gut zu halten und kräftigt die Wirbelsäule.
Vermeiden Sie es, Dinge von oben herunterzuheben. Ihr Rücken wird sich wölben, und Sie können das Gleichgewicht verlieren, wenn der Gegenstand schwerer ist als erwartet.

Schutz der Wirbelsäule

In der Spätschwangerschaft müssen Sie sich sogar bei alltäglichen Bewegungen wie Aufstehen aus liegender Position oder vom Stuhl umstellen. Sie sollten Ihren Rücken sowenig wie möglich anstrengen.

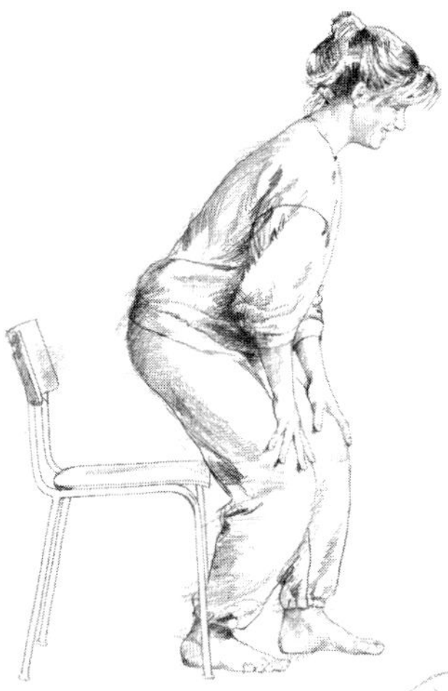

◁ ***Vom Stuhl aufstehen***
Setzen Sie einen Fuß vor den anderen und bringen Sie Ihren Schwerpunkt von den Hüften aus nach vorn. Halten Sie Hals und Rücken gerade und stoßen Sie sich mit den Füßen ab.

▽ ***Hinsetzen***
Auf die Seite rollen und mit Hilfe der Arme aufrichten.

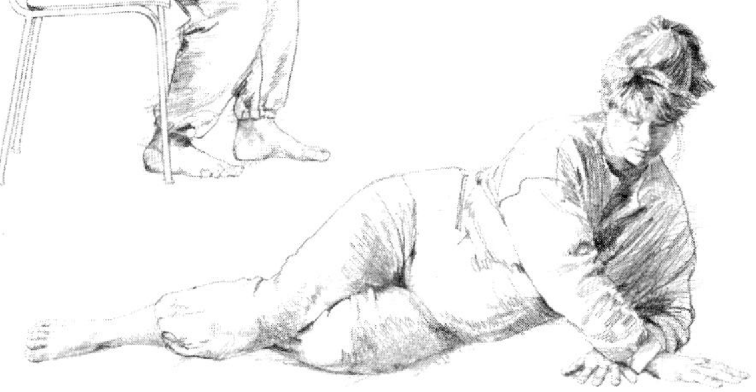

△ ***Ein Kleinkind aufnehmen***
Denken Sie daran, Ihren Rükken gerade zu halten und die Knie zu beugen.

Aktiv bleiben

Schwangerschaft, Wehen und Geburt stellen große Ansprüche an Ihren Körper. Bereiten Sie sich deshalb körperlich gut darauf vor. Fahren Sie mit der Gymnastik fort, die Sie schon vor der Schwangerschaft betrieben haben (siehe S. 137) oder fangen Sie etwas Neues an. Es ist nur wichtig, überhaupt aktiv zu bleiben. Je aktiver Sie sind, desto geringer ist die Gefahr, daß Sie mit fortschreitender Schwangerschaft steif werden. Wenn Sie richtig sitzen, stehen und gehen (siehe S. 125), vermeiden Sie Schmerzen, die von schlechter Haltung kommen.

Der Vorteil, fit zu sein

Wenn Sie regelmäßig Gymnastik treiben, werden Sie feststellen, daß sich Ihr geistiges und körperliches Wohlbefinden verbessert. Gymnastik veranlaßt den Körper, Chemikalien abzugeben, die Ihnen helfen, sich zu entspannen; sie lindern Spannungen und Ängste. Die schnelle Blutzirkulation, die durch Übungen hervorgerufen wird, bedeutet, daß Sie und Ihr Baby gut mit Sauerstoff versorgt werden.

Die Geburt wird leichter und bequemer, wenn Ihre Muskelspannkraft gut ist. Viele Übungen aus Vorbereitungskursen werden Ihnen zusammen mit Entspannungs- und Atemtechnik helfen, die Kontrolle über das, was mit Ihnen geschieht, zu bewahren.

Wenn man während der Schwangerschaft in guter Verfassung ist, gewinnt man seine Figur nach der Entbindung in kürzerer Zeit wieder. Regelmäßige Gymnastik der Beckenbodenmuskeln (siehe S. 128) hilft bei der Geburt und läßt die Muskeln ihre normale Kraft schneller wiedererlangen.

Bevor Sie jedoch mit einem Übungsprogramm in der Frühschwangerschaft beginnen, müssen Sie sich mit Ihrem Arzt absprechen. Einige Ärzte sind der Meinung, daß eine Frau, die schon Fehlgeburten hatte oder bei der Komplikationen zu erwarten sind, in den ersten drei Monaten nicht turnen sollte.

Hier sind einige Tips zum Fithalten, wenn bei Ihnen keine Bedenken bestehen:

- Versuchen Sie, einen speziellen Kursus für Schwangerschaftsgymnastik zu belegen. Vielen Frauen fällt es leichter, die Übungen regelmäßig unter Anleitung zu machen. Es ist auch eine Hilfe, wenn Sie jemand beobachtet und mögliche Fehler korrigieren kann.
- Wenn Sie vorher nicht besonders aktiv waren, wird während der Schwangerschaft wahrscheinlich keine dramatische Änderung eintreten. Sie sollten aber versuchen, spazierenzugehen, möglichst 20 Minuten pro Tag.
- Auch wenn Sie tagsüber viel sitzen müssen, gibt es Übungen, die Sie vom Stuhl aus machen können (siehe S. 134).
- Gewöhnen Sie sich an, täglich 10–15 Minuten zu turnen. Während der Schwangerschaft sollten Sie Ihre Übungen regelmäßig, langsam und rhythmisch machen, vielleicht können Sie Musik dabei abspielen.
- Wärmen Sie sich immer langsam auf, bevor Sie mit Ihrem Übungsprogramm beginnen (siehe S. 131).
- Versuchen Sie nicht, eine Zeitlang ohne Gymnastik auszukommen. Es ist besser, mehrmals täglich kurz zu turnen, als viel auf einmal zu machen und anschließend eine lange Pause.
- Turnen Sie nie bis zur Erschöpfung.
- Machen Sie keine Übungen, die Schmerzen verursachen. Schmerz ist ein Zeichen dafür, daß etwas nicht in Ordnung ist. Versuchen Sie eine einfachere Variation der Übung. Arbeiten Sie langsam auf eine Position hin.
- Strecken Sie Ihre Zehenspitzen nicht zu lang, es kann Wadenkrämpfe hervorrufen.
- Die meisten Übungen werden auf dem Boden gemacht, legen Sie sich einige Kissen zur Bequemlichkeit bereit.
- Holen Sie vor jeder Übung mehrmals tief Luft.

Das gemeinsame Üben mit anderen Frauen bietet einen Ansporn, regelmäßig Gymnastik zu treiben und in Form zu bleiben

Schwangerschaftskurse

Es gibt verschiedene Arten von Schwangerschaftskursen, und es lohnt sich, vorher einige Informationen einzuholen, um zu sehen, was sie bieten und welche Lehrmethode Ihnen entgegenkommt. Hebammen und Gymnastinnen wie auch Volkshochschulen und kirchliche Organisationen bieten Kurse für Schwangere an.

Was sie lehren

Einige Kurse bieten das gleiche wie eine normale Gymnastikgruppe. Sie geben ein gründliches Körpertraining mit Übungen, speziell für schwangere Frauen, die ihre Beweglichkeit, Kraft und Vitalität erhöhen. Anderen liegt eine bestimmte Geburtsphilosophie zugrunde. Wenn Sie Ihr Kind in einer Hockstellung gebären wollen, wie Michel Odent anregt (siehe S. 64), werden zum Beispiel Übungen zur Stärkung des Rückens und der Oberschenkel gemacht. Die Kurse sind auch ein guter Treffpunkt, um mit anderen Schwangeren Kontakt aufzunehmen.

Yoga

Mit seiner Betonung der Muskelkontrolle des Körpers, der Atmung und Ruhe des Geistes ist Yoga eine ausgezeichnete Philosophie, die das ganze Leben umfaßt. Die speziellen Übungen für Schwangere sind nur ein kleiner Teil des Systems. Ich glaube, daß es falsch wäre, von Yoga Hilfe in der Schwangerschaft zu erwarten, wenn man nicht schon vorher aktiv war.
Yogaübungen lassen sich mit den anderen Schwangerschaftskursen vergleichen, aber die Atmung ist anders. Man glaubt, daß diese Atemtechnik dabei hilft, die Schmerzschwelle anzuheben.

Die Beckenbodenmuskeln

Diese Muskeln stützen die Gebärmutter, den Darm und die Blase und sie schützen die Öffnungen der Harnröhre, Scheide und des Afters. Das Schwangerschaftshormon Progesteron bereitet den Körper auf die Geburt vor, indem es die Gelenke und Bänder einschließlich der Beckenbodenmuskeln weich macht. Wenn der Druck der sich vergrößernden Gebärmutter den Beckenboden schwächt, kann dies zu leichten Schmerzen und Müdigkeit führen, schlimmstenfalls zu Harnfluß und möglicherweise sogar zu einem Gebärmuttervorfall. Ungefähr die Hälfte aller Frauen, die Kinder geboren haben, leiden an einer Schwäche des Beckenbodens.
Um dem entgegenzuwirken, wurde eine Anzahl Übungen von Physiotherapeuten entwickelt, die auf dem Gebiet der Geburtshilfe arbeiten. Sie werden nach Dr. Arnold Kegel von der Universität von Kalifornien in Los Angeles Kegel-Übungen genannt.
Beckenbodenübungen sollten alle Frauen machen. Sie sollten vor der Schwangerschaft damit beginnen und sie auch danach beibehalten (sie sind wahrscheinlich noch wichtiger bei älteren Frauen). Ziehen Sie die Muskeln jeweils fünfmal je fünf Sekunden lang an. Haben Sie die Übung einmal gelernt, können Sie sie überall machen – im Sitzen, Stehen oder beim Gehen. Sie ist auch nützlich in der zweiten Geburtsphase, kurz bevor der Kopf des Babys geboren wird (siehe S. 129).

Trainieren der Beckenbodenmuskeln

Legen Sie sich mit einem Kissen unter dem Kopf und einem unter den Knien hin. Kreuzen Sie die Beine übereinander und pressen Sie sie fest zusammen. Ziehen Sie die Gesäßmuskeln an und halten Sie sie an, als ob Sie die Blase leeren wollten, aber warten müssen. Jetzt fühlen Sie die Beckenbodenmuskeln, die sich in der Scheide zusammenziehen. Ein anderer Weg, sie zu lokalisieren, ist, beim Wasserlassen anzuhalten.

Trainieren der Schließmuskeln

Legen Sie sich hin wie oben, aber entspannen Sie die Beine und kreuzen Sie sie nicht. Legen Sie eine saubere Fingerspitze auf die Scheidenöffnung und ziehen Sie die Beckenbodenmuskeln an. Der Schließmuskel an der Öffnung der Harnröhre ist wegen seiner Nähe zur Scheide schwieriger zu isolieren. Er wird jedoch zusammen mit den Beckenbodenmuskeln angezogen.
Jetzt legen Sie den Finger an die Darmöffnung und ziehen die Muskeln um den After herum stärker an. Dabei fühlen Sie, wie sich der Afterschließmuskel zusammenzieht.

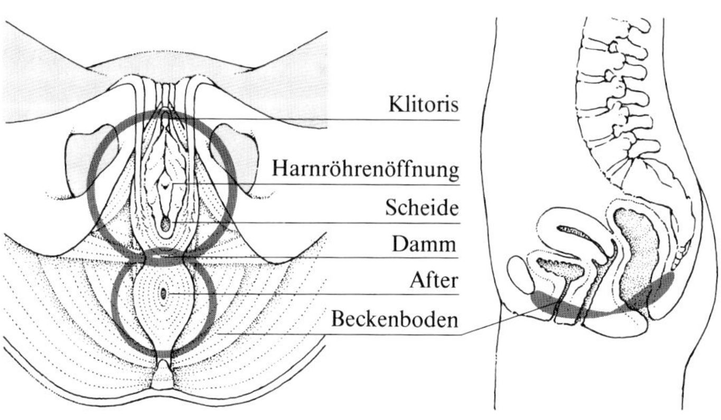

Die Beckenbodenmuskeln
Sie ähneln einer Schlinge, die die Beckenorgane an ihrem Platz halten (ganz rechts). Es sind zwei Hauptgruppen, die eine Acht um die Harnröhrenöffnung, Scheide und den After bilden (rechts). Die Muskelschichten überlappen sich und sind am Damm am dicksten.

Stärkung des Beckenbodens

Hier sind vier Grundübungen von Kegel aufgeführt, die Ihnen helfen, die Bekkenbodenmuskeln zu stärken.

Anziehen und entspannen

Legen Sie sich mit geöffneten Beinen auf den Rücken. Ziehen Sie die Beckenbodenmuskeln zusammen, konzentrieren Sie sich dabei auf den Scheidenschließmuskel. Zwei oder drei Sekunden anhalten und dann entspannen. Versuchen Sie, noch etwas lockerer zu werden, beachten Sie dabei das Nachlassen der Spannung. Machen Sie die Übung dreimal hintereinander.

Der Aufzug

Stellen Sie sich vor, der Beckenboden sei ein Aufzug, der in verschiedenen Stockwerken anhält. Ihr Ziel sollte sein, die Muskeln nacheinander in fünf Stufen anzuziehen und jedesmal kurz innezuhalten, ohne zu entspannen. Lassen Sie dann den Beckenboden herabsteigen, indem Sie die Anspannung Stufe für Stufe lockern. Wenn Sie unten angekommen sind, entspannen Sie alle Muskeln völlig, so daß Sie eine leichte Ausbuchtung nach unten fühlen. Wenn Sie tatsächlich weiter nach unten pressen, den Aufzug sozusagen in den Keller schikken, können Sie den Beckenboden noch weiter senken, und die Schamlippen öffnen sich leicht. Um dies zu fühlen, müssen Sie Ihren Atem anhalten oder ausatmen. Diese Stellung sollten Sie bei einer vaginalen Untersuchung einnehmen und wenn der Kopf des Babys geboren wird.

Beim Sex

Halten Sie den Penis Ihres Partners mit Ihrer Scheide fest. Halten Sie für einige Sekunden an, bevor Sie sich entspannen. Wiederholen Sie dies mehrere Male. Ihr Partner kann Ihnen sagen, wie fest Sie drücken und wann der Druck nachläßt. Wenn er nicht viel spürt, wissen Sie, daß Sie weiter üben müssen.

Auf der Toilette

Halten Sie beim Wasserlassen inne, indem Sie die Scheidenmuskeln nach oben und innen ziehen. Bis fünf zählen und entspannen. Konzentrieren Sie sich darauf, den Unterschied zwischen bewußter Kontrolle und automatischem Ausscheiden zu fühlen.

Vorbereitung auf die Geburt des Kopfes

Eine größere Kenntnis der Beckenbodenmuskulatur und die Fähigkeit, sie anspannen und entspannen zu können, helfen Ihnen, sich auf die Geburt des Kopfes vorzubereiten.

Übung eins

Legen Sie sich mit angezogenen Knien aufs Bett, halten Sie die Füße zusammen und stützen Sie Ihren Rücken ab. Pressen Sie Ihre Knie zusammen und ziehen Sie die Beckenbodenmuskeln an. Beachten Sie das Spannungsgefühl an den Oberschenkelinnenseiten und zwischen Ihren Beinen; viele Frauen spannen diese Muskeln unbewußt an, wenn der Kopf des Babys die Öffnung des Geburtskanals dehnt; Sie sollten dies vermeiden, da sonst leicht ein Dammriß entsteht. Entspannen Sie sich und beachten Sie, daß sich die Muskeln jetzt anders anfühlen; auf dieses Gefühl sollten Sie bei der Geburt hinarbeiten.

Übung zwei

Legen Sie sich aufs Bett, stützen Sie Ihren Rücken mit Kissen, aber lassen Sie diesmal Füße und Knie geöffnet. Entspannen Sie langsam Ihre Oberschenkel- und Beckenbodenmuskeln, so daß Ihre Knie immer weiter zur Seite fallen (Ihre Füße werden langsam auf die Fußaußenseiten rollen). Zuerst mag dies unnatürlich und unbequem scheinen, aber nach einiger Übung wird sich das richtige Gefühl einstellen, und Sie können sich völlig entspannen. Üben Sie, in dieser Stellung zu hecheln, da Sie die Hebamme darum bitten wird, wenn der Kopf des Babys langsam und sanft aus dem Geburtskanal gleitet.

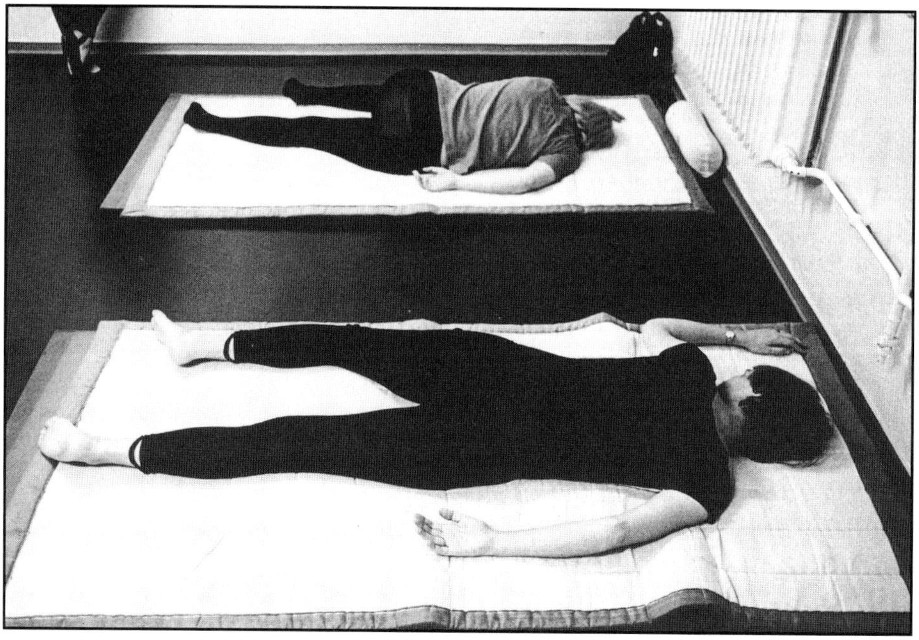

Übungen zum Aufwärmen

Machen Sie immer einige Übungen zum Aufwärmen, bevor Sie mit Ihrer Gymnastik beginnen. Sie regen den Kreislauf an, lockern die Muskeln und Gelenke, so daß sie sich leichter bewegen lassen, und mindern das Verletzungsrisiko. Wiederholen Sie jede Übung 5–10 mal. Machen Sie es sich bequem, achten Sie auf gute Haltung.

a)

b)

◁ ***Handgelenke, Hände und Arme***
Setzen Sie sich im Schneidersitz mit geradem Rücken auf den Boden, halten Sie die Arme mit gestreckten Ellbogen gerade nach vorn (a). Knicken Sie Ihre Handgelenke nach oben, so daß die Fingerspitzen an die Decke zeigen, lassen Sie sie herunterfallen, so daß sie auf den Boden zeigen.
Halten Sie die Arme in der gleichen Position und beschreiben Sie mit Ihren Händen große Kreise (b).

◁ ***Handgelenke und Hände***
Beugen Sie Ihre Arme in Schulterhöhe und machen Sie Ihre Hände zur Faust. Strecken Sie die Arme und Ihre Finger gleichzeitig.

◁ ***Taille***
Setzen Sie sich aufrecht im Schneidersitz hin und strecken Sie Ihren Hals nach oben. Ausatmen und den Oberkörper nach rechts drehen, dabei die rechte Hand hinten aufstützen. Legen Sie die linke Hand auf das rechte Knie und benutzen Sie diese Hand als Hebel, um den Körper noch weiter zu drehen.

Brust ▷
Setzen Sie sich im Schneidersitz auf den Boden. Ziehen Sie die Arme hoch, so daß die Handrücken nebeneinander an Ihrem Rücken liegen, in einer Linie mit den Schulterblättern. Drehen Sie die Handflächen gegeneinander, indem Sie die Ellbogen nach außen drehen und wieder zurück. Strecken Sie Ihren Hals, atmen Sie gleichmäßig und halten Sie die Position bis zu 20 Sekunden.

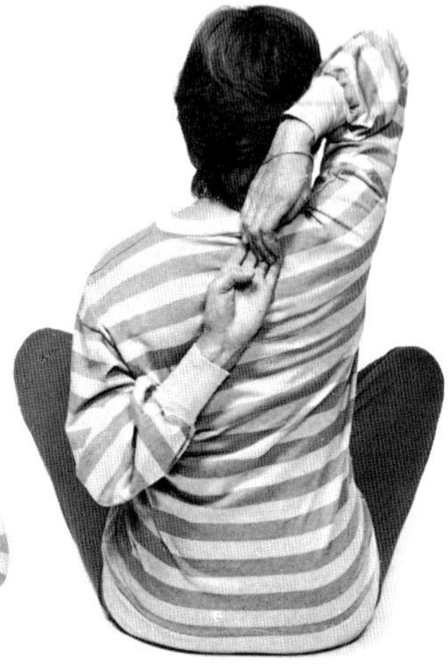

△ ***Arme und Schultern***
Setzen Sie sich im Schneidersitz auf den Boden. Heben Sie Ihren rechten Arm und strecken Sie ihn zur Decke. Beugen Sie ihn und lassen Sie die Hand auf den Rücken fallen. Legen Sie Ihre linke Hand auf den rechten Ellbogen und schieben Sie die Hand den Rücken weiter hinunter. Legen Sie Ihren linken Arm hinter den Rücken und fassen Sie die rechte Hand. Halten Sie die Position 20 Sekunden lang. Entspannen Sie sich.

Beine und Füße ▷
Setzen Sie sich mit ausgestreckten Beinen aufrecht hin. Stützen Sie Ihr Gewicht mit den Händen ab. Beugen und strecken Sie Ihre Knie abwechselnd.

Beine und Füße ▷
Setzen Sie sich mit ausgestreckten Beinen hin. Beim Ausatmen ziehen Sie die Zehen in Körperrichtung an und stoßen die Fersen leicht ab, so daß sie etwas angehoben werden. Atmen Sie ein und strecken Sie die Zehen in die andere Richtung. Machen Sie Ihre Hände zu Fäusten und legen Sie sie an den unteren Teil des Rückens. Kräftig reiben.

Allgemeine Übungen

Diese Übungen sind speziell für die Schwangerschaft und können leicht in den normalen Tagesablauf eingebaut werden. Üben Sie auf einer festen Unterlage und führen Sie alle Bewegungen langsam aus, auf diese Weise fühlen Sie keine Beschwerden und Anspannung. Hören Sie immer auf, wenn Sie müde werden. Wiederholen Sie zu Anfang jede Übung fünfmal und steigern Sie langsam, bis Sie sie 10- oder 15mal turnen. Die Reihenfolge der Übungen ist beliebig.

◁ ***Stärkung der Brust***
Bei dieser Übung arbeiten die Brustmuskeln. Sie helfen, die Brust zu stützen, wenn sie schwerer wird. Setzen Sie sich im Schneidersitz auf den Boden. Umfassen Sie fest Ihre Vorderarme und heben Sie Ihre Ellbogen auf Schulterhöhe an. Drükken Sie mit Ihren Händen in Richtung der Ellbogen, dabei fühlen Sie, wie sich die Muskeln unter Ihrer Brust anspannen.

△ ***Lockerung der Hüften und Stärkung der Bauchmuskulatur***
Halten Sie sich an einem sicheren Gegenstand fest und verlagern Sie Ihr Gewicht auf das linke Bein. Heben Sie das rechte, später das linke Bein an. Halten Sie beide Beine gerade. Schwingen Sie das rechte Bein nach vorn und hinten.

△ ***Stärkung der Oberschenkel***
Setzen Sie sich mit geradem Rücken auf den Boden. Legen Sie die Fußsohlen aneinander und bringen Sie die Fersen so nah wie möglich an den Körper heran. Legen Sie die Hände auf die Fußgelenke, lehnen Sie sich mit geradem Rücken nach vorn, drücken Sie mit den Ellbogen auf die Knie, 20 Sekunden anhalten.

◁ ***Stärkung des Rückens***
Knien Sie auf allen vieren, die Arme sollen direkt unter den Schultern aufgesetzt werden. Strecken Sie Ihr rechtes Bein nach hinten aus und heben Sie Ihren linken Arm, so daß Arm und Rücken eine gerade Linie bilden. Halten Sie die Spannung 5 Sekunden. Der Rücken muß gerade bleiben.

Straffung des Gesäßes und Stärkung der Oberschenkel ▷
Legen Sie sich auf den Rücken und machen Sie eine Beckenkippe (siehe nächste Seite). Halten Sie die Spannung 5 Sekunden lang an.

Übungen im Sitzen

Es ist am besten, sich Zeit für bestimmte Übungen zu nehmen, aber einige lassen sich auch in den täglichen Arbeitsablauf einfügen. Machen Sie diese Streckübungen zur Verbesserung Ihres Kreislaufes. Man kann sie im Büro oder Bus machen.

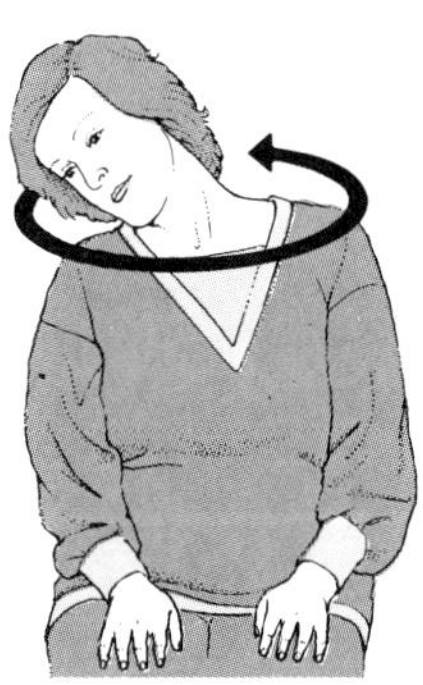

△ ***Kopf und Hals***
Kreisen Sie mit Ihrem Kopf, um Verspannungen abzubauen und die Schultern zu entspannen.

△ ***Schultern***
Beschreiben Sie mit den Schultern Kreise nach hinten, um sie zu entspannen und die Haltung zu verbessern.

Stärkung der Fußgelenke ▷
Setzen Sie Ihre Fersen leicht geöffnet auf dem Boden auf und bringen Sie die großen Zehen zusammen. Drehen Sie Ihre Füße nach außen, lassen Sie die kleinen Zehen oben und strecken Sie die großen nach unten.

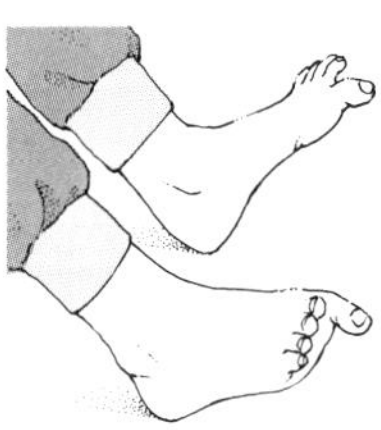

Stabilisierung des Kreislaufs ▷
Strecken Sie Ihre Zehen und beschreiben Sie große Kreise in der Luft, indem Sie nur die Fußgelenke bewegen.

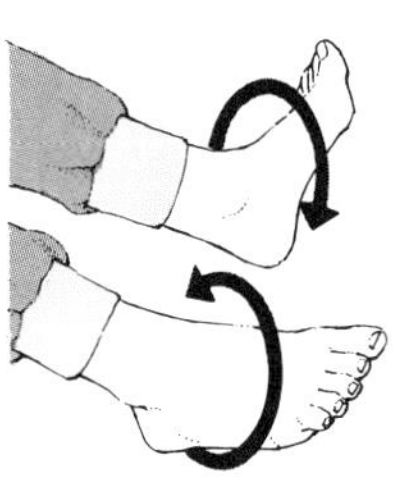

Beckenübungen

Wenn Sie während der Schwangerschaft lernen, Ihr Becken mit Leichtigkeit zu bewegen, können Sie während der Geburt die bequemste Position finden. Durch das Kippen des Beckens stärken Sie die Bauchmuskeln, vergrößern die Beweglichkeit im unteren Teil des Rückens und verlagern das Gewicht der Gebärmutter auf das Gesäß und den Bauch. Dazu schieben Sie den Beckenknochen sanft nach vorne und oben. Sie können im Stehen, Liegen oder Sitzen üben. Spannen Sie die Muskeln beim Ausatmen an und atmen Sie aus, wenn Sie sich entspannen.

Beckenkippe im Liegen
Legen Sie sich mit angezogenen Knien auf den Boden, die Füße flach aufgesetzt. Legen Sie eine Hand in den Hohlraum unter den Rücken und die andere auf den Hüftknochen. Pressen Sie den Rücken auf den Boden. Fühlen Sie, wie sich der Beckenknochen zurückbewegt, während das Gesäß leicht nach oben kippt. Halten Sie die Spannung 4–5 Sekunden.

a)

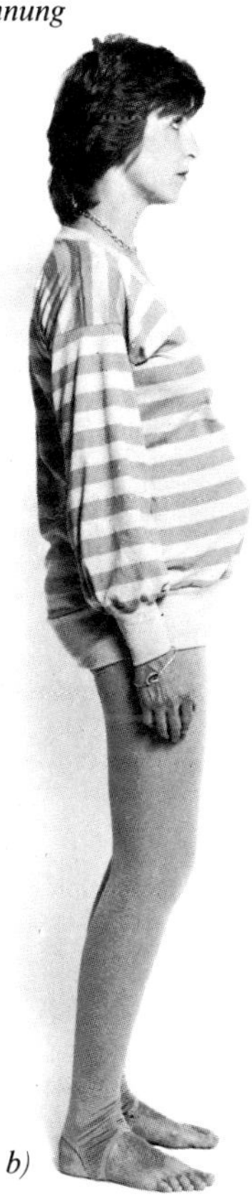

b)

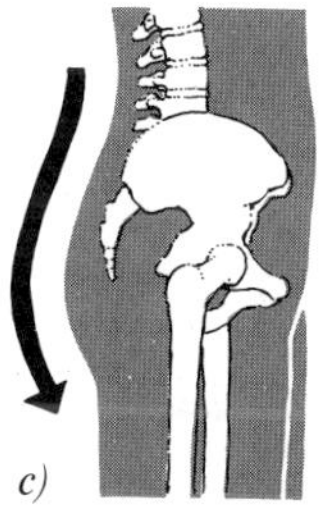

c)

Üben der Beckenkippe
Versuchen Sie, Ihr Becken zu kippen, wenn Sie auf allen vieren sind oder sich an einer Wand anlehnen. Nach einiger Übung fällt die Bewegung leicht.

Beckenkippe im Stehen
Stellen Sie sich gerade hin, lassen Sie die Arme hängen. (Lehnen Sie sich zu Anfang an eine Wand; es hilft, die Bewegung richtig auszuführen.) Beugen Sie Ihre Beine leicht (a) und machen Sie eine Beckenkippe, atmen Sie dabei aus (b). Ihr Gesäß soll sich dabei senken (c), während das untere Ende des Rückens sich krümmt. Die Schultern sollen ruhig bleiben, nur das Becken soll sich bewegen. Halten Sie die Spannung 5 Sekunden. Wiegen Sie Ihr Becken, indem Sie diese Stellung einnehmen und wieder in die Normalposition zurückgehen – halten Sie dabei immer die Schultern still.

Hocken

Hockübungen bringen viele Vorteile. In der Hocke wird ein Teil des Blutes vom Kreislauf abgeschnitten; somit wird das Herz entlastet. Sie machen die Gelenke, besonders das Becken, beweglicher, strecken und dehnen die Oberschenkel und Rückenmuskeln und lindern Rückenschmerzen. Im Hocken kann man sich bequem entspannen, es ist eine praktische Stellung für die Geburt (siehe S. 183). Es mag am Anfang schwierig erscheinen, wird aber mit einiger Übung immer leichter.

Erlernen der Hockstellung ▷
Zu Anfang ist es leichter für Sie, sich an einer Wand und mit Kissen abzustützen. Legen Sie Kissen auf den Boden. Stellen Sie sich mit dem Rücken an die Wand, die Beine sind in Hüftbreite geöffnet. Rutschen Sie in eine Hockstellung auf die Kissen hinunter. Wahrscheinlich werden Sie noch nicht die Fersen auf dem Boden aufsetzen können. Versuchen Sie, Ihr Gewicht leicht nach vorn zu verlagern.

△ ***Halbe Hocke***
Halten Sie sich an etwas Sicherem fest und stellen Sie Ihren linken Fuß vor den rechten. Drehen Sie Ihr linkes Knie leicht nach außen und lassen Sie sich langsam, soweit Sie können, auf den Boden nieder. Ziehen Sie dabei das Gesäß an und halten Sie Ihren Rücken gerade. Stehen Sie langsam auf und wiederholen Sie die Übung mit dem anderen Bein.

◁ ***Volle Hocke***
Lassen Sie Ihren Rücken lang und gestreckt, öffnen Sie Ihre Beine nach außen und hocken Sie sich so tief wie möglich hin. Versuchen Sie, mit den Fersen den Boden zu berühren und verteilen Sie das Gewicht gleichmäßig zwischen Ferse und Zehen. Es macht nichts, wenn Sie Ihre Fersen abheben müssen. Wenn Sie die Ellbogen gegen Ihre Oberschenkel drücken, dehnen sich die Innenseiten der Oberschenkel und die Beckengegend noch weiter.

Sportliche Aktivitäten

Es gibt mehrere Sportarten, die Sie weiter ausüben können, solange Sie alles langsam angehen und aufhören, wenn Sie müde sind. Bedenken Sie, daß Ihr Baby nicht genug Sauerstoff bekommt, wenn Sie außer Atem sind.

Wandern

Eine gute Übung; wandern Sie, soviel Sie möchten.

Schwimmen

Dies ist der einzige Sport, den Sie bis zur Geburt ausüben können. In meiner zweiten Schwangerschaft bin ich bis zwei Wochen vor der Entbindung viel geschwommen. Schwimmen Sie nie in kaltem Wasser, Sie neigen jetzt eher zu Krämpfen.

Radfahren

Es wird Ihnen nicht schaden, aber Sie sollten aufhören, wenn Ihr Bauch so groß wird, daß sich der Schwerpunkt verlagert. Sie können dann Ihr Gleichgewicht leichter verlieren und stürzen.

Reiten und Skifahren

Diese Sportarten sind verboten – selbst Reiter und Skifahrer mit großer Erfahrung können fallen.

Tanzen

Wenn Sie nicht zu energisch sind und keine akrobatischen Übungen machen, können Sie während der ganzen Schwangerschaft tanzen.

Stoßen Sie sich vom Beckenrand ab und lassen Sie sich auf dem Rücken, mit hinter dem Kopf verschränkten Armen, treiben. Versuchen Sie mit Armen und Beinen einen Stern zu bilden.

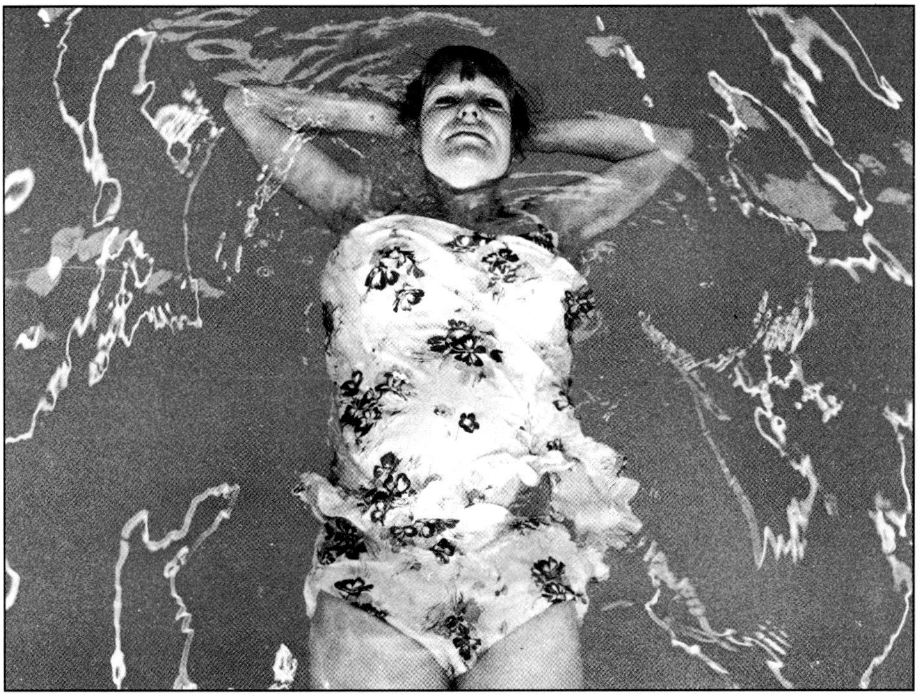

Übungen im Wasser

Schwimmen ist eine wunderbare Übung in der Schwangerschaft. Sie können Ihr allgemeines Wohlbefinden verbessern und werden gleichzeitig gelenkiger. Auch als Nichtschwimmerin können Sie diese Übungen machen.

Radfahren
Lehnen Sie sich mit dem Rücken an und halten Sie sich mit gestreckten Armen fest. Heben Sie die Beine und machen Sie langsame, betonte Radfahrbewegungen. Machen Sie diese Übung einige Minuten lang, aber nicht, wenn Sie erschöpft sind.

Körperbewegungen
Drehen Sie sich mit dem Gesicht zum Beckenrand, setzen Sie die Füße flach auf und drücken Sie die Knie durch. Bewegen Sie Ihren Körper von Seite zu Seite. Strecken Sie Ihre Beine so lange, bis sie aus dem Wasser schauen, schaukeln Sie.

Reisen

Weder eine lange noch eine kurze Reise wird Ihnen in der Schwangerschaft schaden, aber seien Sie vernünftig dabei. Riskieren Sie nicht, müde zu werden, indem Sie lange Fahrten ohne Pause unternehmen, besonders nicht allein. Vermeiden Sie holprige Reisen auf unwegsamer Strecke. Nehmen Sie keine Medikamente gegen Reisekrankheit. Gegen Ende der Schwangerschaft sollten Sie in der Nähe Ihres Wohnortes bleiben, damit Sie Ihren Arzt leicht erreichen können.

Autofahren

Sie können so lange Auto fahren, bis Sie sich wegen Ihrer Größe nicht mehr umdrehen können, oder mit Ihrem Bauch ans Steuerrad stoßen. Sie müssen auch in der Schwangerschaft weiterhin Ihren Sicherheitsgurt anlegen. Einige Frauen können nicht mehr schnell und koordiniert reagieren und sich pausenlos konzentrieren. Wenn Sie dies feststellen, sollten Sie überhaupt nicht mehr Auto fahren. Wenn Sie Rückenschmerzen haben, müssen Sie auf gute Abstützung achten. Machen Sie mindestens alle 100 km eine Pause.

Bahnfahrten

Eine Bahnreise ist wahrscheinlich während der Schwangerschaft die entspannendste Art zu reisen.

Flugreisen

Nach der 28. Woche sollten Sie nicht mehr fliegen, aber wenn es unbedingt nötig ist, wird es Ihr Arzt vielleicht bis zur 36. Woche gestatten. Nach der 28. Woche bittet die Fluggesellschaft Sie wahrscheinlich um ein Attest, um sicherzugehen, daß Sie für eine Flugreise körperlich fit sind.

10 Gut aussehen

In der Schwangerschaft stellen die meisten Frauen fest, daß sich ihre Haut verbessert. Es entsteht ein Glanz, da die Haut besser durchblutet wird. Sie fühlen sich wohl und attraktiv. Schwangerschaftshormone haben einen natürlichen Beruhigungseffekt. Durch sie werden Sie die Ruhe erreichen, die eine Schwangere besonders schön machen kann. Gymnastik, gesunde Ernährung und das Bewußtsein der körperlichen Veränderungen in der Schwangerschaft werden ihren Teil dazu beitragen und Ihnen ein positives Selbstwertgefühl geben, so daß Sie mit Ihrer sich verändernden Figur glücklich sind. Entsprechende Kleidung, Make-up und Körperpflege können viel dazu beitragen.

Wenn Sie sich wohl fühlen, sehen Sie gut aus. Versuchen Sie, die Anspannung für Ihren Körper so gering wie möglich zu halten, indem Sie bequeme Kleidung tragen, Schuhe mit flachen Absätzen und auf gute Haltung achten. Sie müssen keine unförmige Kleidung tragen; in den ersten zwei Dritteln der Schwangerschaft können Sie Ihre bestehende Kleidung anpassen.

Kleidung

Der verstärkte Blutkreislauf in Ihrem Körper hat zur Folge, daß Sie leichter schwitzen und sich auch der vaginale Ausfluß verstärkt (siehe S. 158). Es ist daher ratsam, täglich zu baden. Wenn möglich, sollten Sie leichte Kleidung aus Naturfasern tragen, die die Haut nicht reizt und in der Sie sich nicht heiß und eingeengt fühlen. Selbst bei kaltem Wetter werden Sie überrascht sein, wie warm Ihnen ist. Tragen Sie daher weniger und leichtere Kleidung, als Sie es normalerweise tun würden.

Tragen Sie einfache, lockersitzende Kleidung. Vermeiden Sie enge Taillenbänder oder Gürtel oder Sachen, die um die Oberschenkel herum einengen. Die meisten Frauen können bis zum fünften Monat ihre normale Kleidung tragen, manchmal mit einer Sicherheitsnadel oder einem Stück Klettband, um sie zu erweitern. Kleidungsstücke mit einem Band zum Zusammenziehen oder einem Gummiband können angepaßt werden, wenn der Bauch dicker wird. Dunkle Farben verstecken Ihre Figur, eine betonte Schulterlinie oder große Schleifen am Hals lenken vom Bauch ab. Weite Kleidung wie Kittelkleider oder Trägerröcke kann man bis zur Geburt tragen. Wenn Sie davon genug haben, müssen Sie sich überhaupt keine spezielle Kleidung kaufen. Ihre Brust wird sich auch vergrößern, engen Sie sie nicht ein.

Es gibt Ihnen bestimmt moralischen Auftrieb, wenn Sie sich ein oder zwei wirklich schicke Ausstattungen kaufen, die noch nicht einmal spezielle Umstandskleidung sein müssen. Damit Sie mehrere Monate Freude daran haben, sollten Sie nicht warten, bis Ihre Schwangerschaft zu sehr vorangeschritten ist. Es muß nicht unbedingt Umstandskleidung sein. Unter der normalen Kleidung finden Sie bestimmt einige modische Stücke.

Zusammenstellung der Garderobe

- Schauen Sie sich die Schnitte von Umstandskleidung an und merken Sie sich, wie sie erweitert werden kann, z. B. mit eingesetzten Elastikteilen oder Klettband. Sie können so Ihre bestehende Garderobe verändern.
- Vordersäume an Umstandskleidern sind meist 2,5 cm länger. Denken Sie daran, wenn Sie selbst nähen oder normale Kleider kaufen.

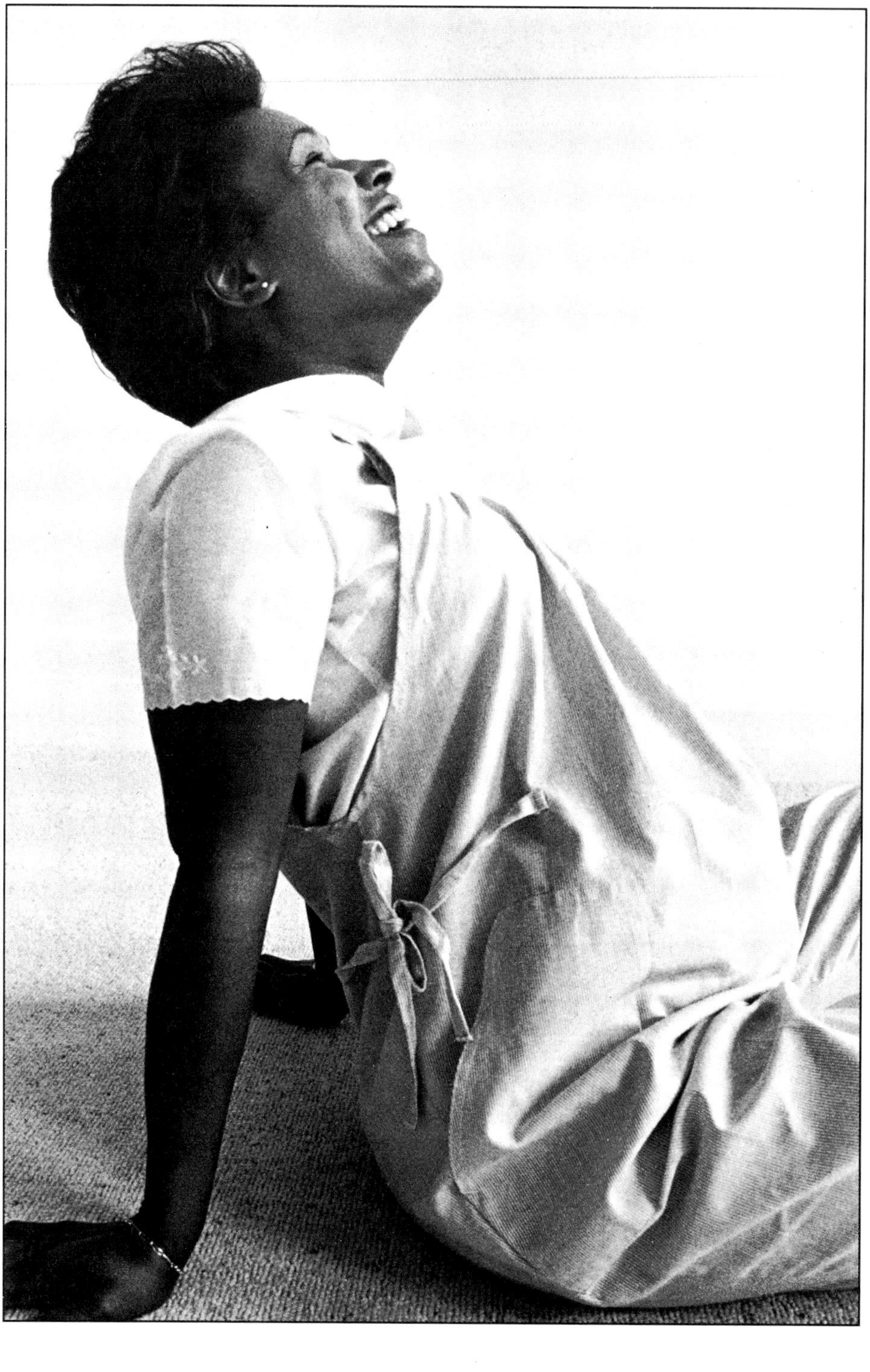

Anpassungsfähige Schwangerschaftskleidung

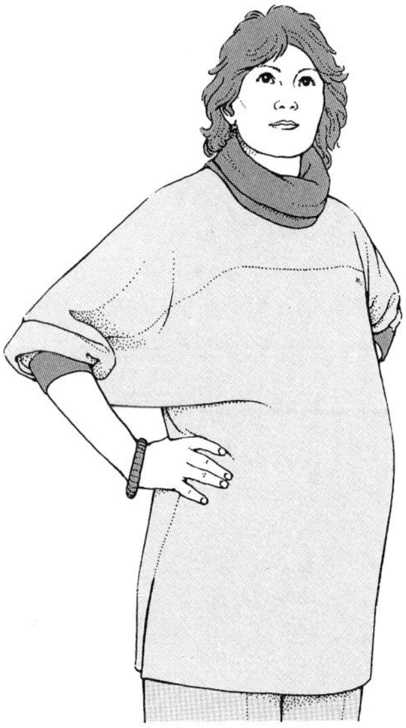

Ein weit geschnittenes Sweatshirt paßt zu einer in der Weite verstellbaren, locker fallenden Hose.

Eine Herrenweste schmeichelt dem Aussehen.

Langes, elegantes und bequemes Kittelkleid.

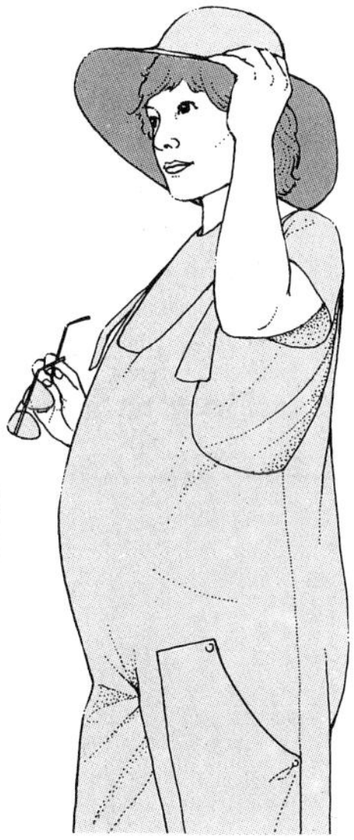

Leichte, verstellbare Latzhose.

- Suchen Sie etwas Passendes in der Garderobe Ihres Partners.
- Ersetzen Sie Taillenbänder aus Gummi durch Zugbänder.
- Lockersitzende Jacken, Zeltmäntel und Umhänge eignen sich am besten zum Verdecken. Ein Regenumhang ist die ideale Regenkleidung.
- Tragen Sie Sachen übereinander - einen kurzen Kittel über einem langen Rock, vielleicht mit einem anderen Rock oder Unterrock darunter.
- Große Drucke und breite Streifen lassen Sie dicker erscheinen, während kleine Blumenmuster in gedämpften Farben raffinierter sind.
- Dehnbare Stoffe sind bequem, aber vermeiden Sie anliegende Materialien.

◁ *Seien Sie stolz auf Ihren schwangeren Körper, und genießen Sie Ihren Zustand. Betrachten Sie das Wachsen Ihres Körpers als etwas Schönes, und machen Sie sich deshalb keine Sorgen.*

- Am Strand ist ein großes T-Shirt, an einer Hüfte verknotet, oder ein riesiger Schal attraktive Kleidung.
- Ein weiter Rock mit einem Taillenband aus Gummi oder einem Zugband kann unter den Achseln als Sonnenkleid getragen werden; heruntergezogen, mit einem Kitteloberteil, ist er eine wandlungsfähige Sommerkleidung.

Fußbekleidung

Wenn möglich, sollten Sie barfuß laufen. Baumwoll- oder Wollsocken sind oft am bequemsten, bei Strumpfhosen sollte man darauf achten, daß sie groß genug und dehnbar sind, kein enges Taillenband haben und genug Platz für die Zehen lassen, damit sie frei beweglich sind. Wenn es Ihnen nichts ausmacht, das Taillenband unter dem Bauch zu tragen, sind normale Strumpfhosen während der ganzen Schwangerschaft bequem, aber während

des dritten Trimesters brauchen Sie eventuell spezielle Umstandsstrumpfhosen. Tragen Sie keine Strumpfbänder, Strümpfe oder Socken bis zum Knie mit elastischen Rändern, da diese das Blut in den Beinen stauen.
Ihre Füße und Ihr Rücken werden mehr belastet, wenn Sie schwerer werden, Ihre Bänder werden weicher und dehnen sich. Darum sollten Sie zur Bequemlichkeit und für Ihre Haltung Schuhe sorgfältig auswählen. Hohe Absätze sollte man vermeiden, da es schwierig ist, in ihnen zu stehen und zu laufen. Außerdem kann man leichter fallen.
Man sollte möglichst nur weiche und bequeme Schuhe mit flachen Absätzen tragen. Wenn Ihre Füße anschwellen, können enge Schuhe einschneiden, aber in lockersitzenden Schuhen kann man ausrutschen. Daher sind in der Freizeit Sportschuhe ideal, obwohl es in der Spätschwangerschaft schwierig sein kann, die Schnürsenkel zu binden. Im Sommer sind Leinenschuhe ideal.

Büstenhalter

Wenn Sie normalerweise keinen Büstenhalter tragen, sollten Sie dies in der Schwangerschaft ändern, wenn Ihre Brust immer größer und schwerer wird und das nichtelastische Stützgewebe überbeansprucht. Wenn Sie diese Bänder nicht entlasten, werden sie überdehnt, und Ihre Brust wird immer schlaff sein.
Von der 6.–8. Woche an, wenn Ihre Brüste größer werden, sollten Sie einen guten Stützbüstenhalter mit einem breiten Band unter den Körbchen, breiten, bequemen Trägern und anpassungsfähigem Verschluß tragen. Falls notwendig, müssen Sie sich mit zunehmender Größe der Brust einen noch größeren BH kaufen. Wenn Ihre Brust sehr schwer ist, sollten Sie vielleicht auch nachts einen leichten BH tragen.
Wenn Sie vorhaben zu stillen, sollten Sie sich etwa in der 36. Woche nach einem Stillbüstenhalter umsehen, der sich vorne öffnen läßt, damit Sie Ihr Baby leicht stillen können. Geschäfte mit Umstandsmoden und Kaufhäuser haben eine große Auswahl, aber wenn Sie zum Beispiel einen besonders schmalen oder breiten Rücken haben, müssen Sie sich vielleicht an ein Fachgeschäft für Miederwaren wenden, um das Passende zu finden. Diesen BH werden Sie mindestens sechs Wochen lang Tag und Nacht tragen (kaufen Sie mindestens zwei), daher muß er so bequem wie eine zweite Haut sein. Denken Sie auch daran, sich Stilleinlagen zu besorgen.

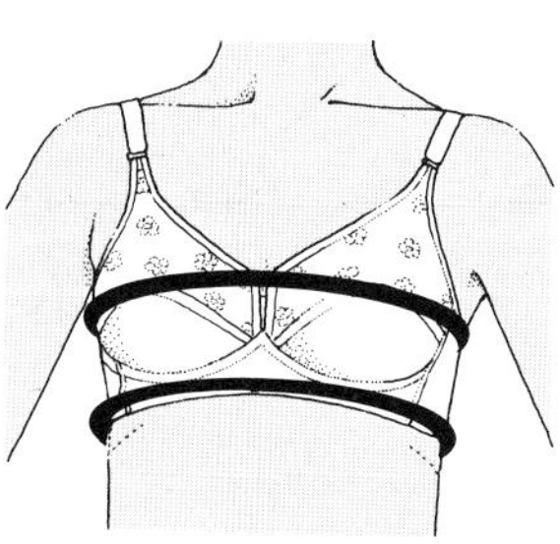

Maßnehmen für einen BH
Messen Sie direkt unter der Brust, um die Größe festzustellen, und um den vollsten Teil der Brust für die Körbchengröße.

Verschiedene Arten von Still-BHs
Beide oben abgebildete BHs geben Halt, selbst beim Stillen.
△ BH mit Klappe zum Öffnen.

BH mit Öffnung in der Mitte

Pflege für Haut und Haar

Der hohe Hormonspiegel im Blut (siehe S. 98) hat direkte Auswirkung auf Ihre Haut, sie wird draller, enthält mehr Feuchtigkeit und läßt Ihr Gesicht weich und samtig erscheinen. Zusätzlich bekommt Ihre Haut einen rosigen Schein, da sich mehr Blut im Kreislauf befindet. Bei den meisten Frauen verbessert sich die Haut merklich – trockene Haut normalisiert sich, fettige Haut glänzt nicht mehr so sehr, Pickel sind seltener – es kann jedoch auch das Gegenteil eintreten, und Sie müssen Ihre ganze Schönheitspflege umstellen. Ihr Gesicht kann voller werden, wodurch Linien und Falten verschwinden und Sie jünger und gesünder aussehen oder, umgekehrt, noch rundlicher.
Es ist möglich, daß Ihre Haut in der Schwangerschaft juckt, besonders über dem Bauch. Reiben Sie sich mit Öl, egal welcher Art, ein. Das Öl selbst bewirkt vielleicht nichts, aber die Massage regt die Blutgefäße an und nimmt das Jucken.
Wenn Sie viel zugenommen haben, besonders an den Oberschenkeln, kann sich die Haut wundreiben. Baden Sie häufig, pudern Sie die betreffenden Stellen ein und halten Sie sie trocken und kühl. Tragen Sie Baumwollsachen und vermeiden Sie Nylonstrumpfhosen. Auch Körperlotion hilft, aber die einzige wirkliche Vorbeugung ist, nicht soviel zuzunehmen.

Allgemeine Hautpflege

Verwenden Sie sowenig Seife wie möglich für Gesicht und Körper. Halten Sie immer Handcreme und Lippenbalsam bereit. Wenn Sie Make-up tragen, sollten Sie jetzt nicht darauf verzichten; Make-up ist gut für die Haut. Es reduziert den Wasserverlust und hilft, die Haut feucht zu halten. Benutzen Sie regelmäßig ein Badeöl. Ein Ölfilm bleibt auf Ihrer Haut und verhindert schädlichen Wasserverlust.

Muttermale

Pigmentierte Hautstellen wie Muttermale, Leberflecken und Sommersprossen können durch Sonnenlicht dunkler werden. Deshalb sollten Sie sich gut bedeckt halten oder eine Sonnencreme benutzen.
Manchmal erscheinen braune Flecken (Mutterflecken oder Schwangerschaftsmaske) auf Gesicht und Hals. Sie werden von den Schwangerschaftshormonen hervorgerufen (siehe S. 98) und machen sich auch oft bei Frauen bemerkbar, die die Pille nehmen. Hautärzte glauben, daß sich diese Veränderung durch eine Reaktion auf Parfüm oder Kosmetika verstärkt, deshalb sollten Sie die Produkte, die Sie verwenden, testen. Versuchen Sie nicht, diese Flecken zu bleichen: überdecken Sie sie mit einem speziellen Make-up-Stift. Die Flecken verschwinden innerhalb von drei Monaten nach der Geburt. Dunkelhäutige Frauen bekommen manchmal weiße Flekken auf Gesicht und Hals. Auch diese verschwinden wieder.

Spinnenäderchen

Sie erscheinen im Gesicht besonders auf den Wangen, wenn sich ein Blutgefäß erweitert und kleinste Blutadern von diesem Gebiet ausgehen. Sie sind bei hellhäutigen Frauen sehr auffällig, aber verschwinden innerhalb von zwei Monaten nach der Geburt wieder.

Haarbehandlung

Einige Frauen stellen während der Schwangerschaft eine Veränderung an ihren Haaren fest, andere nicht (siehe S. 105). Es ist ratsam, sich besonders in dieser Zeit die Haare regelmäßig schneiden zu lassen, so daß man sie leicht pflegen kann; Sie haben dann eine Sorge weniger, wenn das Baby erst einmal da ist. Waschen Sie Ihr Haar, sooft Sie wollen. Wenn Sie eine Veränderung feststellen, sollten Sie auch das entsprechende Shampoo wählen. Seien Sie beim Haarewaschen vorsichtig, damit Sie Ihren Rücken nicht belasten.

Make-up-Tips zum Überdecken von Fehlern

Wenn Sie Make-up tragen, ist natürliches Aussehen am hübschesten und macht das Beste aus einem frischen Teint. Das ist bei betonten Details und leuchtenden Farben nicht der Fall. Wählen Sie eine Grundierung, die einen Ton heller ist als die Hautfarbe Ihres Halses, und einen durchscheinenden Puder. Vermeiden Sie rosa Rougetöne; aprikosenfarbene Töne sind natürlicher. Wählen Sie für Ihr Augen-Make-up keine harten Farben – sie werden mit dem Glanz Ihrer Augen wetteifern – nehmen Sie statt dessen weiche, schlammige Farben. Ein Lippenstift in natürlichem Ton vervollständigt die Wirkung.

Falten
Wenn Ihre Haut trockener wird, werden die feinen Linien, Falten und Krähenfüße sichtbarer. Schwere Grundierung und Puder verschlimmern dies noch, genau wie alles Glänzende und Glitzernde. Verwenden Sie einige Tage lang überhaupt kein Make-up, bis Ihre Haut wieder feuchter ist, oder wählen Sie die feinste Grundierung, die Sie finden können, und benutzen Sie einen feinen, durchscheinenden Puder.

Gesichtsröte
Die vermehrte Blutversorgung kann ständige Röte hervorrufen. Um diese zu reduzieren, beginnen Sie mit einer matten Beigegrundierung, die überhaupt kein Rosa enthält, dafür aber eine Menge Farbkörper. Sie darf weder dick noch fettig sein. Mit den Fingerspitzen tupfen Sie sie auf die Stellen der Wangen auf, wo sie gebraucht wird. Bei trockener Haut tragen Sie Ihre normale Grundierung dünn darüber auf und schließen mit einem farblosen Puder ab. Die gleiche Methode eignet sich für feine Adern auf den Wangen, die hervortreten, und für Spinnenäderchen (siehe gegenüber).

Besonders fettige Haut
Benutzen Sie ein Feuchtigkeitsmittel auf Wasserbasis, eine fettfreie Grundierung und einen durchscheinenden Puder für fettige Stellen.

Besonders trockene Haut
Benutzen Sie eine Filmgrundierung auf Ölbasis und Puder. Auf trockene Stellen tragen Sie zuerst eine dünne Lotion, die von der Haut innerhalb von Sekunden aufgenommen wird, darüber eine dickere, die einen Wasserverlust der Haut verhindert, auf. Eine feine Lage passendes Make-up darüber verlangsamt den Wasserverlust ebenfalls.

Aufgedunsenheit
Sie macht sich am meisten unter dem Kinn bemerkbar, kann aber mit etwas braunem Rouge versteckt werden, das man unter die Wangenknochen gibt und auf beide Seiten des Halses. Um von Ihren Wangenknochen abzulenken, tragen Sie Rouge auf die Schläfen auf, so daß die Augen zum Mittelpunkt werden.

Dunkle Ringe
Tragen Sie eine dünne Schicht Grundierung auf. Bei trockener Haut verwenden Sie eine dünne Abdeckcreme für die Augen, die Sie erst erwärmen und verdünnen und dann auf die dunklen Schatten auftupfen. Nach einigen Minuten geben Sie noch eine dünne Schicht Grundierung darüber und vermischen sie vorsichtig. Stäuben Sie farblosen Puder darüber.

Akne
Wenn Sie normalerweise unter Pickeln und Mitessern leiden, werden diese vielleicht verschwinden. Die Hormonschwankung kann auf der anderen Seite zum ersten Mal eine Akne im Gesicht oder auf dem Rücken hervorrufen. Sie unterscheidet sich von der normalen Akne und darf nicht mit den üblichen Mitteln behandelt werden. Fragen Sie Ihren Arzt, wenn Sie beunruhigt sind.
Um eine unansehnliche Akne zu verstecken, geben Sie mit Ihren Fingerspitzen etwas mehr Grundierung auf die betroffenen Stellen. Erscheint dies nicht genug, tragen Sie mit der gleichen Technik mehrere dünne Schichten Abdeckstift oder -creme auf, die Ihrem Make-up genau angepaßt sind. Zum Schluß tragen Sie eine Schicht Grundierung auf und stäuben etwas farblosen Puder darüber.

11 Ruhe und Entspannung

In den ersten drei Schwangerschaftsmonaten werden Sie überrascht sein, wie müde Sie sich fühlen. Obwohl Ihr Baby noch klein ist, muß Ihr Körper mit dramatischen Veränderungen der Hormonspiegel fertig werden. Im zweiten Drittel werden Sie sich jedoch daran gewöhnt haben, und es ist gut möglich, daß Sie sich eher beschwingt als müde fühlen. Im letzten Trimester, besonders in den sechs Wochen vor der Geburt des Babys, werden Sie wieder müde sein und täglich zwei bis vier Stunden mehr Ruhe brauchen. Wenn es schwierig oder unmöglich ist, tagsüber eine feste Pause einzuplanen, sollten Sie jede Gelegenheit wahrnehmen, sich auszuruhen oder zu entspannen. Und immer, wenn Sie sich hinsetzen, sollten Sie nach Möglichkeit die Füße hochlegen. Kämpfen Sie nicht dagegen an, wenn Sie sehr müde sind, geben Sie Ihrem Körper nach.

Schlaf

In der Schwangerschaft ist es wichtig, genug Schlaf zu bekommen. Ihr Ziel sollte sein, nachts mindestens acht Stunden zu schlafen. Paradoxerweise können Sie an Schlaflosigkeit leiden, auch wenn Sie sich zeitweise müde und erschöpft fühlen. Neue Erkenntnisse weisen darauf hin, daß diese Schlaflosigkeit der Mutter auf den immer aktiven Stoffwechsel des Babys zurückzuführen ist.
Ein Baby wächst und entwickelt sich ständig, Tag und Nacht, deshalb verlangsamt sich sein Stoffwechsel nicht, wenn der Abend kommt - sein »Motor« läuft mit Höchstgeschwindigkeit weiter. Das bedeutet, daß der mütterliche Körper ohne Pause das Baby mit Nahrung und Sauerstoff versorgen muß, auch der Stoffwechsel der Mutter darf sich also nicht verlangsamen. Diese ständige Aktivität führt oft zu Schlaflosigkeit.
Kämpfen Sie nicht dagegen an und werden Sie nicht ärgerlich - es würde Ihre Schlaflosigkeit nur verschlimmern. Sie dürfen auch nicht ohne Wissen Ihres Arztes Schlaftabletten nehmen. Wenn Sie nicht einschlafen können oder immer wieder aufwachen und ruhelos im Bett liegen, sollten Sie folgende Tips ausprobieren:

- Versuchen Sie ein altbewährtes Mittel und trinken Sie heiße Milch.
- Nehmen Sie ein möglichst heißes Bad, bevor Sie ins Bett gehen. Es entspannt die Muskeln.
- Die meisten Schwangeren müssen sich im Schlaf ausbreiten können. Wenn Ihr Bett nicht sehr breit ist, sollen Sie jetzt ein größeres kaufen. Später beim Stillen wird es Ihnen in einem größeren Bett auch leichter fallen, eine bequeme Stellung einzunehmen.
- Statt auf dem Rücken zu liegen, sollten Sie in einer bequemen Stellung auf der Seite schlafen. Nehmen Sie einige weiche Kissen und experimentieren Sie herum, bis Sie die richtige Position gefunden haben.
- Gehen Sie früher ins Bett, auch wenn Sie nicht sofort einschlafen können - Sie können lesen oder einige Entspannungsübungen machen. Üben Sie die tiefe Atmung und konzentrieren Sie sich auf das neue Leben in Ihnen.
- Wenn Sie nachts aufwachen, können Sie aufstehen und etwas tun, das Sie schon lange vor sich herschieben, so daß Sie am nächsten Tag Zeit sparen.
- Hören Sie Musik, über Kopfhörer im Bett oder in einem anderen Zimmer.

Entspannung

Ungeduld, Reizbarkeit, die Unfähigkeit, sich zu konzentrieren, und weniger Interesse am Sex sind alles Anzeichen von Müdigkeit. Durch ausreichende Ruhe lassen sich diese Probleme alle kurieren. Da Sie wahrscheinlich nachts nicht immer genug Schlaf finden können, sollten Sie tagsüber, wenn sich die Möglichkeit bietet, einen kurzen Mittagsschlaf halten oder einfach die Füße hochlegen und sich entspannen. Es ist nicht wichtig, lang zu schlafen: fünf bis zehn Minuten mit geschlossenen Augen dazusitzen und die Füße hochzulegen, kann schon genug erfrischen.

Es ist immer nützlich, eine Entspannungstechnik zu beherrschen. Wenn Sie sich erst einmal daran gewöhnt haben, sie anzuwenden, können Sie so Ihre Energien in wenigen Minuten wieder gewinnen. Durch die folgende Methode der sofortigen Entspannung bzw. des »Vorstellungstrainings« können Sie Ihren Körper so kontrollieren, daß Sie sich in 30 Sekunden entspannen können.

- Machen Sie es sich bequem.
- Atmen Sie tief ein, halten Sie den Atem fünf Sekunden lang an (zählen Sie bis fünf) und atmen Sie aus.
- Befehlen Sie Ihren Muskeln, sich zu entspannen.
- Wiederholen Sie diesen Vorgang zwei- oder dreimal, bis Sie entspannt sind.
- Denken Sie an etwas Angenehmes. Dies hilft Ihnen, Ihre Phantasie zu gebrauchen und eine geistige Blockierung abzubauen, so daß Sie leichter mit Ihrem Körper Fühlung aufnehmen und ihn leichter kontrollieren können. Während der Geburt wird Ihnen diese Fähigkeit zugute kommen.

Nutzen Sie jede Gelegenheit, sich auszuruhen; warten Sie nicht, bis Ihr Körper schmerzt und die Müdigkeit Sie zum Ausruhen zwingt. Tagsüber können Sie sich hinlegen, solange Ihr Kleinkind in ein Spiel vertieft ist.

Entspannungstechniken

Körperliche Entspannung

Bei dieser Methode werden verschiedenen Körperteilen nacheinander Befehle gegeben, um dort Spannungen abzubauen. Sie werden den Nutzen dieser Übung während der Wehen erkennen, wenn Sie fast alle Muskeln Ihres Körpers entspannen sollen, während sich die Gebärmutter zusammenzieht. Ihr Partner kann Ihnen dabei helfen, indem er Sie dort berührt, wo Sie sich verkrampfen; als Antwort auf die Berührung lassen Sie locker.

Nach Möglichkeit sollten Sie zweimal täglich 15–20 Minuten üben. Üben Sie vor dem Essen oder frühestens eine Stunde danach.

- Nehmen Sie eine bequeme Stellung ein. Legen Sie sich auf den Rücken, und stützen Sie sich mit Kissen ab.
- Schließen Sie die Augen.
- Denken Sie an Ihre rechte Hand; spannen Sie sie für einen Moment an und lassen Sie locker. Dabei zeigt die Handfläche nach oben.
- Befehlen Sie Ihrer Hand, schwer und warm zu werden, drücken Sie mit Ihren Ellbogen auf den Boden oder in die Kissen, lassen Sie los.
- Arbeiten Sie sich jetzt die rechte Körperseite hinauf, über den Unterarm, den Oberarm, zur Schulter. Heben Sie Ihre Schulter an, lassen Sie los.
- Wiederholen Sie dies mit der oberen linken Körperhälfte. Ihre Hände, Arme und Schultern werden warm und schwer.
- Lassen Sie Ihre Knie zur Seite fallen, entspannen Sie Ihre Hüften und pressen Sie den unteren Teil des Rückens auf den Boden oder die Kissen. Lassen Sie los, und lassen Sie die Entspannung in Bauch und Brust fließen. Befehlen Sie den Muskeln, schwer und warm zu werden.
- Ihre Atmung sollte langsamer werden. Geschieht dies nicht, verlangsamen Sie sie, indem Sie zwischen dem Atemholen bis zwei zählen.
- Entspannen Sie Hals und Kiefer. Mit geschlossenen Lippen lassen Sie den Unterkiefer und die Zunge nach unten fallen, lassen Sie auch die Wangen hängen.
- Schenken Sie den Muskeln um die Augen herum und an der Stirn besondere Aufmerksamkeit, glätten Sie die Stirn.

Geistige Entspannung

Wenn Sie die Technik der Muskelentspannung beherrschen, können Sie auch Ihren Geist auf diese Weise entspannen.

- Versuchen Sie, alle anspannenden Gedanken, Ängste oder Sorgen aus Ihrem Kopf zu verscheuchen, indem Sie langsam und regelmäßig ein- und ausatmen und sich ganz auf die Atmung konzentrieren; Sie können langsam zu sich sagen: »Einatmen, anhalten, ausatmen.«
- Lassen Sie angenehme Gedanken durch Ihren Kopf gehen, assoziieren Sie frei.
- Wenn ein beunruhigender Gedanke wieder auftaucht, verscheuchen Sie ihn, indem Sie im Flüsterton »nein« sagen oder sich wieder bewußt auf die tiefe Atmung konzentrieren.
- Stellen Sie sich mit geschlossenen Augen ein ruhiges Bild vor, z. B. klaren, blauen Himmel oder das ruhige, blaue Meer. Versuchen Sie, an etwas schönes Blaues zu denken, da dies eine besonders entspannende Farbe ist.
  Denken Sie intensiv an die Atmung und machen Sie sie sich bewußt. Fühlen Sie, wie langsam und natürlich sie ist. Konzentrieren Sie sich beim Ein- und Ausatmen auf jeden Atemzug. Hören Sie Ihrer Atmung zu.
- Jetzt sollten Sie ruhig und entspannt sein – es kann helfen, ein beruhigendes Wort oder ein Mantra (indische Beschwörungsformel) wie Liebe, Frieden oder Ruhe zu wiederholen. Vielleicht bevorzugen Sie ein weniger symbolisches Wort wie Atem, Erde oder Lachen. Denken Sie an ein Wort, einen beruhigenden Ton wie »aah«, während Sie ausatmen.
- Denken Sie daran, Gesichtsmuskeln, Augen und Stirn entspannt zu halten, und befehlen Sie Ihrer Stirn, kühl zu werden.

Um sich auf die Entspannungsmethode einzustimmen, kann es helfen, eine gleichbleibende Anfangsübung zu entwickeln. Wenn Sie zum Beispiel ein Mantra wiederholen oder Ihre Schultern hängen lassen, kann dies ein Signal für den übrigen Körper sein, sich zu entspannen. Besonders wichtig ist es, bei den Entspannungsübungen immer auf eine bewußte Atmung zu achten.

Atemtechniken

In Schwangerschaftskursen wird viel Zeit für Entspannungsübungen und die Erlernung verschiedener Atemtechniken verwandt. Es ist wichtig, verschiedene Stufen der Atmung zu lernen; wenn die Wehen eingesetzt haben, werden Sie jede einzelne zu verschiedenen Zeiten brauchen, um sich zu entspannen, Energie einzuteilen, Körper und Schmerz zu kontrollieren, sich zu beruhigen und keine Angst aufkommen zu lassen. Wenn Sie erst einmal feststellen, daß Sie durch eine bewußte Atmung einen hohen Grad an Kontrolle über Ihren Körper haben, werden Sie genug Selbstvertrauen haben, wenn die Geburt einsetzt und diese Techniken anwenden. Hier sind drei Grundarten aufgeführt, die Ihnen helfen werden. Wenn Sie zusammen mit Ihrem Partner oder einer Freundin üben, können Sie die verschiedenen Stufen leichter auseinanderhalten.

Tiefe Atmung

Beim Einatmen sollten Sie fühlen, wie sich die Lunge bis in die Spitzen mit Luft füllt und sich der untere Teil des Brustkorbs nach außen und oben bewegt. Lassen Sie die Schultern hängen. Wenn jemand die Hände auf den unteren Teil Ihres Rückens legt, sollten Sie sie mit Ihrer Atmung bewegen können. Dieses Atmen erinnert an das Ende eines Seufzers und endet mit langsamer, tiefer Ausatmung. So entsteht eine beruhigende Wirkung, die ideal für Anfang und Ende einer Wehe ist.

Leichte Atmung

Atmen Sie nur mit dem oberen Teil der Lungen, so daß sich der obere Teil der Brust und die Schulterblätter heben und dehnen. Ihr Partner kann dies fühlen, indem er seine Hände auf Ihre Schulterblätter legt. Ihre Atemzüge sollten bei leicht geöffneten Lippen kurz und schnell sein. Atmen Sie durch den Mund ein. Nach ungefähr zehn leichten Atemzügen müssen Sie wahrscheinlich tief Luft holen. Diese Art der Atmung wird auf dem Höhepunkt der Wehen eingesetzt.

Hecheln

Die kurzen Atemzüge erinnern an das Hecheln eines Hundes. Denken Sie dabei »hecheln, hecheln, ausblasen«. Während der Übergangsphase wird man Sie bitten zu hecheln, damit Sie nicht pressen, bevor der Muttermund vollständig eröffnet ist (siehe S. 184). Wenn Sie kurz, schnell und flach atmen, zieht sich das Zwerchfell zusammen und entspannt sich schnell wieder. So wird verhindert, daß Sie mit aller Kraft nach unten pressen. Es ist auch während einer schmerzhaften Wehe hilfreich, da Sie am Ende nicht außer Atem sind. Damit Sie nicht zu hastig atmen oder zuviel Sauerstoff zuführen, sollten Sie 10–15mal hecheln und dann den Atem anhalten und bis fünf zählen.

Massage

Körperlicher Kontakt ist immer eine Quelle der Beruhigung und des Trostes, und dies trifft ganz besonders in der Schwangerschaft zu. Massage kann Sie entspannen und Sie und Ihren Partner einander näherbringen. Sie ist auch in der ersten Phase der Geburt nützlich, um Rückenschmerzen zu erleichtern und Sie zu beruhigen.

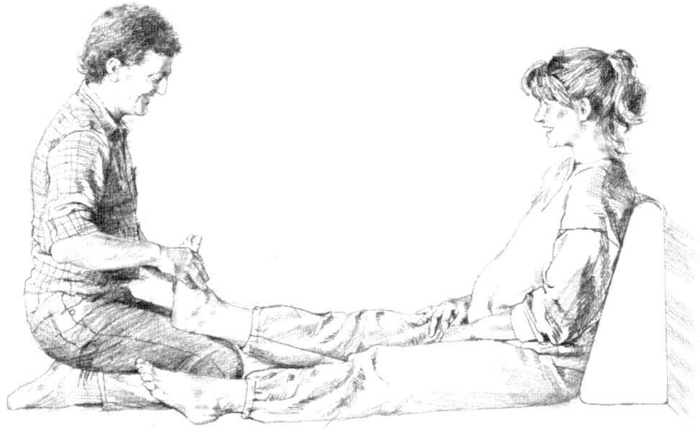

◁ ***Fußmassage***
Ihre Partnerin sollte bequem sitzen und gut abgestützt sein; drükken Sie mit Ihrem Daumen auf die Fußsohlen zu den Fußseiten hin. Wenn Sie stark aufdrücken, kitzelt es nicht. Arbeiten Sie sich von der Ferse zu den Zehen vor.

Streicheln der Stirn ▷
Ihre Partnerin ist an Ihrer Brust abgestützt; schließen Sie sanft ihre Augen und bewegen Sie Ihre Fingerspitzen leicht nach außen, indem Sie Ihre Finger über ihr Haar gleiten lassen.

Rückenschmerzen erleichtern ▷
Ihre Partnerin liegt auf der Seite; drücken Sie fest mit dem Handballen auf das Ende des Steißbeins. Machen Sie kleine Kreisbewegungen. Streicheln Sie dann sanft ihre Oberschenkel bis zum Gesäß.

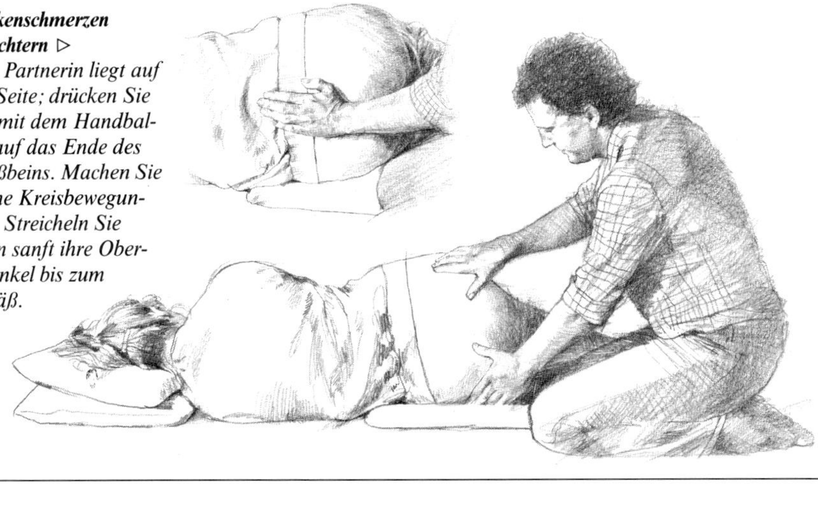

Bequeme Positionen

Wenn Ihr Bauch größer wird, kann es unbequem werden, in den sonst üblichen Positionen zu sitzen oder zu liegen. Wenn Sie, besonders in der Spätschwangerschaft, für längere Zeit flach auf dem Rücken liegen, drückt das Gewicht des Babys auf die Hauptblutgefäße, die an Ihrem Rücken verlaufen. Dies kann unbequem werden und zu Schwindel führen, da der Blutdruck sinkt; es kann auch Hämorrhoiden ver-

Liegen ▷
Legen Sie sich auf die Seite, beugen Sie das obere Bein und winkeln Sie den oberen Arm nach oben ab. Der andere Arm liegt gerade an der Seite. Diese Position ist noch bequemer, wenn Knie und Oberschenkel von einem oder mehreren Kissen abgestützt werden.

▽ ***Zurücklehnen***
Wenn Sie nicht mehr auf der Seite liegen können, setzen Sie sich auf und lehnen Sie sich irgendwo an, schieben Sie sich einige Kissen in den Rücken. Es hilft auch, einige Kissen unter die Knie zu legen, so daß diese leicht gebeugt sind.

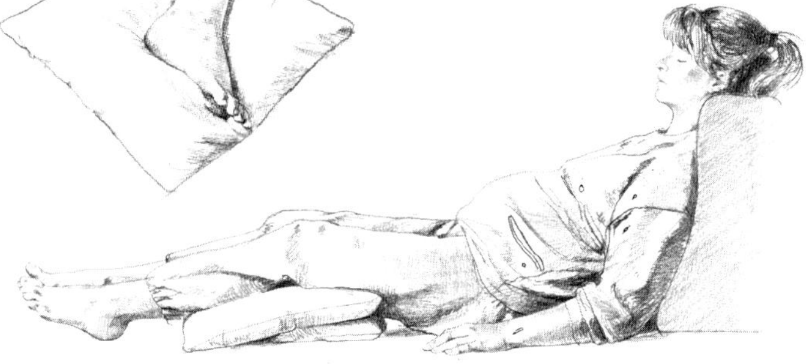

▽ ***Rückenschmerzen lindern***
Eine ausgezeichnete Ruheposition, besonders bei Rückenschmerzen, ist es, auf dem Rücken zu liegen und die Knie mit einigen Kissen zu stützen; vorausgesetzt natürlich, daß diese Stellung für Sie bequem ist.

Die Füße hochlegen ▷
Legen Sie sich auf den Rücken, stützen Sie Kopf und Gesäß mit Kissen ab. Strecken Sie Ihre Beine die Wand hoch und lassen Sie sie auseinanderfallen.

schlimmern. Man sollte in dieser Stellung nicht schlafen, aber eine kurze Ruhezeit oder Übungen auf dem Rücken sollten keine Schwierigkeiten bereiten. Große Kissen auf dem Boden helfen ebenfalls, aber legen Sie nicht zu viele Kissen unter den Kopf, da sich sonst die Wirbelsäule zu sehr krümmt. Im Sitzen sollten Sie nicht die Beine übereinanderschlagen oder sie zu sehr abknicken, da dies Krampfadern verschlimmern kann. Versuchen Sie es mit einigen der hier aufgeführten Positionen und denken Sie immer an Ihre gute Haltung.

Aufrecht sitzen ▷
Diese Stellung hilft, die Rückenmuskulatur zu stärken. Bequemer wird sie besonders beim Autofahren, wenn Sie ein Kissen in den Rücken nehmen. Um sich am Arbeitsplatz auszuruhen, sollten Sie Ihre Füße in einer Ebene mit den Hüften auflegen. Wenn Sie die Füße anspannen, stärken Sie die Waden.

◁ ***Schneidersitz***
Das Sitzen im Schneidersitz oder mit aneinandergelegten Fußsohlen und geradem Rükken öffnet die Leistengegend und dehnt die Innenseiten der Oberschenkel. Drücken Sie die Schenkel leicht nach unten, um die Dehnung zu verstärken. Es fällt Ihnen dann bei der Geburt leichter, die Beine offen hängen zu lassen.

Gegrätschte Beine ▷
Dies ist gut für die Wirbelsäule, die Innenseiten der Oberschenkel und die Leistengegend. Schultern und Rücken sind gerade. Beugen Sie Ihre Füße, und Sie werden die Dehnung an den Oberschenkeln fühlen. Achten Sie darauf, daß Knie und Zehen nach oben zeigen.

12 Häufige Beschwerden

Beschwerde	Ursachen
Ausschlag **3**	Übermäßige Gewichtszunahme, mangelnde Hygiene und Schweiß in den Hautfalten.
Bauchschmerzen **2, 3**	Schmerzen an den Bändern treten in der Schwangerschaft auf, wenn die Bänder, die die Gebärmutter stützen, sich dehnen.
Beckenbeschwerden **3**	Der Kopf des Babys drückt auf die Nerven; dies verursacht, besonders gegen Ende der Schwangerschaft, wenn der Kopf in das Becken eingetreten ist, Schmerzen in der Leistengegend.
Beschwerden im Bett **3**	Bei Verdauungsstörungen, Sodbrennen (siehe Seite 158) oder im Liegen drückt die Gebärmutter auf das Zwerchfell, den Magen und den Brustkorb.
Blähungen **1, 3**	Unbewußtes Schlucken von Luft und nach dem Verzehr von Hülsenfrüchten, Gebratenem und Zwiebeln. In der Schwangerschaft ist der Darm träger, es kann schwieriger sein, die Winde loszuwerden.
Eßgelüste **1, 2, 3**	Man nimmt an, daß sie mit dem hohen Progesteronspiegel zusammenhängen.
Geschmack **1, 2, 3**	Hängt wahrscheinlich mit den Schwangerschaftshormonen zusammen.

Die dickgedruckten Zahlen nach den einzelnen Beschwerden beziehen sich auf das Trimester (ein Trimester ist ein Drittel der Schwangerschaft), in dem Probleme auftreten.

Die meisten Frauen haben normale, gesunde Schwangerschaften, aber es kann durchaus auch eine unangenehme Zeit sein. Viele der auftretenden Probleme sind zwar ärgerlich, aber nicht besorgniserregend. Die meisten Schmerzen entstehen aufgrund der Belastung, durch die häufige Müdigkeit und das zusätzliche Gewicht.

Symptome	Behandlung
Intertrigo (»Wolf«) ist ein roter Hautausschlag, der auftritt, wenn große Hautfalten durch Schweiß gereizt werden. Tritt gewöhnlich unter schweren Brüsten oder in der Leistengegend auf.	Halten Sie die betroffenen Körperstellen sauber und tragen Sie eine lindernde Lotion oder Körperpuder auf. Kontrollieren Sie Ihr Gewicht, wenn dies die Ursache des Problems ist.
Entweder stechender, krampfartiger Schmerz, wenn man nach längerem Sitzen oder Liegen aufsteht, oder ziehender Schmerz auf nur einer Seite.	Keine. Der Schmerz tritt normalerweise vereinzelt auf, daher ist es nicht nötig, ein Schmerzmittel zu nehmen. Heiße Wärmflasche, um die Muskeln zu entspannen.
Schmerz in der Leistengegend und an den Schenkelinnenseiten, besonders stark nach einem Spaziergang oder nach Gymnastik. Kribbeln, das sich über die Rückseite der Beine bis zu den Füßen erstreckt.	Ruhe, vermeiden Sie heftige Bewegungen und nehmen Sie ein Schmerzmittel wie Paracetamol, fragen Sie aber zuerst Ihren Arzt.
Kurzatmigkeit, saures Aufstoßen, Schmerzen und Empfindlichkeit der Rippen.	Versuchen Sie mit Hilfe von zwei oder drei Kissen aufrecht zu sitzen, oder probieren Sie die Positionen von S.150 aus. Schlafen Sie in einem festen Bett und beugen Sie Sodbrennen vor.
Aufblähung des Darms, Magenknurren, häufiges Ausscheiden von Wind.	Schlucken Sie keine Luft, und vermeiden Sie Nahrung, die Blähungen verursacht. Pfefferminztee und andere heiße Getränke können helfen.
Starkes Verlangen nach bestimmten Nahrungsmitteln.	Geben Sie Ihrer Eßlust nach, vorausgesetzt, daß die Nahrungsmittel nicht sehr fetthaltig sind.
Oft ein Metallgeschmack. Geschmack bestimmter Speisen scheint verändert. Kaffee, Alkohol und stark gewürzte Nahrung zum Beispiel werden nicht mehr als schmackhaft empfunden. Oft größeres Verlangen nach Süßem.	Keine.

Beschwerde	Ursachen
Hämorrhoiden **2, 3**	In der Spätschwangerschaft können durch den Druck des Babykopfes im Becken die Blutgefäße im After verstopfen und der Rückfluß des Blutes aus den Beckenorganen erschwert werden, so daß sich die Adern um den After herum aufblähen. Wenn Ihre Mutter oder Ihr Vater Hämorrhoiden hatte, ist es möglich, daß Sie sie auch bekommen. Alles, was den Druck im Bauch vergrößert, wie Verstopfung, Heben, wird Hämorrhoiden verschlimmern.
Harnfluß **3**	Druck der vergrößerten Gebärmutter auf die Blase, so daß sich ihr Fassungsvermögen vermindert; Unvermögen der Beckenbodenmuskeln, beim Lachen oder Husten ein Auslaufen zu verhindern.
Harnwegsinfektion (Cystitis) **1, 2, 3**	Die Erschlaffung der Muskelwand macht die Blase zu jeder Zeit der Schwangerschaft anfällig für Infektionen. Wieder ist der hohe Progesteronspiegel der Grund hierfür. Die Symptome können nach und nach im Laufe mehrerer Wochen oder Monate auftreten.
Krämpfe **3**	Wahrscheinlich auf niedrigen Kalziumspiegel im Blut zurückzuführen. In seltenen Fällen durch Salzmangel in der Ernährung verursacht.
Krampfadern **1, 2, 3**	Krampfadern können vererbt sein. Kurz vor der Entbindung kann der Kopf des Babys auf die Beckenvenen drücken, wodurch das Blut in den Beinen gestaut wird; dies wiederum führt zu Ausstülpungen dieser Gefäße. Langes Stehen kann dies verschlimmern. Sitzt man mit übereinandergeschlagenen Beinen, wird der Blutstrom unterbrochen. Auch Übergewicht kann die Adern erweitern. Krampfadern an der Vulva können entstehen, wenn der Kopf des Babys den Blutstrom dort behindert. Die Vulva schwillt dann an und staut das Blut.
Kurzatmigkeit **3**	Druck auf das Zwerchfell verhindert freie Bewegung beim Ein- und Ausatmen. Auch im Liegen können die Gebärmutter und das Baby gegen das Zwerchfell gedrückt werden.
Morgendliche Übelkeit **1**	Plötzliche hohe Hormonspiegel, besonders von Choriongonadotropin (HCG), dessen Produktion mit der Zeit der Übelkeit zusammenfällt. Es ist nicht klar, warum nicht alle Frauen betroffen sind. Die Ernährung vor der Empfängnis kann für Übelkeit anfällig machen, besonders wenn sie arm an Vitaminen, Mineralen und Kohlenhydraten ist. Müdigkeit trägt auch ihren Teil dazu bei und verschlimmert die Übelkeit, sie ist jedoch nicht direkt Ursache.

Symptome	Behandlung
Jucken, Wundsein, starke Schmerzen beim Stuhlgang, leichter Blutverlust bei großen Hämorrhoiden und Vorstülpungen außerhalb des Afters.	Vorbeugungsmaßnahmen gegen Hämorrhoiden durch ballaststoffreiche Nahrung, viel Flüssigkeit und Bewegung, um Verstopfung zu vermeiden. Achten Sie auf weichen und regelmäßigen Stuhl. Kleine Hämorrhoiden verschwinden nach der Geburt; wenn sie bleiben, brauchen Sie lindernde Creme. Halten Sie die Analgegend sauber, um Reizung zu vermeiden. Legen Sie bei starkem Juckreiz eine Eispackung auf.
Auslaufen von Urin, immer wenn sich der Druck im Bauch erhöht, z. B. beim Bücken und Lachen.	Leeren Sie Ihre Blase häufig, vermeiden Sie schweres Heben und Verstopfung. Machen Sie die Übungen für die Beckenbodenmuskeln regelmäßig (siehe S. 129).
Bedürfnis, öfter Wasser zu lassen. Unbehagen und Schmerzen. Urin kann Blut enthalten. Dumpfe Schmerzen im Unterbauch.	Trinken Sie viel Wasser. Suchen Sie Ihren Arzt auf. Der Urin wird untersucht, und bestimmte Medikamente werden verschrieben, um die Infektion zu bekämpfen.
Schmerzen im Oberschenkel, in der Wade und im Fuß; der Schmerz ist so stark, daß Sie aufwachen und aufschreien können. Der akute Schmerz kann in ein allgemeines, mehrere Stunden anhaltendes Schmerzgefühl übergehen.	Sehr kräftige Massage, möglichst mehrere Minuten lang; es hilft auch, den Fuß auf- und abzubewegen und die Ferse fest aufzusetzen. Wenn die Krämpfe anhalten, sollten Sie Ihren Arzt fragen, eventuell verschreibt er Kalziumtabletten.
Die Haut ist zuerst gereizt oder kann jucken, ein dumpfer Schmerz kann auftreten. Dann erscheinen die Adern als dunkelviolette Linien an den Beinen. Ein schweres Gefühl in der Vulva.	Vermeiden Sie langes Stehen. Tragen Sie eine Stützstrumpfhose; ziehen Sie sie morgens an, nachdem Sie einige Minuten die Beine hochgelegt haben. Legen Sie nachts ein Kissen unter Ihre Füße. Machen Sie Gymnastik, um die Blutzirkulation in Beinen und Füßen zu verbessern (siehe S. 132). Bei Krampfadern an der Vulva schlafen Sie mit einem Kissen unter dem Gesäß, oder tragen Sie eine Binde, die fest an die Schwellung gepreßt wird.
Kurzatmigkeit bei körperlicher Anstrengung oder auch beim Sprechen.	Weniger Aktivität, ruhen Sie sich aus und sprechen Sie nur wenig. Wenn sich auch Schmerzen oder Schwellungen in der Brust einstellen, sollten Sie den Arzt befragen.
Gefühl von Übelkeit, wenn Sie Nahrungsmittel oder Zigarettenrauch sehen oder riechen. Manchmal von Erbrechen begleitet.	Essen Sie wenig und oft und vermeiden Sie die Nahrungsmittel, die bei Ihnen Übelkeit hervorrufen. Wenn Sie verstehen, warum Sie sich krank fühlen, und einsehen, daß dies vorübergeht, werden Sie toleranter und entspannter sein. Versuchen Sie es mit den Ernährungsvorschlägen (siehe S. 120), lutschen Sie Pfefferminzbonbons oder knabbern Sie Trockenobst und trockene Kekse, trinken Sie genug. Sprechen Sie mit anderen Frauen; es kann helfen, wenn Sie wissen, daß Sie nicht die einzige sind. Ihr Arzt wird Ihnen wahrscheinlich davon abraten, ein Medikament gegen die Übelkeit zu nehmen.

Beschwerde	**Ursachen**
Müdigkeit **1, 2, 3**	Manchmal aufgrund von Sorgen, zuwenig Schlaf (siehe Schlaflosigkeit), schlechter Ernährung und gegen Ende der Schwangerschaft wegen des Gewichts des ungeborenen Babys. Ihr Körper muß für Sie und Ihr Baby sorgen.
Nasenbeschwerden **1, 2, 3**	Weicherwerden und Verdickung der Nasenschleimhaut. Erhöhte Blutzufuhr wegen der hohen Spiegel von Schwangerschaftshormonen. Vielleicht wachen Sie mit verstopfter Nase auf. Heftiges Naseputzen kann kleinste Blutgefäße verletzen.
Ödeme **3**	Erhöhte Wasseransammlung im Körper und Stauung dieser Flüssigkeit im unteren Teil des Körpers und in den Fingern. Druck der Gebärmutter auf die Blutgefäße, die das Blut aus der unteren Körperhälfte zum Herzen zurückführen.
Ohnmacht **1, 3**	Das Blut sammelt sich beim Stehen in den Beinen und Füßen. Da auch die Gebärmutter eine erhöhte Blutzufuhr hat, ist dem Gehirn relativ viel Blut entzogen.
Pigmentierung **2, 3**	Größere Produktion des Melanozyten stimulierenden Hormons (siehe S. 98). Verschlimmert sich bei direkter Sonneneinstrahlung.
Rippenschmerzen **3**	Schmerzen an den unteren Rippen entstehen, wenn sich die Gebärmutter ausdehnt, und auch als Folge der hohen Lage des Babykopfes und des vielen Strampelns des Babys.
Rückenschmerzen **1, 2, 3**	Progesteron verursacht ein Weicherwerden und Dehnen der Bänder, besonders an den Beckengelenken. Auch die Bänder, die die Wirbelsäule stützen, entspannen sich. Dies belastet die Muskeln und Gelenke der unteren Wirbelsäule, des Beckens und der Hüften zusätzlich. Schlechte Haltung verschlimmert die Schmerzen.
Schlaflosigkeit **1, 2, 3**	Allgemeine Zunahme des Stoffwechsels. Der Stoffwechsel des Babys unterscheidet nicht zwischen Tag und Nacht, so daß das Baby Sie nachts treten kann. Häufiger Harndrang und Schwitzen kann Sie aufwecken.

Symptome	Behandlung
Verlangen, zwischendurch zu schlafen, vermehrtes Schlafbedürfnis nachts. Die Beine schmerzen.	Vermeiden Sie Überaktivität. Schlafen und ruhen Sie soviel wie möglich. Essen Sie öfter kleine Mahlzeiten, um Ihre Energie aufrechtzuerhalten. Gehen Sie früh ins Bett. Geben Sie Arbeiten an andere ab.
Verstopfte Nase, unerwartetes Nasenbluten, die Nase ist beim Aufwachen verstopft oder läuft.	Behandeln Sie Ihre Nase vorsichtig. Vermeiden Sie trockene, staubige Atmosphäre. Benutzen Sie keinen Nasenspray, ohne Ihren Arzt zu fragen. Bei Nasenbluten drücken Sie sanft auf den Nasenrücken. Lehnen Sie sich leicht nach vorn.
Anschwellen der Hand- und Fußknöchel. Schuhe werden eng. Ihre Finger können morgens steif sein.	Vermeiden Sie es, bei heißem Wetter lange zu stehen. Legen Sie die Füße hoch und ruhen Sie sich mindestens einmal am Tag aus. Vermeiden Sie sehr salzhaltige Nahrungsmittel. Wenn Sie starke Ödeme haben, wird Ihr Arzt Ihnen empfehlen, Ihre Salzeinnahme einzuschränken, und Ihnen Diuretika verschreiben, um überschüssige Flüssigkeit loszuwerden.
Schwindel, Schwanken und das Bedürfnis, sich hinzusetzen oder -zulegen.	Vermeiden Sie langes Stehen, springen Sie nicht plötzlich auf. Seien Sie vorsichtig, wenn Sie aus dem heißen Bad kommen. Kleiden Sie sich bei warmem Wetter so luftig wie möglich. Wenn Sie fühlen, daß ein Schwächeanfall naht, sollten Sie sich flach hinlegen und, wenn möglich, die Beine hochlegen.
Die Haut um die Brustwarzen und Warzenhöfe herum wird dunkler, ebenso die Mittellinie am Unterbauch (Linea nigra), verstärkte Pigmentierung von Sommersprossen oder Muttermalen, Farbflecken quer über das Gesicht.	Verwenden Sie Sonnencreme, wenn Sie starker Sonnenbestrahlung ausgesetzt sind. Bleichen Sie die Haut nie. Die Pigmentierung wird innerhalb einiger Monate nach der Entbindung verschwinden.
Heftige Schmerzen und Empfindlichkeit, meistens auf der rechten Seite, direkt unter der Brust. Besonders stark im Sitzen.	Der Schmerz verschwindet, sobald der Kopf des Babys vor der Geburt ins Becken eintritt (bei einigen Frauen früher, besonders bei Erstgebärenden). Versuchen Sie die Rippen nicht zusammenzuziehen, stützen Sie sich ab oder legen Sie sich hin.
Schmerzen im Bereich des unteren Rückens. Der klassische Kreuzbeinschmerz erstreckt sich über den oberen Teil und in das Gesäß hinein.	Gute Haltung und Übungen zur Stärkung der Wirbelsäule (siehe S. 134), um sie gelenkiger zu machen. Sehr hohe Absätze können den Schmerz vergrößern. Tragen Sie vernünftige Schuhe mit mäßig hohem Absatz. Die Bettmatratze sollte fest sein. Vermeiden Sie schweres Heben (siehe S. 125). Falls der Schmerz das Bein hinunter zum Fuß zieht, sollten Sie Ihren Arzt fragen, um festzustellen, ob es sich nicht um einen Bandscheibenvorfall handelt. Versuchen Sie, ohne Schmerzmittel auszukommen. Massage (siehe S. 145) kann helfen.
Schwierigkeiten einzuschlafen oder nach dem Erwachen wieder einzuschlafen.	Tragen Sie ein leichtes Nachthemd, um Überhitzung zu vermeiden. Heiße Milch oder ein heißes Bad (siehe S. 139) vor dem Zubettgehen können helfen. Lesen Sie ein gutes Buch. Nur selten wird ein Arzt Schlafmittel verschreiben, höchstens im dritten Trimester, wenn die Schlaflosigkeit zur Erschöpfung führt.

Beschwerde	**Ursachen**
Schwangerschaftsstreifen **2, 3**	Ihre Entstehung ist abhängig vom Hauttyp und von der Elastizität der Haut. Unabhängig vom Hauttyp kann übermäßige Gewichtszunahme Dehnungsstreifen verursachen (siehe S. 105).
Schwitzen **2, 3**	Erhöhte Blutzufuhr kann die Blutadern unter der Haut erweitern (siehe S. 103).
Sehstörungen **1, 2, 3**	Speichern von Flüssigkeit. Wenn sich Kontaktlinsen anders anfühlen, kann dies daran liegen, daß das Auge wegen vermehrter Flüssigkeit leicht die Form verändert hat.
Sodbrennen **3**	Das Ventil am Mageneingang entspannt sich in der Schwangerschaft und ermöglicht kleinen Mengen Säure, in die Speiseröhre zu gelangen.
Soor **1, 2, 3**	Der Candida albicans-Pilz entzündet die Scheide. Kann bei der Geburt den Mund des Babys befallen.
Urindrang **1, 3**	In der Frühschwangerschaft ist die Blutzufuhr des ganzen Beckens vergrößert, dies reizt die Blase, und sie muß sich häufiger entleeren. Später in der Schwangerschaft reduziert das Gewicht der Gebärmutter ihr Fassungsvermögen.
Vaginaler Ausfluß **1, 2, 3**	Vermehrte Blutzufuhr in der Scheide und am Muttermund, Weicherwerden und Anschwellen der Schleimhaut haben eine Erhöhung der normalen Schleimabsonderung zur Folge. Bräunlicher oder gelblicher Ausfluß kann seinen Grund in einer Ausstülpung der Schleimhaut des Gebärmutterhalses haben. Beim Geschlechtsverkehr kann dieser Bezirk verletzt werden und ein wenig bluten.
Verstopfung **1, 2, 3**	Progesteron entspannt die Muskeln der Eingeweide und verlangsamt so die Darmbewegung. Der Darminhalt stockt und trocknet aus, so daß der Stuhlgang hart wird und beim Ausscheiden Schmerzen verursacht.
Zahnfleischbluten **1, 2, 3**	Durch den Einfluß der Schwangerschaftshormone und die erhöhte Blutversorgung aller Körperteile verdickt sich das Zahnfleisch und wird weicher. Es schwillt besonders an den Zahnrändern an, Nahrungsreste sammeln sich in den Vertiefungen der Zähne, so daß Bakterien wachsen und sich vermehren können. Dies kann Karies und möglicherweise Zahnfleischentzündung (Gingivitis) verursachen.

Symptome	Behandlung
Silbrige Streifen auf der Haut an Schenkeln, Bauch und Brust.	Cremes und Öle haben keine Wirkung. Die Streifen werden mit der Zeit kleiner, schmaler und heller, aber nur selten ganz verschwinden. Achten Sie darauf, daß Sie nicht zuviel Gewicht auf einmal zunehmen.
Sie schwitzen stark nach leichter Anstrengung oder wachen nachts schweißgebadet auf.	Tragen Sie leichte Baumwollkleidung und Baumwollunterwäsche. Trinken Sie reichlich, um die verlorene Flüssigkeit zu ersetzen.
Weit- oder Kurzsichtigkeit kann entstehen. Kontaktlinsen können Beschwerden verursachen.	Wenn Sie eine Veränderung feststellen, sollten Sie Ihren Optiker aufsuchen. Sagen Sie Ihrem Arzt, daß Sie Kontaktlinsen tragen. Vielleicht können Sie sie in der Schwangerschaft nicht verwenden.
Brennendes Gefühl hinter dem Brustbein, manchmal von Aufstoßen saurer Flüssigkeit begleitet.	Vermeiden Sie Nahrungsmittel, die dieses Problem hervorrufen. Essen Sie nicht kurz bevor Sie ins Bett gehen. Stützen Sie sich im Bett gut ab und trinken Sie warme Milch. Medikamente gegen Magenübersäuerung können verschrieben werden.
Dicker, weißer Ausfluß, begleitet von starkem Juckreiz. Kann beim Wasserlassen Schmerzen verursachen.	Medikamente in Form von Zäpfchen und Creme werden verschrieben. Sie befreien in zwei bis drei Tagen von der Infektion. Wenn das Baby bei der Geburt angesteckt wird, bringen Medikamente schnell Abhilfe. Tragen Sie keine enge Unterwäsche.
Dringendes Bedürfnis, Wasser zu lassen, selbst kleinste Mengen und häufig Tag und Nacht.	Man kann nicht viel tun, außer wenig zu trinken, bevor man ins Bett geht. In der Spätschwangerschaft können Sie versuchen, beim Wasserlassen hin- und herzuschaukeln. Dies verringert den Druck auf die Blase, und sie läßt sich leichter ganz leeren. Wenn Sie beim Wasserlassen Schmerzen haben oder Blut ausgeschieden wird, sollten Sie Ihren Arzt aufsuchen.
Leicht vermehrter, klarer, weißer Ausfluß, der kein Wundsein, Schmerzen oder Juckreiz verursacht.	Unternehmen Sie nichts. Wenden Sie keine Scheidenspülung und kein Intimspray an, nehmen Sie nicht zuviel Seife. Tragen Sie bei Bedarf Slipeinlagen. Informieren Sie Ihren Arzt, falls Blut austritt.
Unregelmäßiger harter Stuhl. Schmerz im Unterbauch.	Leeren Sie Ihren Darm immer, wenn Ihr Körper es verlangt. Essen Sie ballaststoffreiche Nahrung und trinken Sie viel, vorzugsweise Wasser. Regelmäßige Gymnastik hilft auch. Vermeiden Sie starke Abführmittel.
Zahnfleischbluten nach dem Zähneputzen oder dem Genuß harter Lebensmittel. Allgemeine Empfindlichkeit des Mundes. Bei Gingivitis blutet das Zahnfleisch mehr als sonst nach dem Putzen.	Achten Sie auf sorgfältige Mund- und Zahnpflege; regelmäßiges Zähneputzen nach dem Essen. Suchen Sie regelmäßig Ihren Zahnarzt auf, sagen Sie ihm, daß Sie schwanger sind, da in dieser Zeit keine Röntgenaufnahmen gemacht werden sollen. Gingivitis sollte ihm sofort angezeigt werden.

13 Risikoschwangerschaften

Es gibt natürlich nicht nur Bilderbuchschwangerschaften, aber es ist sicherlich falsch, Ereignisse, wie zum Beispiel eine Mehrlingsschwangerschaft, als besonders ungewöhnlich und problematisch zu betrachten. Sie sind eher Spielarten normaler Vorgänge, die besondere Beachtung verdienen. Risikofaktoren wie z. B. Diabetes können schon vor der Schwangerschaft bestehen, und man muß in der Schwangerschaft lernen, mit ihnen zurecht zu kommen. Fehlgeburten jedoch sind echte Komplikationen. Für jedes unvorhergesehene Problem gibt es jedoch immer Warnzeichen, daher kann ein sofortiger Arztbesuch oft ein tragisches Unglück abwenden. Niemand wird Ihnen Vorwürfe machen, wenn Sie ängstlich sind und ganz sichergehen wollen. Die Sie betreuenden Ärzte wollen über auftretende Probleme so früh wie möglich informiert werden.

Blutarmut

Eine bestehende Anämie schließt eine Schwangerschaft nicht aus - mehr als 90 Prozent der Frauen leiden an leichter Blutarmut, bevor sie schwanger werden. Die häufigste Form der Anämie entsteht durch den Blutverlust bei der Menstruation, dies führt zu einer Eisenanämie (wenn der Hämoglobinspiegel weniger als 12,8 g/100 ml Blut beträgt - siehe S. 77). Daher ist es in jedem Fall ratsam, Ihren Arzt aufzusuchen, bevor Sie schwanger werden wollen, da ein Eisenmangel mit einer Behandlung durch Eisenpräparate einfach behoben werden kann. Sie können auch, was natürlich noch besser ist, eisenhaltigere Nahrungsmittel zu sich nehmen.

Blutung vor der Geburt

Vor der 28. Schwangerschaftswoche enden Blutungen aus der Scheide meistens mit einer Fehlgeburt (siehe S. 164). Nach der 28. Woche hat der Fetus außerhalb der Gebärmutter eine Überlebenschance. Jede Blutung nach der 28. Woche wird als Ante Partum-Blutung bezeichnet. Die zwei Hauptursachen derartiger Blutungen sind auf die Plazenta zurückzuführen, sie werden als Abruptio placentae (ein sehr seltener Vorgang, bei dem sich ein Teil der Plazenta von der Gebärmutterwand löst) und als Placenta praevia bezeichnet.

Placenta praevia

Die Plazenta liegt im unteren Teil der Gebärmutterwand und ist nicht im oberen Teil verwurzelt. Die Ursache hierfür ist unbekannt. Diese Komplikation kommt etwa einmal bei hundert Schwangerschaften vor. Das Austreten hellroten Blutes ist nicht von Schmerzen begleitet.

Eine Placenta praevia kann schon in der Frühschwangerschaft durch Ultraschall entdeckt werden, der Schatten der Plazenta zeigt sich in der unteren Krümmung der Gebärmutter. Nach der 28. Woche kann eine Ultraschalluntersuchung bestätigen, daß die Plazenta tatsächlich in der Praevia-Position liegt. Danach ist eine sehr genaue medizinische Überwachung erforderlich. Nach der 32. Woche bedeutet eine endgültige Diagnose von Placenta praevia, daß Sie bis zur Entbindung im Krankenhaus bleiben müssen. Wenn die Plazenta sich besonders tief in der Gebärmutter befindet, wird es sicherlich zu weiteren Blutungen kommen. In schweren Fällen (etwa 60%) wird ein Kaiserschnitt vorgenommen.

Warnsignale

Sie sollten sofort Ihren Arzt verständigen, wenn Sie eins der folgenden Symptome haben. Legen Sie sich ins Bett, während Sie warten. Wenn Ihr Arzt nicht schnell kommen kann, lassen Sie einen Krankenwagen kommen und rufen im Krankenhaus an, daß Sie eingeliefert werden.

- Starke Übelkeit oder mehrmaliges Erbrechen innerhalb kurzer Zeit (etwa zwei Stunden)
- Vaginale Blutung
- Starke Kopfschmerzen, die nicht vergehen, besonders in der zweiten Hälfte der Schwangerschaft
- Starke Bauchschmerzen
- Fieber von 37,8 °C oder darüber, unabhängig von der Ursache
- Plötzliches Abnehmen der Urinmenge, wenn Sie zum Beispiel 24 Stunden lang kein Wasser lassen, obwohl Sie normale Flüssigkeitsmengen zu sich genommen haben
- Platzen der Fruchtblase
- Keine Kindsbewegungen seit 24 Stunden von der 30. Woche an
- Plötzliches Anschwellen der Knöchel, Finger und des Gesichts
- Plötzliches Flimmern vor den Augen

Diabetes

Die meisten Frauen mit Diabetes haben ganz normale Schwangerschaften. Da es für Ihre eigene Gesundheit und die des Babys wichtig ist, daß sich der Diabetes nicht verschlechtert und unter Kontrolle gehalten wird, sollten Sie öfter zu den Vorsorgeuntersuchungen gehen und unter genauer medizinischer Beobachtung stehen. Sie müssen besonders auf Ihre Ernährung achten, und Ihr Arzt wird Ihren Bedarf an Medikamenten genau überwachen, da er während der Schwangerschaft unterschiedlich sein kann. Durch die heutigen medizinischen Möglichkeiten sind Komplikationen wie Präeklampsie (siehe S. 166) selten geworden.

Wenn der Urin Zucker enthält (siehe S. 76), bedeutet dies nicht unbedingt, daß Sie Diabetes haben. In der Schwangerschaft kommt es recht häufig vor, daß die Nieren Zucker aus dem Blut in den Urin durchlassen; dies kann ganz normal sein. Spezielle Bluttests können klarstellen, ob Sie tatsächlich Diabetes haben.

Eileiterschwangerschaft

Eine Eileiterschwangerschaft entsteht, wenn ein Ei, das im Eileiter befruchtet wurde, die Gebärmutter nicht erreicht. Statt dessen bleibt es aus irgendeinem Grund im Eileiter und wächst dort weiter. Eine Eileiterschwangerschaft bleibt im allgemeinen nicht länger als sechs Wochen bestehen, da der Eileiter dann aufplatzt. Doch schon vorher gibt es Symptome dafür, daß etwas nicht in Ordnung ist. Ein Schwangerschaftstest fällt auch bei einer Eileiterschwangerschaft positiv aus. Treten daneben aber Schmerzen im Unterbauch auf, meistens auf der Seite, auf der sich die Schwangerschaft entwickelt, und kommt es zu Blutungen und Schwächeanfällen, sollten Sie Ihren Arzt aufsuchen.

Ein chirurgischer Eingriff ist unbedingt erforderlich, da die Eizelle aus dem Eileiter entfernt werden muß. Manchmal wird es notwendig, den ganzen Eileiter zu entfernen. Studien haben gezeigt, daß die Fruchtbarkeit nach einer Eileiterschwangerschaft herabgesetzt ist.

Eileiterschwangerschaften treten möglicherweise nach dem Einsetzen einer Spirale häufiger auf. Sie kann eine Eileiterentzündung hervorrufen, so daß das Ei nicht bis zur Gebärmutter vordringen kann.

Herzerkrankungen

Frauen mit bestehenden Herzerkrankungen haben oft eine leichte Schwangerschaft und Geburt, manchmal verbessert sich ihr Zustand sogar. Heute betrachtet man Herzerkrankungen nicht mehr als Hindernis für eine Schwangerschaft, außer bei Frauen, deren Leben durch die Krankheit sehr eingeschränkt ist. Sie werden während der Schwangerschaft genau überwacht und müssen darauf achten, daß Sie genug Ruhe bekommen, damit Ihr Herz nicht zusätzlich belastet wird. Sie sollten sich zweimal täglich eine Ruhepause gönnen und nachts zwölf Stunden schlafen. Wenn Sie eine Brustinfektion bekommen, einen Temperaturanstieg oder eine Schwellung der Hände, des Gesichts oder der Füße feststellen, sollten Sie ins Bett gehen und Ihren Arzt verständigen.

Bluthochdruck

Der Blutdruck wird mit zwei Zahlen angegeben, zum Beispiel 120/70 (siehe S.77). Für den Arzt ist ein Ansteigen der niedrigeren Zahl eher besorgniserregend, da dies der diastolische Druck ist, der das Pumpen des Herzens im Ruhen mißt. Da eine Schwangerschaft einen Anstieg des Blutdrucks verursachen kann, sollten Sie, falls Sie bereits unter Bluthochdruck leiden, schon vor der Schwangerschaft einen Arzt zu Rate ziehen. Wenn Sie sich allen Untersuchungen unterzogen haben, gibt es keinen Grund dafür anzunehmen, daß Sie keine normale Schwangerschaft und Geburt haben. Es ist jedoch möglich, daß Sie schon früher ins Krankenhaus eingewiesen werden. Erhöhter Blutdruck in der Spätschwangerschaft kann eins der frühen Anzeichen für Präeklampsie sein (siehe S.166). Die Schwierigkeit beim Blutdruckmessen liegt darin, daß sich bei Angst und Streß höhere Werte ergeben können; so kann also allein die Tatsache, daß Sie beim Arzt lange warten mußten oder wissen, daß Sie zu Bluthochdruck neigen, dazu führen, daß sich höhere Werte ergeben und Ihr Gesundheitszustand daher schlechter zu sein scheint. Es ist angebracht, häufig zu ruhen und körperliche Anstrengung zu vermeiden, so daß der Kraftaufwand des Herzens auf ein Minimum reduziert wird. Wenn Sie im Wartezimmer lange warten müssen und ängstlich werden, können Sie Ihre Entspannungstechnik üben (siehe S.147), um sich zu beruhigen.

Zervixinsuffizienz

Normalerweise ist der Muttermund geschlossen, so daß der Fetus in der Gebärmutter geschützt bleibt. Wenn der innere Muttermund geöffnet ist, bezeichnet man dies als Zervixinsuffizienz. Dieser Zustand ist nicht sehr häufig, es sei denn, daß der Muttermund verletzt oder durch eine Operation oder Schwangerschaft beschädigt wurde. Die häufigste Ursache ist eine schwere oder schnelle Geburt eines sehr großen Babys. Ein operativer Eingriff, zum Beispiel eine nicht fachgerecht ausgeführte Abtreibung, kann Muskelfasern, die den Muttermund geschlossen halten, beschädigen.

Im allgemeinen wird eine Zervixinsuffizienz erst nach der ersten Fehlgeburt erkannt. In der 14. Woche beginnt der Muttermund sich zu öffnen und ist in der 20. Woche ungefähr 2,5 cm erweitert, so daß sich die Fruchtblase vorstülpen kann und schließlich platzt. Es kommt zum plötzlichen Auslaufen von Wasser, das von einer Fehlgeburt mit geringen Schmerzen gefolgt wird.

Um dies zu verhindern, wird der Muttermund mit einer Naht verschlossen. Dies kann vor oder während der Schwangerschaft vorgenommen werden. Meistens wird der Eingriff ungefähr um die 14. Schwangerschaftswoche herum unter Vollnarkose ausgeführt. Diese Behandlung ist sehr erfolgreich, und die meisten Schwangerschaften gehen normal zu Ende. In der 36.-38. Woche wird die Naht entfernt, meistens setzen kurz danach die Wehen auf natürliche Weise ein, oder die Geburt wird künstlich eingeleitet.

Mehrlingsschwangerschaft

Zwillinge sind entweder eineiig - sie entstehen aus einer einzelnen Eizelle - oder zweieiig, wenn zwei Eizellen befruchtet werden. Eineiige Zwillinge teilen sich eine Plazenta. Es mag für den Arzt schwierig sein, sicher zu bestimmen, ob Sie Zwillinge erwarten, aber er wird aufmerksam werden, wenn einer der folgenden Punkte auf Sie zutrifft:

- in Ihrer Familie gibt es Zwillinge
- Ihre Gebärmutter ist ständig größer, als es dem Zeitpunkt nach zu erwarten wäre

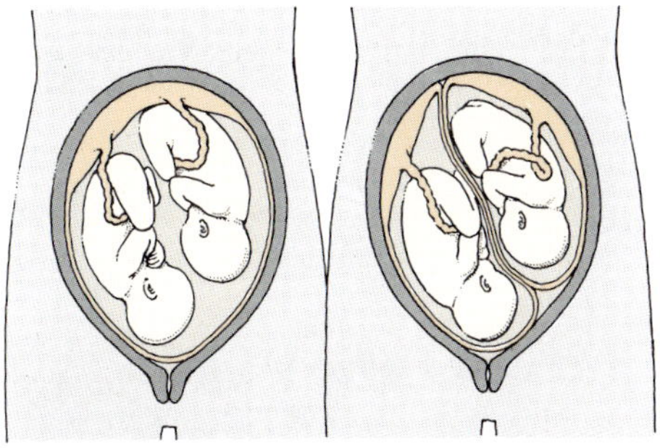

Eineiige Zwillinge
Sie entwickeln sich aus einer befruchteten Eizelle, die sich in zwei separate Zellen teilt, haben eine Plazenta, aber zwei Fruchtblasen. Sie haben immer das gleiche Geschlecht und ähneln sich vollkommen.

Zweieiige Zwillinge
Sie entstehen aus zwei Eizellen, die von zwei Samenzellen befruchtet werden. Jedes hat seine eigene Plazenta, und sie müssen sich nicht ähnlicher sehen als andere Geschwister auch.

- zwei fetale Herzen können über ein elektronisches Fetalstethoskop abgehört werden
- mit fortschreitender Schwangerschaft können zwei Köpfe und mehrere Arme und Beine ertastet werden
- eine Ultraschalluntersuchung wird die Mehrlingsschwangerschaft bestätigen. Zwillinge werden meistens um die 8. Schwangerschaftswoche herum mit Sicherheit diagnostiziert.

Sie werden bei der Schwangerschaftsvorsorge besonders überwacht, vor allen Dingen muß eine Anämie (siehe S. 160) durch regelmäßige Bluttests erkannt und behandelt werden. Auch auf den Blutdruck wird besonders geachtet, um sicherzugehen, daß er nicht steigt. Dazu brauchen Sie viel Ruhe. Ruhe dämpft auch die Empfindlichkeit der Gebärmutter, so daß die Wehen nicht frühzeitig einsetzen. Eine Mehrlingsschwangerschaft übt auch zusätzlichen Druck auf Ihre Gelenke, Bänder und Verdauungsorgane aus. Bewegen Sie sich daher umsichtig und ruhig. Strengen Sie sich köperlich nicht an. Kleinere Ärgernisse wie Blähungen und Verdauungsstörungen sollten sofort behandelt werden. Da die Gebärmutter die Verdauungsorgane zusammenpressen kann, sollten Sie öfter kleine Portionen essen. Salate und leichte, nahrhafte Zwischenmahlzeiten verhindern, daß Sie sich zu unbehaglich fühlen. Wenn Sie auf Ihre Gewichtszunahme und Ihre Haltung achten, können viele Komplikationen vermieden werden und Sie werden sich außerdem viel wohler fühlen.

Die stark vergrößerte Gebärmutter kann auch Kurzatmigkeit, Hämorrhoiden, Krampfadern und Bauchbeschwerden verursachen. Sobald eins dieser Symptome auftritt, sollten Sie Ihren Arzt fragen, damit Ihnen Hilfe, Rat und Behandlung zukommt. Übelkeit im ersten Drittel kann verstärkt auftreten, aber das ist nicht unbedingt der Fall. Sie müssen zur Geburt ins Krankenhaus, da das zweite Baby einem Risiko ausgesetzt ist, wenn es nicht sofort nach dem ersten geboren wird.

Die Lage von Zwillingen

Meist befinden sich beide Zwillinge in der Schädellage (links). Bei der Entbindung gibt es keine Probleme. Wenn ein Baby in der Steiß-, das andere in der Schädellage liegt, wird letzteres meistens zuerst geboren. Es hat dann den Geburtskanal so geweitet, daß das zweite Baby leicht hindurchschlüpfen kann. Wenn beide Babys sich in der Steißlage befinden, wenn eins quer liegt oder wenn die Babys groß sind, ist ein Kaiserschnitt am sichersten.

Schädellage

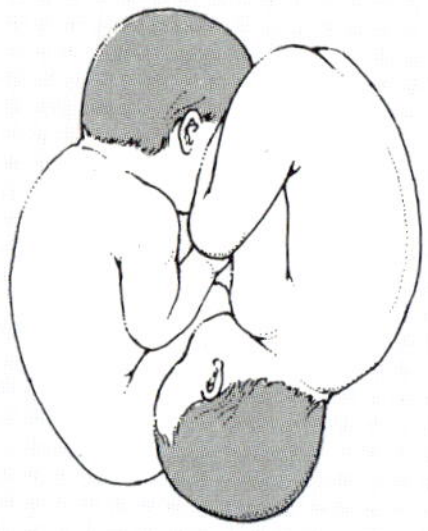

Steiß- und Schädellage

Fehlgeburt

Sie wird manchmal als spontaner Abort bezeichnet. Dieser Begriff wird gebraucht, wenn der Embryo vor der 28. Schwangerschaftswoche ausgestoßen wird. Danach spricht man von einer Totgeburt (siehe S. 214). Ärzte verwenden sowohl den Begriff Abort wie auch Fehlgeburt, und medizinisch gesehen besteht überhaupt kein Unterschied. Insgesamt gesehen beträgt die Zahl der Fehlgeburten bis zu 10 Prozent, besonders bei ersten Schwangerschaften sind Fehlgeburten häufig – etwa ein Drittel werden nicht ausgetragen. Dafür werden in erster Linie zwei Gründe angeführt. Erstens muß eine junge Gebärmutter noch heranreifen, bevor sie eine Schwangerschaft voll austragen kann, und zweitens nimmt man an, daß die Mehrheit dieser Fehlgeburten auf einen Defekt entweder der Samen- oder auch der Eizelle zurückzuführen ist, so daß ein geschädigter Fetus heranwächst.

Die Mehrzahl der Fehlgeburten tritt im ersten Drittel auf, und die meisten dieser Schwangerschaften würden sich aufgrund einer mißgebildeten oder nicht voll funktionsfähigen Plazenta nicht normal entwickeln. Tatsächlich treten viele Fehlgeburten ein, bevor eine Frau überhaupt weiß, daß sie schwanger ist.

Fehlgeburten können aus folgenden Gründen auftreten:

- Zervixinsuffizienz (siehe S. 162)
- eine unverträgliche Blutgruppe, die gegen das Blut des Partners Antikörper entwickelt und den Tod des Fetus verursacht (heute selten)
- Hormonmangel, aufgrund dessen die Gebärmutterschleimhaut unzureichend entwickelt ist, um für den Fetus zu sorgen und ihn zu ernähren
- eine anatomische Unregelmäßigkeit der Gebärmutter; die Gebärmutter ist vielleicht nicht richtig ausgebildet, um eine Schwangerschaft auszutragen, oder es haben sich Fasergeschwülste in der Gebärmutter gebildet
- Plazentainsuffizienz – wenn die Plazenta nicht richtig funktioniert oder sich nicht voll entwickelt hat, um das Baby zu ernähren
- Diabetes

Wenn eine Fehlgeburt droht

- Verständigen Sie Ihren Arzt und gehen Sie zu Bett.
- Sammeln Sie Blutklumpen, Hautfetzen, Fetus oder Plazenta in einem sauberen Behälter, damit Ihr Arzt sie untersuchen kann.
- Nehmen Sie keine Medikamente und trinken Sie keinen Alkohol.
- Legen Sie sich bei starker Blutung flach hin und halten Sie das Zimmer kühl.

Was geschieht

Eine Fehlgeburt wird fast immer von einer Blutung aus der Scheide eingeleitet, die von Schmerzen begleitet sein kann, aber nicht muß. Eine frühe Fehlgeburt verursacht nicht mehr Beschwerden als eine normale Menstruation ohne Krämpfe. In manchen Fällen bedeutet eine Blutung nicht unbedingt, daß schließlich eine Fehlgeburt eintreten wird, aber da Sie dies nicht beurteilen können, müssen Sie den Arzt fragen.

Vom ärztlichen Standpunkt aus gesehen, ist jede Blutung in den ersten 28 Wochen ein Zeichen einer drohenden Fehlgeburt. Die Blutung kann leicht oder schwer sein, von Schleim begleitet, es können leichte Rückenschmerzen und Beschwerden im Unterbauch auftreten. Ärzte haben für eine Fehlgeburt in der Frühschwangerschaft keine andere Erklärung als »Ungleichgewicht der Hormone« oder »Hormonmangel«, der die normalerweise eintretende Periode nicht unterdrückt. Wenn diese Art der Blutung eintritt und die Hormonspiegel niedrig bleiben, wird fast immer eine Fehlgeburt folgen.

Die Behandlung einer drohenden Fehlgeburt besteht in völliger Bettruhe. Auf diese Weise wird die Blutversorgung der Gebärmutter verbessert. Wenn die Blutung aufgehört hat, ist es nicht mehr nötig, im Bett zu bleiben, aber Aktivitäten sollten bis zur 14. Woche eingeschränkt werden. Geschlechtsverkehr und anstrengende Übungen sollten unterlassen werden, bis bei einem ersten Baby die Kindsbewegungen etwa in der 20. Woche und bei einem zweiten Baby um die 18. Woche herum gefühlt wurden.

Unvermeidbare Fehlgeburt

Wenn die Blutung nicht aufhört, wenn Bauchschmerzen hinzukommen oder sich verschlimmern, was meistens bedeutet, daß sich die Gebärmutter zusammenzieht, um den Fetus auszustoßen, sind die meisten Ärzte der Meinung, daß keine Versuche unternommen werden sollten, um die Schwangerschaft zu erhalten.

Wenn die Fehlgeburt nicht vollständig war, wird ein operativer Eingriff nötig. Die Untersuchung der ausgestoßenen Teile

Arten der Fehlgeburt

- Drohende Fehlgeburt
  Eine Fehlgeburt ist möglich, aber nicht unausweichlich; Blutung aus der Scheide, selten von Schmerzen begleitet.
- Unvermeidbare Fehlgeburt
  Vaginale Blutung ist von Schmerzen begleitet, die auf das Zusammenziehen der Gebärmutter zurückzuführen sind. Wenn bei einer Untersuchung der Muttermund erweitert ist, wird eine Fehlgeburt eintreten.
- Vollständige Fehlgeburt
  Der Fetus und die Plazenta wurden aus der Gebärmutter ausgestoßen.
- Unvollständige Fehlgeburt
  Der Fetus wurde ausgestoßen, aber Reste des Schwangerschaftsgewebes sind noch in der Gebärmutter vorhanden und müssen operativ entfernt werden.
- Verhaltene Fehlgeburt
  Der Fetus lebt nicht mehr, befindet sich aber noch in der Gebärmutter. Er wird schließlich ausgestoßen.
- Wiederholte Fehlgeburten
  Es gab schon mehr als eine Fehlgeburt, jeweils aus verschiedenen Gründen und zu verschiedenen Zeiten der Schwangerschaft.
- Sich ständig wiederholende Fehlgeburt
  Drei oder mehr Schwangerschaften endeten jeweils zum gleichen Zeitpunkt und möglicherweise aus demselben Grund mit einer Fehlgeburt.
  Hohe Temperatur und Bauchschmerzen nach einer Fehlgeburt deuten auf eine Infektion hin.

zeigt nicht immer eindeutig, ob sich noch ein Rest in der Gebärmutter befindet, aber dies wird offensichtlich, wenn die Blutung nach der Fehlgeburt nicht aufhört. Es ist wichtig, eine Ausschabung vorzunehmen, um weitere Blutungen und eine Infektion des Beckens zu verhindern. Dies bedeutet, daß Sie zur Erweiterung des Muttermundes und zur Ausschabung der Gebärmutter die unter Vollnarkose erfolgt, ins Krankenhaus müssen.

Emotionale Auswirkungen

Jede Fehlgeburt, besonders wenn sie im zweiten Drittel der Schwangerschaft erfolgt, hat eine tiefe psychologische Auswirkung auf eine Frau, nicht nur wegen des Verlusts des Babys und der gemischten Gefühle, die daraus entstehen, sondern auch wegen des plötzlichen Fehlens der Schwangerschaftshormone, ohne dafür mit dem Baby belohnt zu werden.

Es gibt viele Ängste – über die eigene Unzulänglichkeit, daß man niemals mehr ein Baby haben wird, daß die Fruchtbarkeit für immer beeinträchtigt ist, daß Sie vielleicht ein mißgebildetes Baby erwartet haben und daß ein weiteres auch krank sein könnte. Ich glaube auch, daß es ein Gefühl echter Trauer ist. Ich hatte selbst eine Fehlgeburt in der 14. Woche, und man zeigte mir den Fetus, der gut genug ausgebildet war, um zu erkennen, daß es ein Junge war. Sechs Wochen lang litt ich an schweren Depressionen und war völlig außer mir. Ich wollte mich niemandem mitteilen und nicht am täglichen Leben teilnehmen. Es ist normal, Zorn und Trauer zu fühlen, aber Sie sollten keine Schuldgefühle haben – es ist wirklich nicht Ihr Fehler, und auch wenn Sie allein sein wollen, sollten Sie versuchen, sich nicht zu isolieren.

Der richtige Zeitpunkt für die nächste Schwangerschaft

Es hängt natürlich von Ihrem persönlichen Wunsch und Ihrer Planung ab, aber sexuelle Beziehungen können wieder aufgenommen werden, sobald die Blutung aufgehört hat. Es gibt keine medizinischen Gründe, länger zu warten, und mein Rat war immer, den ersten Fehlschlag zu vergessen und einen neuen Versuch zu wagen, sobald Sie beide es wünschen.

Präeklampsie (EPH-Gestose)

Sie tritt selten vor der 20. Woche auf, und ihre Ursache ist unbekannt; es besteht möglicherweise ein Zusammenhang mit

Symptome bei Präeklampsie

Ärzte werden aufmerksam, wenn zwei der folgenden Symptome zusammen auftreten:

- Erhöhter Blutdruck – eine Erhöhung, die normalerweise gering ist, aber in der Schwangerschaft als ungewöhnlich betrachtet wird. Ein diastolischer Druck von 90 ist bei einer Nichtschwangeren kein Grund zur Beunruhigung, bei einer Schwangeren sollte er jedoch um 60 oder 70 liegen.
- Eiweiß im Urin – zeigt frühe Schädigung der Nieren an.
- Schwellung der Füße, Fußknöchel oder Hände – auch das Gesicht kann geschwollen sein; es ist möglicherweise auf eine allgemeine Gewichtszunahme zurückzuführen, aber eine Schwellung aufgrund von Flüssigkeitsansammlung kann meistens erkannt werden, da die Partien um die Augen und am Hals aufgedunsen sind.
- Sehr hohe Gewichtszunahme.

einer schlechten Ernährungsweise. Präeklampsie entwickelt sich im allgemeinen langsam, daher ist regelmäßige Vorsorge so wichtig. Wenn nichts dagegen unternommen wird, steigt der Blutdruck weiter, Kopfschmerzen stellen sich ein, es kommt zu Sehstörungen, geistiger Stumpfheit und im späten Stadium sogar zu krampfartigen Anfällen. Die Risiken für das Baby steigen, sowie sich der Blutdruck erhöht. Es ist möglich, daß die Wehen wegen einer Plazentainsuffizienz (siehe S.164) vorzeitig einsetzen, so daß die Überlebenschancen für das Baby geringer sind.
Am besten ist natürlich Vorbeugung, aber wenn sich eine Präeklampsie entwickelt hat, werden Sie ins Krankenhaus eingeliefert. Die Behandlung besteht aus Bettruhe, Beruhigung und Überwachung der Nierenfunktion und des Blutdrucks. Nur in seltenen Fällen verbessert sich die Präeklampsie nicht, dann wird ein Kaiserschnitt nötig. Wenn der Blutdruck auf einen Wert unter 90 fällt und konstant bleibt, können Sie nach vier oder fünf Tagen wieder nach Hause gehen.
Nach der Entbindung geht die Schwellung sehr schnell zurück, der Blutdruck normalisiert sich und die Nieren arbeiten wieder normal.

Rhesusunverträglichkeit

Bei der ersten Vorsorgeuntersuchung wird Blut abgenommen, um die Blutgruppe festzustellen (siehe S.77). Neben der Einteilung in die Gruppen A, B, 0, AB, wird der Rhesusfaktor bestimmt, der positiv oder negativ ist. Rhesus-negativen Müttern wird besondere Aufmerksamkeit geschenkt.
Ungefähr 80 Prozent der Menschen sind Rhesus-positiv. Wenn Ihr Partner Rhesus-positiv ist und Sie Rhesus-negativ, besteht die Aussicht, daß das Baby Rhesus-positiv ist. Da Sie Rhesus-negativ sind, wird Ihr Körper Rhesus-positives Blut als fremd empfinden und normalerweise, zum Beispiel bei einer Transfusion, entwickeln Sie Antikörper gegen Rhesus-positive Blutkörperchen, die diese abtöten. In der Schwangerschaft können Blutkörperchen des Rhesus-positiven Babys in Ihren Blutkreislauf eintreten, und Ihr Körper wird sie mit seinen Antikörpern zerstören. Beim ersten Baby ist diese Gefahr gering, da Sie wahrscheinlich zum ersten Mal Rhesus-positiven Blutkörperchen ausgesetzt sind und der Spiegel der Rhesusantikörper niedrig ist. Sie können sogar ganz fehlen, falls

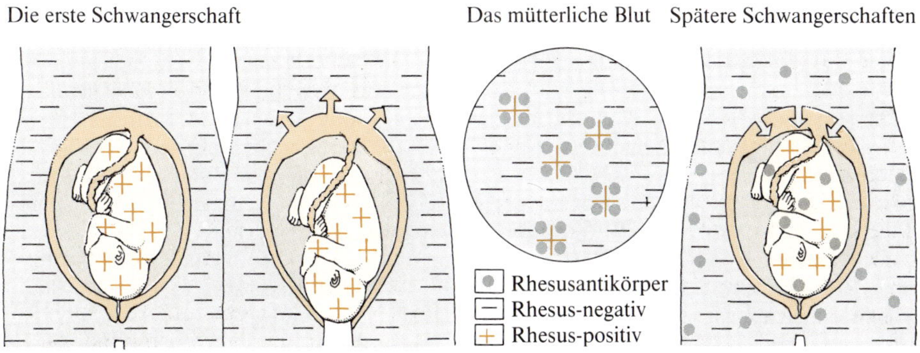

Auftreten von Rhesusunverträglichkeit
In der ersten Schwangerschaft gibt es kaum Probleme, da der mütterliche und fetale Blutstrom sich nicht mischen (oben links). Wenn einige der Rhesus-positiven Blutkörperchen in den mütterlichen Blutstrom eindringen (oben), reagiert dieser mit der Bildung von Rhesusantikörpern (oben). In späteren Schwangerschaften können Rhesusantikörper über die Plazenta in die Blutbahn des Babys eintreten und es schädigen (oben rechts), wenn es Rhesus-positiv ist.

nicht etwas Blut des Babys bei der Geburt in Ihren Blutkreislauf eindringt und Sie darauf mit der Bildung von Antikörpern reagieren.
Die Gefahr kann auch in späteren Schwangerschaften unbedeutend sein, da sich möglicherweise nicht genug Antikörper gebildet haben. Ihr Arzt wird aber zu verschiedenen Zeitpunkten zur Vorsicht untersuchen, wie hoch der Spiegel von Antikörpern in Ihrem Blut ist. Man weiß, daß eine bestimmte Menge Antikörper das sich entwickelnde Baby schädigen kann, dieser Spiegel wird jedoch in weniger als 10 Prozent der Rhesus-negativen Mütter erreicht. Sie müssen daher nicht verzweifeln, wenn Ihnen der Arzt mitteilt, daß Sie Rhesus-negativ sind. Dies bedeutet zunächst nur, daß Ihnen besondere Aufmerksamkeit geschenkt wird.

Behandlung der Rhesusunverträglichkeit

Die Komplikation, die durch eine Rhesusunverträglichkeit in der Schwangerschaft entstehen kann, wird immer seltener; nach der Geburt wird bei einer Rhesus-negativen Mutter ein Bluttest vorgenommen, um zu untersuchen, ob Zellen des Babys in ihren Kreislauf übergegangen sind. Ist dies der Fall, erhält sie eine Injektion mit Anti-Rhesus-Globulin, die noch vorhandene Zellen des Babys in ihrem Blut zerstört, so daß keine Antikörper mehr produziert werden. Vorausgesetzt, dies geschieht nach einer Entbindung oder Fehlgeburt, wenn die Möglichkeit besteht, daß sich fetales Blut mit dem mütterlichen mischt, sind zukünftige Babys vor einer Rhesusunverträglichkeit sicher. Babys, deren Mütter diese Behandlung nicht hatten, werden jedoch keinen Schaden erleiden. Alle gynäkologischen Abteilungen in Krankenhäusern wissen, wie sie mit dieser Situation fertig werden. Bei Ihnen wird ein- oder zweimal eine Amniozentese durchgeführt (siehe S.83), und falls das Baby betroffen ist, wird eventuell schon in der Gebärmutter eine Bluttransfusion durchgeführt.
Vielleicht entscheidet man, daß Ihr Baby vor dem errechneten Termin zur Welt kommen soll, in diesem Fall wird ein Kaiserschnitt vorgenommen. In wenigen Fällen braucht das Baby danach eine Bluttransfusion, und zwar dann, wenn seine eigenen Blutkörperchen in der Schwangerschaft geschädigt wurden. Ganz selten muß das ganze Blut ausgetauscht werden, meist dann, wenn eine Gelbsucht besteht. Paradoxerweise wird dem Baby Rhesus-negatives Blut gegeben, obwohl es selbst Rhesus-positiv ist. Einige Ihrer Antikörper können noch in seinem Körper sein und würden Rhesus-positives Blut weiter schädigen. Da ein Rhesus-positives Baby keine Antikörper gegen Rhesus-negatives Blut produzieren kann, werden die übertragenen Blutkörperchen mit der Zeit absterben und durch die eigenen gesunden Rhesus-positiven Blutkörperchen des Babys ersetzt. Bei der Transfusion werden jeweils etwa 9 g vom Blut des Babys abgenommen und durch die gleiche Menge frischen Blutes ersetzt. Nach nur 72 Stunden wird Ihr Baby keine Antikörper, die von Ihrem Körper in seinen übergegangen sind, mehr haben, und nach drei Tagen ist es meistens nicht mehr nötig, weitere Transfusionen zu geben. Wenn erst einmal Ihre Rhesusantikörper und das gelbe Pigment, Bilirubin, das Gelbsucht verursacht, aus seinem System »ausgewaschen« sind, wird es keinen Schaden nehmen und ein ganz normales, gesundes Kind sein.

14 Vorbereitungen für die Geburt

Sechs Wochen vor der Geburt werden Sie aufhören zu arbeiten und Ihre gesellschaftlichen und häuslichen Verpflichtungen und Arbeiten verringern. Vielleicht sind Sie frustriert und gelangweilt, oder Sie begrüßen die Ruhe von der Arbeit und den Hin- und Rückfahrten vom Arbeitsplatz. Möglicherweise sind Sie energiegeladen und denken an einen Hausputz. Jetzt haben Sie Zeit zu überprüfen, ob alles für die Ankunft des Babys fertig ist - das Zimmer, die Kleidung, die Ausrüstung - und Sie können sich selbst, Ihren Partner und Ihre Kinder auf die Geburt vorbereiten.

Organisation des Haushalts

Es gibt viele Dinge, die Sie tun können, um sich die tägliche Routine im Haushalt zu ersparen und sich das Leben zu erleichtern, wenn das Baby erst geboren ist.

- Wenn Sie noch keine automatische Waschmaschine besitzen und an eine Anschaffung denken, sollten Sie sie jetzt kaufen. Sie erleichtert die Arbeit ungemein, besonders wenn Sie keine Wegwerfwindeln verwenden wollen.
- Vernachlässigen Sie bestimmte Aufgaben im Haushalt. Lassen Sie unwichtige Dinge liegen und machen Sie sich deshalb keine Gedanken.
- Machen Sie keine Hausarbeiten mehr, die harten körperlichen Einsatz verlangen.
- Ihre Familie sollte wissen, daß Sie nicht mehr im normalen Tempo arbeiten können. Lassen Sie andere die Besorgungen erledigen.
- Machen Sie sich keine Sorgen über unwichtige Dinge. Das Baby, das in Ihnen wächst, sollte Vorrang haben. Stellen Sie sich auf Ihr Tempo ein und übertreiben Sie nichts.
- Suchen Sie sich eine verläßliche Nachbarin, die in Notfällen einspringt.
- Wenn Sie eine Tiefkühltruhe haben, können Sie Grundnahrungsmittel wie Brot, Butter, Suppen, Eintöpfe und Gemüse lagern.
- Legen Sie Vorräte von nicht verderblichen Nahrungsmitteln und Dingen wie Waschmittel, Toilettenpapier und Wegwerfwindeln an.

Einrichten des Kinderzimmers

Wenn Sie genug Platz haben, kann das Baby ein eigenes Zimmer bekommen, aber das ist nicht unbedingt nötig - Sie können ihm auch eine Ecke in einem größeren Zimmer einrichten. In den ersten Wochen nach der Entbindung wird das Baby wahrscheinlich für die meiste Zeit in Ihrem Schlafzimmer oder in einem Zimmer nebenan schlafen und sein eigenes Zimmer wenig benutzen. Danach ist es ideal, ein Zimmer zu haben, das besonders für die täglichen Verrichtungen wie Füttern, Baden, Windelwechseln und Spielen eingerichtet ist.

Man muß nicht unbedingt viel Geld ausgeben. Ihr Baby wird schnell wachsen und in kurzer Zeit viele neue Dinge brauchen, daher ist es nicht sinnvoll, viel Geld für die erste Ausstattung auszugeben. Schon bald wird sich sein Schlafzimmer in ein Kleinkinderzimmer verwandeln. Viele Dinge kann man in einem Second-hand-Shop besorgen. Sehen Sie sich nach Anzeigen in Ihrer Tageszeitung oder an Anschlagtafeln in Geschäften um.

Kinderzimmereinrichtung

- Wiege und Kinderbett - eine Wiege ist ein Luxus für die ersten Monate. Ihr Baby kann genausogut in einem großen Korb schlafen, der auch anderweitig genutzt werden kann, oder in einer Tragetasche. Auch ein kleines Baby kann in einem Kinderbett schlafen, aber es sollte ringsum mit Schaumstoff oder weichem Material abgepolstert sein.
- Ein Korb kann bis zum Alter von sechs Monaten verwendet werden, abhängig von der Größe und vom Temperament Ihres Babys. Er kann als Kinderbett benutzt werden.
- Eine Tragetasche kann entgegen der Fahrtrichtung auf dem Rücksitz des Autos angegurtet werden.
- Die Wiege oder das Bett sollte eine feste, flache Matratze mit wasserdichtem Bezug haben. Babys sollten ohne Kissen schlafen, damit sie nicht an den Stoffbezügen ersticken können.
- Baumwoll- oder Flanellbettwäsche - mindestens 4-5 Garnituren zum Wechseln.
- Federbett oder Decke im Sommer.
- Mulltücher, um Erbrochenes aufzufangen und Ihre Kleidung zu schützen, wenn das Baby aufstößt. Man kann sie auch im Bettchen unter den Kopf des Babys legen, um Erbrochenes aufzufangen und die Laken zu schützen.
- Windeln - Sie werden sich entweder für Mullwindeln, Windeleimer und Reinigung oder Wegwerfwindeln entscheiden müssen. Rechnet man die Kosten von Windeln, Waschpulver und Strom für die Waschmaschine zusammen, sind Wegwerfwindeln nicht viel teurer, wie Untersuchungen gezeigt haben. Verwenden Sie zumindest in den ersten Wochen Wegwerfwindeln, damit Sie nicht soviel waschen müssen. Wenn Sie Stoffwindeln verwenden, sollten Sie mindestens zwei Dutzend von guter Qualität kaufen. Billige, dünne Windeln werden die nächsten zwei Jahre nicht überstehen. Wenn Sie Stoffwindeln verwenden, brauchen Sie auch zwei Windeleimer mit Deckel und spezielle Sicherheitsnadeln - mindestens 4-6 Stück.
- Windeleinlagen aus Stoff - bei kleinen Babys nützen sie nicht viel. Ihr Stuhlgang ist zu flüssig und sickert durch. Sie können nach dem Waschen wiederverwendet werden.
- Mindestens sechs Paar Gummihosen, wenn Sie Stoffwindeln benutzen. Sie werden schnell spröde und brüchig. Kaufen Sie die beste Qualität und waschen Sie sie mit der Hand.
- Babybadewanne - nicht unbedingt nötig. Man kann das Baby auch im Waschbecken in der Küche oder im Badezimmer baden. Die große Bade-

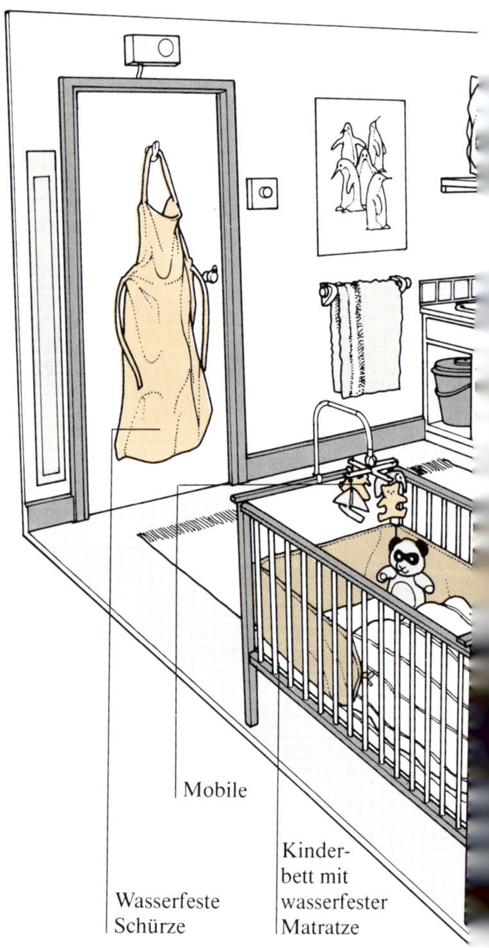

wanne kann es zuerst möglicherweise erschrecken.
- Plastikunterlage zum Wickeln.
- Zwei weiche neue Handtücher - Ihre alten Handtücher fühlen sich auf seiner Haut wahrscheinlich wie Schmirgelpapier an.
- Spezieller Badezusatz für Babys oder Babyseife.
- Naturschwamm, weiche Waschlappen.
- Watte.
- Wundcreme, Körperlotion, Toilettenpapier oder Babywischtücher zum Windelwechseln.
- Babyöl oder Olivenöl bei trockener Haut.
- Schere mit abgestumpften Enden.
- Eine Tasche zum Windelwechseln - sie läßt sich auffalten und enthält eine wasserdichte Matratze, auf der man das Baby wickeln kann, und Taschen, in denen man Windeln, Kleidung zum Wechseln, Reinigungsmilch und Sicherheitsnadeln aufbewahren kann. Man kann sie zusammenrollen und als Schultertasche tragen.
- Kinderwagen oder Buggy - sehen Sie sich um und entscheiden Sie, was Sie brauchen. Wenn Sie ein Auto haben und viel herumfahren, ist ein Kinderwagen mit zusammenklappbarem Gestell ideal. Wenn Sie öffentliche Verkehrsmittel

Einrichten des Kinderzimmers
Achten Sie darauf, daß alle Oberflächen hygienisch und leicht zu reinigen sind. Verwenden Sie nur ungiftige, bleifreie Farbe. Es sollte viel Stauraum vorhanden sein, besonders um den Wickeltisch herum. Wenn Sie Schrankelemente dazukaufen, können Sie sparen, indem Sie auf Türen verzichten. So können Sie auf einen Blick alles sehen und leicht erreichen, ohne Türen oder Schubläden öffnen zu müssen. Wahrscheinlich müssen Sie später Türen nachkaufen, wenn das Baby herumkrabbelt und neugierig wird. Der Boden sollte mit Linoleum oder Korkfliesen ausgelegt sein. Ein Dimmer ist für die nächtliche Fütterungszeit ideal. Die Wärmeregelung ist wichtig; die Temperatur sollte ständig etwa 20 °C betragen. Wenn dies für das übrige Haus zu warm ist, sollten Sie im Kinderzimmer ein Thermostatventil anbringen. Für Ihre Bequemlichkeit brauchen Sie einen niedrigen Sessel zum Füttern und einen Tisch. Es mag Luxus sein, aber wenn es irgendwie möglich ist, sollten Sie in einer Zimmerecke ein Waschbecken mit fließendem Wasser anbringen.

benützen, ist ein Buggy besser, der sich leicht zusammenfalten und auch waagrecht stellen läßt. Das Baby kann dann liegen und seine Mutter ansehen. Er ist jedoch nicht für Babys geeignet, die gerne auf dem Bauch liegen. Vielleicht wollen Sie erst abwarten. Es gibt heute so viele verschiedene Modelle, fragen Sie andere Mütter.
- Tragebeutel und Rückentrage - ein Tragebeutel eignet sich für die ersten sechs Monate, abhängig vom Gewicht des Babys, aber eine Rückentrage kann auch sehr nützlich sein, besonders für ein Baby, das daran gewöhnt ist, von seinen Eltern herumgetragen zu werden.
- Ausstattung zum Füttern, wenn Sie nicht stillen.
- Eine Babywippe - in diesem verstellbaren Babysitz ist ein Baby gut abgestützt und kann Sie auch bei der Arbeit beobachten.

Notwendige Babykleidung
- 6 Babystrampler - wahrscheinlich werden Sie mit kleinen Kleidungsstücken überhäuft. Die erste Größe paßt nur etwa sechs Wochen, aber Sie werden eine Menge brauchen.
- 2 Schlafanzüge mit aufknöpfbaren Beinen - sie erleichtern das Windelwechseln.
- 4 Schlupfhemden - sie lassen sich am einfachsten wechseln.
- 2 Jäckchen oder Pullover - Spitzenmuster sind nicht geeignet, da die kleinen Finger darin hängenbleiben.
- 2 Paar Baumwollsocken oder -schühchen.
- 1 Schal.
- 1 Mütze.

Vorbereitungen für die Entbindung

Wahrscheinlich werden Sie bei Ihrem Arzt oder von Ihrer Hebamme eine Liste mit Dingen erhalten haben, die Sie für die Entbindung brauchen. Wenn Sie eine Hausgeburt planen, müssen Sie einen Raum für die Geburt vorbereiten.

Vorbereitung einer Hausgeburt
- Die Matratze in Ihrem Bett sollte fest sein, so daß Sie sich gut abstützen können; so vermeiden Sie auch, daß sich Wasser aus der Fruchtblase ansammelt. Vielleicht möchten Sie Ihr Kind nicht im Bett gebären, bereiten Sie es dennoch vor, so daß alle Möglichkeiten offen sind.
- Bereiten Sie das Bett wie folgt vor: Auf das Laken legen Sie eine Gummiunterlage und darüber noch ein Laken. Nach der Entbindung kann die Plastikunterlage mit dem Laken entfernt werden, so daß Sie in einem frischbezogenen Bett liegen.
- Sammeln Sie einige Wochen lang Zeitungen. Sie können sie auf den Boden legen, um einen Weg vom Badezimmer zum Bett auszulegen, so daß auslaufende Flüssigkeit aufgefangen werden kann. Zeitungsdruck ist sauber und verhindert Bakterienwachstum.
- Bereiten Sie eine Arbeitsfläche vor, zum Beispiel einen Tisch oder eine Kommode, die vom Bett aus leicht zu erreichen ist.

Was Sie ins Krankenhaus mitnehmen müssen
Einige Wochen, bevor Ihr Baby erwartet wird, sollten Sie einen Koffer mit all den Dingen packen, die Sie im Krankenhaus brauchen werden. Fragen Sie im Krankenhaus nach, ob es dort eine Liste gibt. In der Regel stellt das Krankenhaus für die Dauer

Ihres Aufenthaltes die Kleidung und Windeln für das Baby. Es braucht daher nur die Kleidung und eine Decke, in der es mit nach Hause genommen wird. Ihr Partner kann sie nach der Geburt mitbringen, aber packen Sie sie schon mit Ihrer eigenen Kleidung für die Entlassung zusammen ein. Suchen Sie etwas Lockersitzendes aus. Bedenken Sie, daß Ihre Brüste sich sehr vergrößern werden, wenn die Milch einschießt (siehe S. 226), und daß Ihr Bauch noch nicht ganz zurückgegangen sein wird.

Für Sie

- 2–3 Nachthemden, die sich vorne öffnen lassen, wenn Sie stillen wollen
- 2–3 Stillbüstenhalter (siehe S. 135)
- Stilleinlagen
- Morgenmantel
- Hausschuhe
- 4 Paar Schlüpfer
- Binden, kaufen Sie die dicksten Binden für die ersten Tage
- Toilettentasche mit Inhalt – Haarbürste, 2 Handtücher, 2 Waschlappen
- Gesichtstücher
- Make-up, Gesichts- und Handcreme und Haarshampoo
- Spiegel
- Kleingeld fürs Telefon

Für das Baby

- 2 Windeln
- Unterhemd
- Anzug
- Tuch zum Einschlagen
- Mütze
- Jacke oder Decke

Ausrüstung für die Hausgeburt

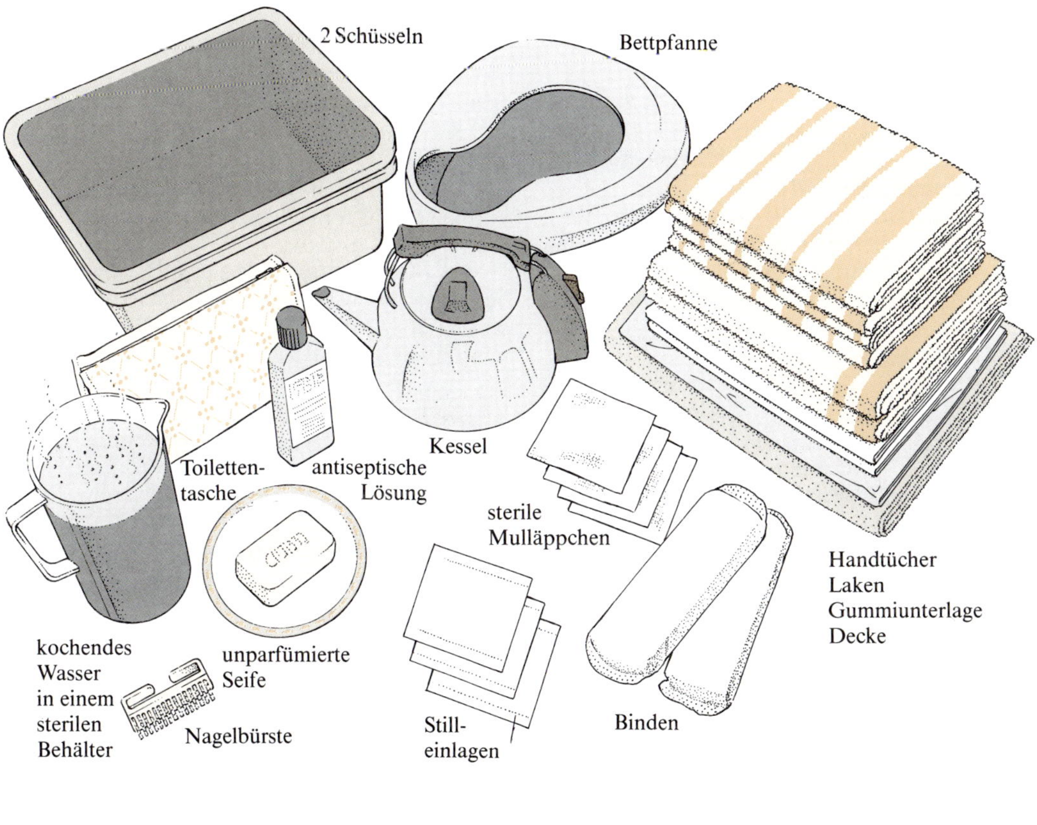

Hilfen bei der Geburt

Ihr Partner oder eine Freundin, die bei der Geburt anwesend ist, sollte sich ebenfalls eine Tasche zurechtmachen:

- ein kleiner Naturschwamm, um Ihnen die Lippen zu befeuchten
- Lippenbalsam
- Eispackungen oder Wärmeflasche gegen Rückenschmerzen
- eine Thermosflasche mit verdünntem Fruchtsaft oder Wasser (erkundigen Sie sich, ob dies im Krankenhaus erlaubt ist), um den Durst während der Wehentätigkeit zu stillen
- Besprechen Sie mit Ihrer Hebamme, welche Vorbereitungen darüber hinaus noch nötig sind und welche Dinge Sie griffbereit haben sollten.
- Getränke und Brot
- Bücher, Spielkarten und Kassetten
- Kleingeld fürs Telefon
- Beinwärmer oder dicke Socken, wenn Sie während der letzten Phase Schüttelfrost bekommen
- Waschlappen, um Ihnen das Gesicht abzuwischen
- Halten Sie eine Couch oder einen bequemen Sessel für Ihren Partner bereit, so daß er sich während der Geburt ausruhen kann.
- Schaffen Sie Platz, wenn Sie sich während der Geburt bewegen wollen. Halten Sie einige frisch gebügelte Laken bereit, für den Fall, daß das Baby auf dem Boden geboren werden soll.
- Zur Vorbereitung sollten Sie ein Bad nehmen oder, falls die Fruchtblase schon geplatzt ist, duschen, um eine Infektion zu vermeiden; waschen Sie auf jeden Fall Ihre Hände und Handgelenke, die Schenkel von oben nach unten etwa 30 cm an beiden Seiten und die Schamgegend, nehmen Sie dazu antiseptische Seife und trocknen Sie sich mit einem sauberen Handtuch ab.
- Halten Sie ein sauberes Nachthemd, Binden und Schlüpfer für sich selbst, eine große Decke, Wegwerfwindel und einen Anzug für das Baby bereit. Bereiten Sie sein Bett vor.

Auch Ihre Kinder müssen versorgt sein

Wenn Sie schon eine Familie haben, sollte jedes Mitglied in die Schwangerschaft mit einbezogen werden. Kinder sollten wissen, was vor sich geht und wie die Schwangerschaft sich entwickelt, je nach dem, wieviel Information sie in ihrem Alter aufnehmen und verstehen können. Sogar ein sehr kleines Kind wird bemerken, daß Ihr Bauch größer wird, und wird wissen wollen, warum. Geben Sie eine ehrliche und richtige Antwort, und lassen Sie Ihr Kind fühlen, wie das Baby im Bauch strampelt. Wenn Ihr Kind oder Ihre Kinder schon älter sind, können Sie eine Karte aufhängen, aus der sie ablesen können, was mit Ihnen und dem Baby in der Schwangerschaft geschieht, und aus der sie den Verlauf entnehmen können.

Wenn Sie eine Hausgeburt planen, müssen Sie entscheiden, ob Ihre Kinder beteiligt sein sollen oder nicht. Es ist vernünftig, das Kind nicht auszuschließen, und wenn es die ganze Schwangerschaft verfolgt hat, wird diese Erfahrung aufschlußreich sein. Seien Sie aber nicht überrascht, wenn es ihm langweilig wird und es lieber spielen möchte.

Neben Ihrem Partner sollte noch jemand dasein, der sich während der Geburt um das Kind kümmert. Gehen Sie alles mit ihm durch, besonders die Ausstoßung der Plazenta, die häufig der blutigste Teil ist. Erklären Sie ihm, daß Sie keine Fragen beantworten können, weil Sie beschäftigt sind, und daß es das Zimmer ohne Zögern verlassen muß, wenn die Hebamme darum bittet.

Wenn Sie Ihr Baby im Krankenhaus bekommen, erklären Sie Ihrem Kind, was geschehen wird und wie für es gesorgt wird, wenn es alt genug ist, dies zu verstehen. Selbst wenn Sie nur 24 oder 48 Stunden im Krankenhaus bleiben, müssen Sie dafür sorgen, daß sich jemand um Ihr Kind kümmert. Nach Möglichkeit sollte es zu jemandem gehen, den es kennt und mag. Wenn dies nicht möglich ist, sollten Sie das Kind schon langsam an eine neue Umgebung und die neue Person, die sich um es kümmern wird, gewöhnen, bevor Sie tatsächlich ins Krankenhaus gehen.

Sagen Sie Ihrem Kind genau, wie lange Sie weg sein werden. Bereiten Sie es auf das Baby vor, indem Sie es auf andere kleine Babys aufmerksam machen, zeigen Sie ihm Bilder aus seiner Babyzeit und setzen Sie sie in Beziehung zu dem erwarteten Familienzuwachs. Kaufen Sie ihm eine Puppe, damit es auch ein Baby hat. Ihr Partner sollte sich ebenfalls mehr um das Kind kümmern, besonders bei den alltäglichen Dingen wie Baden, Füttern und Geschichtenerzählen.

Wenn Ihr Kind noch im Babyalter ist, ist es relativ einfach für Sie, eine Betreuung zu finden, während Sie Ihr Baby bekommen. Aber wenn das Kind älter ist, glaube ich, daß es viel hilft, den Ablauf vorher zu üben. Stellen Sie einen Stundenplan auf mit den Dingen, die Sie tun werden, wenn die Wehen einsetzen. Gehen Sie diesen Plan genau mit Ihrem Kind durch, so daß es sich schon an die kommenden Ereignisse gewöhnen kann. Wenn Sie alles einige Male üben, wird es zufrieden sein und sich sicher fühlen, weil es weiß, daß Sie sich besonders um es sorgen. Einige Zeit vor dem errechneten Termin können Sie den ganzen Plan von Anfang bis Ende durchspielen. »Heute morgen wollen wir mal üben, was wir machen, wenn Mutti wegen dem Baby ins Krankenhaus geht. Zuerst nehmen wir deinen Koffer, den wir letzte Woche mit deinen Sachen und Spielen und deinem Lieblingsbuch gepackt haben. Dann ziehst du deine Jacke an, steigst ins Auto und fährst zur Oma . . .“

Letzte Vorbereitungen beim Einsetzen der Wehen

Hausgeburt

- Verständigen Sie die Hebamme.
- Rufen Sie Ihren Partner oder Freundin an.
- Setzen Sie sich mit demjenigen in Verbindung, der sich um Ihre Kinder kümmert.
- Machen Sie sich etwas Heißes zu trinken.
- Überprüfen Sie, ob im Geburtszimmer alles vorbereitet ist.
- Nehmen Sie ein heißes Bad oder duschen Sie.

Krankenhausgeburt

- Rufen Sie im Krankenhaus an und lassen Sie einen Krankenwagen kommen, wenn Ihr Partner Sie nicht selbst hinfährt.
- Rufen Sie Ihren Partner oder Freundin an.
- Verständigen Sie denjenigen, der sich um Ihre Kinder kümmert.
- Machen Sie sich etwas Heißes zu trinken.
- Holen Sie Ihre Handtasche, Ihren Mantel und Koffer.
- Setzen Sie sich und warten Sie auf Ihren Partner oder den Krankenwagen.

Wenn Sie jemand ins Krankenhaus fährt, sollten Sie den Weg kennen und wissen, wie lange es dauert. Suchen Sie auch eine Ersatzstrecke aus, falls starker Verkehr herrscht oder aus irgendeinem Grund eine Umleitung eingerichtet wurde. Suchen Sie gut befestigte Straßen aus, damit die Fahrt bequem ist. Erkundigen Sie sich, welchen Krankenhauseingang Sie tagsüber oder nachts benutzen müssen, damit Sie auf dem schnellsten Weg zur Station kommen. Der Fahrer und Sie sollten mit diesen Informationen vertraut sein. Wenn es Sie beruhigt, können Sie vorher eine Testfahrt unternehmen.

In den zwei Wochen vor der Geburt können sich Anzeichen ergeben, daß es bald losgeht.

- Eins der ersten Zeichen ist ein Gefühl von Erleichterung, wenn der Kopf des Babys in das Becken eintritt.
- Der Eintritt des Babykopfes verursacht vermehrten Druck auf die Blase, und Sie werden feststellen, daß Sie wieder häufiger zur Toilette müssen.
- Die Vorwehen werden häufiger und stärker.
- Oft wird der Ausfluß ungefähr einen Tag, bevor die Geburt einsetzt, stärker.
- Vielleicht stellen Sie in der letzten Woche einen leichten Gewichtsverlust fest.
- Einige Frauen entwickeln einen Nestinstinkt; sie putzen das Haus.

15 Wehen und Geburt

Die Geburt ist der Höhepunkt der Schwangerschaft - das Ziel, auf das Sie sich vorbereitet haben. Natürlich werden Sie hoffen, daß Ihre Geburt angenehm ist, nicht unbedingt schmerzfrei - das wäre unrealistisch -, aber entspannt und glücklich.
Und wenn Ihnen alles und alle um Sie herum bekannt sind, werden Sie trotz der Schmerzen glücklich sein. Sie sind entspannt, wenn Sie verstehen, was mit Ihnen geschieht, und voller Vertrauen, daß Sie Ihren Körper kontrollieren und so bei der Entbindung aktiv mithelfen können. Wenn Sie sich intensiv mit Wehen und Geburt befassen und Ihre Gymnastik und Atemtechnik üben, werden Sie weniger Schmerzen haben und die Geburt bewußt genießen können.

Die Wehen

Der Geburtsvorgang läßt sich in bestimmte Stadien unterteilen. Bevor die Wehen einsetzen, spürt man manchmal die Vorwehen (siehe S. 177). Das erste Wehenstadium läßt sich in zwei Phasen trennen; in der frühen Phase setzen die Wehen ein, sie sind kurz, unregelmäßig und nicht schmerzhaft. Es gipfelt im späten ersten Stadium der Wehentätigkeit und in der Übergangsphase, wenn die Wehen regelmäßig und schmerzhafter werden, häufiger eintreten und die völlige Eröffnung des Muttermundes zur Folge haben. Im zweiten Stadium drücken Sie das Baby durch den Geburtskanal; das Baby wird geboren. Der Geburtsvorgang ist erst abgeschlossen, wenn im dritten Stadium die Plazenta (Nachgeburt) ausgestoßen wurde.

Schmerzen bei der Geburt

Jede Frau empfindet den Wehenschmerz anders, am Anfang jedoch ähnelt er meist Menstruationskrämpfen, manchmal äußert er sich nur in leichten Rückenschmerzen. Es gibt auch Geburten, bei denen man fast das ganze erste Stadium hindurch nur langsam stärker werdende Rückenschmerzen hat (siehe S. 184). Sehr oft empfindet man eine Wehe wie eine Schmerzwelle, die sich über den ganzen Bauch erstreckt, für einige Sekunden einen Höhepunkt erreicht und dann wieder abklingt. Gleichzeitig fühlen Sie ein Härterwerden und Anspannen der Gebärmuttermuskulatur, das auf dem Höhepunkt für einige Sekunden anhält, bis sich die Muskeln wieder entspannen. Über die Wehen haben Sie überhaupt keine Kontrolle - sie sind »unwillkürlich« - aber Ihre innere Verfassung während der Geburt kann große Auswirkung haben, so daß sie mehr oder weniger schmerzhaft erscheinen. Die meisten Frauen nehmen an, daß die Wehen nach einem gleichbleibenden Ablauf länger, häufiger und stärker werden. Das stimmt nicht, und Sie sollten sich keine Sorgen machen, wenn Ihre Wehen unterschiedlich sind. Es ist völlig normal, daß zum Beispiel auf eine starke Wehe eine schwächere folgt, die nicht so lange anhält. Es ist auch normal, wenn Wehen ununterbrochen aufeinander folgen - dies ist besonders dann der Fall, wenn die Geburt künstlich eingeleitet wurde und mit einem intravenösen Tropf aufrecht erhalten wird (siehe S. 203).

Einsetzen der Geburt

Die meisten Menschen glauben, daß das Einsetzen der Geburt ganz eindeutig ist; Schmerzen treten auf, die Wehen beginnen, und man weiß Bescheid. Oft ist es jedoch gar nicht so einfach. Drei Dinge können eintreten, aber das heißt nicht unbedingt, daß die Geburt bevorsteht.

- Der leicht blutige Schleimpfropf, der den Geburtskanal versperrt hat, kann sich schon im frühen ersten Stadium oder sogar noch früher losreißen; dies geschieht immer vor dem Platzen der Fruchtblase. Man sagt, es »zeichnet«, dies bedeutet, daß der Muttermund sich langsam öffnet.
- Die Fruchtblase kann jederzeit vor der Geburt platzen. Die Stärke des auslaufenden Fruchtwassers ist von Frau zu Frau verschieden. Bei einigen ist es ein Erguß, bei anderen ein leichtes Tröpfeln. Das Platzen der Fruchtblase ist völlig schmerzlos. Die Menge des auslaufenden Fruchtwassers hängt von der Lage und Größe des Risses ab und davon, ob der Kopf des Babys das Loch verschließen kann. Auch wenn die Fruchtblase geplatzt ist, können Sie mit Ihrer normalen Beschäftigung fortfahren, Sie sollten aber sofort die Hebamme oder das Krankenhaus verständigen.
- Vielleicht haben Sie dumpfe Rückenschmerzen. Wenn Sie im letzten Schwangerschaftsdrittel Vorwehen gehabt haben, können Sie die Wehen zu Anfang der Geburt mit stärkeren Vorwehen wechseln. Starke Vorwehen können jedoch auch fälschlicherweise als Beginn der Geburt angesehen werden, man bezeichnet sie als »falsche Wehen«.

Messen Sie diese frühen Wehen ungefähr eine Stunde lang; wenn sie schneller aufeinander folgen und stärker werden, hat die Geburt wahrscheinlich eingesetzt. Wenn sicher ist, daß die Geburt begonnen hat, wird dic Länge der Zeit zwischen den Wehen gemessen, indem man die Zeit vom Anfang einer Wehe bis zum Anfang der nächsten mißt. Zuerst sind es nur etwa 30 bis 60 Sekunden, bis es schließlich in der aktivsten Phase der Geburt 75 Sekunden dauert.

Geburtsdauer

Die Geburt dauert beim ersten Kind meistens am längsten, im Durchschnitt 12–14 Stunden. Danach sind Geburten durchschnittlich sieben Stunden lang. Allgemein läßt sich sagen, daß eine Geburt um so länger ist, je leichter die Wehen sind. Eine schnelle Geburt beginnt mit langen, langsamen Wehen, die während des gesamten Geburtsverlaufs weitgehend gleich bleiben.

Die Lage des Kindes
Die meisten Babys befinden sich in einer gut gebeugten (aufgerollten) Position, mit angezogenen Knien und gekreuzten Armen und Beinen, das Kinn ruht auf der Brust (rechts). Die Lage des Babys kann Wehen und Geburt beeinflussen; eine Hinterhauptslage (ganz rechts) kann zu einer Geburt mit diffusen Rückenschmerzen führen (siehe S. 184). Wenn der Kopf nicht genug angebeugt ist und das Gesicht nach unten zeigt, geht die Geburt langsamer voran.

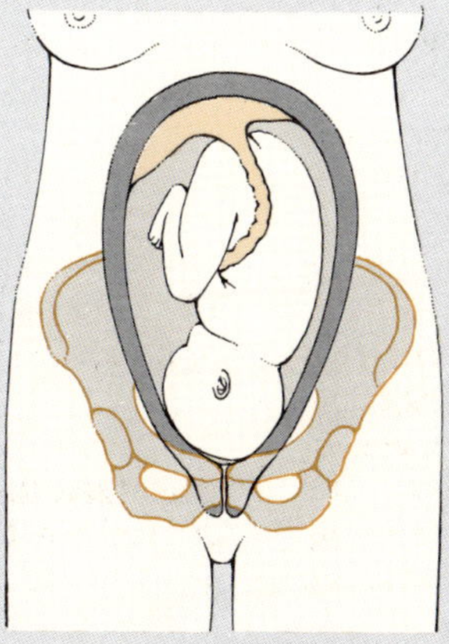
gut gebeugte Lage

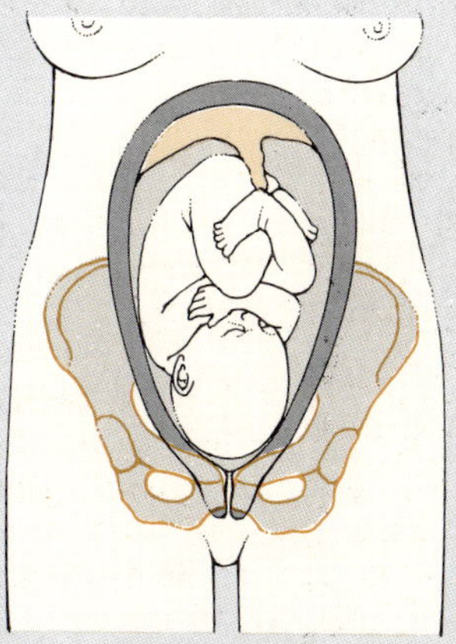
Hinterhauptslage

Atemtechniken während Wehen und Geburt

Beherrschen Sie eine Entspannungstechnik (siehe S. 146–151), so sollten Sie dies nun in die Praxis umsetzen. Ihr Partner kann Ihnen helfen, indem er Sie aufmerksam macht, wenn Ihre Atmung zu schnell ist oder Ihre Schultern verspannt sind. Er kann einen Rhythmus oder bestimmte Worte vorgeben wie: atmen, atmen, hecheln hecheln, ausatmen.

Frühes erstes Stadium
Die Wehen sind wahrscheinlich leicht, und Sie können tief und gleichmäßig durchatmen. Begrüßen Sie jede Wehe mit einem langsamen und gleichmäßigen Ausatmen.

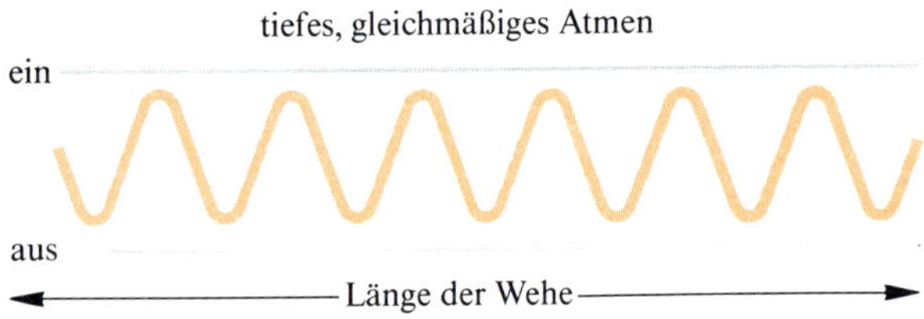

Spätes erstes Stadium
Atmen Sie zu Anfang der Wehe, und versuchen Sie dann, die Wehen zu überatmen; kurze, leichte Atemzüge, die die unteren Teile des Körpers kaum mit einzubeziehen scheinen. Nehmen Sie tief Luft und entspannen Sie sich, wenn es vorüber ist, um zu zeigen, daß die Wehe vorbei ist.

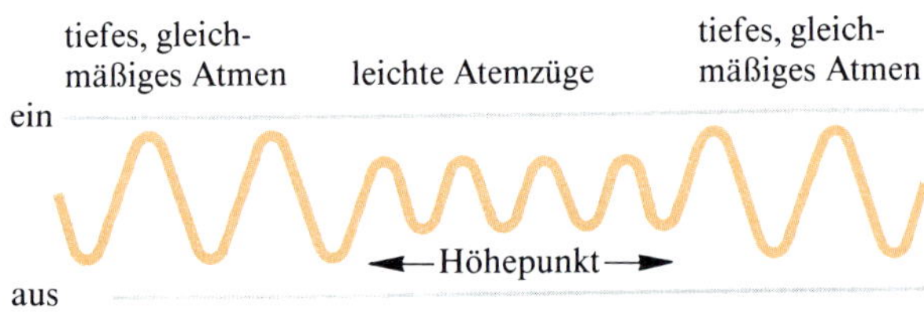

Übergangsphase
Versuchen Sie die flachste Atmungsweise – Hecheln. Führen Sie dem Körper nicht zuviel Sauerstoff zu. Atmen Sie nur mit dem Mund. Wenn Ihnen schwindelig ist, kann Ihr Partner seine Hände über Ihren Mund und Ihre Nase legen, während Sie atmen.

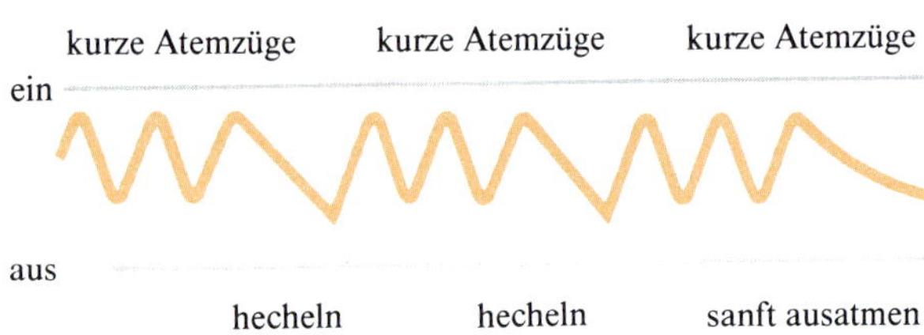

Zweites Stadium
Dies ist der natürlichste Atemrhythmus. Nehmen Sie tief Luft und halten Sie den Atem an, während Sie pressen und den Beckenboden hervortreten lassen. Pressen Sie lange und sanft. Wiederholen Sie es, wenn die Wehe noch stark ist, legen Sie sich langsam und ruhig zurück, wenn sie endet.

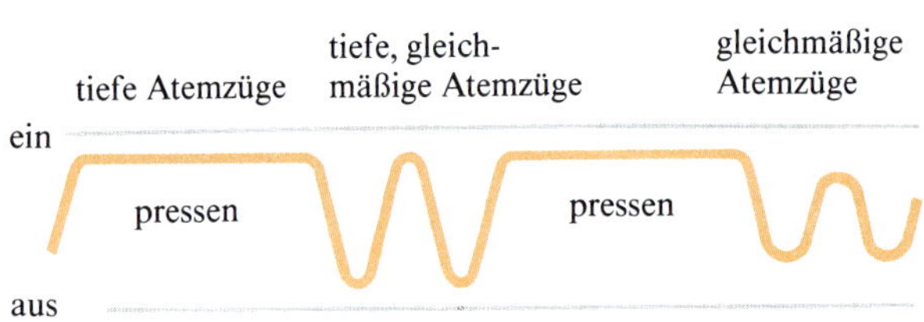

Aufnahme im Krankenhaus

Wenn Sie eintreffen, bereitet die Hebamme Sie für die Geburt vor. Ihr Partner kann in der Regel währenddessen bei Ihnen bleiben.

- Sie sieht sich Ihr Vorsorgeheft an und fragt nach dem bisherigen Wehenverlauf, ob die Fruchtblase geplatzt ist, wie häufig die Wehen kommen und ob Sie Stuhlgang hatten.
- Sie bittet Sie, sich zu entkleiden und einen Krankenhauskittel anzuziehen.
- Dann werden Sie untersucht; die Hebamme tastet Ihren Bauch ab, um die Lage des Babys festzustellen, sie hört die Herztöne des Babys ab, mißt Blutdruck, Puls und Temperatur und nimmt eine vaginale Untersuchung vor, um zu sehen, wie weit sich der Muttermund geöffnet hat.
- Man bittet Sie, etwas Urin abzugeben, um ihn auf Eiweiß und Zucker hin zu untersuchen.
- Wahrscheinlich werden Sie rasiert, falls Sie dies nicht ausdrücklich ablehnen.
- Wenn Sie nicht vor kurzem Stuhlgang hatten, macht man Ihnen einen Einlauf oder gibt Ihnen ein Zäpfchen.
- Dann duschen Sie oder nehmen ein Bad. Anschließend bringt man Sie in ein Entbindungszimmer. Wenn Sie noch Fragen haben, Ihre Vorstellungen von der Geburt und Ihre Gefühle mitteilen wollen, ist jetzt der richtige Augenblick dazu.

Der Herzschlag des Fetus wird regelmäßig aufgezeichnet, entweder mit einem Fetoskop, über ein Schallgerät oder auf einem elektronischen Monitor.

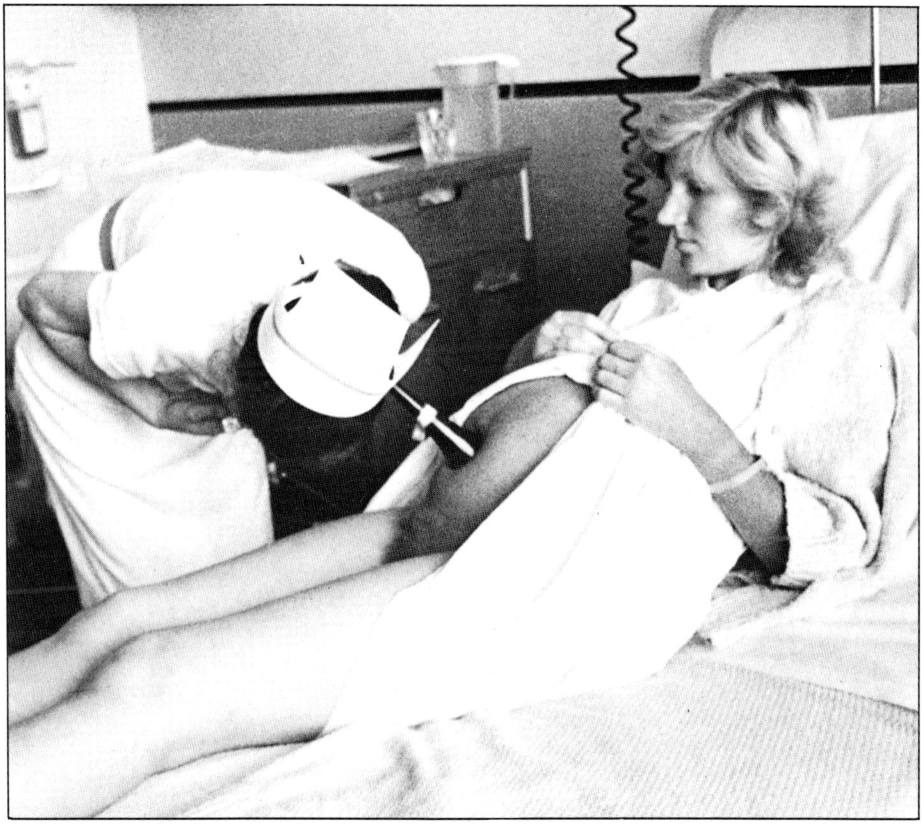

Das erste Geburtsstadium

Während dieser Phase öffnet sich der Muttermund vollständig, damit der Kopf des Babys hindurchschlüpfen kann. Bevor er sich weiten kann, wird der normalerweise dicke, ziemlich zähe Muttermund dünner und weicher und er wird dann langsam von der sich zusammenziehenden Gebärmuttermuskulatur hinaufgezogen. Diesen Vorgang bezeichnet man als Verstreichen. Der Muskel des oberen Gebärmutterteils zieht sich zusammen und übt auf den unteren Abschnitt Druck aus, der wiederum die Zugkraft der Wehen an den Muttermund weitergibt. Dies hat zur Folge, daß der Muttermund, sobald er gedehnt ist, sich mit jeder Wehe weiter öffnet, bis der Geburtskanal völlig frei ist. Die verschiedenen Eröffnungsgrade des Muttermundes können gemessen werden. Wenn Sie die Hebamme fragen, wie die Geburt vorangeht, wird sie wahrscheinlich immer die Öffnung in Zentimetern angeben oder vielleicht in Fingerbreite (ein Fingerbreit entspricht etwa einem Zentimeter).

Bis zu einer Weite von vier Zentimetern wird die Zunahme von jeweils einem Zentimeter angegeben. Bei fünf oder sechs Zentimetern bezeichnet man den Muttermund als halb eröffnet. Wenn der Muttermund voll eröffnet ist, beträgt sein Durchmesser etwa 10 Zentimeter. Damit ist die erste Phase der Geburt abgeschlossen, sie geht jedoch ohne Unterbrechung allmählich in die zweite über.

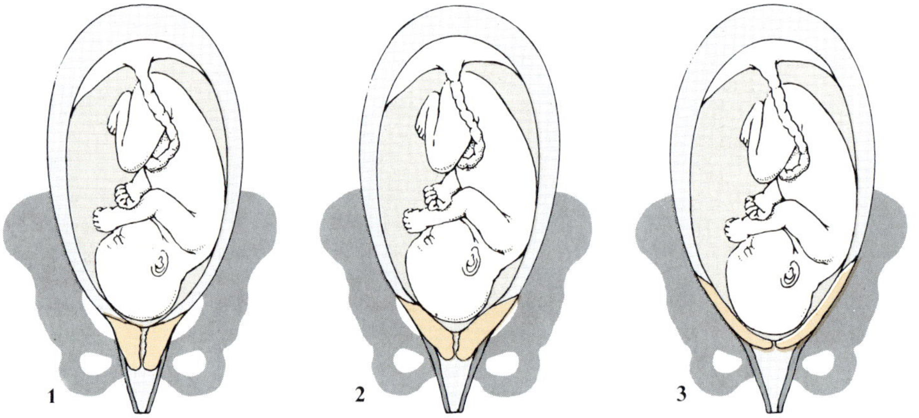

1 2 3

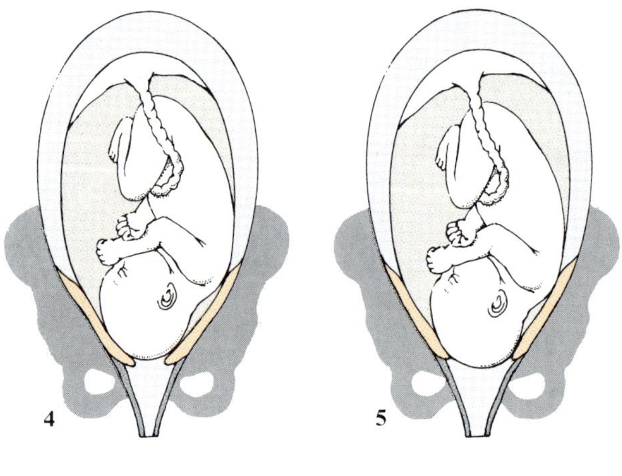

4 5

Eröffnung des Muttermundes
Der normalerweise zähe Muttermund (1) muß verstreichen (2), bevor der Kopf des Babys hindurchgleiten kann. Wenn der Muttermundkanal ganz verstrichen ist (3), eröffnen weitere Wehen den Muttermund. Bei einer Öffnung von 7 cm kann die Hebamme fühlen, wie sich der Muttermund um den Kopf des Babys herum ausgedehnt hat (4). Wenn die Hebamme den Muttermund nicht mehr fühlen kann (5), ist er voll eröffnet.

Untersuchungen während der Geburt

Nach der Aufnahme ins Krankenhaus wird Sie der Narkosearzt zunächst fragen, ob Sie Schmerzmittel in irgendeiner Form wünschen (siehe S.196). Ist dies nicht der Fall, läßt man Sie mit Ihrem Partner allein, und eine Schwester oder Hebamme kümmert sich ständig um Sie.

Die Herztöne des Kindes werden regelmäßig mit einem Stethoskop, einem Ultraschalldoppler oder einem Herzton-Wehen-Schreiber (siehe S. 204) abgehört. Vaginale Untersuchungen werden in Abständen von 4–6 Stunden vorgenommen, um festzustellen, wie der Muttermund sich dehnt und weitet. Dabei liegen Sie im allgemeinen auf dem Rücken. Wenn Ihnen dies zu unbequem ist, bitten Sie darum, daß Sie bei der Untersuchung auf der Seite liegen oder stehen können.

Bei jeder vaginalen Untersuchung sollten Sie den Untersuchenden fragen, welchen Fortschritt Sie machen. Wenn Sie denjenigen, der Sie untersucht, noch nicht kennen und er sich nicht vorstellt, sollten Sie ihn bitten, sich vorzustellen und Ihnen zu erklären, was er tun wird; stellen auch Sie sich ihm vor. Wenn Sie der Meinung sind, daß die Wehen länger und stärker werden und Sie längere Zeit nicht untersucht worden sind, sollten Sie darum bitten. Es tut gut zu wissen, daß die Eröffnung inzwischen fortgeschritten ist.

Möglicherweise wird man Ihren Partner bitten, bei der Vorbereitung und den vaginalen Untersuchungen den Raum zu verlassen. Dies ist überhaupt nicht nötig, denn ständig betreten Menschen, die mit der Geburt Ihres Kindes überhaupt nichts zu tun haben, das Entbindungszimmer – bestehen Sie daher darauf, daß Ihr Partner bleiben kann.

Vielleicht stellt man Ihnen bei einer vaginalen Untersuchung oder während einer Wehe Fragen. Konzentrieren Sie sich auf das, was Sie gerade tun, und beantworten Sie die Frage nach der Wehe.

Eine vaginale Untersuchung kann manchmal schmerzhaft sein; versuchen Sie sich dabei zu entspannen.

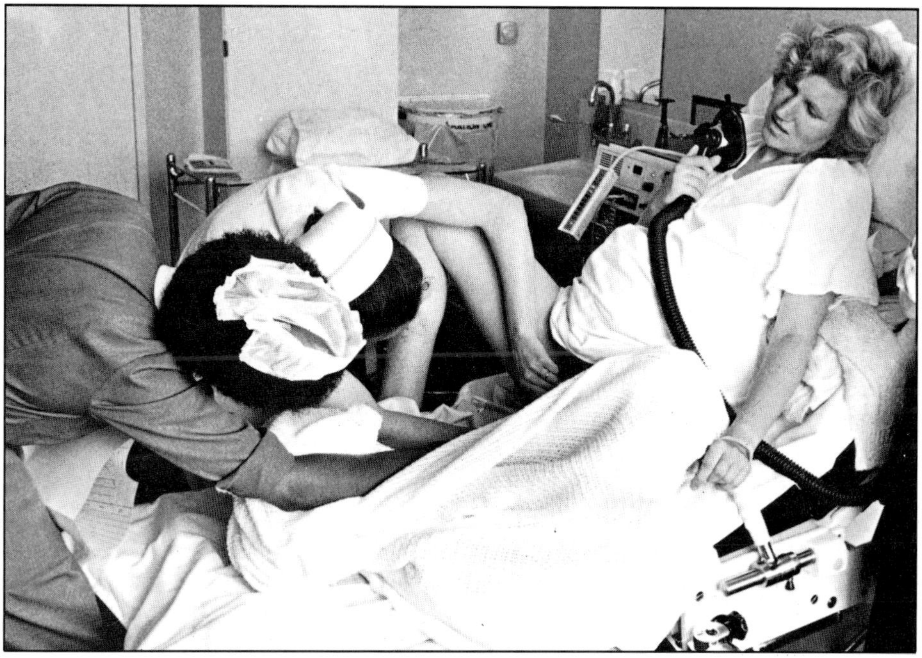

Ratschläge für den Partner

- Ermutigen Sie Ihre Partnerin, vor der Geburt zu schlafen und ihre Kraftreserven zu schonen. Vielleicht hat sie einen plötzlichen Energieausbruch, das ist der Nestinstinkt, aber bestehen Sie darauf, daß sie sich ausruht und die Füße hochlegt.
- Am Anfang der Geburt sollten Sie sie ermuntern, ein warmes Bad zu nehmen, sofern die Fruchtblase noch nicht geplatzt ist. Helfen Sie ihr, in die und aus der Wanne zu steigen, damit sie nicht ausrutscht. Wenn die Fruchtblase schon geplatzt ist, ist es besser zu duschen (siehe S. 173).
- Wenn ihr nicht übel ist, sollte sie essen und trinken, was sie möchte. Fruchtsäfte und Honig enthalten Zucker, der Energie gibt. Auch Sie sollten etwas essen.
- Wenn die Wehen einsetzen, sollten Sie die zeitlichen Abstände messen (vom Anfang einer Wehe bis zum Anfang der nächsten) und feststellen, wie lange eine Wehe dauert. Legen Sie die Hand auf ihren Bauch, damit Sie den Höhepunkt der Wehe fühlen können.
- Eine Ihrer wichtigsten Aufgaben ist es, ihr während der Wehen Anweisungen zu geben, ihr Mut zu machen und sie zu unterstützen. Sie dürfen Sie nie kritisieren, gebrauchen Sie positive Worte und loben Sie sie soviel wie möglich. Seien Sie nicht verletzt, wenn Ihre Partnerin sich von Ihnen abwendet und Bestätigung bei der Hebamme sucht. Sie sucht Hilfe bei der erfahrenen Frau.
- Es ist für sie sehr beruhigend, wenn Sie ihr Gesicht abwischen, ihren Rücken oder ihren Bauch massieren oder ihre Hand halten.
- Achten Sie auf Verkrampfungen des Nakkens, der Schultern und Stirn, sagen Sie ihr, daß sie sich entspannen soll und was sie dazu tun muß. Zwischen den Wehen sollte ihr Mund locker sein. Wenn Sie Anzeichen von Anspannung sehen, fodern Sie sie auf, den Mund zu schließen und den Kiefer fallen zu lassen.
- Wenn Ihre Partnerin nicht im Bett liegt, sondern sich bewegt, erinnern Sie sie daran, jede Stunde zur Toilette zu gehen. Jedesmal, wenn sie aufsteht, sollten Sie in ihrer Nähe bleiben, da jede Art von Aktivität die Wehen verstärken kann. Gehen Sie mit ihr zum Badezimmer.
- Beobachten Sie sie und passen Sie sich ihren Launen an. Wenn sie Ruhe haben möchte, sollten Sie auch ruhig sein, aber wenn sie abgelenkt werden will, können Sie zum Beispiel Karten mit ihr spielen.
- Unterschreiben Sie nur die wichtigsten Unterlagen, wenn Sie im Krankenhaus eintreffen und sie gerade Wehen hat; gehen Sie mit ihr sofort in die gynäkologische Abteilung. Es ist vorrangig, sie so bequem und schnell wie möglich unterzubringen. Achten Sie darauf, daß nichts im Krankenhaus ihr Angst macht oder sie von der Wehenkontrolle ablenkt.
- Wenn im Krankenhaus darauf bestanden wird, daß Sie ins Wartezimmer gehen, während sie »vorbereitet« wird, sollten Sie etwa 20 bis 30 Minuten dort bleiben und dann zurück in die Abteilung gehen. Stellen Sie sich der ersten Schwester, die Sie sehen, vor und bitten Sie darum, daß man Sie zu Ihrer Partnerin läßt.
- Wenn ihr Medikamente angeboten werden, sollte sie wissen, wofür sie sind. Wenn sie es ohne Medikamente versuchen möchte, sollten Sie sie darin bestärken. Bedenken Sie aber auch, daß es keinen Grund gibt, Medikamente nicht zu nehmen, wenn sie in ihrem Fall medizinisch angebracht scheinen.
- Wenn Sie eine Hausgeburt geplant haben, wird die Hebamme wahrscheinlich die meiste Zeit auf sich gestellt sein. Helfen Sie ihr deshalb. Reagieren Sie schnell, wenn Sie um etwas gebeten werden.
- Wenn die Wehen voll eingesetzt haben, können Sie die Hand auf ihren Bauch legen, so daß Sie spüren, wenn der Bauch sich anspannt und die nächste Wehe kommt. Sobald die Gebärmutter hart wird und aufsteigt, sagen Sie Ihrer Partnerin, daß sie tief einatmen soll. So gehen Sie sicher, daß sie nicht plötzlich von einer Wehe überrascht wird.

Positionen während des ersten Stadiums

Sie müssen die für Sie bequemste Position selbst herausfinden. Bewegen Sie sich und probieren Sie neue Stellungen aus. Stützen Sie sich an Möbelstücken oder an Ihrem Partner ab. Viele Frauen möchten herumlaufen und nehmen dann beim Einsetzen einer Wehe die gewählte Position ein.

Aufrecht sitzen ▷
Unterstützt die Wehen in der ersten Phase. Es ist am bequemsten für Sie, wenn Ihre Knie leicht geöffnet sind und Ihr Rücken gerade ist. Legen Sie ein Kissen über die Stuhllehne, um sich dagegen zu lehnen.

◁ ***In der frühen Anfangsphase der Geburt***
Bei einer Wehe hören Sie mit dem auf, was Sie gerade tun, und halten sich an etwas fest. Wenn die Oberfläche hoch ist, knien Sie sich hin.

△ ***Am Partner abstützen***
Lehnen Sie sich an Ihren Partner. Das Gewicht des Babys wird von Ihrem Rücken genommen, und die Wehen wirken in dieser aufrechten Position am besten. Er kann Ihren Rücken massieren.

Bei Rückenschmerzen ▷
Gehen Sie auf alle viere und wiegen Sie sich während der Wehen hin und her. Machen Sie keinen Buckel, zwischen den Wehen können Sie sich nach vorne auf Ihre gefalteten Arme legen oder sich nach hinten auf Ihre Schenkel setzen.

Die Übergangsphase

Dies ist die Phase zwischen dem Ende des ersten Stadiums der Geburt und dem Beginn des zweiten. Es ist die kürzeste Phase und dauert im Durchschnitt eine Stunde, oft auch nur dreißig Minuten oder weniger, aber es kann recht schwierig sein, mit ihr zurechtzukommen. Da dieser Phase bereits mehrere Stunden im ersten Stadium vorausgingen, sind einige Frauen entmutigt und glauben, daß sie nicht ohne Schmerzmittel auskommen. Vielleicht kommt es zu Zittern und Schüttelfrost, das physiologisch bedingt und ganz normal ist. Einigen Frauen ist so übel, daß sie sich übergeben wollen. Widersetzen Sie sich diesem Drang nicht, denn hinterher fühlen Sie sich viel besser. Oft werden Frauen aufgeregt und unruhig, jede Stellung scheint unbequem; möglicherweise haben Sie Angst um sich und das Baby und sind zwischen den Wehen schläfrig, da die größte Sauerstoffmenge im Körper von der Gebärmutter und dem Baby aufgebraucht wird. Wenn Sie das starke Verlangen haben zu pressen, es aber noch zu früh dazu ist, sollten Sie hecheln und pusten (siehe S. 148), bis die Hebamme Ihnen sagt, daß der richtige Moment gekommen ist. Das Ende der Übergangsphase zeigt sich bei den meisten Frauen an einer merklichen Veränderung des Atemrhythmus, vielleicht stöhnen Sie unbeabsichtigt, dies liegt daran, daß Sie pressen wollen. Dieser Drang wird sehr stark. Ihr Partner muß jetzt den Helfern Bescheid geben, daß Sie bereit sind zum Pressen. Man wird bestätigen, daß der Muttermund zehn Zentimeter geöffnet ist, und damit beginnt die zweite Phase der Geburt. Ihr Baby wird gleich geboren.

Ratschläge für den Partner

- Achten Sie darauf, daß sie sich entspannt, stellen Sie keine Fragen, und wischen Sie ihr Gesicht ab, wenn sie stark schwitzt.
- Wenn sie nicht berührt werden möchte, unterlassen Sie es, aber bleiben Sie an ihrem Bett. Wenn ihr übel ist und sie sich übergeben muß, holen Sie ihr eine Schale und ermutigen sie. Loben Sie sie immer wieder.
- Wenn ihre Beine zu zittern beginnen, ziehen Sie ihr ihre Strümpfe an und halten Sie die Beine fest.
- Wenn Sie bemerken, daß sie zu stöhnen und zu pressen beginnt, informieren Sie sofort die Hebamme. Dies ist eine schwierige Phase, Sie sollten ihr sagen, daß sie in der Übergangsphase ist und das Baby bald geboren wird.

Rückenschmerzen bei der Geburt

Wenn das Baby sich in der hinteren Hinterhauptslage befindet, drückt sein Kopf wahrscheinlich auf Ihr Kreuzbein. Dies hat meistens lange, unregelmäßige Wehen zur Folge, die von Rückenschmerzen begleitet werden. In dieser Lage ist der Kopf des Babys nicht richtig gebeugt, und das Baby braucht mehr Platz. Es dreht sich jedoch meistens, bevor es durch den Geburtskanal gleitet; die Geburt selbst verläuft normal. Es gibt Möglichkeiten, den Rückenschmerz zu erleichtern.

- Laufen Sie herum und nehmen Sie während der Wehen eine Stellung ein, bei der der Druck vom Rücken genommen wird; zum Beispiel, indem Sie sich auf allen vieren auf einem Stuhl abstützen oder hin- und herwiegen.
- Heben Sie den Druck durch Gegendruck auf. Ihr Partner kann mit seinen Fäusten oder etwas Rundem, zum Beispiel einem Tennisball, Druck auf Ihren Rücken ausüben.
- Legen Sie zwischen den Wehen eine heiße Wärmflasche auf den unteren Teil des Rückens.
- Legen Sie sich nicht flach auf den Rücken; der Kopf des Babys drückt dann auf Ihre Wirbelsäule.
- Massieren Sie das Gesäß und den unteren Teil des Rückens (siehe S. 149).

Stellungen während der Übergangsphase

In dieser Phase ist es schwer, eine bequeme Position zu finden. Die Wehen scheinen unaufhörlich zu kommen, aber wenn Sie wissen, daß das Baby bald geboren wird, sollte dies Ihnen Selbstvertrauen geben, um ruhig und geduldig zu bleiben. Sie werden sich jetzt nicht mehr viel bewegen wollen, aber versuchen Sie hin und wieder, die Position zu wechseln.

◁ ***Sich am Partner anlehnen***
Sie können sich nach vorne auf Ihren Partner lehnen; wenn Sie auf einem hohen, schmalen Krankenhausbett sind, gibt dies Ihnen Sicherheit. Stellen Sie Ihre Füße auf einen Stuhl und halten Sie die Knie geöffnet.

▽ ***Wenn Sie sich ausruhen möchten***
Legen Sie sich mit Kissen unter dem Kopf und dem obenliegenden Bein auf die Seite. Öffnen Sie Ihre Beine so weit wie möglich.

△ ***Wenn der Muttermund nicht voll eröffnet ist***
Wenn Sie das Gefühl haben, daß Sie pressen müssen, können Sie die Schwerkraft benutzen, um das Baby zu verlangsamen, während der Muttermund sich weiter öffnet. Knien Sie sich hin oder setzen Sie sich auf Ihre Schenkel und legen Sie den Kopf in die Arme, die Sie auf einem niedrigen Stuhl abstützen. Sie können sich auch nach vorne lehnen und den Kopf in die Arme legen, die sich auf dem Boden befinden, während Sie das Gesäß in die Luft strecken. So nehmen Sie Druck vom unteren Teil des Rückens.

Stellungen bei der Geburt

Durch die Erfahrungen bei den Wehen werden Sie jetzt wissen, in welcher Position Sie gebären wollen. Nehmen Sie die Ratschläge der Helfer an; sie werden Sie während der Austreibungsphase anleiten. Genießen Sie dieses Stadium und lassen Sie sich Zeit.

◁ ***Hockstellung***
Auf diese Weise öffnet sich das Becken, der Beckenboden und die Scheidenöffnung entspannen sich, und das Baby wird mit Hilfe der Anziehungskraft geboren. Um auf einem Bett zu hocken, brauchen Sie zwei Helfer, damit Sie sich sicher fühlen.

Unterstützte Hockstellung ▷
Ihr Partner kann Sie stützen, indem er Ihr Gewicht mit seinen Armen auffängt. Er sollte seinen Rücken gerade und die Knie leicht geöffnet halten.

Eine häufige Geburtsposition ▷
Setzen Sie sich mit Kissen abgestützt hin, umfassen Sie Ihre Knie und lassen Sie Ihr Kinn auf die Brust fallen. Sie können sich zwischen den Wehen zurücklegen und entspannen, um Ihre Energien zu bewahren. In dieser Position können Sie sehen, wie das Baby geboren wird.

Halbaufrechte Position ▷
Wenn Sie sich wohler fühlen, wenn Ihr Partner während der Geburt in der Nähe ist, können Sie sich an ihn lehnen. Seine Nähe wird Ihnen Vertrauen geben, und er kann Sie ermutigen, während der Wehen zu pressen.

Das zweite Stadium

Bei einer ersten Geburt dauert das zweite Stadium im allgemeinen nicht länger als zwei Stunden – der Durchschnitt liegt bei einer Stunde –, und bei jeder weiteren Geburt sind es oft nur 15 bis 20 Minuten. Das Pressen ist ein Reflex, ein instinktiver Drang, nach unten zu drücken, der durch den Kopf des Babys hervorgerufen wird, wenn er auf den Beckenboden und After drückt. Selbst wenn Sie nichts über die Geburtsmechanik wissen, werden Sie automatisch tief Luft holen. Auf diese Weise senkt sich das Zwerchfell, übt Druck auf die Gebärmutter aus und hilft beim Pressen. Dann halten Sie den Atem an, ziehen die Knie leicht an und drücken nach unten. Das Pressen erfolgt instinktiv. Es fügt dem Baby keinen Schaden zu, ist aber eine recht schwere Angelegenheit; schwerer noch fällt das Pressen, wenn Sie auf dem Rücken liegen, weil Sie dann das Baby nach oben schieben müssen (siehe S. 68); leichter ist es in einer halb aufrechten Position (siehe S. 186), da dann die Schwerkraft dabei hilft. Sie sollten kontinuierlich pressen. Alle Muskeln müssen nach unten und außen wirken. Es sollte langsam und gleichmäßig geschehen, so daß das Scheidengewebe Zeit hat, sich zu dehnen und sich dem Kopf des Babys anzupassen. So vermeiden Sie eventuell einen Dammriß oder Dammschnitt.

Sie sollten während einer Wehe pressen, denn Sie helfen der Gebärmutter nur, das Baby herauszudrücken. Die unwillkürlich arbeitenden Muskeln der Gebärmutter können das Baby allein austreiben. Sie können daher am besten mitwirken, wenn Sie auf dem Höhepunkt einer Wehe zu pressen beginnen.

Beim Pressen sollten der Beckenboden und die Aftergegend völlig entspannt sein, bemühen Sie sich daher, diesen Teil des Körpers bewußt zu entspannen (siehe S. 129). Möglicherweise haben Sie etwas Stuhlgang, aber werden Sie deshalb nicht verlegen. Machen Sie sich auch keine Gedanken, wenn Sie Wasser lassen müssen; dies geschieht recht häufig. Wenn Sie nicht weiter pressen können, sind zwei langsame, tiefe Atemzüge hilfreich, aber entspannen Sie sich am Ende der Wehen nicht zu schnell, da das Baby weiter nach unten drückt, wenn Sie sich langsam entspannen. Wenn Sie im Krankenhaus sind, wird man Sie möglicherweise kurz vor dem zweiten Stadium in einen Kreißsaal mit Entbindungstisch bringen, wenn Sie es mit dem Krankenhaus nicht vorher anders vereinbart haben (siehe S. 69).

Ratschläge für den Partner

- Erinnern Sie sie daran, den Beckenboden beim Pressen zu entspannen. Sie sollte zwei- bis dreimal tief Luft holen und am stärksten auf dem Höhepunkt der Wehe pressen. Sie sollte kräftig und gleichmäßig pressen.
- Erinnern Sie sie daran, in den Spiegel zu sehen, damit sie die Geburt verfolgen kann.
- Wenn Sie im Krankenhaus plötzlich gebeten werden, das Entbindungszimmer zu verlassen, sollten Sie dies ohne weitere Fragen tun. Es kann sich um eine medizinische Notsituation handeln, und das Personal muß sich schnell bewegen können. Verlassen Sie das Zimmer, aber halten Sie sich in der Nähe auf.
- Erinnern Sie sie daran, sich in Wehenpausen zurückzulehnen und voll zu entspannen.
- Sobald sich der Kopf des Babys zeigt, werden Sie eher zum Beobachter. Jetzt ist es die Hebamme, die Ihre Partnerin bei den Preßwehen anleitet.
- Erwarten Sie nicht, daß Ihre Partnerin bei der Geburt mit Ihnen spricht. Sie wird beschäftigt sein und Sie einige Zeit lang nicht bemerken.
- Wenn das Baby auf ihren Bauch gelegt wird, legen Sie, wenn möglich, Ihre Arme um beide und zeigen so, daß Sie noch da sind.
- Seien Sie auf Ihre Reaktionen und die Ihrer Partnerin vorbereitet – Tränen, Schweigen, Freudenschreie – alles ist ganz normal und verständlich.

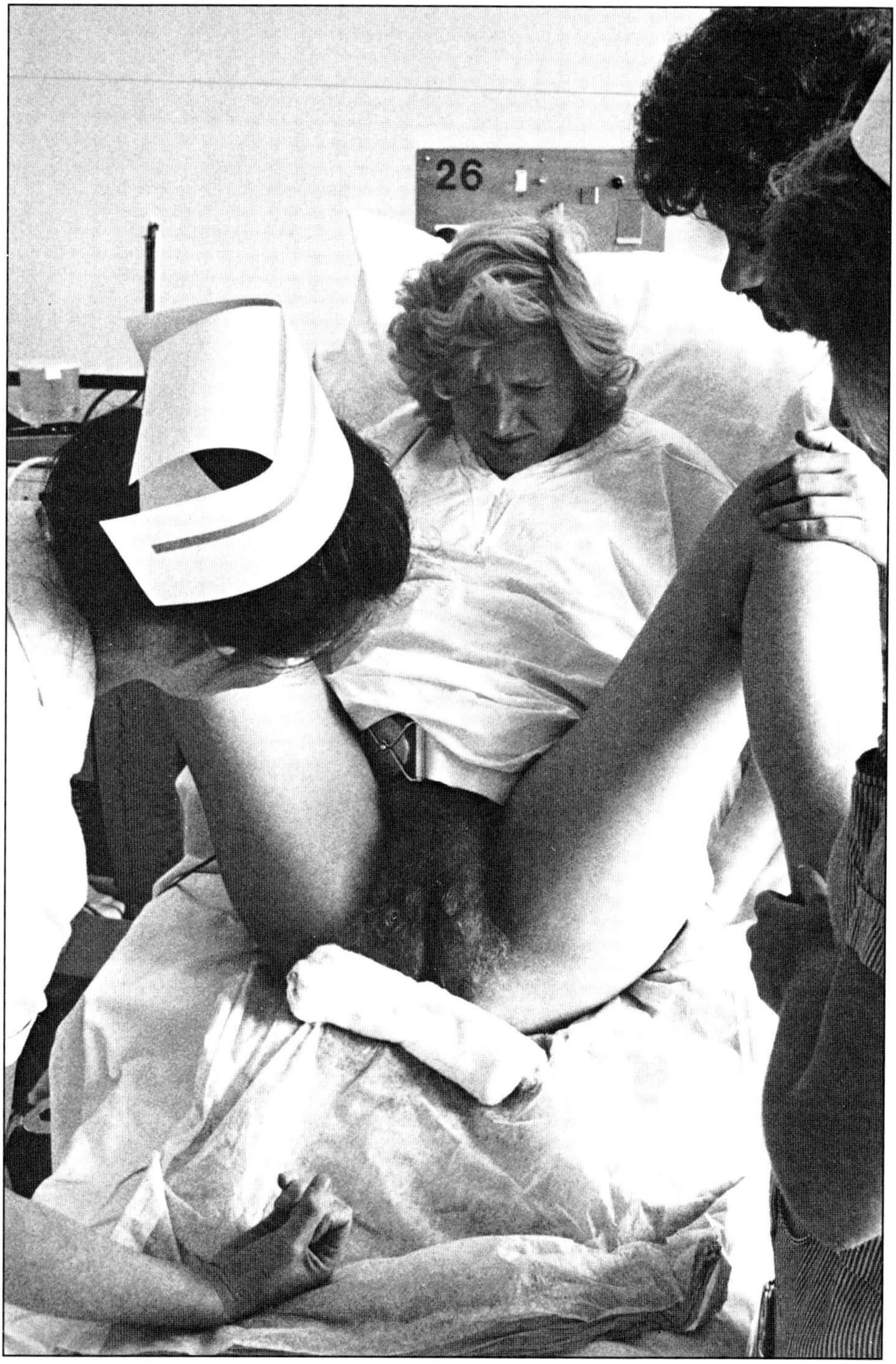
26

Geburt

Das erste Anzeichen der Geburt ist das Anschwellen des Afters und des Damms. Mit jeder Wehe erscheint der Kopf des Babys weiter in der Scheidenöffnung, er kann jedoch zwischen den Wehen wieder leicht zurückweichen. Nachdem der Kopf des Babys erschienen ist, wird er mit den nächsten zwei Wehen geboren werden. Jetzt können Sie nach unten fassen und den Kopf berühren, um sich zu vergewissern.

Ein Stechen oder Brennen ist ganz normal, wenn das Baby die Öffnung des Geburtskanals dehnt. Sobald Sie es spüren, hören Sie auf zu pressen, hecheln Sie und lassen Sie die Gebärmutter das Baby selbst herausdrücken. Wenn Sie aufhören zu pressen, lehnen Sie sich zurück und versuchen ganz locker zu sein. Versuchen Sie, die Dammuskulatur bewußt zu entspannen (siehe S. 129). Das stechende oder brennende Gefühl dauert nur kurze Zeit an, es folgt sofort ein Gefühl der Betäubung, da das Scheidengewebe bei der Dchnung durch den Kopf des Babys so dünn wird, daß die Nerven blockieren, was eine natürliche schmerzbetäubende Wirkung hat. Wenn die Helfer der Meinung sind, daß ein schwerer Dammriß zu befürchten ist, wird jetzt ein Dammschnitt nötig (siehe S. 200). Man wird auch prüfen, ob die Nabelschnur um den Hals des Babys gewickelt ist (siehe S. 194).

Wenn der Kopf geboren ist, befindet sich der Rücken des Babys oben, und sein Gesicht ist auf den After gerichtet. Das Baby beginnt jedoch fast sofort, die Schultern zu drehen, so daß es auf Ihren rechten oder linken Oberschenkel sieht. Die Richtung hängt von der Lage des Babys in der Gebärmutter ab. Die Hebamme wird Augen, Nase und Mund mit sauberem Mull auswischen und Flüssigkeit aus der Nase und den oberen Atemwegen entfernen. Jetzt haben Sie eine Atempause, wäh-

◁ *Das Pressen erfolgt instinktiv. Sie machen automatisch einen tiefen Atemzug und pressen nach unten.*

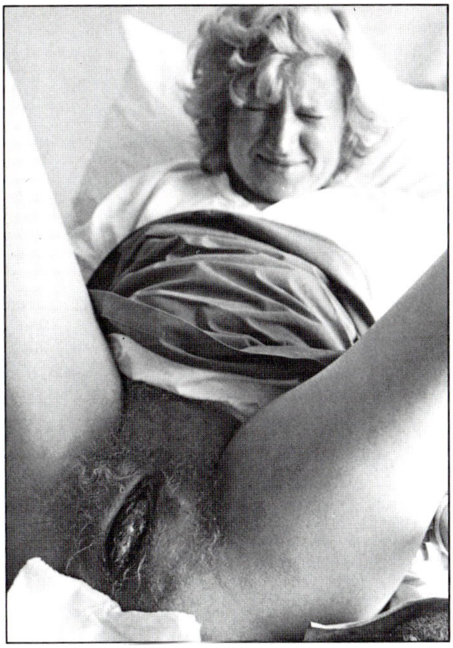

Bei jeder Wehe im zweiten Stadium erscheint der Kopf des Babys mehr und mehr in der Scheidenöffnung. After und Damm treten durch den Druck des Kopfes hervor.

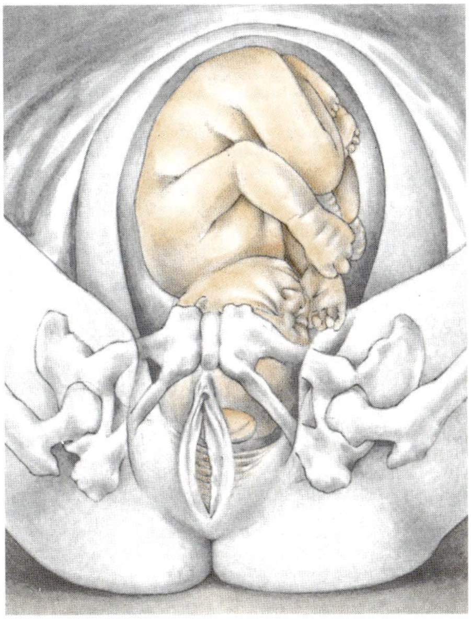

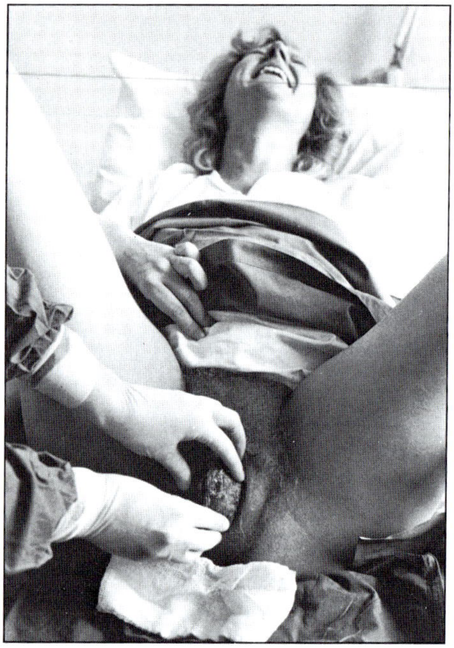

Sobald der Kopf des Babys hervortritt, geht das stechende Gefühl in Gefühllosigkeit über, da sich das Scheidengewebe so sehr gedehnt hat, daß die Nerven blockiert werden. Schließlich gleitet der Kopf heraus.

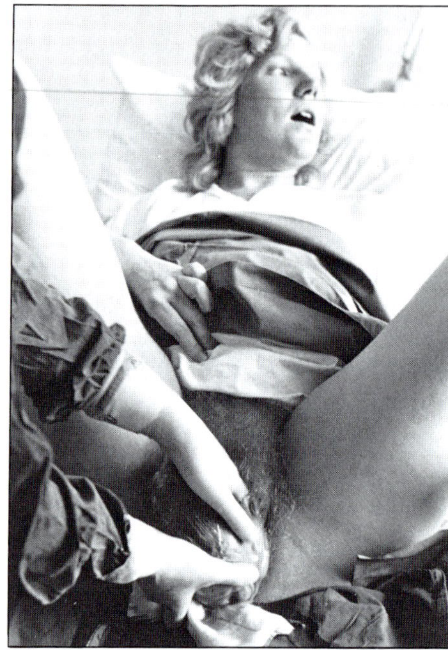

Der Kopf ist geboren, das Gesicht zeigt nach unten auf den After, aber das Baby dreht sich sofort und schaut auf den Oberschenkel, so daß es sich in einer guten Position für die Geburt des Körpers befindet.

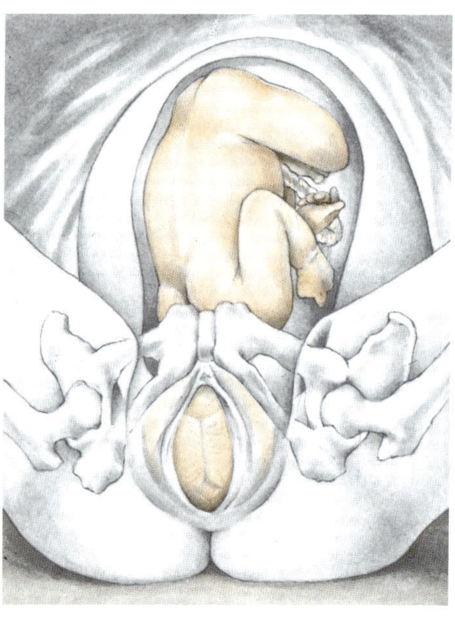

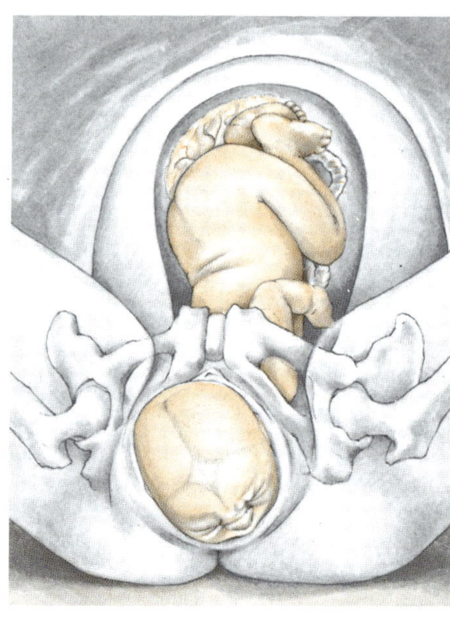

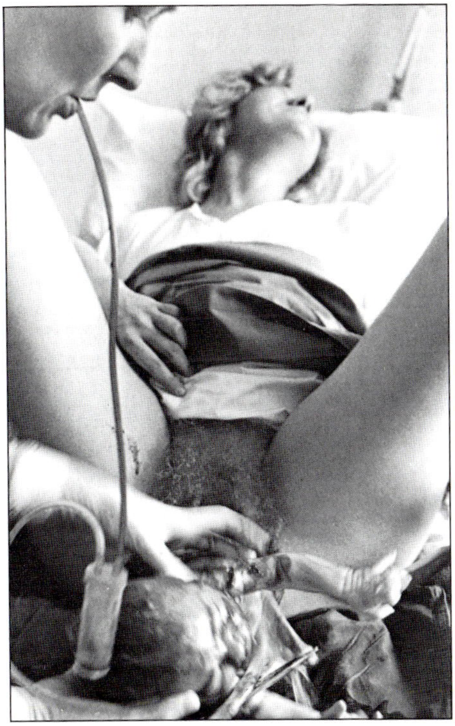

Die Hebamme entfernt alle Flüssigkeit aus den Atemwegen des Babys. Die nächste Wehe reicht meistens für die Geburt der Schultern und des übrigen Körpers aus.

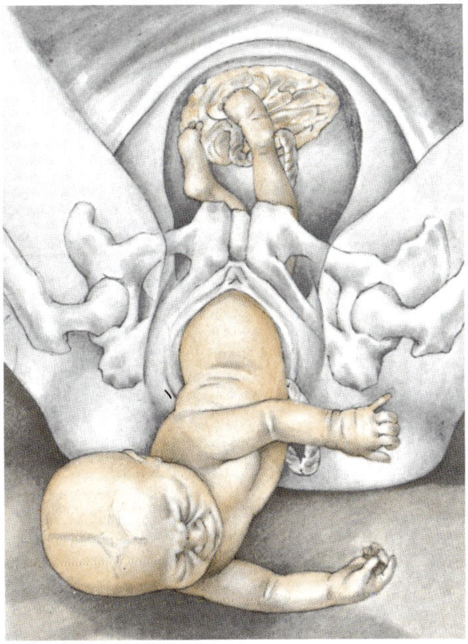

rend die Wehen für einige Minuten aufhören. Wenn sie wieder einsetzen, ist es fast nicht notwendig, zu pressen, weil bei den nächsten ein oder zwei Wehen die Schultern des Babys und dann sein Körper geboren werden. Manchmal werden Kopf und Körper während einer einzigen Wehe geboren.

Schulter herauszudrücken, mit der nächsten wird die andere geboren, und der Rest des Körpers gleitet heraus.

Die Hebamme hilft bei dieser letzten Phase der Entbindung meistens, indem sie die Achseln des Babys mit Daumen und Fingern faßt und es nach oben auf Ihren Bauch hebt.

Wahrscheinlich schreit Ihr Baby gleich nach der Geburt kräftig und auch noch in den nächsten Sekunden. Wenn die Atmung normal ist, besteht überhaupt kein Grund, warum Sie es nicht sofort zu sich nehmen sollten. Bitten Sie darum, daß man es Ihnen auf den Bauch legt, so daß Sie es mit Ihren Armen und denen Ihres Partners warm halten können. Wenn die Gefahr besteht, daß dem Baby kalt wird, können Sie sich zu dritt mit einem warmen Handtuch oder einer Decke wärmen. Ihr sanftes Streicheln, Ihre beruhigende Stimme und Ihr Herzschlag sind genau das Richtige für das Baby.

Ihr Baby wird zuerst von bläulicher Farbe und von weißem, fetthaltigem Schleim umgeben sein (siehe S. 90). Auf Kopf und Körper befinden sich Blutspuren, und je nach dem Geburtsverlauf kann der Kopf nach der Reise durch den Geburtskanal eine längliche Form haben. Die Hebamme wird den allgemeinen Gesundheitszustand beurteilen (siehe S. 222).

Wenn sich in Mund, Nase oder Atemwegen Flüssigkeit befindet, saugt die Hebamme sie wieder ab und achtet darauf, daß die Atmung normal ist. Wenn das Baby nicht sofort zu atmen beginnt, nimmt die Hebamme es und gibt ihm Sauerstoff.

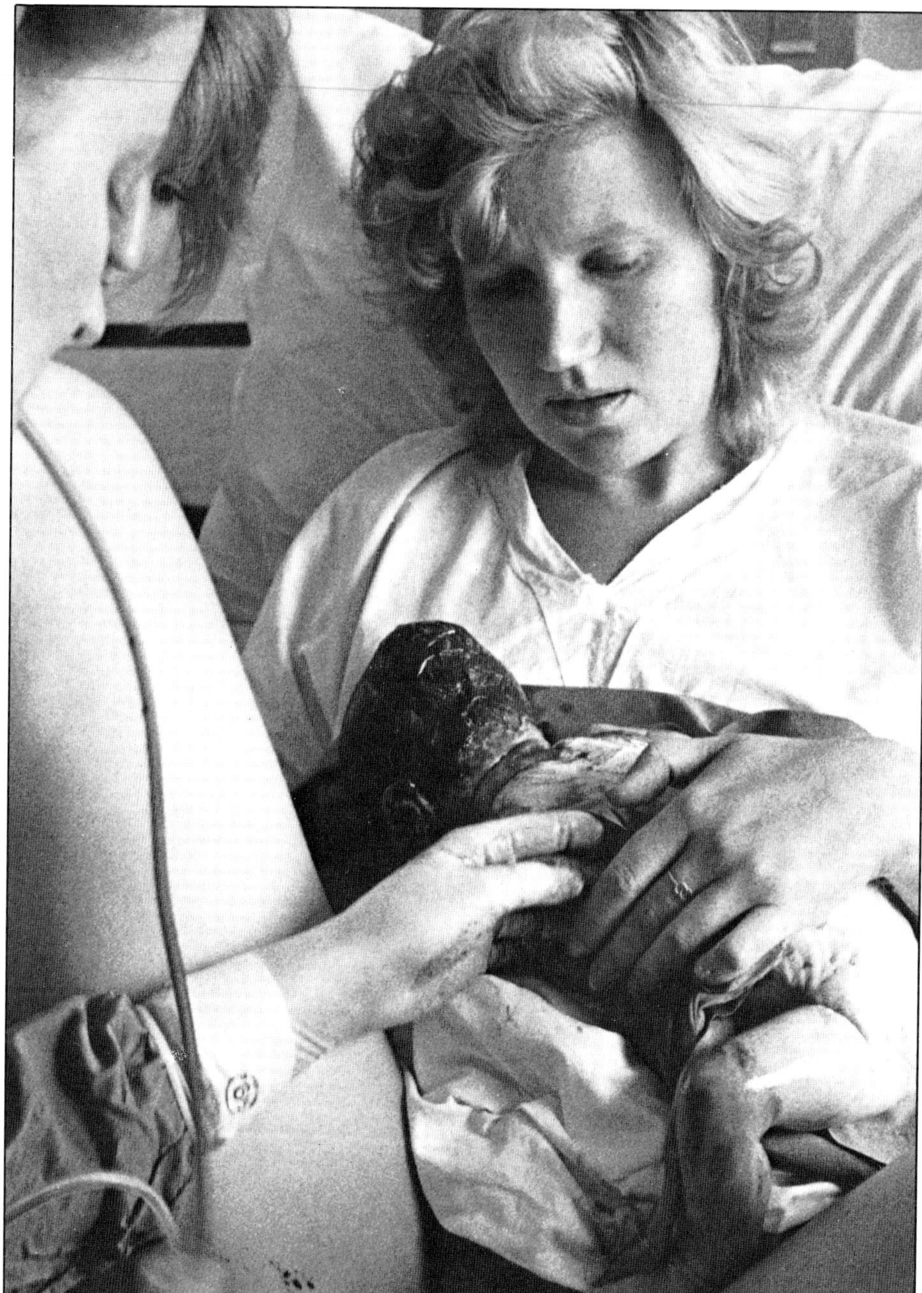

Das Baby ist geboren und wird der Mutter gereicht, während die Nabelschnur abgeklemmt und schließlich durchgeschnitten wird. Bald beginnt die Gebärmutter wieder, sich zusammenzuziehen, um die Plazenta auszustoßen. Dies kann durch eine Injektion synthetischer Hormone beschleunigt werden.

Das dritte Stadium

Wenn das Baby geboren ist, ruht die Gebärmutter und beginnt nach ungefähr 15 Minuten, sich wieder zusammenzuziehen, um die Plazenta auszustoßen. Dieses dritte Stadium der Geburt ist relativ schmerzlos. Die Hebamme gibt jedoch der Mutter meistens schon eine Injektion in den Oberschenkel, wenn der Kopf erscheint. Es handelt sich dabei entweder um Syntocinon oder Ergometrin, ein synthetisches Hormon, das das Zusammenziehen der Gebärmutter fördert und die Plazenta eher austreibt, als dies normalerweise der Fall wäre. Körpereigenes Oxytozin, das produziert wird, sobald Sie Ihr Baby sehen, es fühlen und es an die Brust legen, hat die gleiche Wirkung wie Ergometrin.

Im dritten Stadium löst sich die Plazenta von der Gebärmutterwand ab. Die großen Blutgefäße, ungefähr von der Dicke eines Bleistifts, die zur Plazenta hin und von ihr weg führen, reißen einfach durch. Der Grund dafür, daß die meisten Frauen nicht bluten, liegt darin, daß die Muskelfasern der Gebärmutter kreuzweise angeordnet sind. Wenn sich die Gebärmutter nach unten zusammenzieht, verengen sich die Muskeln um die Blutgefäße herum und verhindern, daß sie bluten. Deshalb ist es ganz wesentlich, daß sich die Gebärmutter nach dem Ausstoßen der Plazenta zu einem harten Ball zusammenzieht. Man kann nachhelfen, indem man die Gebärmutter mit Unterbrechungen etwa eine Stunde lang nach Ende des dritten Stadiums massiert. Die Plazenta gleitet mit einem sanften Glucksen heraus. Sie sieht einem Stück Leber ähnlich, und viele Frauen möchten sie ansehen und untersuchen. Sie ist ein erstaunliches Organ - sie war neun Monate lang das lebenserhaltende System für Ihr Baby. Die Plazenta wird von den Helfern untersucht, um sicherzugehen, daß sie vollständig ist und sich keine Teile mehr in der Gebärmutter befinden. Ist dies der Fall, kann es später zu einer Blutung kommen (siehe S.212).

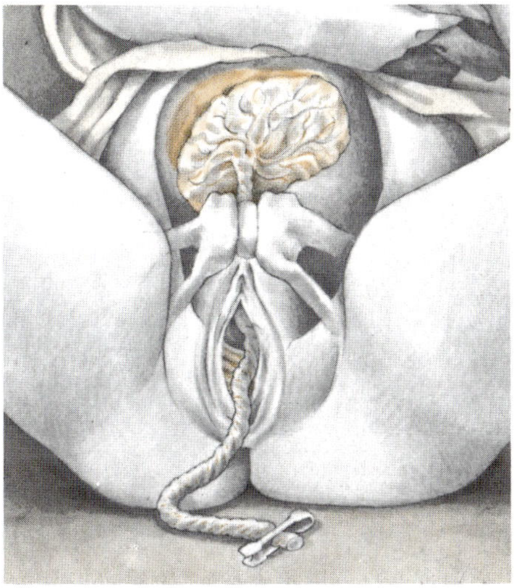

Wenn die Wehen wieder einsetzen, sind sie weniger schmerzhaft. Ein- oder zweimaliges Pressen reicht aus, um die Plazenta auszustoßen. Die Hebamme legt eine Hand auf die Gebärmutter und zieht leicht an der Nabelschnur, um die Plazenta vorsichtig abzulösen. Es ist wichtig, daß kein Teil der Plazenta zurückbleibt (siehe S.212).

Nach dem Ausstoßen der Plazenta können starker Schüttelfrost und Zittern auftreten. Nach der Geburt meines zweiten Kindes zitterte ich, und meine Zähne klapperten so sehr, daß ich nicht richtig sprechen und atmen konnte. Meine eigene Erklärung für diese Reaktion ist, daß ich neun Monate lang einen kleinen Brennofen in mir hatte, der eine große Wärmemenge produzierte, mein Körper hatte sich dieser Wärmeproduktion angepaßt, indem er meinen eigenen »Thermostat« leicht herunterstellte. Als das Baby meinen Körper verließ, wurde mir diese Wärme entzogen, und das Absinken meiner Körpertemperatur betrug wahrscheinlich einige Grad. Der Körper kann Wärme nur durch Muskelarbeit produzieren. Genau dies geschieht bei Schüttelfrost: Durch schnelles Spannen und Entspannen der Muskeln wird Wärme produziert. Schüttelfrost geht meistens nach etwa einer halben Stunde vorüber, in dieser Zeit hat sich die Körpertemperatur wieder

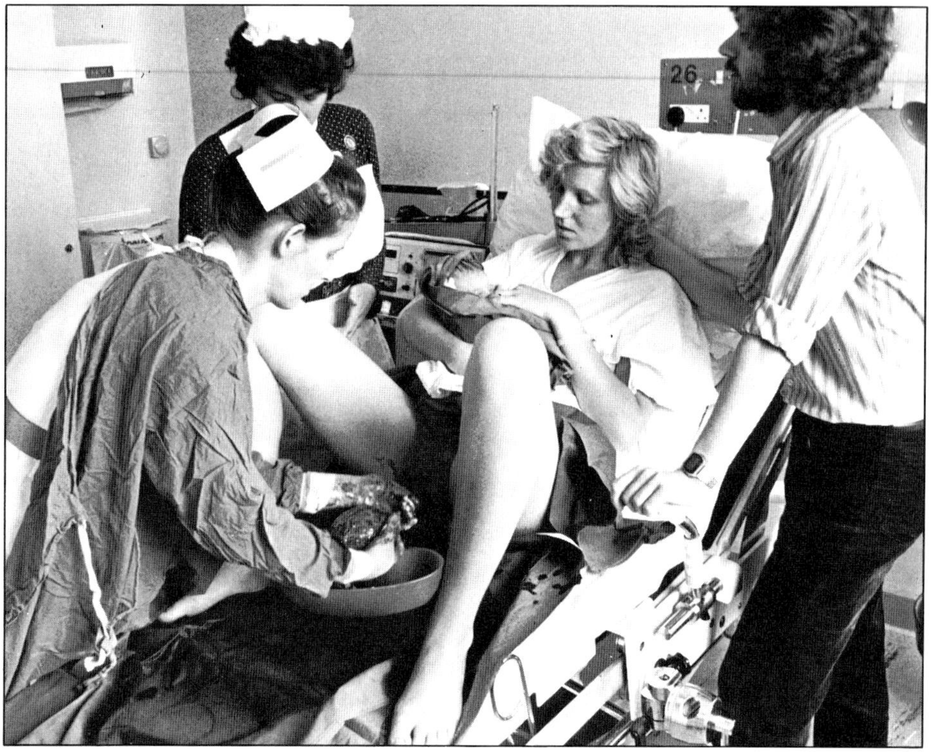

Während der dritten Phase der Geburt, der Austreibung der Plazenta, können Sie Ihr Baby halten.

normalisiert, und Ihr »Thermostat« hat sich wieder eingestellt. Oft schmerzen die Beinmuskeln ein, zwei Tage lang. Nehmen Sie Strümpfe oder Beinwärmer mit ins Entbindungszimmer.

Abklemmen der Nabelschnur

Die große Eile, mit der früher die Nabelschnur abgeklemmt wurde, ist völlig unnötig. Man ist heute der Ansicht, daß der Rückfluß des plazentalen Blutes durch die Nabelschnur für das Baby nützlich ist, daher sollte sie erst abgeklemmt werden, wenn sie aufhört zu pulsieren. Wenn der richtige Moment gekommen ist, wird die Schnur zwischen zwei Klemmen etwa 13–15 cm vom Nabel des Babys entfernt abgeteilt. (Das Blut kann nur von der Plazenta zum Baby hinfließen, wenn es tiefer liegt als die Gebärmutter.) Die Nabelschnur muß sofort abgeklemmt und durchtrennt werden, wenn sie sich eng um den Hals des Babys gewickelt hat. Dies kommt häufig vor, und das Baby muß dann schnell geboren werden. Meistens kann die Hebamme den Kopf aber von der Umschlingung befreien.

Jetzt sollte man Sie allein lassen. Sie können das Baby stillen und sich nun etwas entspannen. Wenn Sie sich entschieden haben, nicht zu stillen, machen Sie sich keine Sorgen, Ihr Baby ist jetzt nicht hungrig. Konzentrieren Sie sich darauf, es kennenzulernen. Sie werden dann gewaschen, falls notwendig, genäht und gebeten, Wasser zu lassen, um zu überprüfen, ob alles normal funktioniert. Sie können Ihr eigenes Nachthemd anziehen. Die Hebamme wäscht das Baby und wiegt es.

Sturzgeburt

Wenn Sie allein sind oder der Arzt und die Hebamme noch nicht eingetroffen sind und die Geburt des Babys unmittelbar bevorsteht, sollten Sie versuchen, zu hecheln und zu pusten, bis sie kommen. Versuchen Sie auf keinen Fall, Ihre Beine zusammenzupressen, um die Geburt hinauszuschieben, und lassen Sie es auch niemand anders tun. Wenn Ihr Baby kommt und Sie die Geburt nicht ohne Beschwerden hinauszögern können, sollten Sie nicht versuchen, einzugreifen. Wenn Sie ganz allein sind, ist es wahrscheinlich am sichersten und bequemsten für Sie, in halbaufrechter Position auf dem Boden zu sitzen. Stützen Sie sich mit den Armen auf etwas Festem ab, dies ist vernünftig und hilfreich. Ihr Baby sollte auf eine weiche und saubere Unterlage geboren werden (ein Laken, ein großes Handtuch oder ein Tischtuch sind gut geeignet). Wenn Sie dazu in der Lage sind, können Sie dem Baby sogar selbst heraushelfen, wenn der Kopf erst einmal geboren ist und sich die Schultern außerhalb der Scheide befinden. Danach setzen oder legen Sie sich so hin, daß Sie mit dem Baby Hautkontakt haben; Ihre Körperwärme hält das Baby warm. Bedekken Sie sich beide mit einem Laken oder einer Decke, und legen Sie das Baby zum Saugen an die Brust, bis Hilfe kommt.

Babys auf der Intensivstation

Wenn es irgendwelche Probleme mit dem Baby gibt, wie zum Beispiel ein niedriges Geburtsgewicht, wird das Baby möglicherweise auf die Intensivstation verlegt. Sie werden wahrscheinlich sehr enttäuscht sein, daß Sie es nicht berühren und füttern können, wie Sie es geplant hatten, aber das Personal wird mitfühlend sein, fragen Sie daher, ob Sie bei der Versorgung Ihres Babys mithelfen dürfen. Seien Sie nicht ängstlich, stellen Sie Fragen und erwarten Sie Antworten, die Ihnen weiterhelfen. Man wird Sie darin bestärken zu stillen, auch wenn das Baby im Brutkasten liegt. Vom Krankenhaus erhalten Sie eine Pumpe, mit der Sie Milch abpumpen können, sie wird Ihrem Baby dann durch einen Schlauch eingegeben. Berühren Sie Ihr Baby, sooft Sie können, damit Sie sich daran gewöhnen, mit einem so kleinen Baby umzugehen.

Zwillinge

Die Geburt von Zwillingen ist nicht schmerzhafter als die eines einzelnen Babys. Man wird Ihnen raten, die Babys in einem Krankenhaus zur Welt zu bringen, für den Fall, daß Sie bei der Geburt Hilfe brauchen, wenn die Babys nicht richtig liegen. Es gibt keinen Grund, Ihren Partner von der Entbindung auszuschließen. Sprechen Sie dies im letzten Schwangerschaftsdrittel mit dem Krankenhaus ab. Ihr Arzt wird wahrscheinlich eine Epiduralanästhesie empfehlen (siehe S. 196), da Zwillingsgeburten länger dauern können und das zweite Baby möglicherweise gewendet werden muß.

Auch wenn Sie Zwillinge erwarten, gibt es nur ein erstes Stadium. Wenn der Muttermund voll eröffnet ist und Sie pressen können, werden die Babys nacheinander geboren. Es gibt zwei zweite Stadien, aber das zweite ist kürzer, besonders wenn das zweite Baby kleiner als das erste ist. Die Mehrheit der zweiten Babys wird 10–30 Minuten nach dem ersten geboren.

Emotional gesehen, ist eine Zwillingsgeburt anders als die Geburt nur eines Kindes. Sie werden die Geburt des zweiten Babys kaum empfinden, da das Gefühl der Freude so groß ist, wenn das erste Baby geboren ist. Die Hebamme wird Sie untersuchen, um festzustellen, ob das zweite Baby richtig liegt. Die Wehen setzen nach einigen Minuten wieder ein, und die zweite Fruchtblase wird künstlich gesprengt. Nach der Geburt des zweiten Babys gibt man Ihnen wahrscheinlich eine Ergometrinspritze, um sicherzustellen, daß sich die Gebärmutter richtig kontrahiert und um die dritte Phase – das Ausstoßen der Plazenta – zu beschleunigen.

Schmerzerleichterung bei der Geburt

Nur wenige Geburten sind schmerzfrei, aber Geschichten über die Leiden während der Geburt sind oft übertrieben und verzerrt; einige Frauen sind der Meinung, daß große Schmerzen unausweichlich sind, so daß sie schließlich auch eintreten. Die Schmerzen, die man tatsächlich empfindet, ähneln immer stark den Erwartungen. Natürlich sollte man realistisch sein, aber die Erwartungen können stark durch das beeinflußt werden, was Sie lernen, durch die Informationen, die man Ihnen gibt und dadurch, mit wieviel Vertrauen Sie in die Geburt gehen. Daher sind Vorbereitungskurse und Atemübungen, durch die Sie einige Kontrolle über Ihren Körper bekommen, für Sie so wichtig.

Ohne Frage können Medikamente Schmerzen erleichtern, aber meiner Meinung nach sind Informationen, eine ruhige Verfassung und moralische Unterstützung die beste Form der Schmerzerleichterung. So ausgerüstet, wird Ihnen nicht nur der tatsächlich empfundene Schmerz geringer erscheinen, Sie können auch stark genug sein, mit ihm fertig zu werden, ohne auf Analgetika oder Narkotika zurückgreifen zu müssen, die Ihr Bewußtsein für die Dinge, die um Sie herum geschehen, trüben - die meisten Frauen heute wollen dies vermeiden.

Es ist jedoch bei Ärzten und Hebammen häufig Praxis, während der Geburt ein Schmerzmittel zu geben. Sie sind der Meinung, eine Geburt so schmerzarm wie möglich machen zu müssen, und wenn man sie nicht darauf anspricht, geben sie automatisch ein Schmerzmittel. Daher ist es wichtig, schon bei den Vorsorgeuntersuchungen über Schmerzerleichterung zu sprechen und seine Wünsche mitzuteilen und sie auch im Vorsorgeheft und im persönlichen Geburtsplan (siehe S. 248) festzuhalten. Denken Sie auch daran, mögliche Alternativen anzugeben.

Natürlich kennt man seine Schmerzschwelle nicht vorher, und nicht alle Probleme lassen sich vorhersagen. Es ist wichtig, unvoreingenommen in die Geburt zu gehen und Schmerzmittel anzunehmen, wenn sie unbedingt notwendig sind. Was auch geschieht, Sie sollten sich nicht schuldig fühlen; nicht alle Frauen haben eine Geburt ohne Zwischenfälle.

Die Entscheidung für Schmerzmittel

Bei den meisten Medikamenten werden Sie sich nicht mehr ganz dessen bewußt sein, was um Sie herum geschieht. Dazu gehören Beruhigungsmittel, die Sie ruhig und schläfrig machen, Schlafmittel, die Sie tatsächlich einschlafen lassen, und Narkotika, von denen Ihnen schwindelig wird und die Sie von der normalen Welt abschneiden. Viele Frauen wollen jede Sekunde der Geburt bewußt erleben, und jede Verwendung von Medikamenten ist damit unvereinbar. Außerdem gehen die meisten Mittel (aber nicht notwendigerweise Narkosemittel, deren mögliche Auswirkungen noch untersucht werden) über die Plazenta in den Kreislauf des Babys über, wenn sie sich einmal im Blutkreislauf der Mutter befinden. Ihre Konzentration im Blut des Babys ist höher als im Blut der Mutter. Viele Mütter finden dies unannehmbar.

Es ist auf jeden Fall anzuraten, mit der Einnahme eines Medikaments etwas zu warten. Eine ermutigende Nachricht und moralische Unterstützung können ausreichen, um über eine schwierige Phase hinwegzuhelfen. Fragen Sie, wie weit die Eröffnung fortgeschritten ist, und wenn Sie der Meinung sind, daß Sie gut vorankommen und es noch etwas aushalten können, kann Sie dies in Ihrer Entscheidung bestärken. Sprechen Sie mit Ihrem Partner oder Ihrer Freundin, einige unterstützende Worte werden Ihnen zusätzliche Kraft geben.

Wenn Sie ein Schmerzmittel wünschen, sollten Sie etwa 15 Minuten abwarten, bevor Sie tatsächlich etwas einnehmen.

Möglicherweise haben Sie schon den schmerzhaftesten Teil der Geburt hinter sich, und es dauert nicht mehr lange. Vielleicht sind Sie von Ihrer eigenen Stärke und Durchhaltekraft überrascht und kommen gut ohne Medikamente aus.

Schmerzlindernde Mittel

Sie betäuben das Schmerzzentrum im Gehirn. Ein schmerzstillendes Mittel kann man als Medikament betrachten, das Schmerzen erleichtert, daher kann man Beruhigungs- und Betäubungsmittel dazuzählen. Mittel zum Inhalieren (Lachgas) können Sie sich selbst verabreichen, indem Sie sie eine halbe Minute vor dem Höhepunkt einer Wehe einatmen. Möglicherweise wird Ihnen dabei schwindelig, aber Sie erlangen wenige Sekunden später das volle Bewußtsein wieder. In Ihrem Vorbereitungskurs können Sie üben, mit dem Gerät umzugehen.

Pethidin ist ein Betäubungsmittel, das in unterschiedlicher Dosierung in der ersten Phase injiziert wird. Es dauert ungefähr 20 Minuten, bis die Wirkung einsetzt, meistens wird es in Verbindung mit anderen Medikamenten gegeben. Pethidin entspannt und nimmt die Angst, aber seine schmerzstillende Wirkung ist unterschiedlich. Heute wird es weniger häufig verabreicht. Es ist am sichersten das Medikament sechs bis acht Stunden vor der Entbindung zu geben. Da es schwierig ist, den Zeitpunkt vorherzubestimmen und die Wirkung des Medikaments ungefähr nach zwei Stunden nachläßt, ist es wahrscheinlich am besten für Frauen geeignet, die während der frühen ersten Phase der Geburt nervös sind.

Die Maske, durch die Sie Gas und Luft einatmen, muß fest gegen Ihr Gesicht gedrückt werden. Wird sie richtig angewandt, bietet sie eine leichte Schmerzlinderung.

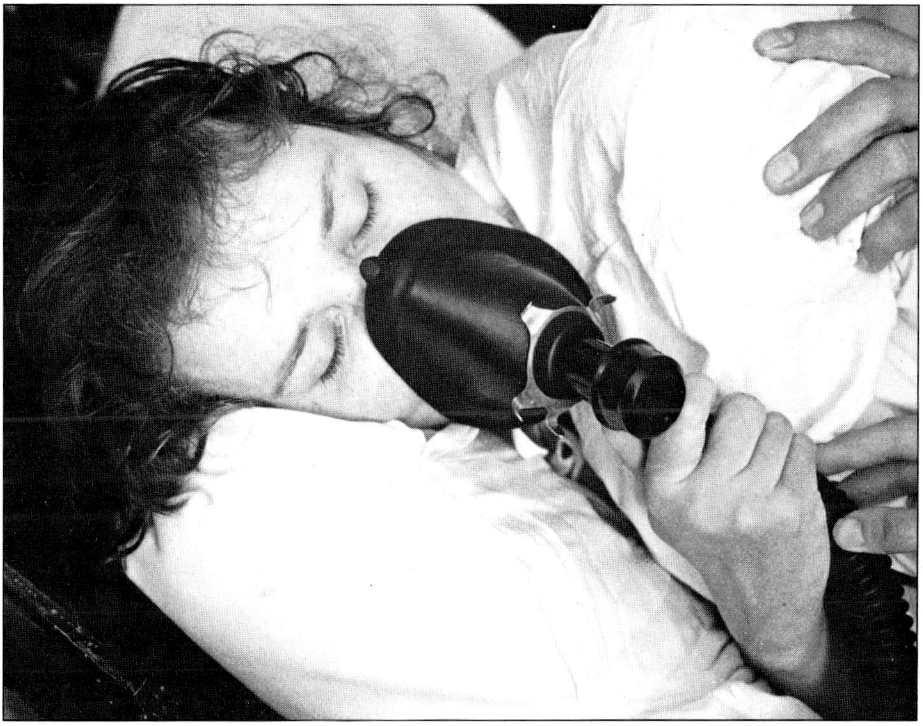

Betäubungsmittel

Eine Vollnarkose wird bei einer normalen Geburt niemals gegeben; bei einer örtlichen Betäubung wird das Mittel in eine Nervenwurzel gespritzt und betäubt das Gebiet, das dieser Nerv versorgt. Eine lokale Betäubung wird vor einem Dammschnitt gegeben (siehe S. 200), beim Nähen des Dammschnitts (Damminfiltration) und wenn eine Zangengeburt notwendig wird und vorher keine Epiduralanästhesie angelegt wurde. Es wird als Pudendusblock bezeichnet, man injiziert mit einer speziellen Nadel, die den Kopf des Babys nicht verletzen kann, in die Scheidenwand.

Epiduralanästhesie

Sie wurde als bestes und sicherstes Betäubungsmittel mit den wenigsten Nebenwirkungen bezeichnet. Wahrscheinlich hat es keine direkte Wirkung auf den Fetus, aber es beeinflußt die Mutter während der Wehen. Einer der Gründe für die Popularität der Epiduralanästhesie ist, daß sie alle Kriterien eines guten Schmerzmittels hat, aber in keiner Weise Ihre Wachsamkeit und Ihr Bewußtsein beeinträchtigt. Bei den meisten Epiduralanästhesien sind die Nebenwirkungen sehr gering, und für viele Frauen ist es der geeignete Weg, um die Geburt zu erleben.

Anlegen einer Epiduralanästhesie

Ein erfahrener Narkosearzt braucht etwa 10 bis 20 Minuten, um eine Epiduralanästhesie anzulegen. Die Wirkung tritt meistens nach wenigen Minuten ein und dauert ungefähr zwei Stunden an, aber sie kann verlängert werden, wenn der Schmerz wiederkehrt und sehr stark wird.

Anlegen einer Epiduralanästhesie
Man bittet Sie, sich auf die linke Seite zu legen, die Beine anzuziehen und sich so weit wie möglich zusammenzurollen. Man gibt Ihnen eine Spritze zur örtlichen Betäubung. Am Rücken wird mit einer festen Nadel ein kleines Loch gemacht und dann eine Hohlnadel an ihre Stelle gesetzt. Ein feiner Katheter wird durch die Hohlnadel eingeführt, ein längeres Katheterstück hängt aus der Nadel heraus. Der Katheter wird mit Klebestreifen auf der Haut festgeklebt. Das Betäubungsmittel wird dann mit einer Spritze in den Katheter gegeben, die Öffnung wird verschlossen. Ein Tropf wird bei Ihnen angelegt, so daß Flüssigkeiten intravenös zugeführt werden können, falls Ihr Blutdruck fällt. In die Blase wird ein Katheter zum Entleeren eingeführt.

Die Stellung beim Anlegen einer Epiduralanästhesie

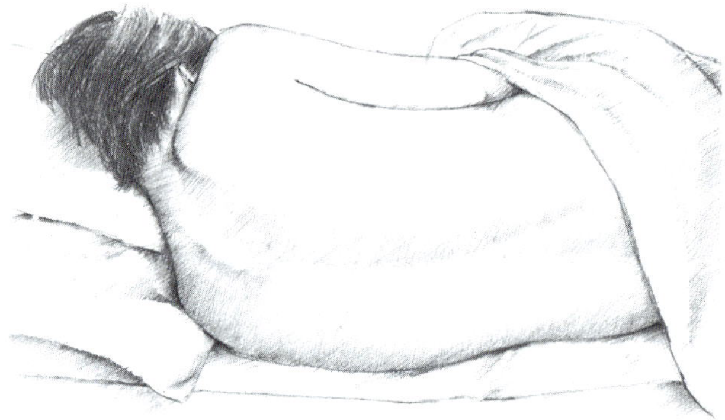

Verabreichung des Betäubungsmittels

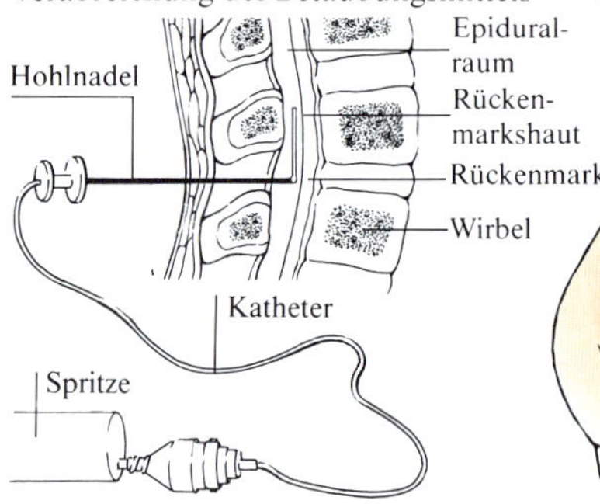

Betäubtes Gebiet

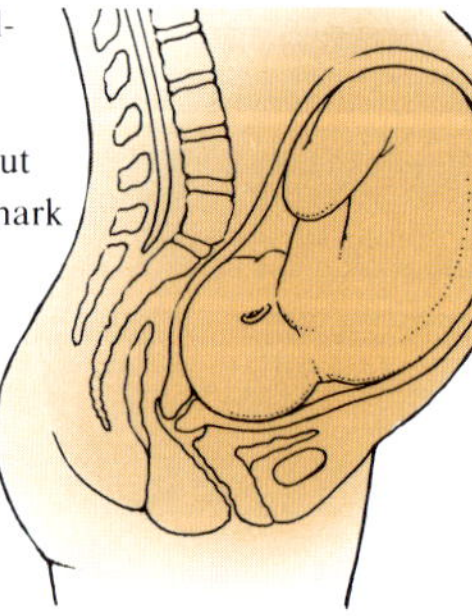

Hypnose

Hypnose hat bei dafür empfänglichen Menschen schmerzerleichternde Wirkung. Es sind mehrere Sitzungen während der Schwangerschaft nötig, und Sie und der Hypnotiseur sollten ganz vertraut sein mit dem, was von Ihnen erwartet wird.

Akupunktur

Ich würde Akupunktur als Schmerzmittel nur empfehlen, wenn sie bei Ihnen in der Vergangenheit schon gewirkt hat. Der ausübende Praktiker muß mit der Schmerzerleichterung bei Geburten vertraut sein.

TENS

Es ist die Abkürzung für transkutane Nervenstimulierung und soll Schmerzen erleichtern, indem die Produktion der körpereigenen natürlichen Schmerzmittel – Endorphine – angeregt wird, und indem Schmerzgefühle mit einem elektrischen Strom blockiert werden. Die Elektroden werden am Körper der Frau angebracht, die die Stärke des Stroms selbst regulieren kann. TENS wurde erfolgreich in Schweden angewandt. TENS erleichtert die Schmerzen nicht hundertprozentig, aber der verbleibende Schmerz läßt sich möglicherweise leichter ertragen.

Vorteile

- Sie gibt völlige Schmerzfreiheit, ohne die geistigen Fähigkeiten einzuschränken.
- Sie kann die Geburt verlangsamen, was nützlich sein kann.
- Bei einer eventuellen Zangen- oder Saugglockengeburt oder einem Dammschnitt ist keine weitere lokale Betäubung nötig.
- Sie erlaubt Ihnen, aktiv an der Geburt teilzunehmen, falls ein Kaiserschnitt nötig wird.
- Da sie den Blutdruck senkt, ist sie ideal für Frauen mit hohem Blutdruck.
- Wenn nötig, kann sie verlängert oder kurz vor der Entbindung abgeschwächt werden, so daß Sie die Geburt selbst kontrollieren können. Die Wehen können jedoch in dieser Phase sehr stark scheinen, wenn Sie sie bisher nicht gespürt haben.
- Sie verringert den Arbeitsaufwand der Lungen bei der Geburt und eignet sich daher für Frauen mit Herz- oder Lungenerkrankungen.
- Sie verringert die Muskelarbeit der Beine und ist daher von Vorteil für Frauen mit Diabetes, deren Insulin- und Glukosebedarf dadurch leichter ausgeglichen werden kann.

Nachteile

- Sie bedeutet die Entscheidung für eine von Anfang an medizinisch geführte Geburt.
- Der fallende Blutdruck kann Schwindel und Übelkeit hervorrufen. Dies ist eher der Fall, wenn Sie auf dem Rücken liegen, drehen Sie sich daher auf die Seite.
- Möglicherweise leiden Sie nach der Geburt an Kopfschmerzen, die einige Stunden anhalten können.
- Die Wahrscheinlichkeit eines Dammschnitts und einer Zangengeburt wird größer. Abhängig von der Konzentration des Betäubungsmittels, droht ein Verlust der Muskelkraft und der Wehenempfindung. Das hat eine längere zweite Phase zur Folge, bei der Sie allein von den Anweisungen der Hebamme abhängig sind, die Ihnen sagt, wann Sie pressen sollen. Der Gebrauch von Zangen hängt von der Länge der zweiten Phase ab.
- Wenn der Blutdruck der Mutter absinkt, wird die Blutversorgung der Plazenta verringert und damit die Sauerstoffversorgung des Babys.
- Sie bedeutet die Entscheidung für eine von Anfang an medizinisch geführte Geburt. Ein ausgebildeter Anästhesist muß die ganze Zeit anwesend sein.
- Wenn die Wirkung nachläßt, können die Wehen als großer Schock erlebt werden.
- Nicht jede Epiduralanästhesie ist tatsächlich wirksam.

Schmerzerleichterung bei der Geburt

Medikament	Wirkung	Wirkung auf Mutter und Baby
Tranquilizer (Squarine, Phenergan)	Verringert in kleinen Dosen Ängste zu Beginn der Geburt. Mindert Übelkeit, wird zur Blutdrucksenkung verwendet.	Die Dosis muß hoch genug sein, um die Angst der Mutter zu vermindern, ohne beruhigende Wirkung auf den Fetus zu haben. Eine zu hohe Dosis kann das Bewußtsein der Mutter reduzieren. Ein Betäubungsmittel wird wahrscheinlich für die Schmerzen in der späteren Phase des ersten Geburtsstadiums notwendig.
Beruhigungsmittel (Nembutal, Amytal, Seconal, Valium)	Verringert in kleinen Dosen Ängste und führt Schläfrigkeit herbei. Hilft, im Anfangsstadium der Geburt zu schlafen. Valium kann Gedächtnislücken verursachen.	Verringert die Wachsamkeit und kann in 1-5 Minuten in die Plazenta übergehen. Die beruhigende Wirkung auf das Baby kann noch bis zu einer Woche nach der Geburt andauern.
Betäubungsmittel (Morphin, Pethidin)	Beruhigt und nimmt Ängste, erleichtert möglicherweise Schmerzen im ersten Geburtsstadium.	Beeinflußt das Bewußtsein und verlängert oft die Geburt. Geht in 5 Minuten in die Plazenta über und kann die Atmung des Babys bei der Geburt beeinträchtigen. Kann das Saugen an der Brust negativ beeinflussen (siehe S. 218). Kann Übelkeit bei der Mutter hervorrufen.
Schmerzmittel zum Einatmen (Entonox, Trilen)	Erleichtert Schmerzen, kann Schläfrigkeit verursachen, wenn es sich ansammelt (Trilen).	Beeinträchtigt Wachsamkeit, aber nur solange die Wirkung anhält. Schwindel beim Einatmen des Gases. Keine bedeutende Auswirkung auf den Fetus.

Medizinische Eingriffe

Während der letzten zehn bis fünfzehn Jahre wurden Krankenhausgeburten durch die Entwicklung neuer Praktiken, die in vielen Krankenhäusern routinemäßig angewandt werden, revolutioniert. Alle bieten Vorteile, einige bringen Risiken mit sich, die jedoch gering sind. Aber falls es nicht gute medizinische Gründe gibt, sollten sie nicht angewandt werden! Auf keinen Fall darf allein die größtmögliche Bequemlichkeit für die Helfer oder für die Mutter ausschlaggebend für bestimmte Eingriffe sein.

Dammschnitt

Als Dammschnitt bezeichnet man den Einschnitt in das Gewebe zwischen der Scheidenöffnung und dem After, um die Geburt zu erleichtern. Es ist die häufigste Operation in der westlichen Welt. Der Schnitt wird mit einer Schere unter lokaler Betäubung ausgeführt, wenn der Kopf des Babys erscheint. Wenn sich der Damm noch nicht genug gedehnt hat und der Schnitt zu früh ausgeführt wird, werden Haut und Blutgefäße verletzt, was eine starke Blutung zur Folge haben kann. Beim Schneiden mit der Schere wird auch das Gewebe gequetscht. Das führt zu Blutergüssen, Schwellungen und einem langsamen Heilungsprozeß und

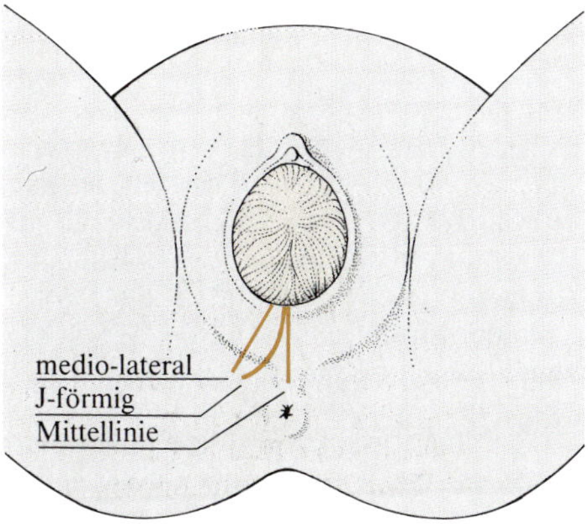

Schnittführung beim Dammschnitt
Zum Dammschnitt gehören der medio-laterale Schnitt vom hinteren Ende der Scheide zur Seite; die Mittellinie, die zwischen After und Scheide verläuft; und der J-förmige Schnitt, der die beiden verbindet.

ist Ursache für die Schmerzen und Beschwerden nach einem Dammschnitt.
Auch der Beckenboden kann in Mitleidenschaft gezogen werden, wenn die Muskelfasern nicht richtig zusammengenäht werden. Wird die Naht zwischen Scheide und Damm zu eng, kann eine Frau bei der Wiederaufnahme des Geschlechtsverkehrs Schmerzen haben. Vielleicht möchten Sie in Ihrem Krankenblatt festhalten lassen, daß Sie einen Dammschnitt nach Möglichkeit vermeiden wollen.
Es gibt Gründe dafür zu glauben, daß der Dammschnitt zur Mode geworden ist. Wenn die Helfer andeuten, daß ein Dammschnitt während der Geburt nötig wird, sollten Sie nachfragen.

Vermeiden eines Dammschnitts
Sie sollten Ihren Helfern klarmachen, daß Sie selbst eine gute Position für das zweite Stadium der Geburt finden wollen, möglichst nicht im Liegen. Eine gute, halb aufrechte Position hilft, einen Dammschnitt zu vermeiden (siehe S. 68). Wenn die Geburt normal verläuft, sollten Sie dies als Argument benutzen, um nicht auf dem Rücken liegen zu müssen.
Wenn Sie lernen, die Beckenbodenmuskeln zu entspannen und das Scheidengewebe und den Damm hervortreten zu lassen (siehe S. 129), können Sie einen Riß vermeiden. Vertrautheit mit dem Gefühl, das entsteht, wenn der Kopf des Babys heraustritt, bedeutet, daß Sie es fühlen, wenn Sie sich in dem zweiten Stadium verkrampfen, und etwas dagegen tun können.
Nach einer Epiduralanästhesie wird die Wahrscheinlichkeit eines Dammschnitts größer. Wenn Sie eine Epiduralanästhesie wünschen, wird ein Dammschnitt nicht automatisch notwendig, aber Sie müssen Ihre Absicht kundtun und versuchen, das Ende des zweiten Stadiums gut unter Kontrolle zu haben, indem Sie die Beckenbodenmuskeln entspannen und nicht zu stark pressen, wenn der Kopf geboren wird.

Gründe für einen Dammschnitt
Ein Dammschnitt wird notwendig, wenn:
- der Damm sich nicht langsam dehnen konnte – Atemübungen und Massage beugen vor
- der Kopf des Babys für die Scheidenöffnung zu groß ist
- Sie das Pressen nicht so kontrollieren können, daß Sie aufhören können, wenn es nötig ist, um dann gleichmäßig und sanft weiterzupressen. Wenn Sie in dem zweiten Stadium Schwierigkeiten mit der Koordination und der Kontrolle des Pressens haben, wird Ihr Baby nach einem Dammschnitt trotzdem schnell geboren werden.
- der Fetus sich in einer Notlage befindet
- Sie eine Zangen- oder Saugglockengeburt haben
- es eine Geburt mit Steißlage ist.

Erfahrungen mit dem Dammschnitt
Sheila Kitzinger kam in ihrer Studie, in der sie 2000 Frauen mit Dammschnitt befragte, zu folgenden Ergebnissen:
- Es war schmerzhafter als ein Riß.
- Es war schwieriger, beim Halten des Babys eine bequeme Position zu finden.

- Die Schmerzen störten beim Stillen.
- Nach einem Dammschnitt waren Schmerzen und Beschwerden beim Geschlechtsverkehr häufiger, selbst drei Monate nach der Geburt.
- Zwei Drittel der Frauen hatten während der Schwangerschaft die Möglichkeit eines Dammschnitts nie mit dem Arzt besprochen. Einige hatten es ohne Erfolg versucht.
- Bei ungefähr der Hälfte der Frauen war der Dammschnitt vorgenommen worden, bevor der Damm ausreichend gedehnt war.
- Mehr als die Hälfte der Frauen war nicht angewiesen worden, die Scheiden- und Beckenbodenmuskulatur zu entspannen, sondern statt dessen aufgefordert worden zu pressen, was den Schnitt notwendiger machte.
- Etwa einem Viertel der Frauen war nicht gesagt worden, das Pressen einzustellen, während der Kopf geboren wurde, um der Scheide die Möglichkeit zu geben, sich zu dehnen.
- Mehr als einem Drittel der Frauen wurde keine Begründung für den Dammschnitt gegeben.
- Manche Frauen hatten beim Nähen des Schnitts Schmerzen. Als sie sich darüber beklagten, wurde ihnen (fälschlicherweise) gesagt, daß es in diesem Bereich keine Nervenenden gäbe.

Einleitung der Geburt

Wenn die Geburt nicht von selbst einsetzt oder Ihr Arzt entscheidet, daß das Baby früher geboren werden sollte, besteht die Möglichkeit, die Geburt künstlich einzuleiten. Mit den gleichen Techniken kann man die Geburt vorantreiben, wenn die Wehen zu schwach sind und die Geburt nur langsam vorangeht. Eine Einleitung wird vorher geplant, und Sie werden einen Tag vorher ins Krankenhaus eingeliefert. Es gibt verschiedene Möglichkeiten zur Einleitung der Geburt, und Sie sollten sich darüber vorher mit Ihrem Arzt unterhalten.

Prostaglandin-Scheidenzäpfchen

Niemand weiß genau, warum die Wehen einsetzen, wenn Zäpfchen oder Gel, die Prostaglandine enthalten, verwendet werden. Die verschiedenen darin enthaltenen Hormone wirken aber auf jeden Fall auf die schwangere Gebärmutter und leiten die Geburt ein. Es wird meistens abends in die Scheide eingeführt, so daß die Geburt bis zum Morgen eingesetzt hat. Weitere Eingriffe sind wahrscheinlich nicht nötig. Dies scheint die befriedigendste Einleitungsmethode zu sein, da Sie keinen Tropf brauchen und sich im Entbindungszimmer frei bewegen können.

Künstliche Sprengung der Fruchtblase

Sie wird auch als Amniotomie bezeichnet und ist eine Einleitungsmethode, die erst kurz vor dem errechneten Termin angewandt wird, da es wegen dem Infektionsrisiko notwendig ist, das Baby innerhalb von 24 Stunden nach dem Platzen der Blase zu gebären. Wenn daher die Amniotomie nicht den gewünschten Erfolg bringt, muß noch eine andere Einleitungsmethode gewählt werden, um die Geburt voranzutreiben; dies geschieht meistens mit Hilfe eines Oxytozin-Tropfes (siehe S. 203).
Ein Paar Zangen oder ein Instrument, das einer Häkelnadel ähnelt, wird in die Gebärmutter eingeführt, man macht eine kleine Öffnung in die Fruchtblase, und das Fruchtwasser läuft aus. Für die meisten Frauen ist dieser Vorgang schmerzlos. Die Wehen erreichen danach meistens ihre volle Intensität, da der Kopf des Babys nicht länger gepolstert ist und hart gegen den Muttermund drückt. So wird die Gebärmutter angeregt, sich zusammenzuziehen.
Amniotomie war bis vor kurzem bei Geburten schon fast zur Routine geworden. Normalerweise platzt die Fruchtblase erst gegen Ende des ersten Stadiums. Der größte Nachteil ist die Verstärkung der Wehen, die auch schneller aufeinander folgen. Wenn sich beim Baby zudem die

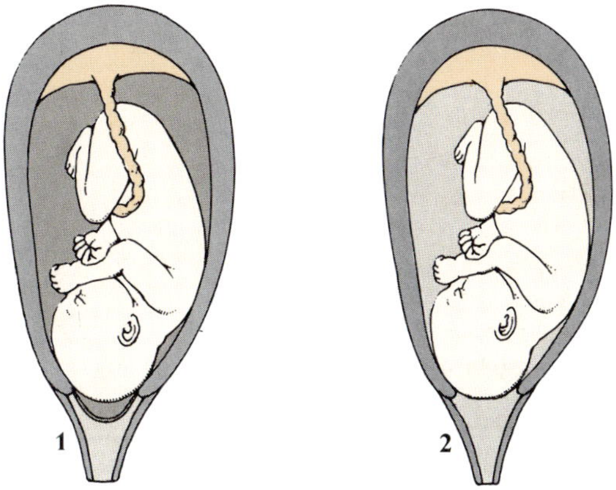

Amniotomie
Die Fruchtblase platzt meistens auf natürliche Weise gegen Ende der ersten Geburtsphase. Bevor sie platzt, ist sie ein Polster für den Kopf des Babys, wenn er gegen den Muttermund drückt (1). Wenn die Fruchtblase geplatzt ist (2), werden die Wehen stärker, da der Kopf des Babys jetzt hart auf den Muttermund drückt. Dies beschleunigt die Geburt, und daher kann eine Amniotomie durchgeführt werden, wenn die Geburt nur langsam vorangeht.

Nabelschnur um den Hals gelegt hat, erhöht sich der Druck, nachdem das Wasser ausgelaufen ist, so daß der Blutfluß durch die Nabelschnur zum Baby beeinträchtigt werden kann.

Amniotomie ist nicht nur eine Methode zur Geburtseinleitung. Sie wird auch angewandt, wenn eine Elektrode am Kopf des Babys befestigt werden soll, um den Herzschlag zu überwachen (siehe S. 204). Wenn sich der Herzschlag des Babys verlangsamt, kann das Fruchtwasser auf diese Weise auf Spuren von Mckonium, dem ersten Stuhlgang des Babys, untersucht werden. Läßt sich Mekonium im Fruchtwasser nachweisen, so zeigt dies möglicherweise die Erschöpfung des Babys an.

Geburtseinleitung mit Oxytozin

Das Hormon der Hirnanhangdrüse, Oxytozin, wirkt wehenanregend. Es wird in synthetischer Form benutzt, um Wehen einzuleiten und zu erhalten. Oxytozin kann auf verschiedene Weise eingenommen werden. Man kann eine Tablette unter die Zunge legen oder zwischen Wange und Zahnfleisch und langsam daran lutschen. Das Mittel geht durch die Mundschleimhaut in den Blutkreislauf über, und wenn Sie geschickt sind, können Sie die Stärke der Wehen selbst bestimmen, indem Sie stärker oder weniger stark lutschen.

Wenn Oxytozin als Tropf gegeben wird, bitten Sie darum, die Nadel an dem Arm, den Sie weniger gebrauchen, zu befestigen, achten Sie auch darauf, daß Sie ein langer Schlauch mit dem Tropf verbindet. So haben Sie mehr Bewegungsfreiheit, selbst wenn Sie im Bett liegen. Die Durchlaufgeschwindigkeit kann verringert werden, wenn die Wehen schnell und stark einsetzen und der Muttermund halb eröffnet ist. Die Nadel wird erst nach der Geburt des Babys aus Ihrem Arm entfernt. Die Gebärmutter muß sich weiter zusammenziehen, um eine Blutung zu verhindern (siehe S. 193).

Wenn Sie an einem Oxytozin-Tropf hängen, sind die Wehen oft stärker, länger und schmerzhafter, die Ruhepausen dazwischen kürzer. Da die Blutversorgung der Gebärmutter bei starken Wehen kurz unterbrochen wird, glaubt man, daß dies dem Baby schaden könnte. Heute sind Geburtshelfer der Auffassung, daß nur eine geringe Prozentzahl der Geburten mit Oxytozin eingeleitet werden sollte, es wird jedoch bei etwa 40–50 Prozent der Entbindungen verwendet.

Ein Nachteil von Oxytozin ist das schnelle Einsetzen starker Wehen, so daß in der Folge häufiger Schmerzmittel eingesetzt werden müssen. Bedenkt man außerdem, daß die Erfolgsrate bei dieser Form der Einleitung nur 85 Prozent beträgt, läßt sich eine routinemäßige Anwendung nicht rechtfertigen.

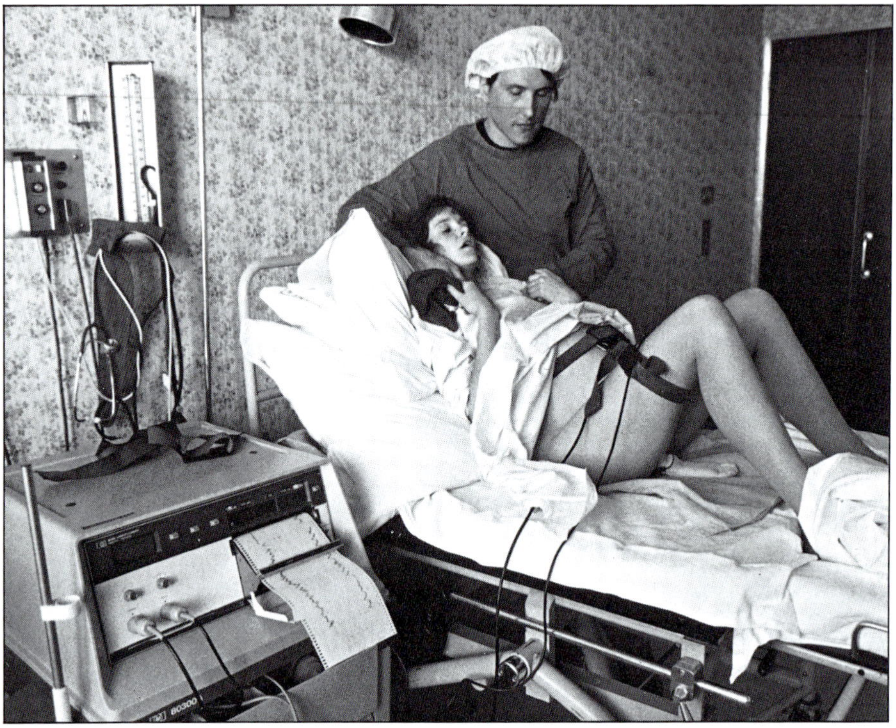

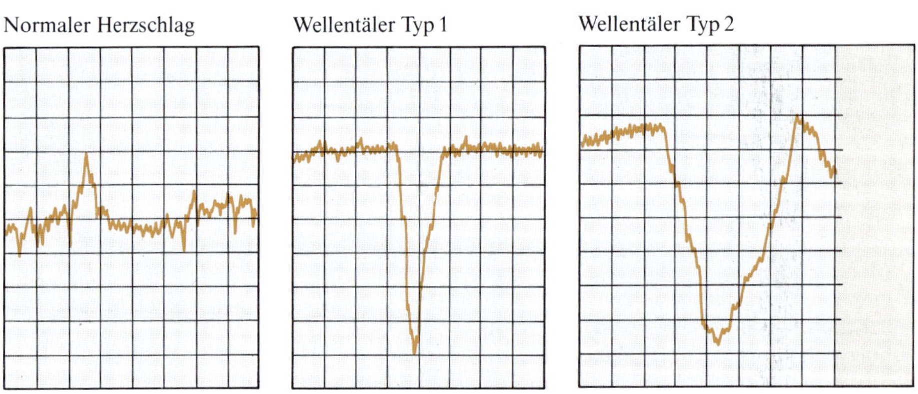

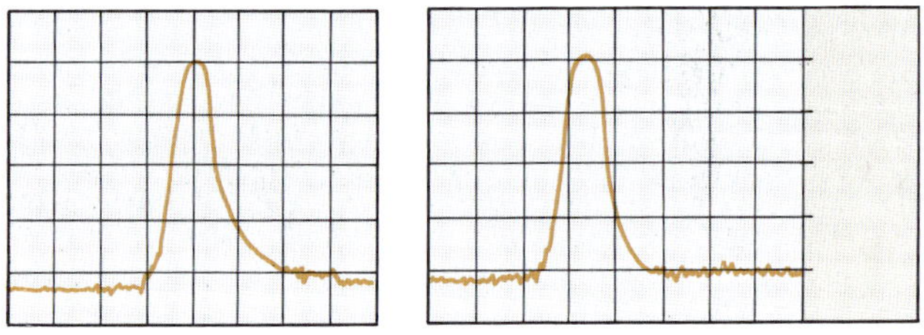

Der normale Rhythmus des kindlichen Herzschlags beschleunigt sich während einer Wehe. Wenn der Monitor eine Verlangsamung oder ein Abfallen während oder zwischen den Wehen zeigt, kann dies eine Notlage des Fetus anzeigen.

Gründe für eine künstliche Einleitung

Nur 5 Prozent aller Babys werden tatsächlich am errechneten Geburtstermin geboren. Für einige Ärzte und für viele Mütter ist es schwer, die Ruhe zu bewahren, wenn dieser magische Zeitpunkt verstrichen ist. Beide machen sich Sorgen, daß das Baby überreif ist und zu spät kommt.

Sehr wenige Babys sind wirklich überreif, da 80 Prozent aller Babys, die während einer spontan einsetzenden Geburt geboren werden, nach dem errechneten Termin zur Welt kommen. Das liegt daran, daß in der Medizin der Termin vom ersten Tag der letzten Regel ausgehend errechnet wird und nicht vom Tag der Empfängnis. Abhängig vom Alter der Mutter bleiben Ärzte bis zu einer Verspätung von sieben Tagen gelassen. Der Hormonspiegel steigt während der Schwangerschaft an und fällt kurz vor der Geburt. Wenn die Hormonmenge mehrere Tage lang niedrig ist, arbeitet die Plazenta möglicherweise nicht mehr richtig. Der Arzt hört wahrscheinlich auch das Herz des Babys ab und überprüft, ob es richtig arbeitet, ist dies nicht der Fall, wird man die Geburt einleiten.

◁ *Vielen Frauen vermitteln die Monitoren ein Gefühl der Sicherheit. Sie sehen, wie die Wehen kommen und können sich auf sie vorbereiten. Und sie können den Herzschlag ihres Babys während der Wehen beobachten.*

Ältere Mütter

Geburtshelfer achten bei einer über 35jährigen Frau auf Zeichen einer Plazentainsuffizienz, das heißt, daß die Plazenta nicht mehr richtig arbeitet. Einige Ärzte sagen von vornherein, daß sie bei einer älteren Mutter am errechneten Termin oder kurz danach eine künstliche Einleitung vornehmen werden, ohne auf das spontane Einsetzen der Geburt zu warten. Dies ist nicht immer notwendig. Einer Mutter, die den Termin überschreitet, sollte erlaubt werden, auf eine spontane Geburt zu warten, vorausgesetzt, daß sie und ihr Baby völlig gesund sind. Ich rate dringend, sich und das Baby häufig untersuchen zu lassen.

Elektronische Herzton-Wehenüberwachung (CTG)

Mit dieser Methode werden die Herztöne des Babys und die Wehen während der Geburt elektronisch aufgezeichnet. Es ist ein hochtechnisierter Ersatz für das Fetoskop. Dazu werden entweder Gürtel an Ihrem Bauch befestigt oder eine kleine Elektrode, einem Korkenzieher ähnlich, am Kopf des Babys. Die Herztöne und Wehen werden auf Papier aufgezeichnet und können von den Helfern überwacht werden.

Die Überwachung in der Gebärmutter ist genauer, aber dazu muß die Fruchtblase geplatzt und der Muttermund mindestens 2–3 Zentimeter eröffnet sein. Zwei Abhörgeräte werden eingeführt; das erste wird am Kopf des Babys befestigt, um seine Herztöne aufzuzeichnen, das zweite liegt zwischen dem Baby und der Gebärmutterwand, um den Druck und die Häufigkeit der Wehen zu messen. Ein äußeres Abhörgerät kann zu Anfang der Geburt verwendet werden; eine Elektrode wird am Bauch der Mutter befestigt, um den Herzschlag des Babys abzuhören, die andere zeichnet die Stärke und Häufigkeit der Wehen auf.

Befürworter sagen, daß sich die Zahl von Totgeburten und von Babys mit geistigen Behinderungen und Gehirnschäden, die während der Geburt entstehen, verringert, da sich bei 10 Prozent aller Geburten Komplikationen einstellen, die nicht voraussehbar sind. Die meisten Krankenhäuser stimmen heute darin überein, daß ein CTG routinemäßig bei Risikoschwangeren angewandt werden sollte.

Eine Überwachungsmethode durch Radiowellen, die Telemetrie, erlaubt es der Mutter herumzulaufen, ohne mit dem Überwachungssystem verbunden zu sein. Die Elektrode wird auch hier am Kopf des Babys befestigt, aber sie ist nur mit einem Gurt mit dem Oberschenkel der Mutter verbunden. Oft bekommen Babys jedoch einen Ausschlag an der Stelle, wo die Elektrode befestigt war.

16 Komplikationen bei der Geburt

Selbst eine bestens vorbereitete Geburt verläuft möglicherweise nicht nach Plan. Es können immer unvorhersehbare Umstände eintreten. Besonders die erste Geburt ist häufig nicht so, wie man sie erwartet hat. Seien Sie dann aber nicht enttäuscht, sondern freuen Sie sich, wenn dank schneller, entsprechender Unterstützung größere Komplikationen vermieden werden können. Vielleicht kennen Sie Ihre Schmerzschwelle nicht und Sie sind erschöpft, oder Ihr Baby ist ohne Ihr Zutun in einer Notlage und muß schnell geboren werden. Sie sollten vorsorglich an eine mögliche Komplikation, die z. B. einen Kaiserschnitt oder eine Zangengeburt nötig macht, denken, so daß Sie wissen, was Sie erwartet, falls dieser Fall eintritt.

Steißlage

Ein Baby in Steißlage kommt mit dem Gesäß zuerst zur Welt. Die meisten Babys befinden sich irgendwann vor der 32. Schwangerschaftswoche in dieser Lage und drehen sich dann allein nach unten (Schädellage). Vier von hundert Babys bleiben jedoch in der Steißlage. Wenn Ihr Baby dazugehört, müssen Sie sich keine Sorgen machen, die meisten dieser Geburten verlaufen glatt, und das Baby ist ganz normal, Sie müssen jedoch zur Entbindung ins Krankenhaus. Früher versuchte man, Babys in Steißlage in der Gebärmutter zu drehen, indem man von außen leichten Druck auf den Bauch ausübte. Doch dies wird heute nur noch selten gemacht.
Wünschen Sie eine Hausgeburt, und hat Ihr Baby eine Steißlage, nehmen Sie immer eine aufrechte Stellung ein, wobei Sie sich stützen lassen; halten Sie die Beine dabei weit geöffnet und die Knie gebeugt, damit der Kopf des Babys mehr Platz hat.
Nach der Geburt können Ihre Geschlechtsorgane leicht geschwollen sein, die Schwellung geht jedoch innerhalb von 48 Stunden zurück. Das Baby hat möglicherweise Blutergüsse im Gesicht und am Kopf, sie verschwinden schnell wieder. Die Wahrscheinlichkeit eines Dammschnitts (siehe S. 198) ist größer. Wenn Sie dies vermeiden wollen, sollten Sie im ersten Geburtsstadium mit Ihrem Arzt sprechen.

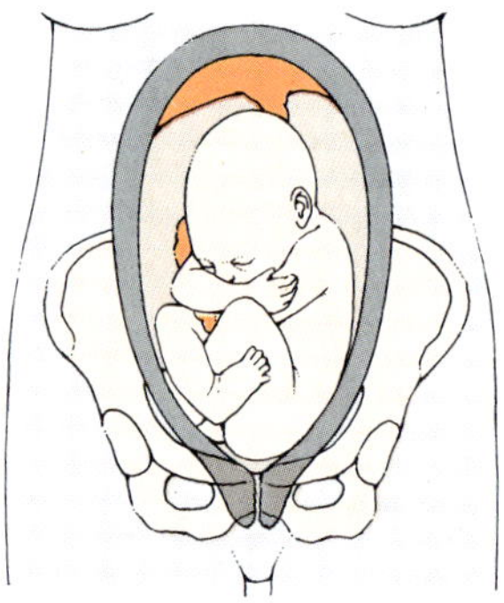

Ein gut gebeugtes Baby in Steißlage
Das Baby kann normal geboren werden, aber ein Dammschnitt wird notwendig sein.

In Amerika und der Bundesrepublik sind die meisten Geburtshelfer der Meinung, daß in diesem Fall, besonders bei einer ersten Geburt, ein Kaiserschnitt angebracht sei, während man in anderen Ländern Europas diese Ansicht nicht teilt. Ergebnisse zeigen, daß die meisten Mütter Babys in Steißlage ganz normal ohne größere Schwierigkeiten zur Welt bringen, ein Kaiserschnitt ist nur in etwa einem von sechs Fällen zu rechtfertigen. Wahrscheinlich hängt es stark von Ihrem Arzt ab, ob Sie einen Kaiserschnitt haben werden oder normal gebären.

Geburt eines Babys in Steißlage

Das Gesäß des Babys drückt auf den Muttermund, Verstreichen und Eröffnung erfolgen wie bei einer Schädellage (siehe S. 180). Die Fruchtblase platzt bei einer Steißlage meistens früh, und wahrscheinlich werden Sie Rükkenschmerzen haben, daher ist das Knien auf allen vieren während des ersten Stadiums eine bequeme Position. Bei der Geburt ist eine unterstützende hockende Haltung am sichersten, und ein eventueller Dammschnitt sollte auch in dieser Stellung vorgenommen werden. Steißgeburten erfolgen immer häufiger unter Epiduralanästhesie. Falls ein Kaiserschnitt notwendig wird, spart man dadurch Zeit, und Sie können Ihr Baby in dem Moment, indem es geboren worden ist, in den Armen halten.

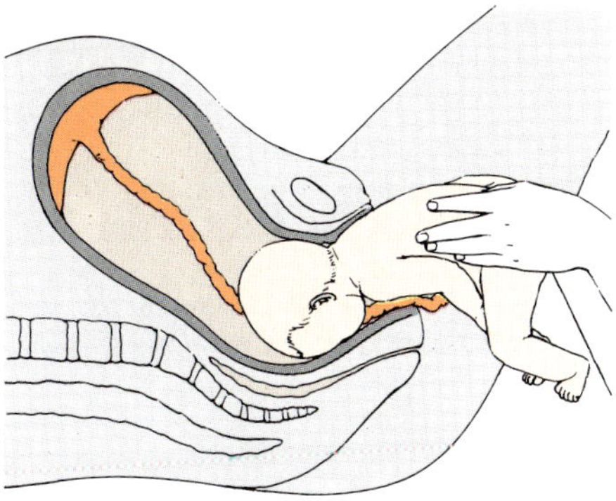

Geburt des Körpers
Zuerst wird das Gesäß geboren und dann die Beine. Bei der Geburt des Körpers ist es besser, während der Wehen zu atmen, statt zu pressen. Bevor der Kopf geboren wird, wird ein Dammschnitt vorgenommen.

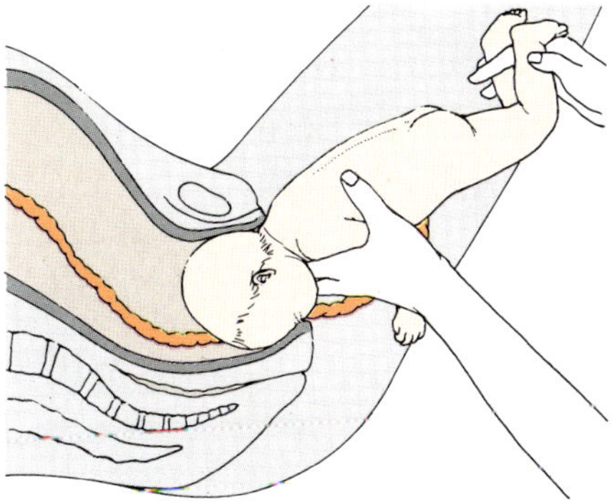

Geburt des Kopfes
Das Gewicht des Babys zieht den Kopf in die Scheide hinunter, der Körper wird dann angehoben, so daß der Kopf geboren werden kann. Ärzte gebrauchen meistens Zangen, um den Kopf zu schützen, und einmaliges Pressen reicht im allgemeinen aus, um das Baby zu gebären.

Kaiserschnitt

Es handelt sich um eine größere Bauchoperation, die nie leichtfertig vorgenommen werden sollte. Es gibt geringe Risiken, dazu zählt die Vollnarkose und die Gefahr von Blutungen und die Bildung von Blutgerinnseln, wie es für alle größeren Operationen gilt; ein weiterer Nachteil ist die Narbe, die an der Gebärmutter zurückbleibt und sie schwächen kann. Da die Anzahl von Entbindungen durch Kaiserschnitt immer mehr ansteigt, gibt es Bedenken, daß die Operation zu leichtfertig unternommen wird.

Vielleicht wissen Sie schon Wochen oder aber auch erst Tage vorher, daß bei Ihnen ein Kaiserschnitt vorgenommen wird. Man bezeichnet dies als geplanten Kaiserschnitt. Je nach dem Grund für den Eingriff, werden Sie gleich zur Operation ins Krankenhaus eingeliefert, oder man läßt die Geburt »versuchsweise« spontan einsetzen, um zu sehen, wie Sie damit zurechtkommen. Vielleicht haben Sie eine ganz normale Geburt. Der Kaiserschnitt wird nur dann vorgenommen, falls ein ernstes Problem eintritt. Wenn Ihr Kaiserschnitt

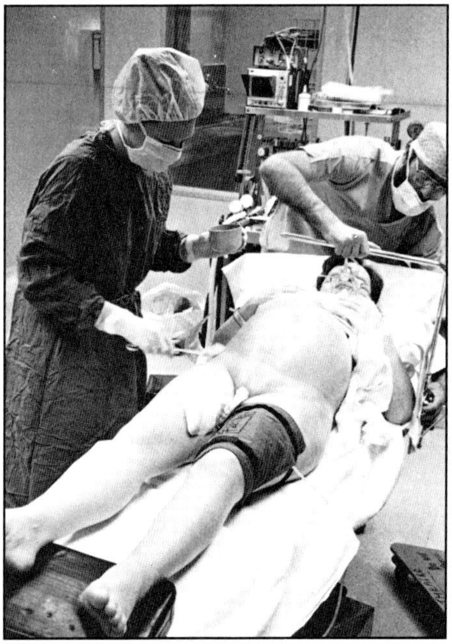

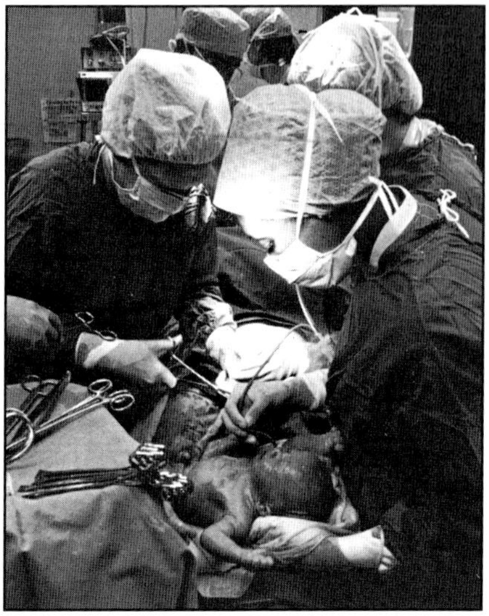

Wenn die Epiduralanästhesie angelegt ist und Sie für die Operation vorbereitet sind, erfolgt die Geburt sehr schnell.

Ihr Partner kann das Baby halten, während die Wunde vernäht wird.

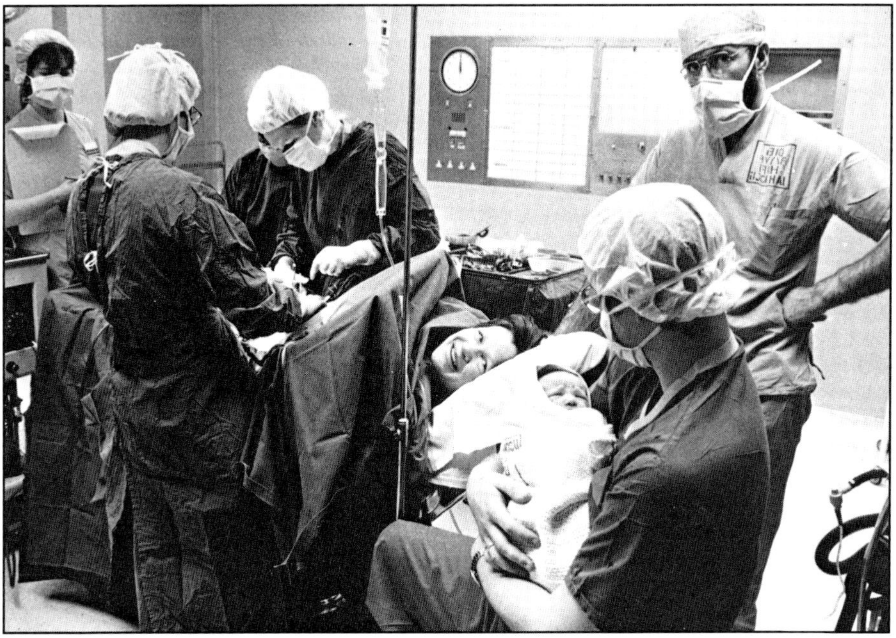

kein Notfall ist, kann er unter Epiduralanästhesie (siehe S. 198) ausgeführt werden, was für Sie und das Baby sicherer ist. Sie sind die ganze Zeit bei Bewußtsein und können das Baby gleich nach der Geburt sehen. An der Geburt aktiv teilzunehmen, hilft bei dem lebenswichtigen Bindungsprozeß (siehe S. 218).

Vorbereitung auf den Kaiserschnitt

Einige Frauen empfinden einen Kaiserschnitt als große Enttäuschung, nachdem sie sich auf eine normale Entbindung gefreut haben, das gilt besonders, wenn im Krankenhaus eine aktive Teilnahme von Müttern und Vätern beim Kaiserschnitt nicht erwünscht ist, so daß sie nicht sofort nach der Geburt engen Kontakt mit dem Baby haben können. Manche Frauen fühlen sich schuldig, daß sie ihren Partner im Stich gelassen haben und er bei der Geburt nicht bei ihnen sein konnte. Viele Mütter sind verärgert und enttäuscht, daß ihr Baby nicht gleich nach der Operation bei ihnen ist und von ihnen getrennt sein muß, gerade wenn Mutter und Baby sich zur gegenseitigen Unterstützung am meisten brauchen. Aber diese psychologischen Auswirkungen können vermindert werden, wenn Sie sich auf den Kaiserschnitt vorbereiten und ihn als positive Erfahrung sehen.

Bitten Sie um ein Gespräch mit dem Geburtshelfer, so daß Sie und Ihr Partner mit ihm besprechen können, was die Operation bedeutet, was im Operationssaal geschieht, ob Sie eine Epiduralanästhesie haben können, um während der Operation bei Bewußtsein zu sein, und ob Ihr Partner bei Ihnen sein kann.

Fragen Sie Ihren Arzt oder die Helfer im Krankenhaus, ob Sie einen Film von einem Kaiserschnitt sehen können, damit Sie wissen, was Sie erwartet. Sie können sich auch vorbereiten, indem Sie mit anderen Frauen sprechen, die schon einen Kaiserschnitt hinter sich haben. So vermeiden Sie am besten, negativ über die anstehende Operation zu denken. Sie werden nicht nur moralisch unterstützt, sondern erhalten auch nützliche Informationen darüber, wie lange es dauern wird, bis Sie nach der Operation wieder ganz fit sind, wie Sie sich hinlegen und aufstehen müssen und wie Sie das Baby in den ersten Tagen beim Stillen halten müssen. Wenn Sie mit Frauen sprechen, die nach einem Kaiserschnitt wieder schwanger waren, können Sie Ängste für die Zukunft zerstreuen, eine Selbsthilfegruppe kann Kontakt zu Hebammen und Geburtshelfern herstellen, die eine aufgeschlossene und realistische Haltung zur Schwangerschaft nach einem Kaiserschnitt haben.

Was bei einem Kaiserschnitt geschieht

Ein Kaiserschnitt dauert im allgemeinen etwa 45 Minuten, das Baby wird in den ersten 5–10 Minuten geboren. In der restlichen Zeit werden die Gebärmutterwand und der Bauch vernäht.

Man rasiert die Schamhaare ab, die Epiduralanästhesie wird angelegt, ein intravenöser Tropf wird an Ihrem Arm befestigt, so daß die Flüssigkeiten direkt in den Blutkreislauf gelangen können, und ein Katheter wird in die Blase eingeführt. Wahrscheinlich wird vor Ihrem Gesicht eine Abtrennung angebracht, vielleicht möchte

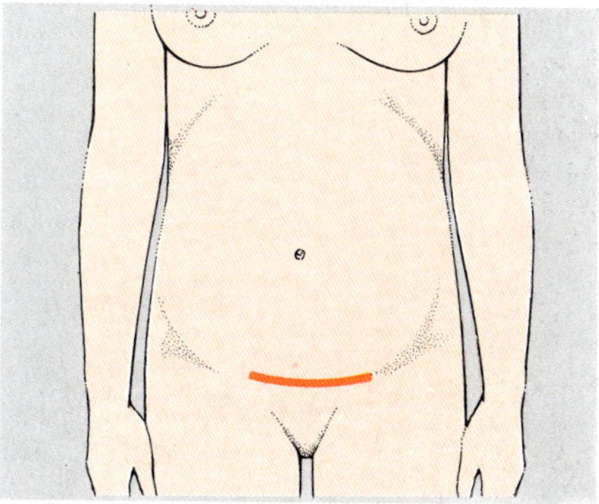

Horizontaler Schnitt
Der tiefe, querverlaufende Schnitt wird aus kosmetischen Gründen häufig vorgenommen und heilt auch besser.

Nach dem Kaiserschnitt

Nach der Operation kehren Sie auf Ihr Zimmer zurück, wo Sie mit Ihrem Baby zusammen sein können. Da Sie nach einer Bauchoperation viel Bettruhe brauchen, können Sie sich darauf konzentrieren, das Baby zu stillen und es kennenzulernen. Am nächsten Tag müssen Sie bereits aufstehen und sich bewegen, nach zwei Tagen können Sie auch mit leichter Gymnastik beginnen (siehe S. 232). Die meisten Frauen fühlen sich eine Woche nach der Operation wieder körperlich normal.
Sie haben genau wie nach einer normalen Entbindung eine vaginale Blutung. Sie dürfen sich nicht beim Heben überanstrengen und müssen mindestens sechs Wochen lang körperliche Anstrengung vermeiden. Die Narbe verblaßt innerhalb von drei bis sechs Monaten.

◁ ***Aufrecht sitzen***
Wenn Sie nach einem Kaiserschnitt stillen, ist die Bauchnaht empfindlich. Legen Sie daher so viele Kissen unter das Baby, bis es in Brusthöhe liegt. Halten Sie seine Beine unter Ihrem Arm fest.

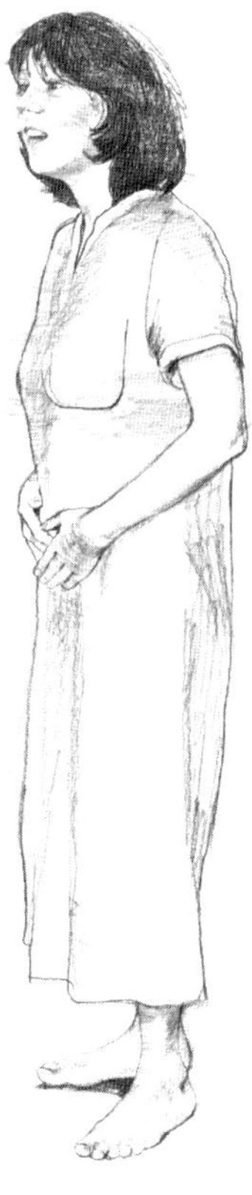

Stehen ▷
Stellen Sie sich ganz gerade hin, wenn Sie aus dem Bett aufstehen. Nehmen Sie keine Hockstellung ein. Beim Husten oder Lachen sollten Sie Ihre Hände über die Naht halten, um Sicherheit zu bekommen. Bewegen Sie sich viel, um den Heilungsprozeß zu beschleunigen.

Auf der Seite liegen ▷
Legen Sie das Baby auf einige Kissen, und lassen Sie sich neben ihm zum Stillen nieder. Sie können sich mit dem Ellbogen abstützen.

auch Ihr Partner an Ihrem Kopfende stehen bleiben, wenn er die Operation nicht mit ansehen will. Meistens wird ein horizontaler Schnitt vorgenommen, und das Fruchtwasser wird abgesaugt - Sie können dies klar hören. Das Baby wird mit den Händen oder Geburtszangen herausgehoben. Dann erhalten Sie eine Spritze mit Ergometrin, damit sich die Gebärmutter zusammenzieht und die Blutung aufhört. Sie und Ihr Partner können das Baby während des dritten Stadiums halten. Wenn alles in Ordnung ist, können Sie das Baby sofort stillen. Abhängig von den Gründen für den Kaiserschnitt wird Ihr Baby vielleicht zur Beobachtung für einige Zeit auf die Intensivstation gebracht. Katheter und Tropf bleiben einige Stunden im Körper, die Nähte oder Klammern werden nach 5 Tagen entfernt.

Gründe für einen Kaiserschnitt

- Vorfall der Nabelschnur durch den Muttermund
- Placenta praevia (siehe S. 160)
- Ablösung der Plazenta von der Gebärmutterwand (Abruptio placentae)
- der Fetus zeigt Zeichen großer Erschöpfung; man erkennt dies daran, daß der Herzschlag sich verlangsamt oder bei jeder Wehe »abfällt« und, was noch ernster ist, zwischen den Wehen - dies zeigt sich auf dem Ausdruck der elektronischen Überwachungsgeräte (siehe S. 204); wenn sich Mekonium im Fruchtwasser befindet, kann das Baby Stuhlgang gehabt haben, was Erschöpfung anzeigen könnte
- das Baby muß früher geboren werden, und Geburtseinleitung und Wehen werden als unnötiges Risiko betrachtet
- der Fetus ist sehr groß, oder es besteht ein Mißverhältnis zwischen Schädel- und Beckengröße.
- Babys in Steißlage werden häufig so geboren, besonders in den USA
- ein früheres Baby wurde schon so geboren; dies ist der häufigste Grund für den Eingriff in den USA
- eine Gebärmutterentzündung jeder Art
- eine ernste Infektion der Vagina, wie Herpes an den Genitalien
- der Muttermund öffnet sich nicht
- schwere Rhesus-Unverträglichkeit

Einige der Gründe, die einen Kaiserschnitt rechtfertigen, erkennt man oft erst, wenn die Geburt schon eingesetzt hat. Man wird dann eine Notoperation vornehmen. Sie erhalten eine Vollnarkose, falls nicht schon eine Epiduralanästhesie angelegt wurde.

Zangengeburt

Ein Argument der Befürworter der natürlichen Geburt ist, daß der Einsatz von Zangen häufig nötig wird, weil den Müttern routinemäßig Medikamente und Narkosemittel verabreicht werden, die ihre eigenen Bemühungen bei der Geburt behindern. Mit anderen Worten, eine bestimmte Anzahl von Zangengeburten wird durch

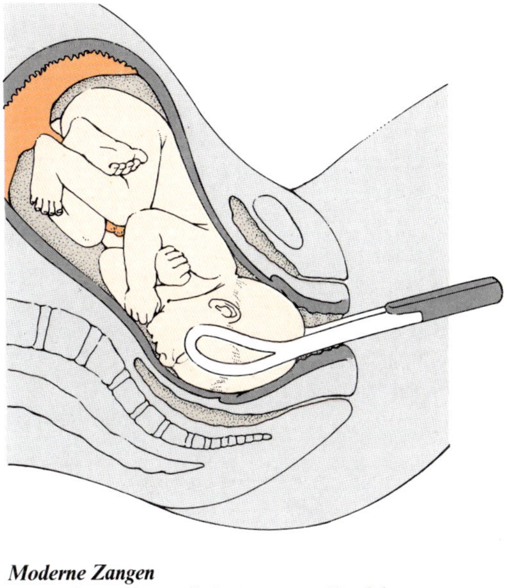

Moderne Zangen
Sie sind so geformt, daß sie eng am Kopf des Babys anliegen. Sie schützen den Kopf des Babys wie ein Käfig vor dem Druck im Geburtskanal.

die Ärzte verschuldet. Jahrhundertelang boten die Geburtszangen die einzige Entbindungsmöglichkeit, die nicht natürlich war. Als der Kaiserschnitt sicherer wurde, nahm der Gebrauch der Zangen ab, so daß sie bei riskanten Geburten überhaupt nicht mehr eingesetzt werden. Heute verwendet man Zangen nur, wenn das erste Stadium vorüber ist, sich der Muttermund vollständig geöffnet hat und der Kopf des Babys schon weit in das Becken der Mutter eingetreten ist, aber nicht weiter hinabsteigt, oder wenn es Zeichen von Erschöpfung beim Fetus oder bei der Mutter gibt. Der Zeitpunkt für den Einsatz der Zangen wird von den anwesenden Geburtshelfern bestimmt. Manche Mediziner sind der Meinung, daß man Frühgeburten mit Hilfe von Zangen entbinden sollte, so daß der Kopf im Geburtskanal nicht zu sehr gedrückt wird.

Sie legen Ihre Beine in Halteschlaufen, und ein lokales Betäubungsmittel wird in den Damm gespritzt. Dann wird ein Dammschnitt vorgenommen (siehe S. 198), und die Zangen, die etwa wie Servierzangen aussehen, werden nacheinander an beiden Seiten der Scheide eingeführt. Der Arzt wird schon bestimmt haben, wo der Kopf des Babys liegt, und mit sanftem Ziehen der Zangen, jeweils 30–40 Sekunden lang, schiebt sich der Kopf des Babys langsam zum Damm vor. Es sollte nicht schmerzen. Wenn der Kopf geboren ist, werden die Zangen entfernt, und die Geburt verläuft ganz normal weiter.

Wenn längere Zangen nötig sind, um das Baby herauszuziehen, wird man Ihnen wahrscheinlich einen Pudendusblock geben; das Narkosemittel wird in die Scheidenwand gespritzt (siehe S. 198).

Gelbsucht

Sie ist bei Neugeborenen um den dritten Lebenstag herum ziemlich häufig. Medizinisch bezeichnet man sie als physiologische Gelbsucht, die nicht weiter schlimm ist. Ein Baby wird mit einer sehr großen Anzahl roter Blutkörperchen geboren, die nach der Geburt schnell zerteilt und ersetzt werden. Dabei geben sie große Mengen des Pigments Bilirubin ab, von dem sie ihre Farbe haben; dieses Pigment muß von der Leber verarbeitet werden. Bei der Geburt ist die Leber des Babys noch unreif und meistens nicht in der Lage, soviel Bilirubin zu verarbeiten, so daß die Pigmentspiegel im Blut steigen und der Haut einen gelblichen Schimmer verleihen. Diese Art der Gelbsucht verschwindet meistens gegen Ende der Woche, wenn die Leber das Blut von Pigmenten befreit hat. Es ist eigentlich keine Komplikation der Geburt, sondern eher eine Abweichung vom Normalfall.

Um das Zuviel an Bilirubin aus dem Kreislauf des Babys zu entfernen, sollten Sie Ihr Kind oft stillen (wecken Sie es zu den Fütterungszeiten) und, wenn möglich, der Sonnenbestrahlung aussetzen. Wenn der Bilirubinspiegel hoch ist, wird der Kinderarzt vielleicht eine Lichtbehandlung (Phototherapie) vornehmen. Dazu werden die Augen des Babys verdeckt, und es wird nackt unter eine Lichtquelle in ein Bettchen gelegt. Das Licht zerteilt das Bilirubin, so daß es vom Baby schneller über den Urin ausgeschieden wird.

Eine ernstere Form der Gelbsucht kann aufgrund von Rhesus-Unverträglichkeit auftreten (siehe S. 162).

Blutung nach der Geburt

Dies tritt selten ein, da die Gebärmutter sich selbst schützt, um eine Blutung zu verhindern. Wenn der Fetus und die Plazenta ausgestoßen wurden und die Gebärmutter völlig leer ist, zieht sie sich zur Größe eines Kinderkopfes zusammen. Die Wehen der Gebärmuttermuskeln drücken die Gebärmutterarterien zusammen und klemmen sie ab, so daß sie nicht bluten können. Unter normalen Bedingungen ist die Blutung nach der Entbindung gering, und das Infektionsrisiko ist klein. (Der Wochenfluß ist ein Ausfluß aus der Scheide und nur die ersten Tage hellrot - siehe S. 221.) Ist die Gebärmutter jedoch nicht leer, kann sie sich nicht so stark zusammenziehen, daß ein Bluten der Gebärmutterarterien verhindert wird; eine solche Blutung bezeichnet man als Blutung nach der Geburt. Die häufigste Ursache ist ein kleiner Teil der Plazenta, der in der Gebärmutter zurückbleibt, man sieht meistens schon bei der Untersuchung der Plazenta, daß ein Stück fehlt. In diesem Fall erhalten Sie eine Narkose, und die Plazenta wird sanft von der Gebärmutterwand gekratzt.

Wenn eine Blutung später als 24 Stunden nach der Geburt einsetzt, wird der Wochenfluß wieder hellrot. Dies kann die Folge von Anstrengung sein, wie Einkaufen, schweres Tragen oder Überanstrengung bei der Hausarbeit. Fragen Sie Ihren Arzt, wahrscheinlich wird er Ihnen raten, einige Tage auszuruhen und sich viel hinzulegen. Wenn die Blutung dann wieder auftritt oder schwerer wird, ist es Zeichen einer Infektion oder dafür, daß sich noch ein kleines Stück der Plazenta in der Gebärmutter befindet. Informieren Sie sofort Ihren Arzt, der Sie wahrscheinlich in die gynäkologische Abteilung eines Krankenhauses einweisen wird. Wenn der Ausfluß Blutgerinnsel enthält, müssen Sie einen Krankenwagen rufen und sich in die nächste Ambulanz fahren lassen. Im Krankenhaus wird man Ihnen eine Narkose geben, und das Innere der Gebärmutter wird gründlich, aber sanft gereinigt.

Frühgeburt

Nicht nur die Schwangerschaftsdauer sondern auch das Geburtsgewicht spielt eine Rolle, wenn ein Baby als Frühgeburt bezeichnet wird; ein Frühgeborenes wiegt bei der Geburt weniger als 2,5 kg. Ein Baby kann sechs Wochen vor dem errechneten Termin zur Welt kommen, ohne als Frühgeburt bezeichnet zu werden, während ein Baby bei einer Geburt nach 39 Wochen noch nicht ausgereift sein kann. Kleine Babys haben immer eine gute Überlebenschance, egal wann sie geboren werden, und ein kleines, aber reifes Baby hat viel bessere Chancen als ein großes, noch nicht ausgereiftes. Die Ursache für Frühgeburten ist in etwa 40 Prozent der Fälle ungewiß, aber verschiedene Faktoren können dafür anfällig machen. Dazu zählen z. B. Präeklampsie (siehe S. 166), Mehrlingsschwangerschaft (siehe S. 163), vorzeitiges Platzen der Fruchtblase und eine ungenügend ausgebildete Plazenta. Einige Krankheiten der Mutter wie Anämie oder Unterernährung und Überarbeitung können auch Auswirkungen haben. Manchmal können auch Fasergeschwülste und Eierstockzysten die Ursache sein.

Im allgemeinen beginnt eine Frühgeburt ohne Warnung, das erste Zeichen kann das Platzen der Fruchtblase sein, das Einsetzen der Wehen oder eine leichte Blutung aus der Scheide. Meistens ist die Geburtsdauer kürzer und leichter, in erster Linie, weil der Kopf des Babys, sein größter Teil, kleiner und weicher ist als der eines Babys am Ende der Schwangerschaft. Bei fast allen Frühgeburten wird daher ein Dammschnitt vorgenommen, um den weichen Kopf des Babys vor Druckveränderungen im Geburtskanal zu schützen. Zangen (siehe S. 211) sind in diesem Fall besonders nützlich, weil sie Schäden am Kopf des Babys verhindern.

Die drei wichtigsten Voraussetzungen für die Gesundheit eines Frühgeborenen sind seine Fähigkeit zu atmen, Nahrung aufzunehmen und seine Temperatur zu kontrollieren. Davon hängt es ab, ob ein Baby in einem Brutkasten gepflegt wird, in dem sich die Temperatur kontrollieren läßt. Dort kann man auch die Sauerstoffzufuhr den Ansprüchen des Babys leicht anpassen. Nahrung nimmt es über einen Schlauch auf, der, ohne Schmerzen oder Beschwerden zu bereiten, durch die Nase in den Magen eingeführt wird. Da ein so

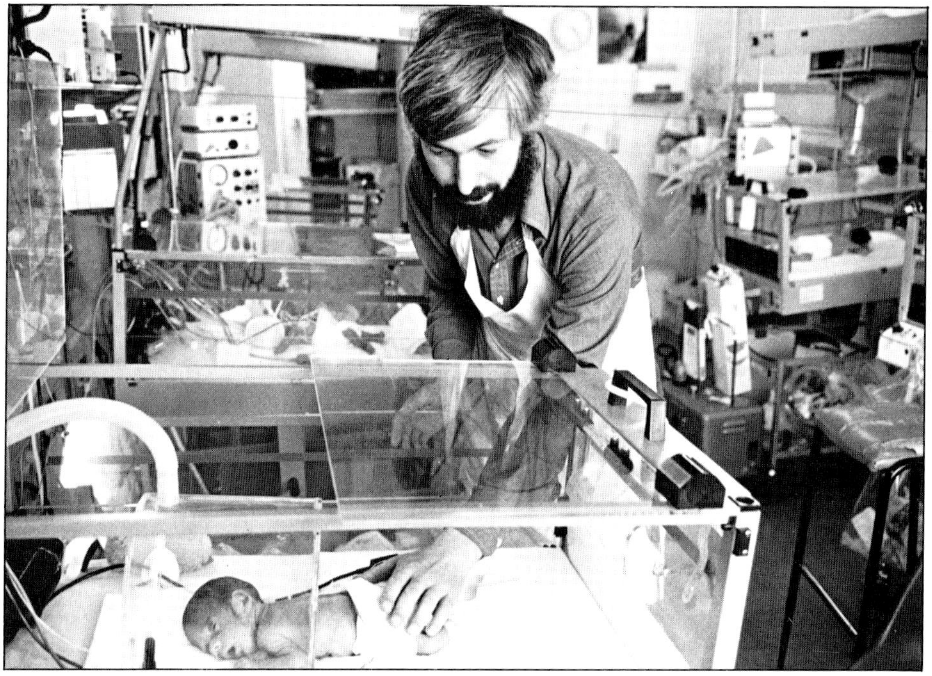

kleines Baby nur geringe Widerstandskraft hat, wird der Brutkasten steril gehalten, und das Baby wird von den Helfern und Eltern sowenig wie möglich berührt.
Sie müssen sich keine Sorgen machen, daß sich die elterliche Bindung an ein Frühgeborenes nicht einstellt. Die Mutter kann das Baby füttern, berühren und pflegen, sobald sein Zustand es erlaubt; bis es soweit ist, kann sie es betrachten und den Schwestern bei der Pflege helfen.
Muttermilch ist für frühgeborene Babys besonders wertvoll. Wenn Sie die Milch mit einer Pumpe abpumpen, wird man sie Ihrem Baby geben, und bei Ihnen stellt sich die Milchmenge ein, die Sie brauchen, wenn es alleine saugen kann. Es lohnt sich, diese Anstrengung zu unternehmen.
Wichtig ist, daß Sie nicht abgeschreckt werden durch die Schläuche, an die Ihr Baby angeschlossen ist und daß Sie Ihr Baby nicht mit den normal geborenen Babys anderer Mütter vergleichen. Seien Sie nicht enttäuscht und suchen Sie keine Schuld für die Frühgeburt bei sich.

Durch das Betrachten und Berühren Ihres Babys können die Eltern eine enge Bindung zu ihm aufbauen.

Totgeburt

Bei weniger als einem Prozent der Geburten wird ein Baby tot geboren. Wenn das Baby vor der 28. Woche in der Gebärmutter stirbt, setzen die Wehen ohne Verzögerung ein, und es kommt zu einer Fehlgeburt. Nach der 28. Woche stößt die Gebärmutter das Baby ziemlich schnell aus. Die meisten Frauen merken, wenn ihr Baby gestorben ist, im allgemeinen daran, daß es sich mehr als 24 Stunden nicht bewegt hat.
Niemand weiß genau, warum ein Baby in der Spätschwangerschaft stirbt, aber meistens nimmt man an, daß die Plazenta nicht gesund ist. Vielleicht ist sie nicht genug gewachsen oder auf irgendeine Weise in der Schwangerschaft erkrankt und kann

daher die Sauerstoff- und Nahrungsversorgung des Babys nicht aufrechterhalten. Manchmal löst sich die Plazenta von der Gebärmutterwand, was den Tod des Babys zur Folge haben kann. Eine nicht überwachte Rhesus-Unverträglichkeit (siehe S. 167) oder ein nicht richtig stabilisierter Diabetes kann auch zu einer Totgeburt führen. Wenn das Baby stirbt, geht das eigene Schwangerschaftsgefühl recht schnell zurück, da die Östrogen- und Progesteronspiegel stark abfallen. Selbst die Gebärmutter kann an Größe verlieren, da das Fruchtwasser absorbiert wird. Dies kann mit einer starken Gewichtsabnahme der Mutter einhergehen, daher wird der Gewichtsverlust bei den Vorsorgeuntersuchungen immer sehr ernst genommen.

Wenn der Verdacht besteht, daß das Baby tot ist, nimmt man eine Ultraschalluntersuchung vor, um das Herz des Fetus zu überprüfen. Sind die Herztöne nicht wahrnehmbar, ist es unwahrscheinlich, daß das Baby noch lebt. Auch eine Röntgenaufnahme kann den Tod des Babys bestätigen. Da das Baby im Körper der Mutter in einer Art Kokon ist, hat sein Tod keine nachteiligen Auswirkungen auf die Gesundheit der Mutter. Die emotionalen und psychologischen Folgen für die Mutter können jedoch äußerst traumatisch sein. Natürlich wird eine Frau alle möglichen Gefühle von Schuld, Unzulänglichkeit, Selbstverachtung, Trauer und Niedergeschlagenheit haben, wahrscheinlich wird sie sich zurückziehen und ganz allein sein wollen, um mit ihrer Trauer fertig zu werden. Sie wird den Trost und die Unterstützung eines verständnisvollen Partners, einer Hebamme oder einer Freundin brauchen. Man sollte ihren Bedürfnissen mit Anteilnahme entgegenkommen. Nur wenn es gute Gründe dafür gibt, sollte man von einer neuen Schwangerschaft Abstand nehmen. Oft ist es der beste Weg, um den Normalzustand wiederherzustellen, wenn eine Frau wieder schwanger wird, aber alles braucht seine Zeit. Wenn die Trauer langsam nachläßt, kann sie diesen Punkt mit ihrem Partner und ihrem Arzt besprechen.

Bis in die jüngste Vergangenheit war man der Meinung, daß die Wehen spontan einsetzen sollten – dies ist normalerweise zwei bis drei Tage nach dem Tod des Babys der Fall – und daß man sich nicht einmischen sollte. Die meisten Frauen wünschen jedoch, daß das tote Baby entfernt wird, sobald sie wissen, daß es gestorben ist. Meiner Meinung nach hat der Wunsch der Mutter in dieser Situation Vorrang. Zusammen mit ihrem Partner sollte sie entscheiden, was zu tun ist, und wenn sie keine normale Geburt wünscht, sollte man einen Kaiserschnitt ermöglichen. Wenn die Frau sich jedoch für eine spontane Geburt entscheidet, sollte kein Unterschied zwischen dieser und einer normalen Geburt gemacht werden. Es ist aber verständlich, wenn die Haltung einer Frau der Geburt gegenüber anders ist, möglicherweise ist sie schmerzhafter, als wenn sie ein glückliches Ende hätte. Wenn die Wehen nach zwei Tagen noch nicht eingesetzt haben, werden die meisten Ärzte zu einer künstlichen Einleitung mit der bestmöglichen Schmerzerleichterung raten.

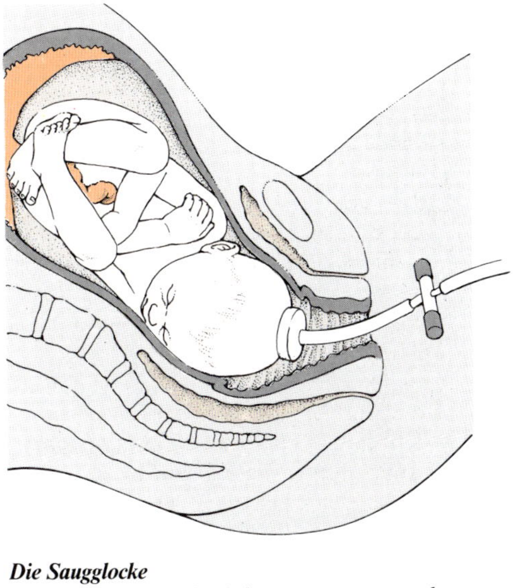

Die Saugglocke
Sie wird fast ausschließlich in Europa verwendet; in den USA werden Zangen bevorzugt.

Einige Eltern, die eine Totgeburt miterlebt haben, sagen, daß man mit dem Verlust besser fertig wird, wenn man das Baby berührt. Das Begräbnis gibt auch Gelegenheit, sich mit seiner Trauer auseinanderzusetzen. Sie können im Krankenhaus sagen, daß Sie sich selbst um die Beerdigung kümmern wollen, wenn Sie der Meinung sind, daß es Ihnen helfen würde. Nehmen Sie Verbindung zu anderen Frauen auf, die die gleiche Enttäuschung erlebt haben – ihre Erfahrung kann Ihnen helfen, die eigenen Reaktionen zu verstehen.

Saugglockengeburt

Die Saugglocke kann anstelle von Geburtszangen eingesetzt werden, besonders dann, wenn die Mutter schon eine Epiduralanästhesie bekommen hat. Sie wird verwendet, wenn es in der zweiten Phase zu einer Verzögerung kommt, aber eine leichte Geburt vorhersehbar ist. Eine kleine Metallschale, die mit einem Sauggerät verbunden ist, wird in die Scheide eingeführt und am Kopf des Babys angebracht. Es dauert ungefähr 15 Minuten, bis die Schale an der richtigen Stelle sitzt. Wenn ein Vakuum geschaffen wird, saugt sich die Schale an der Kopfhaut fest, und durch sanftes Ziehen, unterstützt durch das Pressen der Mutter, wird der Kopf des Babys ins Becken gezogen und dann langsam und gleichmäßig geboren.

Beim Gebrauch des Sauggeräts kommt es nur zu wenigen ernsthaften Komplikationen. Am Kopf des Babys, wo die Metallschale die Saugwirkung ausübte, entsteht eine leichte Schwellung, sie geht jedoch etwa einen Tag nach der Geburt zurück. Ein Einwand gegen eine Saugglockengeburt und in gewissem Maß auch gegen den Einsatz von Geburtszangen ist, daß sie verwendet werden, um ein Baby „schnell“ auf die Welt zu holen, sobald nicht alles ganz nach Plan verläuft, anstatt die Geburt ihren normalen Verlauf nehmen zu lassen, auch wenn es etwas länger dauert. Da schnelle Geburten immer beliebter werden, setzt man Zangen oder Saugglocken heute in etwa 65 Prozent der Krankenhausgeburten in Amerika ein.

17 Die ersten Tage

Die Geburt des Babys ist der Höhepunkt nach neun Monaten des Wartens, und alles, was folgt, steht gewissermaßen im Schatten dieses Ereignisses. Während der ersten drei Tage, in denen Sie darauf warten, daß die Milch einschießt, sind Sie vielleicht aufgeregt, zurückhaltend oder in einem Zustand emotionalen Schocks. Es ist spannend, das neue Baby zu entdecken und ruhige Momente miteinander zu erleben, aber seien Sie nicht überrascht, wenn Sie auch manchmal etwas enttäuscht sind.

Wenn Sie einige Tage nach der Geburt im Krankenhaus bleiben, können Sie die Hebammen und erfahrene Mütter in der Abteilung beobachten und viel von ihnen lernen. Wenn Sie zum ersten Mal Mutter geworden sind, sollten Sie sich nicht an ihnen messen und sie nicht darum beneiden, wie sicher sie mit dem Kind umgehen. Der wichtigste Rat, den ich geben kann, ist, nicht zu streng mit sich zu sein. Setzen Sie

In den ersten Stunden seines Lebens ist der günstigste Zeitpunkt, eine Beziehung zu Ihrem Baby aufzubauen. In dieser Zeit ist der Bindungsinstinkt am stärksten.

Ihre Ziele nicht zu hoch an. Versuchen Sie nicht, die perfekte Mutter zu spielen und in diesen ersten Tagen zuviel zu erreichen. Setzen Sie sich jeden Tag ein vernünftiges Ziel und gehen Sie eins nach dem anderen in Ruhe an.

Die Bindung ans Kind

Es läßt sich schwer beschreiben, was es heißt, eine Bindung herzustellen; es bedeutet sicherlich, das Baby kennenzulernen und es mit seinen und Ihren Sinnen zu entdecken - mit Augen, Nase, Ohren, Fingerspitzen und Mund und sogar mit der Zunge. Es hat auch mit Liebe, Schutzgeben und Besitzanspruch zu tun. Diese erste Bindung ist möglicherweise die stärkste Bindung zwischen Menschen überhaupt, und auch notwendig, da sie das Überleben der menschlichen Gattung sicherstellt.
Der Aufbau der Beziehung zu Ihrem Baby beginnt mit der Sekunde, in der es geboren wird. Nach Möglichkeit sollte man Sie in Ruhe lassen und sowenig wie möglich stören. Heutzutage läßt sich oftmals schon im Krankenhaus diese ruhige, friedliche Atmosphäre herstellen. Babys weinen bei der Geburt, aber sie hören meistens bald wieder auf und sehen sich ruhig um. Wenn Sie zu Hause sind, sollte die Beleuchtung schwach sein, wenn Sie das Baby an sich drücken (siehe S.64). Im Krankenhaus müssen Sie die Hebamme eventuell darum bitten, das Licht schwächer einzustellen und Ihr Krankenhaushemd hochzuheben, damit Sie Hautkontakt zu Ihrem Baby haben können. Zwingen Sie sich nicht dazu, das Baby sofort aufzunehmen, vielleicht brauchen Sie einige Minuten, um die Fassung wiederzuerlangen. Das ist ganz in Ordnung, lassen Sie Ihren Partner das Baby solange halten. Die meisten Mütter jedoch wollen ihr Baby sofort aufnehmen, und keiner Mutter sollte dieses Recht verweigert werden.
Studien in Amerika haben gezeigt, daß man in der ersten Lebensstunde des Babys am empfindsamsten ist, um die Bindung herzustellen. Zu diesem Zeitpunkt sind Babys meist ruhig, aber wach und schlafen erst nach drei bis vier Stunden wieder ein. In diesem Stadium reagieren sie stark, stellen eine Beziehung zu einem Erwachsenen, der sich liebevoll um es kümmert, her. Es zeigte sich auch, daß man in den ersten 30-45 Minuten das Baby am besten durch Augen- und Hautkontakt kennenlernen kann. Versuchen Sie zu erreichen, daß man Sie mit dem Baby und dem Vater für diese Zeit allein läßt. Waschen und, falls nötig, Vernähen können warten. Wenn Sie Ihrem Baby in die Augen sehen, betrachten Sie es auf einmal als eigenständigen Menschen und nicht mehr als Ding, durch den Hautkontakt sind Sie einander als warme, menschliche Wesen nahe.
Fraglos sind alle Aspekte der Bindungsaufnahme - Ihre Stimme, Geruch, Berührung, Liebkosungen, Streicheln - gut für das Baby, aber auch gut für Sie. Je eher Sie das Baby berühren, halten und streicheln, desto schneller hört die Blutung auf, die Gebärmutter zieht sich weiter zusammen, die Brüste geben eher Kolostrum ab (siehe S.225) und dann Milch. Auch Ihr Zutrauen, mit dem Baby umzugehen, wächst, und Sie helfen ihm, sich an die neue Umgebung zu gewöhnen. Studien haben gezeigt, daß die Anpassung des Babys leichter, glatter und einfacher vor sich geht, wenn man es hält, beruhigt, ihm vorsingt und ihm die Möglichkeit gibt zu saugen, wann immer es möchte. Sobald Sie Ihr Kind aufnehmen, sollten Sie es an die Brust legen. Stoßen Sie sanft mit der Brustwarze an seine Wange, und es wird sich Ihnen instinktiv zuwenden. Wenn es wenig Ausdauer zeigt - vielleicht ist es schläfrig, weil Sie bei der Geburt Medikamente zur Schmerzerleichterung bekommen haben - können Sie etwas Kolostrum auf seine Lippen drücken, um es zum Saugen anzuregen. Ihr Partner kann helfen, indem er den Kopf des Babys hält, bis Sie sich wohl dabei fühlen und alles ganz natürlich abläuft.

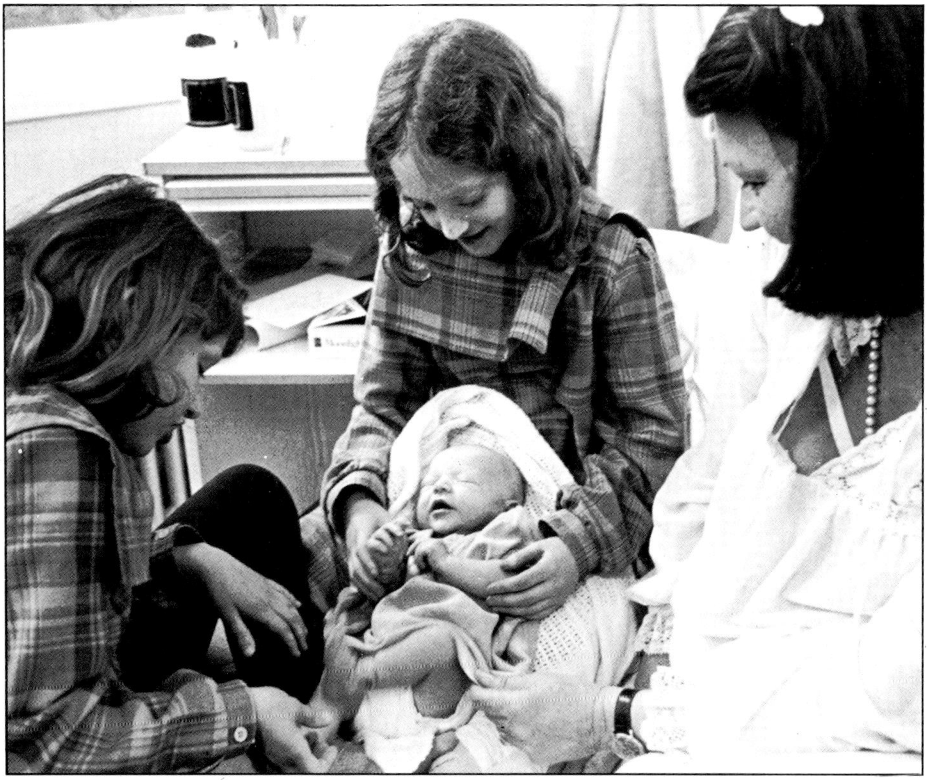

Lassen Sie Ihre anderen Kinder das neue Baby schon beim ersten Zusammentreffen berühren und halten.

Die Bedeutung der Bindung

Wenn es den Anschein hat, daß ich den Bindungsprozeß zwischen Eltern und Kind besonders betone, geschieht dies aus gutem Grund. Untersuchungen haben gezeigt, daß Eltern, die nach der Geburt sofort uneingeschränkten Kontakt mit ihren Kindern haben können, sie schöpferischer erziehen, ihren Problemen aufgeschlossener gegenübertreten, mehr Fragen stellen, die eigene Handlungsweise und Situationen besser erklären als Eltern, denen man das Baby gleich nach der Geburt wegnimmt. Ein weiteres Ergebnis dieser Studie war, daß Kinder, die intensiven Kontakt mit ihren Eltern hatten, in Intelligenztests bessere Ergebnisse erzielten als die Kontrollgruppe. Dies bedeutet nicht, daß eine gute Bindung an das Kind aus Ihnen bessere Eltern oder aus Ihrem Kind ein intelligenteres Kind macht. Meiner Meinung nach weist es darauf hin, daß Sie Ihre Elternrolle anders sehen und so möglicherweise besser erfüllen.

Erster Kontakt mit dem Vater

Wahrscheinlich ist die väterliche Bindung an das Kind nicht sehr viel anders und sicherlich genauso wichtig wie die mütterliche, daher ist es von Anfang an wichtig für Sie, das Baby zu halten und Augen- und Hautkontakt aufzunehmen. Wenn Sie bei der Geburt anwesend waren und Ihre Partnerin während der ganzen Zeit unterstützt haben, ist dies ein guter Anfang. Richten Sie sich ganz nach Ihrem Baby. Vielleicht dauert es etwas länger, und Sie müssen sich

Ihrer Rolle erst anpassen, um die gleiche Empfindsamkeit wie die Mutter zu erreichen. Man kann dem mit frühem und ausgedehntem Kontakt in den ersten Lebenswochen des Babys nachhelfen. Sehr oft hilft eine Geburt einem Mann, Gefühle auszudrücken und zu erleben, die er sonst in der Gesellschaft unterdrücken muß.

Der neue Tagesablauf

Die ersten Tage werden härter sein, als Sie denken; durch die Geburt sind Sie körperlich und seelisch erschöpft. Im Krankenhaus müssen Sie sich der Routine dort unterwerfen, die vielleicht schon um 5 Uhr morgens beginnt, Ihr Tagesablauf wird diktiert von Fütterungszeiten, Windelwechseln und Baden des Babys, Essenszeiten, Einnahme von Medikamenten, Visiten der Ärzte, Kinderärzte und Physiotherapeuten, Besuchen von Familie und Freunden. Ich brachte mein erstes Kind im Krankenhaus zur Welt und freute mich auf eine ruhige Zeit, statt dessen hatte ich kaum eine Minute für mich selbst, nur wenig Zeit zusammen mit meinem Baby und war nachts vollkommen erschöpft - ich konnte es kaum abwarten, wieder nach Hause zu gehen und dort Frieden und Sicherheit zu genießen.

Selbst wenn Sie Ihr Baby zu Hause gebären, werden Sie feststellen, daß eine Arbeit ohne Pause auf die andere folgt, und die ganze Zeit lernen Sie dabei. Vielleicht haben Sie alle möglichen Babybücher gelesen, aber kein Buch kann Ihr eigenes Baby beschreiben, und man braucht Zeit, um den Rhythmus des eigenen Babys kennenzulernen, da es ein Fehler ist zu versuchen, einem Baby einen Rhythmus aufzuzwingen. Babys unterscheiden nicht zwischen Tag und Nacht und fordern jederzeit die gleiche Aufmerksamkeit.

Je kleiner das Baby ist, desto öfter müssen Sie es füttern. Kleine Babys, die etwa 3,1 kg oder weniger wiegen, wollen mindestens alle vier Stunden gefüttert werden, oft liegen nur drei oder zweieinhalb Stunden zwischen den Mahlzeiten. Sie sollten Ihr Baby immer füttern, wenn es danach verlangt; das Baby wird dann leichter seinen eigenen Zeitplan finden, als wenn man ihm bestimmte Zeiten aufzwingt. Mindestens zweimal pro Nacht müssen Sie ein Neugeborenes füttern und ihm die Windel wechseln. Fast alle, mit denen ich gesprochen habe, scheinen wohlerzogene Babys gehabt zu haben, die schon eine Woche nach der Geburt sechs Stunden durchschliefen. Meine eigenen taten es jedenfalls nicht! Es ist die Ausnahme, wenn ein Baby nachts mehr als vier Stunden durchgehend schläft.

Um mit all den Anforderungen an Sie fertig zu werden, dabei gutgelaunt zu bleiben und genug Schlaf zu finden, müssen Sie sich ganz nach dem Baby richten. Sie müssen lernen, sich öfter zwischendurch hinzulegen, da sich wahrscheinlich in den ersten Tagen die einzige Gelegenheit zu schlafen nur dann bietet, wenn das Baby auch schläft. Kurz nach der Geburt haben Sie wenig Kraft und sind nach körperlichen Anstrengungen leicht erschöpft. Emotional sind Sie wahrscheinlich labil, da Ihnen plötzlich die Schwangerschaftshormone entzogen sind, kleine Probleme scheinen unüberwindbar zu sein und große unlösbar. Möglicherweise sind Sie kurz angebunden, reizbar und zwischendurch gehobener Stimmung. Vielleicht sind Sie den Tränen nahe und ein Häuflein Elend, sobald etwas schiefgeht, aber in der nächsten Minute können Sie wieder voller guter Vorsätze sein. Erwarten Sie nicht zuviel von sich.

Wenn Sie eine Hausgeburt hatten oder früh aus dem Krankenhaus entlassen wurden, sollten Sie die Dinge leicht nehmen. Kümmern Sie sich nicht um die tägliche Hausarbeit, Helfer können sich um diese Dinge kümmern. Sparen Sie Ihre Energie, um sich auf das Wesentliche zu konzentrieren, es sind nur wenige Dinge, die absoluten Vorrang haben; das Baby, Sie selbst, Ihr Partner und eventuell Ihre anderen Kinder,

schließlich Sie alle zusammen als Familieneinheit. Scheuen Sie sich nicht, um Hilfe zu bitten, selbst wenn es nur für die erste Woche ist, so daß Sie genug Zeit dazu haben, das Baby kennenzulernen und Ihren Tagesablauf nach ihm auszurichten.
Die meisten Neugeborenen haben die gleichen Grundbedürfnisse in den ersten Lebenswochen, und wenn Sie sich erst mal darauf eingestellt haben, können Sie entscheiden, welches *Ihre* eigenen Bedürfnisse sind und wie man am besten den Alltag organisieren kann.

Die Mutter

Ausreichende Ruhe und Schlaf in den ersten Tagen sind sehr wichtig, aber schwierig zu bekommen. Viele Frauen fühlen sich nach der Geburt total erschöpft; ihr Körper scheint sie im Stich zu lassen, weil er einfach noch nicht so funktionieren kann wie vor der Schwangerschaft. Einer der Gründe für die Erschöpfung liegt darin, daß das Blutvolumen plötzlich um 30 Prozent abgenommen hat. Daher kann nicht genug Blut zu den Muskeln gelangen, damit sie wirkungsvoll arbeiten, und sie sind schwach und ermüden leicht. Es wird mehrere Wochen dauern, bis Sie sich wieder an diese große Veränderung gewöhnt haben.
In den ersten sieben Tagen nach der Geburt sollten Sie daher soviel wie möglich im Bett liegen, egal ob zu Hause oder im Krankenhaus, und immer dann schlafen oder sich ausruhen, wenn das Baby schläft. Sie werden von ihrer neuen Körperform sicher enttäuscht sein. Der Bauch hängt schlaff herunter, die Brüste scheinen groß zu sein, jetzt wo der Bauch verschwunden ist, und die Oberschenkel schwer. Beginnen Sie sofort mit der Gymnastik nach der Geburt (siehe S. 232).

Nachwehen

In der ganzen fruchtbaren Zeit unseres Lebens zieht die Gebärmutter sich ständig zusammen. Man fühlt Krämpfe während der Menstruation, Vorwehen während der ganzen Schwangerschaft und Nachwehen nach der Entbindung. Sie sind stärker und schmerzhafter als normal, da sich die Gebärmutter auf diese Weise auf ihre frühere Größe vor der Schwangerschaft zusammenzieht. Je schneller und je mehr sie sich zusammenzieht, desto geringer wird die Wahrscheinlichkeit einer Blutung nach der Geburt (siehe S. 212). Die Nachwehen sind bei einem ersten Baby nicht sehr stark, nach weiteren Geburten werden Frauen sich ihrer mehr bewußt. Bei stillenden Frauen sind sie stärker, aber sie sind ein gutes Zeichen dafür, daß sich ihr Zustand schnell normalisiert. Nach drei oder vier Tagen hören sie meistens auf.

Wochenfluß

Bis zu sechs Wochen können Sie die Lochien ausscheiden, einen Ausfluß aus Blut und Schleim aus der Gebärmutter. Sofort nach der Geburt sieht er wie eine rosa oder rote Menstruationsblutung aus, die nach einigen Tagen dunkelbraun wird und dann langsam heller, bis sie schließlich weiß ist. Sie sollten Binden zum Schutz verwenden (die größte Größe für die ersten beiden Tage) und Tampons frühestens zwei Wochen nach der Geburt verwenden. Die Gebärmutter zieht sich schneller zusammen und die Blutung hört eher auf, wenn das Baby gestillt wird.

Darm und Blase

Sie sollten so früh wie möglich nach der Geburt aufstehen und zur Toilette gehen und natürlich dann, wenn Sie das Bedürfnis haben. Ziemlich oft hat sich der Darm vor oder während der Geburt ganz entleert, so daß es ganz natürlich ist, wenn Sie 24 Stunden oder länger keinen Stuhlgang haben. Machen Sie sich deshalb keine Sorgen, aber gehen Sie sofort zur Toilette,

Reflexe des Neugeborenen

Babys werden mit bestimmten Reflexen geboren, die ihnen helfen, die ersten Tage außerhalb der Gebärmutter zu überleben. Zum Beispiel suchen Babys, die nach der Geburt an die Brust gelegt werden, sofort nach der Brustwarze und beginnen zu saugen.

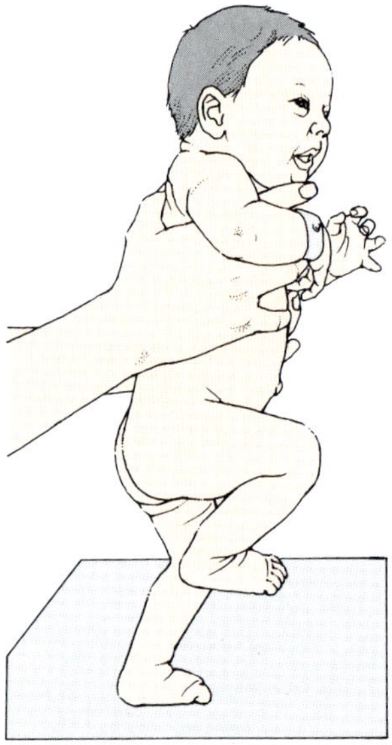

Schreitbewegungen
Ein Neugeborenes macht diese Bewegungen, wenn es unter den Armen festgehalten wird und mit den Füßen eine feste Unterlage berühren kann. Das heißt aber nicht, daß es früh laufen wird; es muß diese Technik später wiedererlernen.

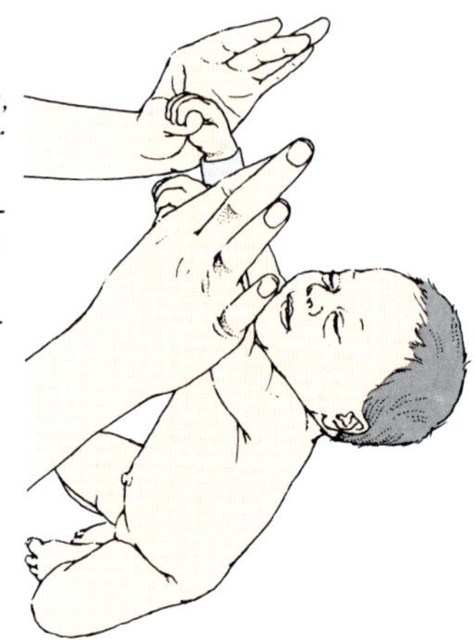

Greifen
Wenn Sie Ihre Finger in die Handflächen des Babys legen, wird es sie fest umgreifen. Der Griff ist so stark, daß sein ganzes Gewicht getragen werden kann, wenn es die Finger mit beiden Händen umschließt. Auch die Fußsohlen rollen sich ein, wenn sie berührt werden.

Moro-Reflex
Wenn Ihr Baby erschrickt, reagiert es, indem es Arme und Beine zur Seite wirft, als ob es nach etwas fassen will. Dann ziehen sich die Gliedmaßen langsam am Körper zusammen, und die Hände werden zur Faust.

Der Apgar-Index

Wenn das Baby geboren ist, werden fünf einfache Tests durchgeführt und bewertet, um den Apgar-Index festzustellen. Er ist eine Anzeige für den allgemeinen Gesundheitszustand. Die Tests beinhalten:

- Herzschlag (mehr als 100 Schläge pro Minute 2; darunter 1; nicht feststellbar 0.)
- Atmung (regelmäßig 2; unregelmäßig 1; keine 0.)
- Bewegungen (aktiv 2; einige 1; schlaff 0.)
- Hautfarbe (rosig 2; bläuliche Extremitäten 1; blau 0.)
- Reflexreaktion (schreit 2; wimmert 1; keine 0.)

Die meisten Babys erreichen 7 bis 10 Punkte. Ein zweiter Test wird ungefähr 5 Minuten später vorgenommen, um die Ergebnisse zu bestätigen, und selbst wenn das Baby beim ersten Mal eine niedrige Zahl hatte, wird die zweite meistens besser sein.

wenn Sie den Drang verspüren, und achten Sie darauf, nicht zu sehr zu pressen. Um den Darm anzuregen, hilft es schon, viel Wasser zu trinken, aufzustehen und herumzulaufen.
Der Harnfluß tritt möglicherweise erst etwas verzögert ein. Man braucht sich deshalb keine Sorgen zu machen, meistens ist es auf eine Schwellung des Damms und der Gewebe um die Blase und die Harnröhrenöffnung herum zurückzuführen. Um sich den Anfang zu erleichtern, kann man in warmem Wasser sitzen, die Kegelübungen probieren (siehe S.130) und in das Wasser urinieren. Dies ist nicht unhygienisch, wenn Sie sich anschließend gründlich waschen. Sie können auch über der Toilette stehen; wenn Sie genäht wurden, vermeidet dies vielleicht eine Verunreinigung der Wunde mit Urin, der zwar steril, aber sauer ist, so daß die rohe Haut brennt. Es hilft auch beim Wasserlassen, warmes Wasser über die Naht zu gießen, um das Brennen zu vermindern.
Vielleicht stellen Sie fest, daß Sie in den ersten Tagen mehr Wasser lassen. Auf diese Weise befreit sich der Körper von Flüssigkeit, die sich während der Schwangerschaft angesammelt hat.

Pflege der Naht

Die meisten Fäden lösen sich nach fünf bis sechs Tagen auf. Wenn Sie Blutergüsse haben oder die Naht Ihnen Schwierigkeiten bereitet, können Sie:
- auf einem aufblasbaren, weichen Gummiring sitzen
- nach dem Baden die Körperpartie mit einem Fön gründlich trocknen
- Falls Sie baden wollen, dem Badewasser Salz zufügen, um eine Infektion zu verhindern und den Heilungsprozeß zu unterstützen
- beim Stuhlgang einen sauberen Wattebausch an die Naht halten
- durch bewußte, ballaststoffreiche Ernährung darauf achten, daß Sie keine Verstopfung bekommen (siehe S. 152).

Ernährung des Babys

Egal für welche Ernährungsweise Sie sich entscheiden - Sie sollten bedenken, daß die Vormilch in Ihrer Brust in den ersten drei Tagen voll wertvoller Antikörper ist, die Ihr Kind vor allen möglichen Krankheiten schützen.

Stillen

Das Stillen müssen Sie ganz allein lernen, niemand kann Ihnen Unterricht erteilen. Im Krankenhaus können Sie die Schwestern bitten, Ihnen am Anfang zu helfen. Man bringt den Milchfluß leichter in Gang, wenn man das Baby gleich kurz nach der Geburt anlegt (siehe S.217). Wenn Sie erst einmal erreicht haben, daß das Baby in der entspannten Atmosphäre nach der Geburt erfolgreich saugt, werden Sie künftigen Stillzeiten vertrauensvoll entgegensehen. Wenn Sie nicht gleich nach der Geburt stillen können, sollten Sie es so früh wie möglich nachholen und versuchen, sich dabei zu entspannen und die Erfahrung zu genießen. Die Brustwarzen mögen zu Anfang schmerzen, vielleicht saugt das Baby nicht so gut, aber das gibt sich mit der Zeit. Denken Sie daran, daß jede Frau dafür ausgerüstet ist, ihr Baby zu stillen, keine Brust ist zu klein. Das Angebot richtet sich automatisch nach der Nachfrage.

Kolostrum

In den ersten drei Tagen produzieren die Brüste die helle, gelbliche Vormilch. Es ist die ideale Nahrung für Ihr Baby in den ersten Lebenstagen. Sie enthält Wasser, Eiweiß und Mineralien in der richtigen Zusammensetzung, um alle Nahrungsbedürfnisse zu erfüllen. Kolostrum enthält auch wertvolle Antikörper, die das Baby vor Krankheiten schützen, gegen die Sie selbst Widerstandskräfte aufgebaut haben, wie Polio oder Grippe. Außerdem enthält es ein Abführmittel, das den Stuhlgang beim Neugeborenen in Gang setzt. Nach etwa 72 Stunden wird die Vormilch durch Muttermilch ersetzt, und ungefähr zwei bis drei Tage lang werden Ihre Brüste voll und schwer sein.

Milchflußreflex

Dies ist die automatische Reaktion, mit der der Körper die Milch in den Brüsten bereitstellt. Der Reflex ist eine komplizierte chemische Kettenreaktion, derer Sie sich nicht bewußt sind, bis Sie ein Prickeln in der Brust spüren und die Milch in die Brustwarzengegend einschießt. Es geschieht innerhalb von Sekunden und wird dadurch hervorgerufen, daß die Brustdrüsen durch das Saugen des Babys, durch seinen Hungerschrei oder den Gedanken an Ihr Kind angeregt werden. Auf diese Auslösung hin gibt die Hirnanhangdrüse ein Hormon ab, das Oxytozin, das die milchproduzierenden Zellen veranlaßt, ihre Milch in die Vorratskammern der Brustwarzengegend zu entleeren. Wenn Sie gerade nicht stillen wollen, drücken Sie fest auf die Seiten der Brust, um den Milchfluß zu regulieren.

Der Erfolg des Stillens ist um so sicherer, je früher Sie Ihr Baby an die Brust legen.

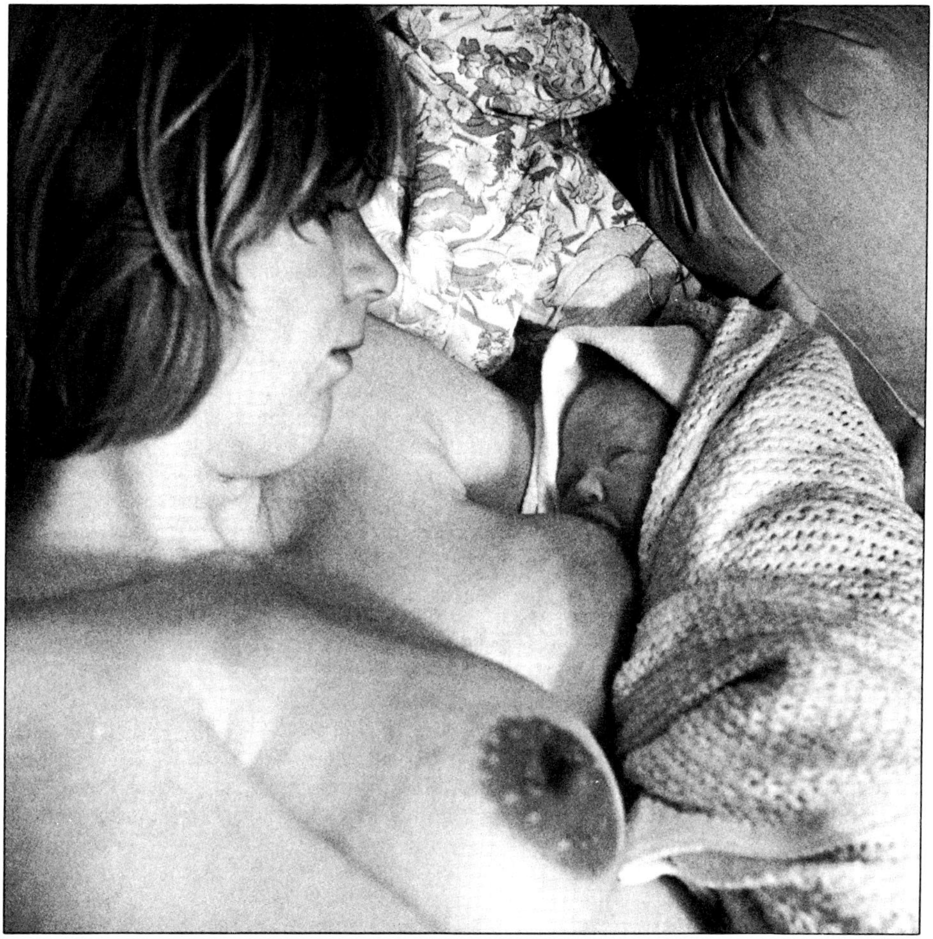

Richtig stillen

In den ersten Tagen sind die Brustwarzen empfindlich und müssen abgehärtet werden; dazu steigern Sie die Stillzeit an beiden Brüsten langsam. Zwei Minuten an jeder Seite gibt Ihrem Baby zuerst genug Kolostrum. Kolostrum ist die besonders eiweiß- und vitaminhaltige Vormilch und ist für das Baby besonders wertvoll. Jedesmal, wenn das Baby schreit, können Sie es anlegen, nicht nur, um es zu füttern, sondern auch, um sich daran zu gewöhnen. Achten Sie darauf, daß es richtig ansaugt (siehe unten). Verlängern Sie die Zeit an jeder Brust langsam auf 10 Minuten, wenn am dritten oder vierten Tag die Milch einschießt. Alle Babys saugen in den ersten fünf Minuten am stärksten, in dieser Zeit bekommen sie etwa 80 Prozent der Nahrung. Sie merken schnell, wenn Ihr Baby genug hat, da es das Interesse am Saugen verliert und vielleicht anfängt, mit der Brust zu spielen, oder sich abwendet und einschläft. Wenn es nicht genug getrunken hat, wird es wieder aufwachen und vor Hunger schreien. Bei der nächsten Mahlzeit legen Sie es zuerst an der anderen Brust an. Richten Sie sich mit den Stillzeiten nach den Bedürfnissen Ihres Babys: Es wird sich sicherlich bald ein bestimmter Rhythmus einstellen.

Brustpflege

In den ersten Tagen müssen Sie Ihre Brust besonders gut pflegen. Kaufen Sie sich mindestens zwei Still-BHs (siehe S. 142), und achten Sie auf die tägliche Hygiene der Brust und Brustwarzen. Waschen Sie sie jeden Tag mit Wasser; verwenden Sie keine Seife, da sie die Haut austrocknet, so daß leichter ein Riß oder eine wunde Stelle entsteht. Reiben Sie die Brust nie ab, sondern klopfen Sie sie immer trocken.
Nach dem Stillen sollten Sie die Brustwarzen, wenn möglich, kurz an der Luft trocknen lassen. Tragen Sie Stilleinlagen, um Milch, die eventuell ausläuft, aufzusaugen, und wechseln Sie diese Einlagen häufig. Lassen Sie eine nasse Stilleinlage nie längere Zeit im BH. Um aufgesprungenen Brustwarzen vorzubeugen, kann man einen Tropfen Öl oder eine Spezialsalbe auf die Einlage geben. Um einer Entzündung vorzubeugen, sollten Sie vor jedem Stillen ein antiseptisches Spray verwenden.

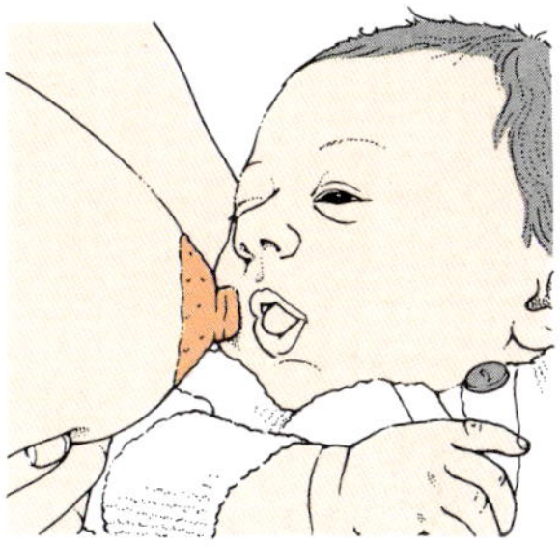

Suchreflex
Wenn Sie die Wange des Babys mit der Brustwarze oder dem Finger berühren, sucht es nach der Brust und saugt an. Dies geschieht instinktiv und kann noch weiter angeregt werden, indem Sie etwas Vormilch auf seine Lippen drücken.

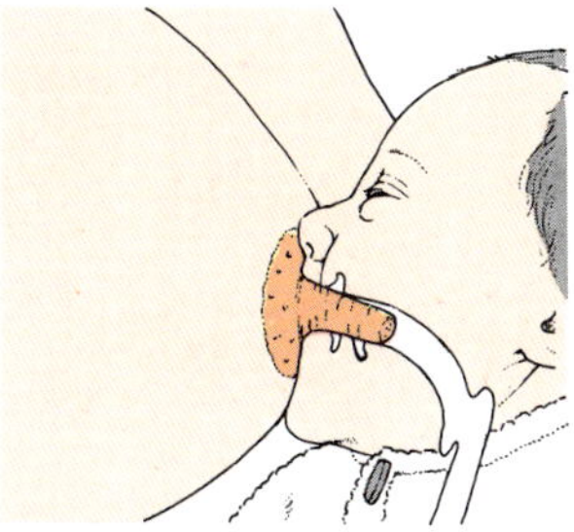

Ansaugen
Das Baby hat richtig angesaugt, wenn sich die ganze Brustwarze in seinem Mund befindet, die Zunge liegt darunter. Mit dem oberen Teil des Mundes drückt es gegen die Vorratskammern (siehe S. 100).

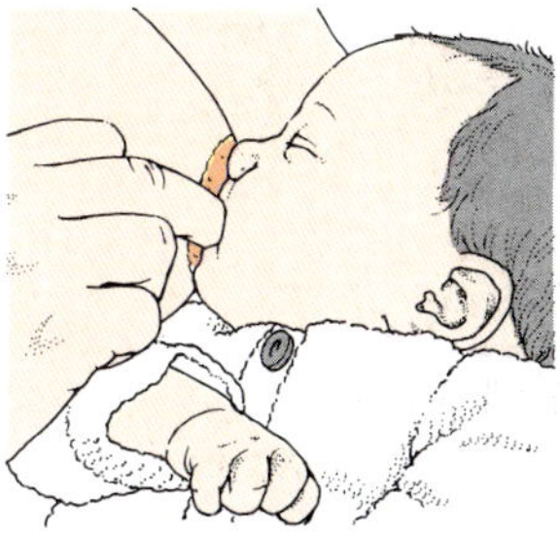

Das Baby von der Brust lösen
Am Ende der Mahlzeit dürfen Sie die Brust nicht aus dem Mund des Babys ziehen, sonst werden Ihre Brustwarzen wund. Stecken Sie Ihren Finger in seinen Mundwinkel und lösen es langsam von der Brust, oder Sie drücken auf sein Kinn.

Tips fürs Stillen

- Lassen Sie sich Zeit, wenn Sie sich aufs Stillen vorbereiten. Setzen Sie sich in einen bequemen Sessel und legen Sie alles, was Sie brauchen, bereit. Im Bett können Sie sich mit Kissen abstützen.
- Halten Sie das Baby so hoch, daß es die Brustwarze ohne Anstrengung fassen kann. Stützen Sie seinen Kopf in Ihrer Armbeuge ab, stützen Sie Rücken und Gesäß mit Unterarm und Hand.
- Entspannen Sie die Schultern; wenn Sie Ihren Rücken krümmen müssen, um dem Baby die Brustwarze in den Mund zu legen, werden Sie schnell müde, und Hals und Schultern verspannen sich.
- Wenn Ihre Brüste kurze Zeit nach einer Mahlzeit wieder voll sind, können Sie etwas Milch abstreichen (siehe S. 100).
- Wenn die Brust voll und hart ist, wird die Brustwarze flach, so daß das Baby Schwierigkeiten beim Ansaugen hat. Drücken Sie etwas Milch aus, um den Warzenhof weicher zu machen; wenn die Milch fließt, kann das Baby ansaugen und trinken.
- Wenn Sie sehr müde sind, können Sie etwas Milch abpumpen, sie in eine Flasche füllen, so daß Ihr Partner oder eine Freundin das Baby füttern kann.
- Um einen Milchstau abzubauen, legt man heiße oder kalte Tücher auf die Brust, und bei sanfter Massage beginnt die Milch zu fließen.
- Wenn sich ein Riß bildet, sollten Sie die Milch aus der wunden Brust abstreichen, bis die Haut wieder heilt. Geben Sie dem Baby diese Milch mit einem Löffel, wenn Sie keine Flaschen sterilisieren wollen.
- Wenn das Baby die Brust zurückweist, hat es vielleicht Schwierigkeiten beim Atmen. Drücken Sie sanft von oben mit einem Finger auf die Brust, um Raum für seine Nase zu schaffen.
- Wenn Sie Fieber haben und einen glänzenden roten Fleck auf Ihrer Brust bemerken, sollten Sie Ihren Arzt aufsuchen. Es könnte sich um einen verstopften Milchgang handeln.

Ernährung mit der Flasche

Es gibt nur sehr wenige Frauen, die wirklich nicht stillen können. Oft sind andere Gründe dafür ausschlaggebend, ein Baby mit der Flasche zu ernähren. Manche Frauen fürchten um ihre Figur, andere, manchmal auch der Partner, finden die Vorstellung, ein Kind zu säugen, abstoßend. Wenn Sie sich mit dem Stillen nicht anfreunden können, ist es auf jeden Fall besser, Ihrem Baby liebevoll die Flasche zu geben. Nimmt die Mutter bestimmte Medikamente, ist Flaschennahrung angezeigt.

Wenn Sie sich entschlossen haben, Ihrem Baby die Flasche zu geben, werden Sie sich etwa zwei Tage lang unwohl fühlen, während die Milch in Ihrer Brust austrocknet. Man wird Ihnen raten, einen guten, festen BH zu tragen und ein leichtes Schmerzmittel zu nehmen. Am fünften Tag nach der Geburt sollte Ihre Brust wieder in Ordnung sein.

Einer der Vorteile der Flaschenernährung ist, daß der neue Vater von Anfang an bei den Fütterungszeiten mit einbezogen wird. Es ist eine gute Idee, Ihren Partner das Baby zum ersten Mal in den ersten 24 Stunden füttern zu lassen, so daß er seine Scheu überwindet und Vertrauen gewinnt.

Beim Füttern sollten Sie darauf achten, daß Ihr Rücken gut abgestützt ist und Sie die Flasche fest halten. Der Sauger sollte weit hinten im Mund des Babys sein und immer voller Milch, da es sonst beim Trinken Luft schluckt. Wenn es kein Interesse zeigt, sollten Sie es anregen, nach der Flasche zu »suchen«, indem Sie seine Wange sanft mit dem Finger oder Sauger berühren. Wenn der Sauger plötzlich flach wird, setzt man das Vakuum frei, indem man leicht an der Flasche zieht, so daß die Milch wieder fließen kann. Manchmal ist der Sauger verstopft; wechseln Sie ihn durch einen neuen, sterilen aus.

Wenn Sie Ihrem Baby die Flasche geben, schmiegen Sie es in Ihren Arm und halten Sie es so nah wie möglich am Körper.

Baden und wickeln

Bis das Baby etwa sechs Wochen alt ist, müssen nur der Kopf, die Hände und der Po täglich gereinigt werden. Achten Sie darauf, immer milde Badezusätze zu verwenden, damit die Haut nicht gereizt wird. Versuchen Sie, dies immer zur gleichen Tageszeit zu tun, damit Sie sich beide an einen Zeitplan gewöhnen können. Wählen Sie einen Zeitpunkt, an dem das Baby nicht hungrig ist.

Tips beim Baden

- Erwärmen Sie das Zimmer auf mindestens 20 °C und nehmen Sie Wasser, das ungefähr 32 °C hat, so daß es warm ist, aber nicht heiß, wenn Sie den Ellbogen hineintauchen.
- Geben Sie etwas Badezusatz für Babys hinein, wenn Sie Schaum wünschen. Selbst die mildeste Seife entzieht der Haut Fett und trocknet sie aus.
- Achten Sie darauf, daß alles bereit und in Reichweite liegt, bevor Sie anfangen. Wenn Sie das Baby erst einmal in Händen haben, können Sie nicht nach anderen Dingen suchen.
- Tragen Sie eine wasserdichte Schürze und binden Sie sich ein Handtuch um, so daß Sie das nasse Baby gleich auf Ihre Knie gleiten lassen können.

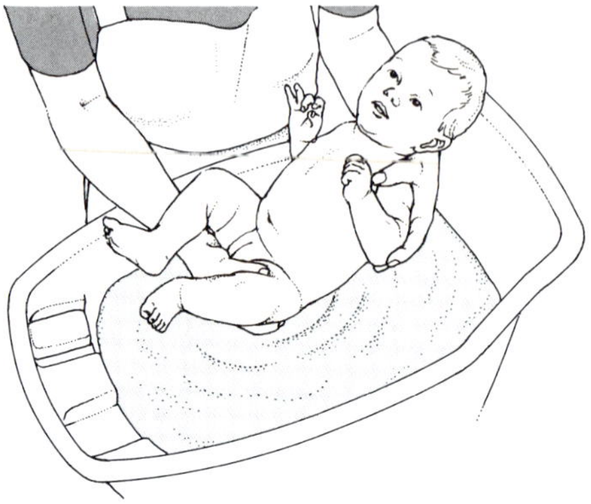

In der Badewanne
Stützen Sie den Kopf des Babys mit dem Unterarm ab und das Gesäß mit der anderen Hand. Der Kopf sollte etwas hochgehalten werden, so daß es sich umsehen kann. Sie können es auch schon etwas herumplanschen lassen.

Die »kleine« Wäsche

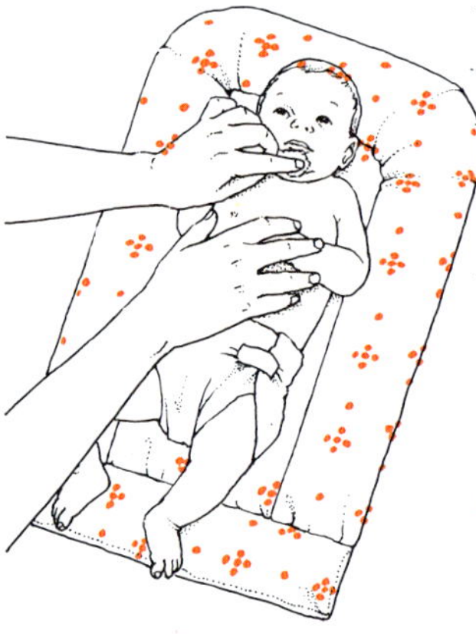

Füllen Sie eine Schale mit warmem Wasser und legen Sie sich Watte zurecht. Ziehen Sie das Baby bis auf die Windel aus, und wischen Sie beide Augen mit einem Wattebausch aus, den Sie in Wasser getaucht und ausgedrückt haben. Wischen Sie vom Augeninnern nach außen.

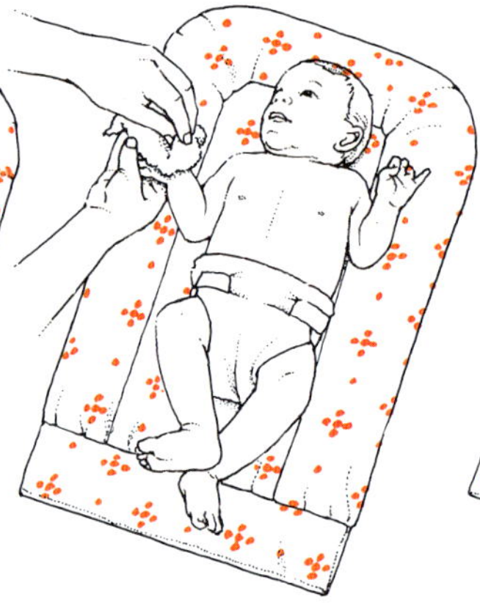

Mit einem neuen Wattebausch wischen Sie die Halsfalten, das Gesicht, den Mund und die Nase ab. Reinigen Sie nicht das Innere der Ohren. Klopfen Sie die Haut mit einem weichen Handtuch leicht trocken und wischen Sie mit einem Waschlappen über die Hände und Arme.

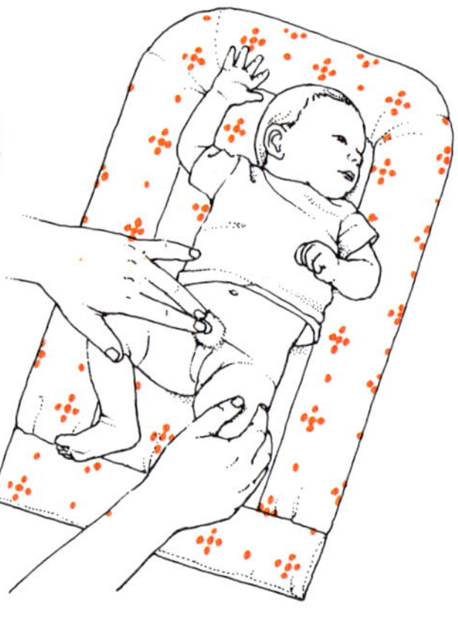

Ziehen Sie ihm ein sauberes Unterhemd an und die Windel aus. Mit einem neuen Wattebausch wischen Sie die Geschlechtsgegend ab (von vorne nach hinten), besonders zwischen den Falten. Trocknen Sie sie gründlich. Die meisten Babys genießen es, einige Zeit keine Windel anzuhaben.

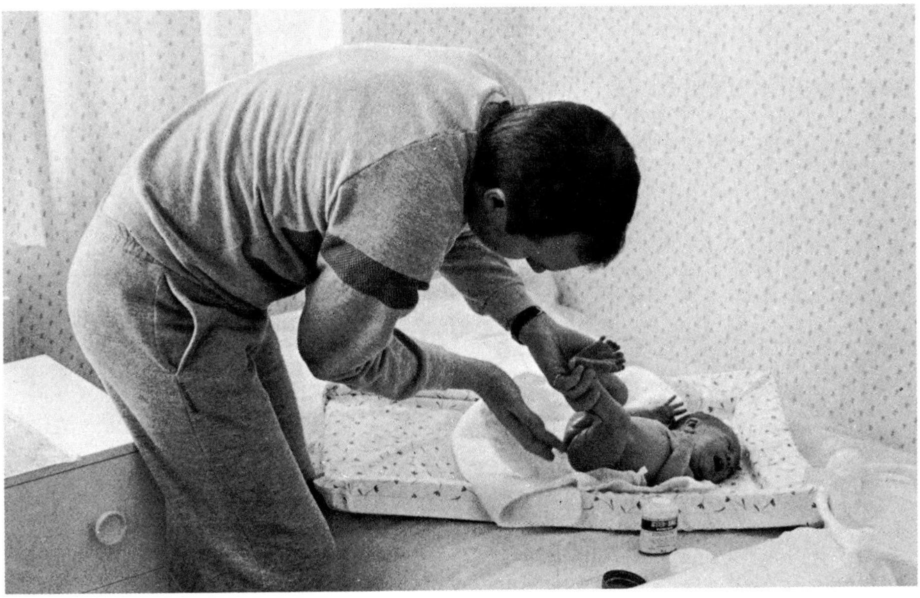

Das Windelnwechseln kann in aller Ruhe erfolgen, wenn Sie zuvor Creme, Tücher und Windeln griffbereit gelegt haben.

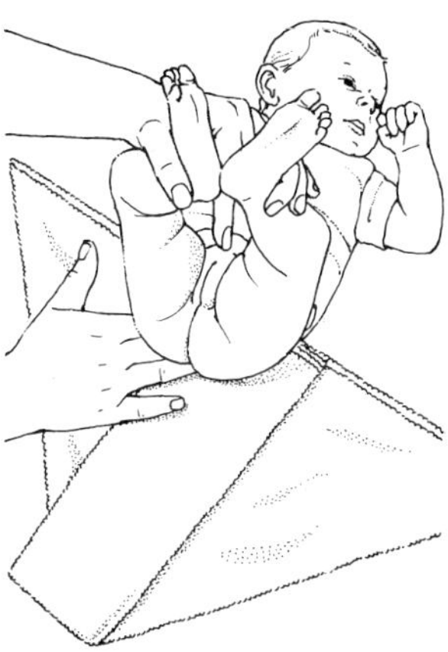

Cremen Sie den Po großzügig mit einer speziellen Windelschutzcreme ein, um Wundsein zu verhindern. Legen Sie in die Stoffwindel eine einfache Wegwerfwindel, die den Stuhl auffängt, so daß die Stoffwindel weniger verschmutzt wird und leichter zu waschen ist.

Faltmethode mit dreifacher Saugwirkung

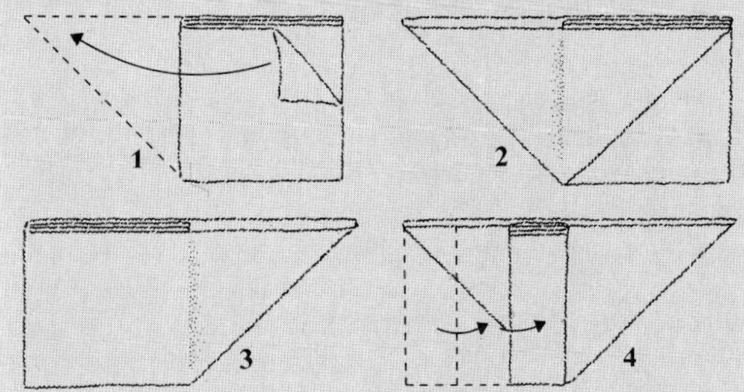

Diese Faltmethode für Stoffwindeln ist am besten für ein Neugeborenes, da sie eine dicke saugende Lage in der Mitte hat und nicht zu sehr aufträgt.

1. Falten Sie eine Windel zweimal, so daß ein Quadrat entsteht, die Säume liegen oben und rechts. Nehmen Sie die rechte obere Ecke in die Hand.

2. Legen Sie sie so, daß ein Dreieck entsteht.

3. Drehen Sie die Spitze nach rechts oben.

4. Indem Sie von links nach rechts arbeiten, falten Sie die beiden mittleren Lagen ein Drittel zur Mitte hin und falten noch einmal ein Drittel um, so daß ein dickes, saugfähiges Mittelstück entsteht. Dieses wird zwischen den Beinen des Babys hochgezogen, die beiden Spitzen werden von den Seiten aus darübergelegt und mit einer Sicherheitsnadel befestigt. Bei einem größeren Baby kann man zwei Nadeln an beiden Seiten des Mittelstücks befestigen.

Depressionen nach der Geburt

Traurigkeit und depressive Gefühle sind um den dritten und vierten Tag herum, wenn die Milch einschießt, häufig. Wenn Sie das Gefühl haben, daß Ihre Depression mehr ist als nur leichte Niedergeschlagenheit und länger als zwei Wochen anhält, sollten Sie sofort medizinische Hilfe in Anspruch nehmen. Geben Sie den Depressionen nicht nach, weil Sie denken, daß sie von allein wieder vergehen. Frühe medizinische Hilfe kann helfen, die Situation zu lösen, ohne fremdes Eingreifen verschlimmert sie sich möglicherweise.

Wie jede andere Depression auch, entsteht eine Depression nach der Geburt eher, je größer der Unterschied zwischen Erwartung und Wirklichkeit ist. Alle negativen Gefühle, die Sie haben, egal ob sie Sie selbst betreffen, das Baby oder die Mutterschaft, werden in den ersten Tagen übertrieben sein, weil Sie sich ohne eigenes Zutun in einem labilen emotionalen Zustand befinden. Es liegt an den Hormonspiegeln, die, nachdem sie neun Monate lang sehr hoch waren, plötzlich auf das vergleichsweise sehr niedrige normale Niveau abfallen. Diese enorme Schwankung macht die meisten Frauen weinerlich, traurig, reizbar, unentschieden, launenhaft, verschlossen, ängstlich, depressiv und sorgt für Schlaflosigkeit. Nachdem das anfängliche Hochgefühl verflogen ist, scheint es schwierig, die Wirklichkeit zu meistern. Es wäre völlig falsch anzunehmen, daß die ersten Tage leicht sind. Das ist nicht wahr. Man darf nicht glauben, daß man anderen Müttern etwas voraus hat und weiß, wie man die ersten Tage meistern kann. Keiner weiß das. Fachkenntnis, Tricks, die Verantwortung der Mutterschaft erwirbt man nur durch langsames Lernen, deshalb sollten Sie sich nicht überfordern. Sammeln Sie soviel Informationen wie möglich, sprechen Sie mit der Hebamme, dem Arzt, mit Freunden, die schon Babys haben, und mit erfahrenen Müttern. Lassen Sie sich unwichtige Arbeiten abnehmen.

Versuchen Sie nicht, den Schein zu wahren. Alle, ausgenommen Ihr Baby und Ihr Partner, können sich um ihre Angelegenheiten selbst kümmern. Seien Sie so offen, wie es Ihre Persönlichkeit zuläßt. Ziehen Sie Ihren Partner und Freunde zu Rat, wenn Sie sich Sorgen machen oder Probleme haben. Am besten findet man zu Streß, Anspannung und der neuen Verantwortung das richtige Verhältnis, indem man alles bespricht. So verhindert man, daß diese Probleme eine ernsthafte emotionale Störung verursachen.

Sorgen Sie für genug Ruhe

- Ignorieren Sie Anzeichen von Müdigkeit nicht. Lassen Sie alles stehen und liegen, wenn es nicht wichtig ist, legen Sie die Füße hoch, so daß sie etwas höher als der Kopf liegen.
- Sie müssen nicht schlafen, um Ihre Kräfte zu schonen; Ruhe gibt Ihrem Herzen, den Lungen und anderen lebenswichtigen Organen Zeit, sich zu erholen.
- Egal ob Sie im Krankenhaus oder zu Hause entbinden, Sie sollten jemanden haben, der Ihnen bei der Hausarbeit und bei der Pflege des Babys zur Hand geht, so daß Sie sich tagsüber immer wieder ausruhen können.
- Halten Sie Besucher fern, wenn Sie das Gefühl haben, nicht zurechtzukommen. Sie und Ihr Baby stehen an erster Stelle, bitten Sie Freunde und Bekannte darum, allein gelassen zu werden.

Mutterliebe

Alle glauben, daß Mutterliebe genauso natürlich ist wie Muttermilch. Das stimmt nicht. Viele Frauen werden zugeben, daß sie in den ersten 24 bis 48 Stunden nicht unbedingt tiefe Liebe für das Baby empfinden. Liebe muß wachsen, und es dauert einige Zeit, bis sich eine Bindung entwikkelt. Es ist ganz in Ordnung, wenn es einige Tage oder sogar Wochen dauert. Mutterliebe läßt sich nicht vorherbestimmen, Fürsorge und Liebe für das neue Baby stellen sich zu gegebener Zeit ein.

Der Alltag im Krankenhaus

Gynäkologische Abteilungen der Krankenhäuser standen einige Zeit in dem Ruf, kaum auf die Bedürfnisse von Müttern und Neugeborenen einzugehen und durch Rationalisierungsmaßnahmen und Routinevorgänge entstand oft eine sehr unpersönliche Atmosphäre. Unangenehm kann vor allem der Tagesablauf im Krankenhaus sein, das frühe Wecken, wenn Sie vielleicht gerade am besten schlafen könnten, oder die festgelegten Besuchszeiten, so daß Sie möglicherweise gerade dann Besuch bekommen, wenn Sie müde sind. Es kann auch sein, daß Ihnen das Essen im Krankenhaus nicht besonders schmeckt.

Auf der anderen Seite hat der Krankenhausaufenthalt auch viele gute Seiten. Sie haben Gesellschaft und können Ihre Erfahrungen, Beobachtungen und Sorgen mit anderen Müttern austauschen. Es ist meistens eine nette Gesellschaft von Müttern mit neugeborenen Babys. Wenn Sie zusammen lernen und Pläne aufstellen, können sich Freundschaften entwickeln, die den Krankenhausaufenthalt überstehen. Die Freundschaft und Freundlichkeit, die zwischen den Müttern herrscht, ist sehr gut. Sie werden feststellen, daß auch einige Schwestern und Hebammen Sie unterstützen.

Wenn Ihnen das Krankenhausleben überhaupt nicht zusagt, können Sie mit den Schwestern darüber reden. Es gibt viele Stationsschwestern, die eine moderne und flexible Haltung haben, und sie werden ihr Bestes tun, um Ihren Aufenthalt angenehm zu gestalten. Ist dies nicht möglich, werden Sie sich immer unglücklicher fühlen. Es wäre schade, wenn die ersten Tage mit Ihrem Baby durch die Frustrationen des Krankenhauslebens verdorben würden. Daher ist es wahrscheinlich besser für alle, um die Entlassung aus dem Krankenhaus zu bitten, wenn notwendig auf eigene Verantwortung. Wenn Sie glauben, nicht die Kraft zu haben, um eine solche Entscheidung zu treffen, sollten Sie sich mit Ihrem Partner beraten und ihn bitten, eine Entscheidung zu treffen. Wahrscheinlich wird er Ihnen raten, nach Hause zu kommen. In diesem Fall sollten Sie keine Ausflüchte machen und tun, was er sagt.

Entlassung aus dem Krankenhaus

Einigen der folgenden Maßnahmen müssen Sie sich vor Ihrer Entlassung aus dem Krankenhaus unterziehen.

- Ein Arzt wird Sie untersuchen, um die Brust zu kontrollieren und um zu sehen, ob die Gebärmutter sich richtig auf die Größe vor der Schwangerschaft zurückbildet und die Naht gut verheilt. Der Wochenfluß wird auch untersucht, um festzustellen, ob Blutgerinnsel darin enthalten sind.
- Man wird Sie nach Ihrer Empfängnisverhütung fragen und Ihnen, wenn nötig, ein Rezept mitgeben. Wenn Sie stillen, wird eine Pille mit geringem Hormongehalt verschrieben (siehe S. 239).
- Wenn Sie während der Schwangerschaft noch nicht gegen Röteln (siehe S. 36) immun waren, sollten Sie vor der Entlassung um eine Impfung bitten. Sie hat keine Auswirkungen auf das Baby, wenn Sie stillen.
- Die Säuglingsschwester wird Ihnen zeigen, wie der Nabel gereinigt werden muß, wenn der Rest noch nicht abgefallen ist.
- Das Baby wird von einem Kinderarzt untersucht; wenn Ihnen etwas Sorge bereitet, können Sie jetzt fragen. Sie werden darauf hingewiesen, mit dem Baby zu den üblichen Vorsorgeuntersuchungen zu einem Kinderarzt zu gehen.
- Man wird Ihnen auch einen Termin für die Untersuchung etwa sechs Wochen nach der Geburt geben oder Sie bitten, zu diesem Zeitpunkt Ihren Gynäkologen aufzusuchen.

Rückbildungsgymnastik

Sie sollten mindestens einmal am Tag, und zwar sobald wie möglich nach der Geburt üben. Es ist jedoch besser, mehrmals täglich kurze Zeit, etwa fünf Minuten, zu üben. Legen Sie sich dazu während der ersten Tage auf den Bauch, um die Gebärmutter nach vorne in ihre Lage vor der Schwangerschaft zu bringen.

Die ersten Tage

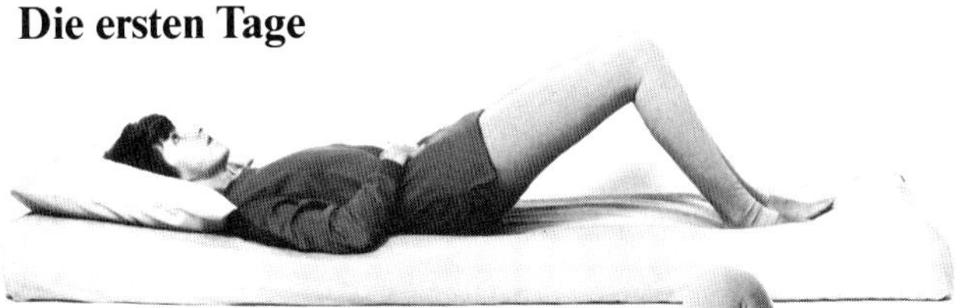

◁ ***Bauchmuskeln***
Legen Sie sich mit leicht angebeugten Knien flach aufs Bett, legen Sie die Hände auf den Bauch. Drücken Sie das Gesäß zusammen und pressen Sie Ihren Rücken ins Bett. Spannung halten und entspannen. Sie können gleichzeitig die Beckenbodenübungen ausführen (siehe S. 129).

△ ***Ruckbewegung der Hüften***
Legen Sie sich auf den Rükken, beugen Sie ein Knie und spannen Sie den Fuß des anderen Beines an. Verlängern Sie dieses Bein, indem Sie die Ferse wegstoßen. Verkürzen Sie es, indem Sie es an sich heranziehen (ohne das Knie zu beugen). Achten Sie darauf, daß Sie Ihren Rücken nicht krümmen.

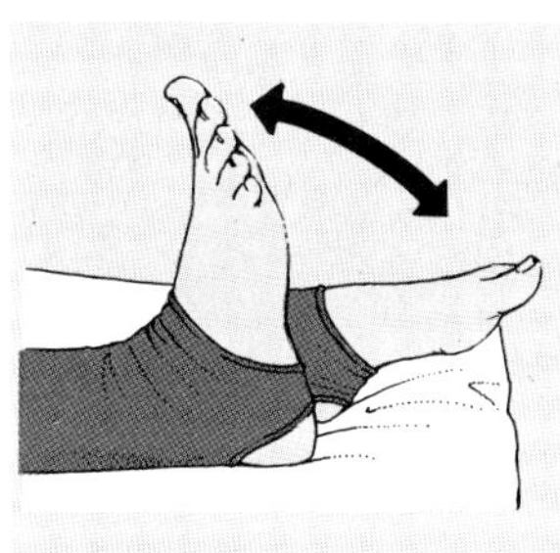

Mit den Füßen treten
Dies ist eine der ersten Übungen, die Sie nach der Geburt machen können. Sie regt die Durchblutung an und verhindert, daß die Knöchel und Füße anschwellen.

Grundübungen

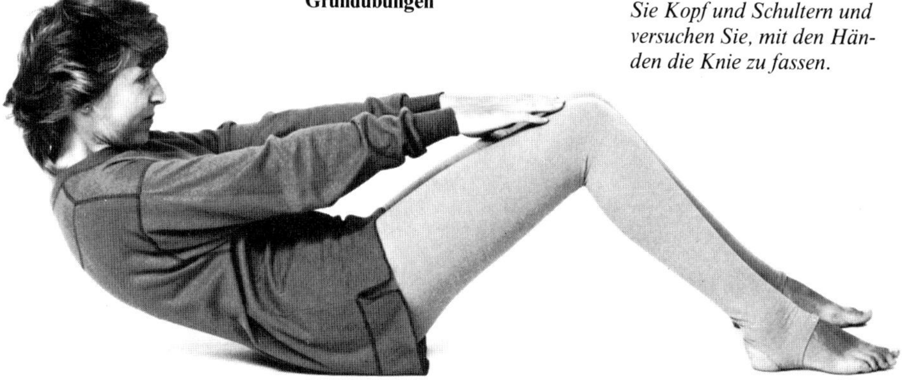

Aufrollen
Legen Sie sich auf den Rükken, die Knie sind angezogen. Legen Sie die Hände leicht auf die Oberschenkel, heben Sie Kopf und Schultern und versuchen Sie, mit den Händen die Knie zu fassen.

◁ ***Katzenbuckel***
Knien Sie auf allen vieren und setzen Sie die Hände direkt unterhalb der Schultern auf.

Halten Sie den Rücken gerade. Ziehen Sie ein Bein an, und versuchen Sie, das Knie mit der Stirn zu berühren. Strecken Sie das Bein jetzt nach hinten und machen Sie den Hals lang, so daß sich eine gerade Linie von Kopf bis Fuß bildet. Halten Sie das Bein einige Sekunden hoch und setzen Sie es dann wieder ab. Wiederholen Sie die Übung mit dem anderen Bein.

Wenn das Baby ungefähr drei Monate alt ist, sollten Sie Ihre Beckenbodenmuskeln prüfen. Springen Sie mit gespreizten Beinen in die Luft und husten Sie stark. Wenn dabei Urin ausläuft, müssen Sie die Beckenbodenübungen öfter machen (siehe S. 129).

Zurückrollen ▷
Setzen Sie sich gerade hin, kreuzen Sie die Arme vor der Brust. Atmen Sie ein, kippen Sie das Becken nach vorn (siehe S. 128) und lehnen Sie sich langsam zurück, bis Sie fühlen, daß die Bauchmuskeln sich anspannen.
Atmen Sie in dieser Stellung normal weiter. Setzen Sie sich auf und entspannen Sie sich.

18 Rückkehr zum Alltag

Jede Frau fühlt sich nach der Geburt ihres Babys anders. Wenn das Wetter draußen warm und sonnig ist, wollen Sie wahrscheinlich aufstehen und mit dem Kinderwagen draußen sitzen; wenn dagegen kaltes Winterwetter herrscht, halten Sie sich lieber im warmen Haus auf. Sie sollten sich auf jeden Fall 7–10 Tage Zeit geben, um genug Kräfte zu sammeln. Wenn Sie eine Krankenhausgeburt hatten und kurze Zeit danach nach Hause kommen, sollten Sie sich noch bis etwa zum zehnten Tag häufiger ins Bett legen.

Aus dem Krankenhaus nach Hause zu kommen, ist aufregend; es beruhigt und gibt Zutrauen, wenn man wieder in seiner familiären Umgebung ist, obwohl man sich vielleicht nicht gleich zurechtfindet. Im Krankenhaus hat man Ihren Zeitplan für Sie aufgestellt, und alles war schnell zur Stelle. Zu Hause werden Sie vielleicht von vielen Verwandten und Freunden aufgesucht, die das Baby sehen wollen, aber mit der Zeit werden Sie sich ausgeschlossen und einsam fühlen, wenn Sie nicht rechtzeitig planen, selbst wieder auszugehen. Die Geburt eines Kindes kann Ihnen viele Türen öffnen. Vor der Geburt war Ihr Zuhause vielleicht Ruhepunkt in einem geschäftigen Arbeits- und Freizeitleben. Jetzt haben Sie die Chance, mehr über die Umgebung, in der Sie leben, herauszufinden, und zu sehen, was sie zu bieten hat.

Die neue Familie

Inwieweit Sie und Ihr Baby schon gemeinsame Gewohnheiten entwickelt haben, hängt davon ab, wie lange Sie im Krankenhaus waren. Nach einem Aufenthalt von sechs oder mehr Tagen haben Sie sich wahrscheinlich schon recht gut kennengelernt und, wenn Sie Ihrem Baby die Führung überlassen, sicherlich schon einen gewissen Zeitplan entwickelt (siehe S. 220). Auf der anderen Seite beginnt nun Ihr Alltag zu Hause, der sich auch nach den täglich anfallenden Arbeiten im Haushalt richtet. Natürlich müssen beide Seiten nachgeben, aber in den meisten Familien heute richtet sich der Haushalt nicht nur nach dem Baby. Er muß sich auch nach den anderen Familienmitgliedern und ihren Aufgaben richten.

Meiner Meinung nach läßt sich ein gemeinsamer Rhythmus fraglos am schnellsten finden, wenn das Baby die Führung übernimmt und man den eigenen Bedürfnissen und Interessen in der freien Zeit nachgeht, nachdem alle Bedürfnisse des Babys erfüllt wurden. Es ist für den ganzen Haushaltsablauf am einfachsten, wenn Sie abwarten und sehen, wie oft das Baby gefüttert werden muß, wie oft es schlafen will, wann seine normalen Wach- und Schlafzeiten sind. Versuchen Sie, Ihre Arbeiten diesem Zeitplan anzupassen. Am wichtigsten ist es für Sie, festzustellen, wann es seinen längsten Schlaf hält. Versuchen Sie, in dieser Zeit ebenfalls zu schlafen oder sich auszuruhen. Einen Zeitplan aufstellen bedeutet nicht, das Baby so zu »trainieren«, daß es ißt, schläft und spielt, wenn es Ihnen paßt. Es bedeutet, das Baby dann zu füttern und mit ihm zu spielen, wenn es wach ist, selbst auszuruhen, wenn es schläft, und andere Aufgaben seinen Gewohnheiten anzupassen.

Eine Möglichkeit, das Baby auf einen Tagesrhythmus einzustellen, ist, bei den Abendmahlzeiten leise zu sein, das Licht zu dämpfen und Störungen auf ein Minimum zu reduzieren. Die Stunden tagsüber werden für das Baby dann gleichbedeutend sein mit Geschäftigkeit und Lärm.

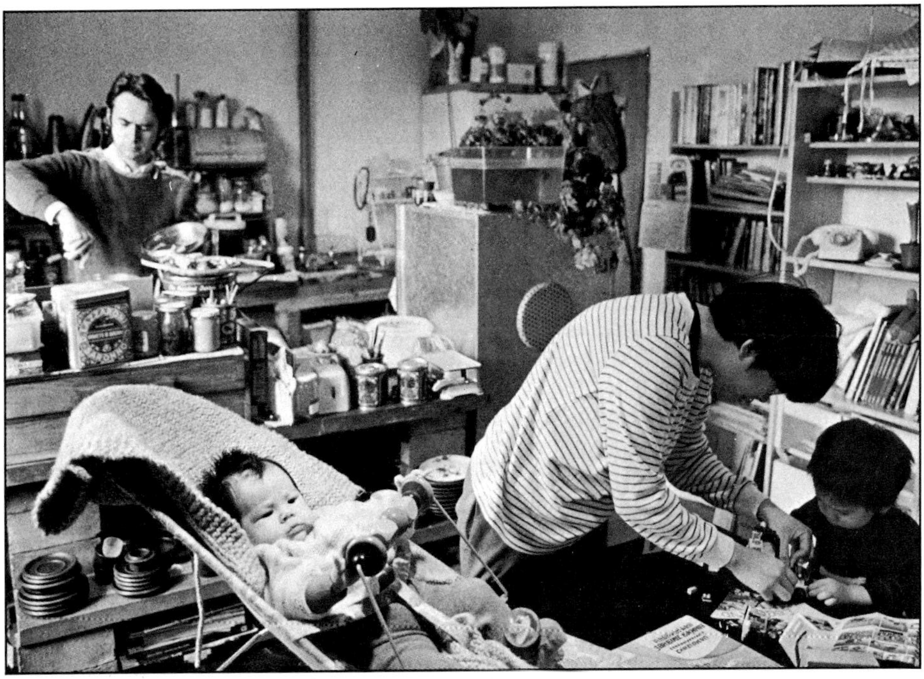

Integrieren Sie Ihr Baby in das Familienleben, damit es Unterhaltung hat, solange Sie mit anderen Dingen beschäftigt sind.

Geschwister

Wenn Sie noch ein Kind (oder Kinder) haben und das Baby nicht zu Hause geboren wird, ist es wichtig, darüber nachzudenken, wie Sie Ihrem Kind das neue Baby vorstellen werden, um so Eifersucht zu vermeiden. Wenn Sie Ihr Kind bei Ihrer Rückkehr begrüßen, sollten Sie darauf achten, daß jemand anders das Baby trägt und Sie Ihre Arme frei haben, so daß Sie Ihr Kind mit offenen Armen begrüßen und an sich drücken können. Schenken Sie ihm in den ersten Minuten Ihre ganze Aufmerksamkeit, genau wie Sie es tun würden, wenn Sie aus einem anderen Grund weg gewesen wären.

Bringen Sie ein Geschenk von dem neugeborenen Baby mit - etwas, das Ihr Kind sich schon lange wünscht. Wenn es dazu schon in der Lage ist, sollte es das Baby auch halten dürfen. Die meisten kleinen Kinder sind eifrig darum bemüht, mitzuhelfen, ermutigen Sie es daher, Sie soweit wie möglich zu unterstützen. Während der ersten Tage und Wochen sollten Sie möglichst mehrmals täglich Zeit finden, um ganz allein mit ihm zusammen zu sein.

Geben Sie alte Gewohnheiten nicht auf, nur weil jetzt das Baby da ist. Wenn Sie zum Beispiel mit Ihrem älteren Kind eine bestimme Gepflogenheit beim Frühstück oder zur Schlafenszeit entwickelt haben, sollten Sie diese, wenn irgend möglich, beibehalten. Füttern Sie das Baby kurz vor diesem Zeitpunkt, so daß Sie nicht gestört werden. Wenn Sie Besuch haben, sollten Sie darauf achten, daß nicht alle Aufmerksamkeit dem Baby geschenkt wird, sondern daß Ihr Kind mindestens genauso beachtet wird. Loben und belohnen Sie es viel, und schimpfen Sie in den ersten Wochen so wenig wie möglich. Wenn Sie einige Tage im Krankenhaus sind, sollte Ihr Kind Sie und das Baby so früh wie möglich nach der Geburt und danach regelmäßig besuchen können.

Die Beziehung zu Ihrem Partner

Wenn ein Baby geboren ist, beginnt eine Mutter eine neue aufregende Beziehung zu einem anderen Menschen und empfindet es vielleicht nicht als Verlust, wenn das enge Zusammengehörigkeitsgefühl mit ihrem Partner langsam nachläßt. Für den Vater ist dies nicht so, und man sollte sich dies als Frau vergegenwärtigen. Ein Mann ist recht häufig eifersüchtig auf das Baby, und viele Männer geben zu, daß sie sich von dem Baby verdrängt und von ihrer Partnerin vernachlässigt fühlen. Sie sollten sich beide darin einig sein, daß das Baby in den ersten Tagen unausweichlich zum Mittelpunkt wird. Daher sollten Sie beide versuchen, auch Zeit füreinander zu haben. Sie können sich zum Beispiel am Ende des Arbeitstages zusammen hinlegen und ausruhen.

Ein Zugeständnis, das Sie beide machen müssen, ist, daß Ihr Leben nicht mehr so spontan sein kann wie vorher. Aber obwohl Sie Ihren Tagesablauf recht genau planen müssen, gibt es jeden Tag glückliche Momente bei der Pflege Ihres Kindes. Wenn Sie Ihrem Instinkt nachgeben, wird Ihr Baby wahrscheinlich immer die Ober-

Nähe und Teilnahme helfen Ihrem Kleinkind, sein neues Geschwisterchen zu akzeptieren, ohne sich von dessen Welt ausgeschlossen zu fühlen.

Tips, mit der Müdigkeit fertig zu werden

Ihr Körper muß sich von der Geburt erholen, und Sie werden, besonders am Nachmittag, müde sein. Um Ihre Kraftreserven und Ihre gute Laune zu bewahren, sollten Sie sich viel ausruhen.

- Ruhen Sie sich immer dann aus, wenn das Baby auch schläft; nutzen Sie diese Zeit nicht für Hausarbeit.
- Wenn Sie sich nicht wohl fühlen, sollten Sie dies nicht einfach hinnehmen, sondern zum Arzt gehen. Ihr Gesundheitszustand könnte sich verschlechtern.
- Verschriebene Eisentabletten sollten Sie noch mindestens sechs Wochen lang nehmen.
- Behalten Sie Ihre ausgewogene Ernährungsweise aus der Schwangerschaft bei (siehe S.112) und achten Sie besonders darauf, wenn Sie stillen. Jetzt ist nicht die Zeit, um eine Diät zu machen. Sie gewinnen Ihre Figur bald wieder, wenn Sie die Rückbildungsgymnastik machen (siehe S.232).
- Nehmen Sie viel Flüssigkeit zu sich; Sie werden sehr durstig sein, wenn Sie stillen.
- Wählen Sie Gerichte und Zwischenmahlzeiten, die wenig Vorbereitung erfordern, wie Salate, Käseplatten, frisches Obst und Joghurt.
- Nutzen Sie soviel Arbeitserleichterung wie möglich.
- Nehmen Sie zuerst nur Wegwerfwindeln.
- Nehmen Sie Hilfe beim Kochen und Saubermachen an.
- Lassen Sie ältere Kinder bei der Pflege des Babys helfen - sie können das Bettchen machen und Windeln falten und wegräumen.
- Nehmen Sie das Baby in den ersten Wochen mit in Ihr Schlafzimmer. Sie müssen dann nicht erst in einen anderen Raum gehen, um es aus dem Bett zu nehmen und können es mit in Ihr Bett nehmen, wenn Sie möchten.
- Legen Sie sich ein paar Windeln in die Küche, das Auto, das Badezimmer und Spielzimmer, so daß Sie nicht immer vor jedem Windelwechsel ins Kinderzimmer laufen müssen.
- Akzeptieren Sie die Tatsache, daß Sie Hilfe brauchen.

hand gewinnen, und Sie werden feststellen, daß Ihr Partner immer weniger Zeit und Zuwendung von Ihnen bekommt.
Sie werden auch merken, daß Ihre Gefühle füreinander auf einmal anders sind. Dies bedeutet nicht, daß sie schwächer geworden sind, sondern nur anders. Das ist kein Zeichen dafür, daß Ihre Beziehung schlechter wird; im Gegenteil, sie wird wahrscheinlich reifer und reicher. Wünschen Sie nicht, daß alles so wird wie früher, denn das ist unmöglich.

Vaterschaft

Wenn Sie entspannt sind und dem neuen Baby voll Vertrauen begegnen, wird Ihnen das Familienleben viel mehr Freude machen; durch Ihre Teilnahme daran werden Sie verstehen, daß es genauso anstrengend ist, sich um ein Baby zu kümmern wie ein Tag im Büro oder in der Fabrik zu sein.

- Baden und wickeln Sie das Baby schon in den ersten Tagen, um Zutrauen zu entwickeln.
- Sichern Sie sich das Recht, das Baby eine Zeitlang ganz für sich zu haben. Ihre Partnerin wird für die Pause dankbar sein.
- Sprechen Sie mit Ihrem Arbeitgeber über den Familienzuwachs. Wenn Sie früher nach Hause müssen oder eine flexiblere Arbeitszeit brauchen, ist er vielleicht eher geneigt, dem zuzustimmen. Sie werden auch sehen, wie er zu einem eventuellen Erziehungsurlaub steht (siehe S.244).

Sex nach der Schwangerschaft

Die Beziehung zu Ihrem Partner verändert sich in vielen Bereichen, auch beim Sex. In den ersten Monaten nach der Geburt kann Sex zu einem Problem werden und zu Depressionen führen. Einige Frauen verlieren für ein, zwei Monate ihr Interesse am Sex und manchmal auch länger. Dies ist auch für Väter nicht ungewöhnlich, und manche verlieren für einige Zeit die Fähigkeit, eine Erektion aufrechtzuerhalten. Sie beide müssen auf diese Veränderung der Gefühle vorbereitet sein und es nicht persönlich nehmen. Wenn Sie Ihre Probleme philosophisch und mit Liebe angehen, werden sie nicht lange anhalten.

Der richtige Zeitpunkt

Es gibt kein bestimmtes Datum, an dem man die sexuelle Beziehung wieder aufnehmen kann. Eine Hilfe ist, sofort nach der Geburt mit den Beckenbodenübungen zu beginnen (siehe S. 129), obwohl die Geschlechtsgegend etwas schmerzen kann. Die ideale Zeit, wieder miteinander zu schlafen, ist dann, wenn Sie und Ihr Partner es wollen; unterhalten Sie sich darüber und probieren Sie es langsam aus. Vielleicht ist das Gewebe noch etwas wund und fest, aber durch Abwarten wird es nicht dehnbarer. Drüsen, die normalerweise die Scheide anfeuchten, arbeiten manchmal einige Zeit nach der Geburt noch nicht, Sie können eine Creme oder ein Gel zum Anfeuchten verwenden. Es hilft auch, wenn die Scheide ganz entspannt ist, bevor der Penis eindringt; konzentrieren Sie sich also vor dem Geschlechtsverkehr auf das Vorspiel. Probieren Sie andere Stellungen aus, so daß die Frau nicht auf dem Rücken liegt, da der Penis gegen die Hinterwand der Scheide drücken könnte, die vielleicht noch empfindlich ist. Ihr Partner kann nachhelfen, indem er die Scheide sanft mit der Hand dehnt, falls sie zu eng scheint. Machen Sie sich keine Sorgen, wenn es nicht gleich klappt, das ist normal, versuchen Sie es einfach noch einmal.

Viele Paare nehmen den Geschlechtsverkehr ungefähr zu der Zeit wieder auf, zu der auch die Untersuchung nach der Geburt fällig ist. Wenn Sie einen Dammschnitt hatten, werden Sie länger Schmerzen haben und empfindlich sein, und Ihr Partner sollte nicht versuchen einzudringen, bis Sie sich wieder besser fühlen. Das heißt jedoch nicht, daß man ganz auf körperliche Berührungen verzichten muß. Wenn Sie stillen, können die Brüste am Anfang Schmerzen verursachen und schwer sein; falls Sie rissige Brustwarzen haben, dürfen sie nicht berührt werden.

Wenn auch nach mehreren Monaten Sie oder Ihr Partner keine Lust haben, miteinander zu schlafen, sollten Sie mit einem Freund oder einem Sexualberater über dieses Problem reden.

Verlust der Libido

- Viele Frauen fühlen sich unattraktiv; Ihr Körper wird im Vergleich zu der Zeit vor der Schwangerschaft noch etwas formlos sein.
- Die Gegenwart des Babys kann Sie daran hemmen, Ihre Gefühle, Liebe und sexuelles Interesse frei auszudrücken, besonders wenn es im selben Zimmer schläft.
- Sie werden beide müde sein, was den normalen Sexualdrang hemmt.
- Vielleicht verhindert körperliches Unwohlsein befriedigenden Sex.
- Die Eltern orientieren sich in den ersten Wochen sehr an dem Baby, vielleicht haben Sie das Gefühl, daß Sie in Ihrem Gefühlsleben keinen Platz für einen anderen haben.
- Durch viele der täglichen Aktivitäten, die das Baby erfordert, fühlen Sie sich vielleicht unattraktiv – Windelwaschen und der Geruch von Erbrochenem – all diese Dinge können etwas abstoßend sein.

Verhütungsmittel

Auch wenn Sie stillen oder wenn Ihre Menstruation noch nicht wieder eingesetzt hat, sind Sie nicht vor erneuter Schwangerschaft geschützt, und Sie sollten bei der Wiederaufnahme der sexuellen Beziehungen ein Verhütungsmittel benutzen. Wenn Sie voll stillen, setzt Ihre Periode wahrscheinlich erst wieder ein, wenn Sie das Baby abstillen; wenn Sie nicht stillen oder nur für kurze Zeit, haben Sie die erste Periode wahrscheinlich zwei bis vier Monate nach der Geburt. Man wird Sie vor der Entlassung aus dem Krankenhaus nach der geplanten Verhütungsmethode fragen, vielleicht wollen Sie sich schon jetzt etwas beschaffen und nicht erst bis zu der Untersuchung nach der Geburt warten, die zwischen der vierten und sechsten Woche nach der Geburt stattfindet.

Die Pille

Wenn Sie stillen, wird man Ihnen eine „Mini-Pille" verschreiben, die nur Progesteron enthält. Diese Pille enthält kein Östrogen, das in Ihren Stoffwechsel eingreifen und die Milchproduktion stören könnte. Die Mini-Pille ist jedoch nicht 100prozentig zuverlässig; Sie müssen die Pille täglich etwa zur gleichen Zeit nehmen. Die Hormone des Präparats gehen auch in die Muttermilch über, und man weiß noch nicht, ob sie sich auf das Baby auswirken. Zusammen mit dem Stillen, ist dies für viele Frauen eine befriedigende Methode. Nehmen Sie die Pille nicht, wenn Sie an einem der folgenden Krankheitsbilder leiden:

- *Bluthochdruck*
- *Diabetes*
- *Depressionen nach der Geburt*

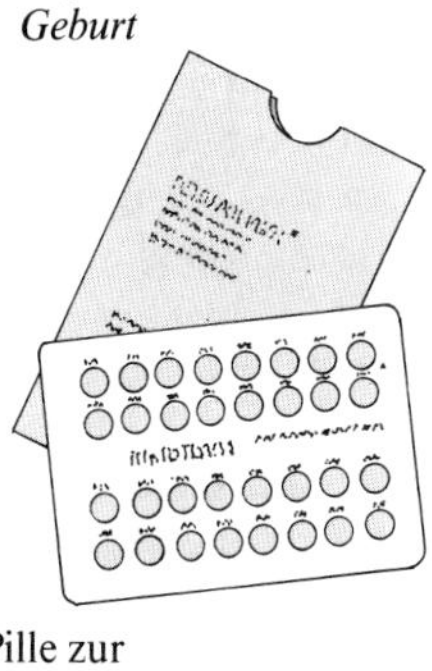

Pille zur Empfängnisverhütung

Muttermundkappe oder Diaphragma

Man muß eine neue, größere Kappe anpassen, da die alte nicht mehr verläßlich ist. Benutzen Sie sie zusammen mit einer spermaabtötenden Creme oder einem Gel. Eine neue Kappe wird erst bei der Untersuchung nach der Geburt angepaßt, nach etwa sechs Wochen.

Vor dem Geschlechtsverkehr müssen Sie immer überprüfen, ob die Gummikuppel der Kappe den Muttermund völlig bedeckt.

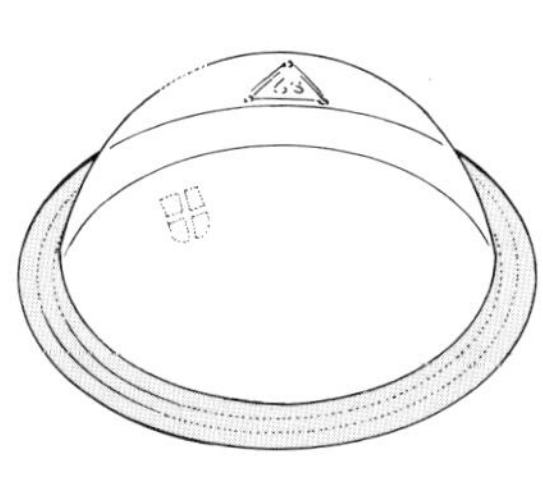

Diaphragma

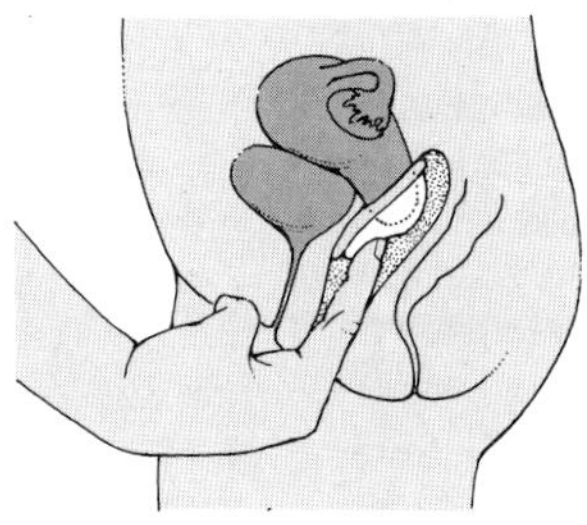

Intrauterinpessar (IUP)

Eine Spirale wird bei der Untersuchung nach der Geburt eingesetzt.

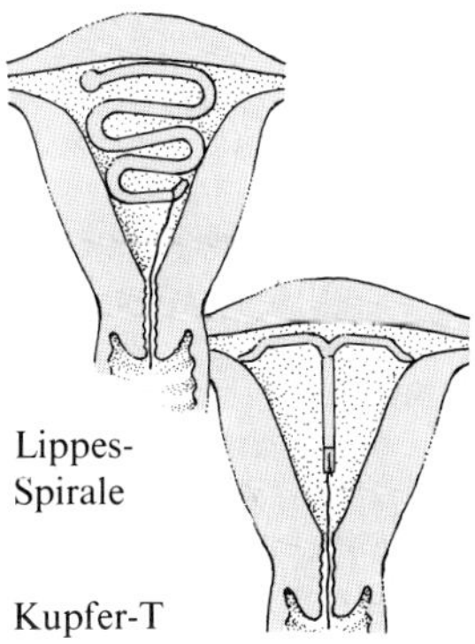

Lippes-Spirale

Kupfer-T

Kondom

Diese Methode läßt sich am einfachsten vor der Nachsorgeuntersuchung anwenden. Benutzen Sie es zusammen mit viel spermaabtötender Creme oder Gel, da die Scheide weniger gleitfähig ist.

Dreimonatsspritze

Manche Frauen haben bei der Dreimonatsspritze Probleme mit Durchbruchblutungen, und nicht alle Frauen sind nach drei Monaten wieder fruchtbar.

Nachuntersuchung

Die Untersuchung findet entweder im Krankenhaus statt, wenn Sie schon zu den Vorsorgeuntersuchungen dort waren, oder bei Ihrem Gynäkologen etwa 4 bis 6 Wochen nach der Geburt. Dabei sollten Sie drei Dinge erledigen. Zuerst können Sie nach allem fragen, was Ihnen Sorgen bereitet, Sie können Probleme klären und Bestätigung finden in Dingen, die Sie ängstigen. Diese Fragen können alles betreffen: das Baby, Ihre Gesundheit, Sex, Füttern, Schreien, Ihr tägliches Leben. Dann wird eine gynäkologische und medizinische Untersuchung vorgenommen.
Bei Ihrer medizinischen Untersuchung wird der Blutdruck gemessen und das Gewicht notiert, Brustwarzen und Brust werden untersucht, der Bauch wird abgetastet, um festzustellen, ob sich die Gebärmutter auf die Größe vor der Schwangerschaft zusammengezogen hat, und eine vaginale Untersuchung wird vorgenommen. Wenn Ihre Blase Beschwerden bereitet oder wenn Sie beim Stuhlgang Schmerzen haben, sollten Sie es dem Arzt sagen. Sprechen Sie auch über Verhütungsmethoden (siehe S. 240). Jetzt ist der geeignete Zeitpunkt, um eine Spirale oder Muttermundkappe einzusetzen. Der Arzt wird auch nach der Narbe sehen, wenn Sie genäht wurden.
Etwa zur gleichen Zeit findet beim Kinderarzt eine Untersuchung des Babys statt. Es wird gewogen, die Augen, Nabelschnur, Genitalien und Haut werden überprüft, und Sie können mit dem Arzt allgemeine Dinge besprechen, wie zum Beispiel das Füttern. Zu diesem Zeitpunkt können Sie auch Fragen stellen, die die tägliche Pflege des Babys betreffen und was Sie während der nächsten Wochen und Monate erwarten können. Man wird Ihnen sagen, welche Impfungen gegen ansteckende Kinderkrankheiten vorgenommen werden – Diphtherie, Tetanus, Polio und Keuchhusten. Die erste Impfung findet im Alter von drei Monaten statt, dann mit sechs Monaten und schließlich mit einem Jahr. Der Polioimpfstoff wird mit dem Löffel gegeben. Es ist wichtig, daß möglichst alle Kinder geimpft werden, da sich dies als sehr erfolgreiche Form der vorbeugenden Medizin erwiesen hat.

Rückkehr an den Arbeitsplatz

Auch wenn Sie schon während der Schwangerschaft darüber nachgedacht haben (siehe S. 51), müssen Sie jetzt Ihre Entscheidung vielleicht wieder, abhängig von Ihrer emotionalen und finanziellen Lage, umstoßen. Vielleicht können Sie Ihren Arzt bei dieser Entscheidung zu Rate ziehen. Viele Faktoren betreffen Ihre Gesundheit und die des Babys, sie sollten bedacht werden und Ihr Arzt kann Sie dabei beraten. Sie sollten sich etwa sechs Wochen, bevor Sie an den Arbeitsplatz zurückkehren, nach einer guten Kinderfrau oder Kinderkrippe für Ihr Baby umsehen und es der Brust zumindest tagsüber entwöhnen.
Wenn Sie wieder arbeiten, bevor das Baby vier Monate alt ist und noch keine gemischte Nahrung erhält, müssen Sie genau planen. Führen Sie einen Zeitplan ein, so daß die Fütterungszeiten vorhersehbar und gleichbleibend sind. Stillen Sie das Baby zum Frühstück und ungefähr um 6 Uhr abends, so daß derjenige, der es tagsüber betreut, ihm nur die abgepumpte Milch oder Fertignahrung für die anderen beiden Tagesmahlzeiten geben muß. Wenn Sie nicht möchten, daß Ihr Baby Fertignahrung bekommt, können Sie abgepumpte Muttermilch einfrieren; sie hält sich im Gefrierschrank bis zu sechs Monaten. Es dauert wahrscheinlich etwa zwei Wochen, bis Sie sich an dieses Vorgehen gewöhnt haben. Sie müssen Ihre tägliche Milchmenge verringern, bevor Sie an den

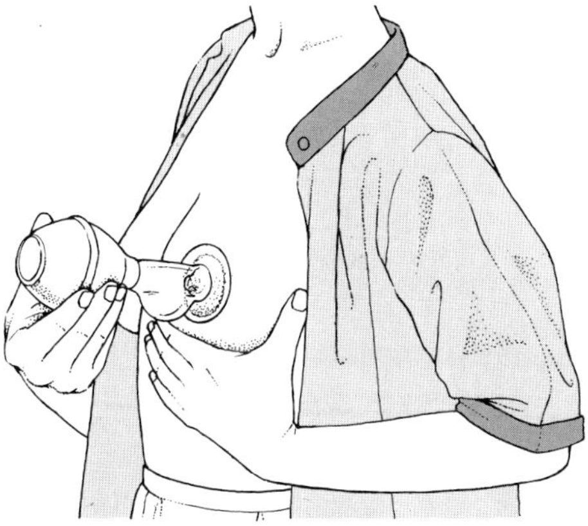

Eine Milchpumpe
Sie ist besonders am Arbeitsplatz sehr nützlich. Sie ist handlich, und man kann schnell etwas Milch abpumpen, wenn es unbequem wird. Mit ihr kann man auch die Brustwarzen hervorziehen, so daß das Baby leichter ansaugen kann.

Arbeitsplatz zurückkehren, da es sonst für Sie recht unangenehm werden kann. Wenn Ihr Arbeitsplatz nicht weit von Ihrer Wohnung entfernt ist, können Sie auch tagsüber weiter stillen, denn Ihr Arbeitgeber muß Ihnen bestimmte Freistunden gewähren.

Die Betreuung Ihres Kindes

Betreuungsstellen für Kinder, die noch nicht das Kindergartenalter haben, sind oft schwer zu finden. Sie müssen daher bei Freunden, Nachbarn, der Gemeinde und unabhängigen Gruppen nachfragen, um herauszufinden, welche Möglichkeiten es in Ihrer Umgebung gibt.
Vielleicht haben Sie das Glück, eine Verwandte oder eine Freundin zu haben, die sich um das Baby kümmern wird. Andere Möglichkeiten sind:

- Tagesmütter - sie haben oft selbst Kinder. Adressen erhält man beim Jugendamt. Sie können einige Tagesmütter aufsuchen, bevor Sie sich entscheiden. Die Bezahlung erfolgt, abhängig von Ihrer finanziellen Lage, über das Sozialamt oder privat.
- Tageskrippen - sie werden privat oder von der Gemeinde geleitet. Sie haben lange Wartelisten und meistens nur wenige freie Plätze für Babys. Wenn Sie alleinerziehend sind, haben Sie wahrscheinlich Vorrang.
- Kinderfrau, Au pair, Haushaltshilfe - Sie können jemanden über eine Agentur finden, oder indem Sie eine Anzeige in einer speziellen Zeitschrift oder Zeitung aufgeben. Wenn Sie nicht wollen, daß noch jemand in Ihrem Haushalt lebt, können Sie in einer örtlichen Zeitung inserieren. Vielleicht können Sie sich eine Kinderfrau mit einer anderen Familie teilen.
- Kinderkrippe am Arbeitsplatz - diese Einrichtungen sind selten; wenn es an Ihrem Arbeitsplatz eine gibt, müssen Sie sich vor der Geburt des Babys um einen Platz bemühen. Auf diese Weise haben Sie die Möglichkeit, am Arbeitsplatz weiter zu stillen. Sie haben Ihr Baby den ganzen Tag nah bei sich.

Die Elternschaft genießen

Ich habe mit vielen Müttern gesprochen, die mit ihren Nerven schon in den ersten Wochen mit dem Baby am Ende sind. Es ist wichtig für Sie, Ihre aufgestauten Gefühle loszuwerden, Spannungen und Angst zu lösen und es zu genießen, Eltern zu sein.

- Glauben Sie nicht, daß Sie Ihrem Kind nicht genug Aufmerksamkeit geben, Sie werden es automatisch tun. Sie müssen sich vielmehr darum bemühen, sich mehr um sich selbst zu kümmern, als dies die meisten Frauen tun würden. Versuchen Sie, etwas eigennütziger zu sein, indem Sie die weniger wichtigen Aktivitäten der Babypflege dadurch ersetzen, daß Sie sich um sich selbst kümmern. Ihr Ziel sollte letztendlich Ihre eigene Ruhe und Ihr Glück sein; machen Sie nicht den Fehler, sich die

Sind Sie in der glücklichen Lage, zu Hause arbeiten zu können, kann Ihr Baby auch daran teilhaben.

Ziele anderer zu eigen zu machen, was die Babypflege betrifft. Das ist besonders wichtig, wenn Sie stillen; Sie müssen körperlich fit und ausgeruht sein.

- Selbst in den ersten Tagen mit dem Baby, wenn Sie am liebsten die ganze Zeit mit ihm verbringen würden, ist es ganz wichtig, Zeit für sich selbst zu haben; deshalb sollten Sie alles tun, was nötig ist, um dies zu erreichen. Vielleicht

Schreien

Babys schlafen in den ersten Monaten viel, aber sie scheinen auch viel zu schreien. Wenn Sie das Gefühl haben, daß Ihr Baby fortwährend schreit, sollten Sie seinen Fütterungs-, Schlaf- und Schreirhythmus über 24 Stunden aufschreiben. Wahrscheinlich werden Sie überrascht feststellen, daß das Baby nur etwa 4 von 24 Stunden wach war. Schreien ist sein Mittel, sich Ihnen mitzuteilen. Überprüfen Sie die folgenden möglichen Ursachen:

- Ist es hungrig? Selbst wenn es erst vor zwei Stunden gegessen hat, braucht es vielleicht mehr.
- Prüfen Sie die Windel, vielleicht ist sie naß oder schmutzig. Die meisten Babys scheint eine nasse Windel nicht zu stören, aber einige protestieren stark, wenn sie schmutzig ist.
- Ist sein Zimmer warm genug? Babys brauchen eine gleichmäßige Zimmertemperatur von etwa 20 °C, auch nachts. Wenn es ihm zu warm ist, können Sie eine leichtere Bettdecke nehmen. Einige dünne Decken sind wirkungsvoller als eine dicke.
- Vielleicht hat es Langeweile, ist einsam und sehnt sich nach Gesellschaft. Wenn Sie mit etwas anderem beschäftigt sind, können Sie es in eine Babywippe legen, so daß es sieht, was um es herum geschieht. Sie können es auch in einen Tragebeutel setzen, den Sie sich bei der Arbeit umbinden.

können Sie mit einer Freundin die Abmachung treffen, daß sie das Baby an einem Nachmittag in der Woche versorgt, und Sie können das gleiche für sie tun.

- Isolieren Sie sich nicht zu lang von anderen. Vielleicht haben Sie in den ersten Wochen Angst, hinauszugehen und bevorzugen die Sicherheit Ihrer Wohnung, weit weg vom Verkehrslärm und der Welt draußen. Wenn es Ihr erstes Kind ist, werden Sie bald Kontakte knüpfen, entweder über eine unabhängige Gruppe, oder Sie freunden sich mit anderen Frauen aus dem Krankenhaus an. Sie können sich einem Babysitterkreis in Ihrer Gegend anschließen oder einen gründen.
- Erkundigen Sie sich nach Spielgruppen und Gemeindezentren in Ihrer Gegend und danach, was sie anbieten. Vielleicht gibt es kurzfristige Unterbringungsmöglichkeiten, während Sie einen Tanzkurs oder eine Diskussionsgruppe besuchen oder einkaufen gehen.
- Erwarten Sie nicht zuviel von sich selbst und dem Baby. Sie sind nicht vollkommen, aber Ihr Baby ist es auch nicht, und Sie müssen ihm Fehler vergeben, genau wie sich selbst auch. Setzen Sie nicht unmöglich hohe Maßstäbe für das Verhalten von Mutter und Baby. Seien Sie darauf vorbereitet, bei der Pflege des Babys so flexibel wie möglich zu sein.
- Vielen Menschen machen die allerersten Wochen mit einem Baby Angst. Mir ging es so bei meinen Kindern, und ich habe mich nach Unterstützung durch die Hebamme gesehnt, aber Sie können sich darauf verlassen, daß Mütter sich Jahrtausende schon um ihre Babys gekümmert haben, und Sie sind mit den gleichen Fähigkeiten ausgestattet wie jene Mütter.

Rechte und Beihilfen

Schwangere Frauen haben bestimmte Rechte auch auf finanzielle Unterstützung. Seit Januar 1986 existiert in Deutschland ein Gesetz, das Erziehungsurlaub und Erziehungsgeld regelt. Auskünfte darüber erteilen alle Krankenkassen und je nach Bundesland auch das Versorgungsamt, Bezirksamt oder Jugendamt. Außerdem kann man vom Bundesministerium für Familie und Senioren, Kennedyallee 105–107, 53175 Bonn, eine Broschüre beziehen, in der die Regelungen erklärt werden. Bei Fragen, die den Arbeitsplatz betreffen, sollte man sich direkt an seinen Arbeitgeber wenden.

Staatliche Beihilfen

Erziehungsgeld können Vater oder Mutter bekommen. Es wird bis zum 24. Lebensmonat des Kindes gezahlt. Voraussetzung ist, daß Sie Ihr Kind selbst betreuen und während dieser Zeit keine volle Erwerbstätigkeit (höchstens 19 Stunden wöchentlich) ausüben. Das Erziehungsgeld beträgt maximal 600 DM monatlich für jedes Kind und wird einkommensabhängig gezahlt. Es ist schriftlich für jeweils ein Lebensjahr zu beantragen. Der Antrag für das zweite Lebensjahr kann frühestens ab dem neunten Lebensmonat des Kindes gestellt werden.

Anspruch auf Mutterschaftsgeld besteht für die letzten sechs Wochen vor der Entbindung, den Entbindungstag und die ersten acht Wochen (bei Mehrlings- und Frühgeburten für zwölf Wochen) nach der Entbindung. Arbeitnehmerinnen erhalten bis zu 25 DM pro Tag, der Arbeitgeber zahlt die Differenz bis zum Nettoverdienst. Andere Versicherte, z. B. Arbeitslosengeldempfänger oder Selbständige, bekommen Mutterschaftsgeld in Höhe des Krankengeldes. Für den Anspruch auf Mutterschaftsgeld sind einige Voraussetzungen zu erfüllen. Ihre Krankenkasse wird Ihnen gerne Auskunft geben. Keinen Anspruch auf Mutterschaftsgeld haben Familienversicherte – sie erhalten ein Entbindungsgeld in Höhe von 150 DM. Wenn Sie Sozialhilfe beziehen, steht Ihnen eine Erstlingsausstattung für das Baby zu sowie eine Erhöhung der Leistungen und des Wohngeldes.

Berufstätige Frauen (Mutterschutzgesetz)

Wenn Sie vor der Geburt Ihres Kindes berufstätig waren, haben Sie während der Schutzfristen vor und nach der Geburt sowie des sich eventuell anschließenden Erziehungsurlaubes von drei Jahren (den auch der Vater des Kindes antreten kann) Kündigungsschutz. Sie müssen dem Arbeitgeber aber rechtzeitig mitteilen, daß Sie schwanger sind, wann das Baby erwartet wird und ob Sie Erziehungsurlaub in Anspruch nehmen wollen. Während der Schwangerschaft muß der Arbeitgeber Ihnen für die notwendigen Arztbesuche freigeben, Sie von gefährlichen Arbeiten freistellen (siehe S. 37) und Ihnen gegebenenfalls einen anderen Arbeitsplatz zuweisen.

Vaterschaftsurlaub

Wenn beide Partner berufstätig sind, kann statt der Mutter auch der Vater den Erziehungsurlaub antreten; in dieser Zeit besteht für ihn Kündigungsschutz. Auch hier sollte man beizeiten mit dem Arbeitgeber sprechen. Der Erziehungsurlaub kann auch zwischen berufstätigen Partnern aufgeteilt werden.

Prüfliste für Rechte und Beihilfen

Die Tabelle führt auf, wann bestimmte Beihilfen beantragt werden können und wann der Arbeitgeber benachrichtigt werden muß.

Wann	**Was zu tun ist**	**Warum**
Sobald die Schwangerschaft ärztlich festgestellt wurde	Informieren Sie Ihren Arbeitgeber	Kein Verdienstverlust bei Arztbesuchen zur Vorsorge
Sobald es möglich ist	Informieren Sie das Arbeitsamt, falls Sie arbeitslos sind	Einhalten der Schutzfristen vor und nach der Entbindung
30. Woche	Bitten Sie Ihren Arzt um eine Bescheinigung, aus der der erwartete Geburtstermin hervorgeht	Sie können bei Ihrer Krankenkasse Mutterschaftsgeld für die Schutzfrist beantragen
Vor Beginn der Schutzfrist	Teilen Sie Ihrem Arbeitgeber schriftlich mit, daß Sie aufhören zu arbeiten, wann der erwartete Geburtstermin ist, ob und wann Sie beabsichtigen, die Arbeit wiederaufzunehmen	Um Ihr Recht auf Rückkehr an den Arbeitsplatz zu sichern
34. Woche	Wenn Sie Sozialhilfe beziehen, Mitteilung an das Sozialamt, daß Sie schwanger sind	Sie erhalten nach der Geburt eine Erstlingsausstattung und eventuell Kindermöbel
Sobald wie möglich nach der Geburt	1. Eintragung der Geburt beim Standesamt innerhalb von 10 Tagen 2. Vorlage einer Geburtsbescheinigung des Standesamtes bei der Krankenkasse und beim Arbeitsamt (bei Beschäftigung im öffentlichen Dienst bei der gehaltzahlenden Stelle) 3. Antrag auf Erziehungsgeld bei der entsprechenden Behörde	1. Ausstellung der Geburtsurkunde und Bescheinigungen für die Krankenkasse und das Arbeitsamt (Kindergeldantrag) 2. Zahlung von Mutterschaftsgeld (bei Hausfrauen einmalige Zahlung von DM 150,-) und Kindergeld 3. Bei zu später Beantragung keine rückwirkende Auszahlung möglich
Spätestens vier Wochen vor Ablauf der Schutzfrist	Beantragung des Erziehungsurlaubs und verbindliche Mitteilung über die Dauer	Erhalt des Kündigungsschutzes
Vier Wochen vor Wiederaufnahme der Arbeit	Schreiben Sie Ihrem Arbeitgeber, daß Sie die Arbeit wiederaufnehmen wollen	Schutz Ihres Rechtes auf Sicherung des Arbeitsplatzes
Drei Jahre nach der Geburt	Letzter Termin zur Wiederaufnahme der Arbeit, wenn der volle Erziehungsurlaub in Anspruch genommen wurde	Danach keine Arbeitsplatzgarantie mehr

Ein Geburtsplan

Die neun Monate der Schwangerschaft sind eine Zeit der Entscheidungen und der Vorbereitung. Vielleicht haben Sie schon genaue Vorstellungen, wie Sie Wehen und Geburt erleben wollen, oder Sie richten sich nach ärztlichen Anweisungen oder orientieren sich an Freunden, die schon Babys haben. Es gibt hier sehr viele Möglichkeiten, und sobald Sie das Für und Wider abgewogen und sich entschieden

Geburtsplan

Name ________________

Hebamme ______________ Arzt ________________

Begleitperson
Mein Partner möchte sehr gern bei der Geburt dabeisein, aber er hat ein wenig Angst und möchte nicht allein zu meiner Unterstützung dasein; daher möchte ich, daß auch meine Freundin Sally dabei ist. Sie hat selber schon drei Kinder und ist ein ruhiger Mensch. Einer von beiden sollte die ganze Zeit bei mir sein.

Vorbereitende Maßnahmen
Ich möchte nicht rasiert werden.
Falls mein Darm voll ist, habe ich nichts gegen einen Einlauf. Ich möchte nicht, daß meine Fruchtblase künstlich gesprengt wird, sofern der Arzt oder die Hebamme dies nicht als notwendig erachten.

Schmerzmittel
Ich will versuchen, ohne auszukommen. Ich möchte auf keinen Fall Pethidin. Mein Partner beherrscht die Aromatherapie-Massage, und ich möchte dies im ersten Stadium ausprobieren. Wenn ich das Gefühl habe, nicht klarzukommen, und die Wehen sehr lange dauern, möchte ich eine Epiduralanästhesie in Erwägung ziehen.

Stellung bei den Wehen
Ich möchte unbedingt herumlaufen können, schließen Sie mich also bitte nicht an einen Monitor an. Ich möchte lieber, daß die Herztöne des Kindes mit einem Schallgerät oder einem Stethoskop überwacht werden. Wenn möglich, würde ich gern einige große Kissen mitbringen, auf die ich mich während der Wehen zurücklehnen kann. Meine beiden Begleitpersonen können mich vielleicht zeitweilig stützen.

haben, welche Art der Geburt Sie haben wollen, können Sie Ihre Vorstellungen stichpunktartig in einem Geburtsplan aufschreiben. Der Geburtsplan kann kopiert werden, und Sie können ihn ins Krankenhaus mitnehmen, oder Sie bitten darum, daß er Ihrem Vorsorgeheft beigelegt wird.

Es gibt keine Garantie dafür, daß während der Wehen und der Geburt alles so verläuft, wie Sie es erwartet haben, und Sie sollten Ihre Vorstellungen mit der Hebamme oder dem Arzt diskutieren, so daß diese Sie in Ihrer Entscheidung unterstützen können. Vor allem der Hebamme sollten Sie beim Eintreffen im Krankenhaus Ihren Geburtsplan gleich zum Lesen geben.

Im folgenden ein Muster, wie ein Geburtsplan aussehen kann. Auf S. 248–249 können Sie Ihren persönlichen Geburtsplan mit Ihren ganzen Wünschen zur Geburt aufstellen.

Stellung bei der Geburt
Ich möchte mein Kind gern im Hocken gebären. Daher kann meine Freundin Sally gute Dienste leisten, und mein Partner kann mich auf der anderen Seite halten. Ich habe noch keinen Geburtsstuhl ausprobiert, ist bei Ihnen jedoch einer frei, würde ich auch das probieren. Wenn ich zu müde bin, möchte ich auf der Seite liegend entbinden.

Medizinische Routineeingriffe
Ist eine Geburtseinleitung nötig, dann nur das Sprengen der Fruchtblase. Wenn dadurch die Geburt nicht beschleunigt wird, bin ich natürlich offen für ärztlichen Rat. Ich möchte keine elektrische Herzton-Wehenüberwachung und keinen Dammschnitt. Bei der letzten Geburt hatte ich auch keinen Riß.

Die Geburt
Ich habe es bedauert, bei der letzten Geburt meine Hände nicht nach unten genommen zu haben, um den Kopf des Babys zu berühren; das möchte ich dieses Mal tun. Können Sie mir sagen, wann er erscheint? Danach legen Sie bitte das Baby auf meinen Bauch. Ich habe nichts gegen eine Spritze, um das dritte Stadium zu beschleunigen.

Stillen
Ich möchte das Baby sobald wie möglich anlegen. Da ich das Krankenhaus, wenn alles gut verläuft, nach sechs Stunden verlassen will, möchte ich überhaupt nicht von meinem Baby getrennt werden. Wenn das Baby aus irgendeinem Grund auf eine Spezialstation gebracht werden muß, möchte ich die Milch ausdrücken, um das Stillen aufrechtzuerhalten.

Unvorhergesehene Probleme
Wenn ein Notkaiserschnitt gemacht werden muß, kann mein Mann das Baby halten, bis ich wieder zu Bewußtsein komme?
Wenn die Geburt lang ist und ich müde bin oder das Baby in Gefahr gerät, ist es mir recht, wenn Sie die Geburt beschleunigen.

Geburtsplan

Name

Hebamme

Arzt

Begleitperson

Vorbereitende Maßnahmen

Schmerzmittel

Stellung bei den Wehen

Die Geburt

Stellung bei der Geburt

Medizinische Routineeingriffe

Stillen

Unvorhergesehene Probleme

Stichwortverzeichnis